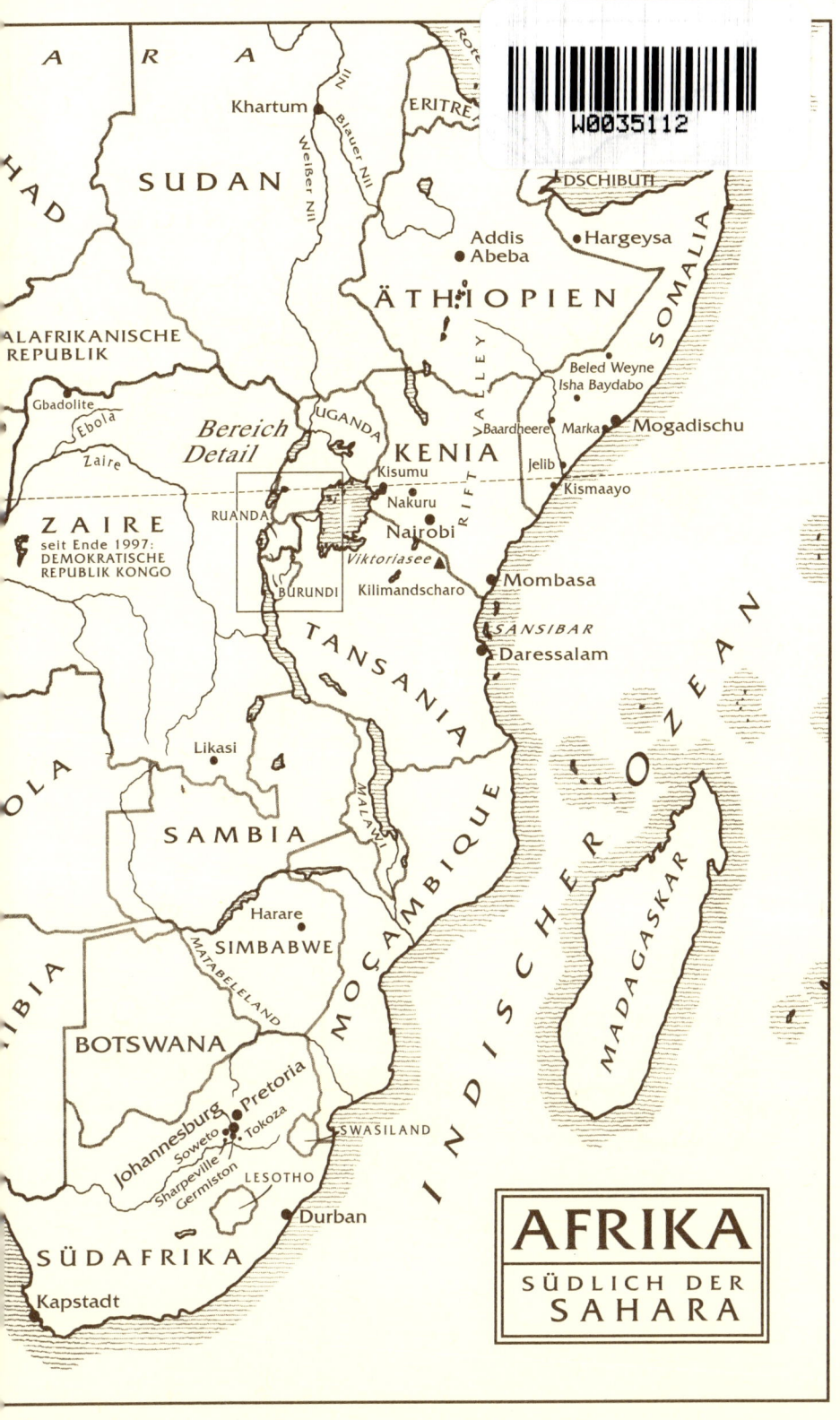

A R A B
HAD
SUDAN
Khartum
Weißer Nil
Blauer Nil
Nil
Rotes
ERITRE
DSCHIBUTI
Addis
Abeba
Hargeysa
ÄTHIOPIEN
SOMALIA
ALAFRIKANISCHE
REPUBLIK
Gbadolite
Ebola
Zaire
ZAIRE
seit Ende 1997:
DEMOKRATISCHE
REPUBLIK KONGO
UGANDA
KENIA
Kisumu
Nakuru
Nairobi
RUANDA
BURUNDI
Viktoriasee
Kilimandscharo
Beled Weyne
Isha Baydabo
Baardheere
Marka
Jelib
Mogadischu
Kismaayo
RIFT VALLEY
Mombasa
SANSIBAR
Daressalam
TANSANIA
Likasi
MALAWI
SAMBIA
Harare
SIMBABWE
MATABELELAND
BOTSWANA
MOÇAMBIQUE
INDISCHER OZEAN
MADAGASKAR
OLA
IBIA
Johannesburg
Pretoria
Soweto
Tokoza
Sharpeville
Germiston
LESOTHO
SWASILAND
Durban
SÜDAFRIKA
Kapstadt

AFRIKA
SÜDLICH DER
SAHARA

Keith B. Richburg
Jenseits von Amerika

Keith B. Richburg

Jenseits von Amerika

Eine Konfrontation mit Afrika, dem Land meiner Vorfahren

Aus dem Amerikanischen
von Ursula Locke-Groß

Quell

Titel der amerikanischen Originalausgabe
Out of America
A Black Man Confronts Africa,
erschienen 1997 bei Basic Books, New York

ISBN 3-7918-3410-X

Copyright © 1998 für die deutschsprachige Ausgabe
by Quell Verlag, Stuttgart
Mit freundlicher Genehmigung durch Basic Book,
eine Abteilung von Perseus Books LLC
Copyright © 1997 by Keith B. Richburg
Printed in Germany · Alle Rechte vorbehalten
Umschlaggestaltung: Kaselow Design, München
Gesetzt aus der 10/13 Punkt New Century Schoolbook
Satz: Rund ums Buch, Rudi Kern, Nürtingen
Druck und Bindung: Graphischer Großbetrieb, Pößneck

Meiner Mutter, Katie Richburg, in liebevoller Erinnerung

INHALT

EINLEITUNG

ICH SAH, WIE DIE TOTEN den Fluß in Tansania hinuntertrieben.

Es ist eine dieser zweifelhaften Geschichten, wie man sie laufend über Afrika hört, Geschichten über die Grausamkeit der „Eingeborenen". Säuglinge, die man vom Rücken ihrer Mutter reißt und auf Speere pfählt. Schwangere Frauen, denen man die Eingeweide herausreißt. Körper, die man in den Fluß warf, den sie nun hinuntertreiben. Gewiß haben Sie alle schon solche Geschichten gehört und sie nie wirklich geglaubt.

Aber ich war da, schweißgebadet unter der glühenden Sonne, stand an der Brücke, die über die Rusumo-Wasserfälle führt, und sah die Körper, die an mir vorüberglitten. Einer nach dem anderen, manchmal zwei oder drei auf einmal. Aufgetrieben, entsetzlich verfärbt. Die meisten nackt oder mit nichts weiter bekleidet als einer Unterhose. Manchmal waren ihnen Hände und Füße zusammengebunden. Einigen fehlten ganze Gliedmaße. Und als sie den Wasserfall hinunterstürzten, blieben einige an einem Felsvorsprung hängen, hingen fest und schlugen unter dem Aufprall des Wassers auf und ab, als ob sie versuchten freizukommen. Wie hypnotisiert starrte ich auf einen der Körper: die Leiche eines Säuglings.

Wir sahen auf die Uhr: ein bis zwei Leichen pro Minute. Und die tansanischen Grenzer sagten, das gehe nun schon seit Ta-

9

gen so. Es waren die Opfer des ethnischen Völkermords, der jenseits der Grenze in Ruanda wütete. Die Mörder töteten zu schnell, als daß man die Opfer richtig hätte begraben können. Es war leichter, sie in den Kagera-Fluß zu werfen, sie nach Tansania hinunter und schließlich in den Victoriasee treiben zu lassen – so sah man sie nicht mehr und konnte sie vergessen. Vielleicht steckte auch etwas anderes dahinter – ein Mythos.

Die Opfer gehörten zum Stamm der Tutsis, die vom Nil stammen sollen und den nilotischen Bevölkerungsgruppen im Norden Afrikas mit ihren schmaleren Nasen und knochigeren Gesichtern ähneln. Die Hutus, die diese Endlösung durchführten, waren Bantus, kleiner und dunkler, und sie hatten es satt, von den Tutsis herumkommandiert zu werden. Wer weiß, ob die Hutus, die die Körper in den Fluß warfen, sie nicht auf ihre Art zum Nil zurückschickten.

Es klingt verrückt. Und ich vermute, daß Sie als Leser das Bild abstoßend finden – aufgedunsene verfärbte Körper, die in einem Fluß treiben und einen Wasserfall hinunterstürzen. Wenn es Sie mit Abscheu erfüllt, gut, genau das will ich erreichen.

Denn es war dieses Bild und unzählige andere, die ihm glichen, mit denen ich leben, mit denen ich einschlafen mußte während der drei Jahre – der drei langen Jahre –, die ich als Reporter der *Washington Post* in Afrika verbrachte. Drei Jahre, in denen ich Zeuge des vielleicht Schlimmsten war, was Menschen einander antun können. Drei Jahre, in denen ich Körper sah, die, wenn sie nicht den Fluß in Tansania hinuntertrieben, wie Brennholz in den Flüchtlingslagern von Zaire aufgeschichtet wurden, wo sie darauf warteten, in ein Massengrab geworfen zu werden. Aber manchmal war der Boden zu hart und es fehlte die nötige Ausrüstung, um ein Loch zu graben, und dann türmten sich die Körper eben höher und höher, faulten und stanken unter der sengenden afrikanischen Sonne, bis ich nur noch mit einer Schutzmaske herumlaufen konnte. Oder die Körper, die unbegraben an den Straßenrändern von Somalia lagen, Menschen, die vor Hunger tot umgefallen waren, als sie versuchten, es noch die paar Kilometer bis zur Stadt zu

schaffen, wo die ausländischen Hilfsorganisationen Nahrungs-
mittel verteilten.

Deprimiert es Sie, all das Gerede über Tod und Leichen?
Möchten Sie das Buch aus der Hand legen? Bitte tun Sie es
nicht, lesen Sie weiter. Ich habe noch mehr zu sagen, ich möchte
alles offen auf den Tisch legen, ich möchte es Ihnen ins Gesicht
schreien. Ich möchte, daß Sie an meiner Seite gehen, daß Sie
meine Hand halten, wenn wir zusammen über die verwesen-
den Leichen steigen, daß Sie neben mir stehen, wenn wir in die
Augen eines verhungernden Kindes schauen. Vielleicht verstehen Sie dann besser, was ich zu sagen versuche.

Vielleicht fragen Sie sich: Wie verkraftet er das? Wie hält er
es aus, Tag für Tag diese schrecklichen Bilder zu sehen? Denkt
er darüber nach? Hat er Alpträume? Was um alles in der Welt
muß in seinem Kopf vorgehen?

Ich sage es Ihnen, ich werde es Ihnen beschreiben. Abscheu.
Leid. Schmerz über die monumentale Vergeudung menschlichen Lebens. Das kommt der Sache sehr nahe, ist aber immer
noch nicht das, was ich wirklich fühle. Das Gefühl, das ich
meine, begann schon bald an mir zu nagen, nachdem ich Ende
1991 zum ersten Mal afrikanischen Boden betrat. Es ist ein
zermürbendes Gefühl, das mich wieder einholte, als die Körper sich immer höher auftürmten und der Wahnsinn Afrikas
sich vertiefte. Es ist ein Gefühl, über das ich im Grunde bis zuletzt, als ich meine Koffer packte und das Land verließ, nicht
offen sprechen konnte. Es war ein Gefühl, das ich mir nur unter Schmerzen eingestand, eine Empfindung, die, wenn man
sie aussprechen würde, als Gefühllosigkeit, Egoismus, ja als
Rassismus verstanden werden könnte.

Aber natürlich ist mir klar, was ich da empfinde und was
mich verfolgt; es war mir nur zu peinlich, es auszusprechen.
Lassen Sie mich also die Farce beenden und es so einfach wie
möglich sagen: *Ich bin nur am Leben, weil Gott es in seiner
Gnade so gewollt hat.*

Meiner Hautfarbe wegen sehe ich all die Schrecken, deren
Zeuge ich wurde, etwas anders. Ich bin Amerikaner, aber ein

11

Schwarzer, Nachfahre von Sklaven, die man aus Afrika hierhergebracht hat. Wenn ich diese namenlosen, gesichtslosen Körper sehe, die einen Wasserfall hinuntergespült oder auf einen Lastwagen geladen werden, sehe ich vor allem, daß sie so sind wie ich.

Irgendwann vor etwa vierhundert Jahren wurde einer meiner Vorfahren aus seinem Dorf verschleppt, vielleicht von einem der Stammeshäuptlinge. Man legte ihm Fußeisen an und hielt ihn in einem Pferch gefangen, vermutlich auf Gore Island vor der Küste Senegals. Dann wurde er in den überfüllten dreckigen Laderaum eines Schiffes gesteckt und machte die lange und tückische Reise über den Atlantik in die Neue Welt. Viele der Sklaven starben auf dieser Reise. Aber mein Vorfahr nicht. Vielleicht war er stark, vielleicht war er nur stur, vielleicht hatte er aber auch einen unbändigen Lebenswillen. Auf jeden Fall überlebte er und endete als Sklave in der Karibik, wo er auf den Feldern der Plantagen Zwangsarbeit verrichtete. Generationen später wurde einer seiner Nachkommen nach South Carolina gebracht, und schließlich zog einer von ihnen, mein Vater, nach Detroit und fand während des Zweiten Weltkriegs Arbeit in einer Autofabrik.

Und so kam es, daß ich in Detroit geboren wurde und fünfunddreißig Jahre später, als Schwarzer, der im weißen Amerika zur Welt gekommen war, in Afrika, dem Land meiner Vorfahren, am Ufer eines Flusses stand. Nicht als Afrikaner, sondern als amerikanischer Journalist – als bloßer Zuschauer –, der zusah, wie die aufgedunsenen Körper schwarzer Afrikaner über den Rand eines Wasserfalls hinweg in die Tiefe stürzten. Und in diesem Augenblick wurde mir klar, daß ich einer von ihnen hätte sein können, wenn die Dinge anders verlaufen wären – daß mich ein ähnlich anonymes Schicksal in einem der unzähligen, nie enden wollenden Bürgerkriege oder Stammesfehden dieses brutalen Kontinents getroffen hätte. Und aus diesem Grund danke ich Gott, daß mein Vorfahr diese Reise überlebt hat.

Schockiert Sie das? Klingt es ein wenig so, als ob ich das schreckliche Verbrechen der Sklaverei rechtfertigen wollte, meine afrikanischen Wurzeln vergessen hätte? Natürlich klingt es so, es klingt sogar noch viel schlimmer. Und genau deswegen habe ich lange versucht, dieses Gefühl tief in mir zu vergraben, genau deshalb schmerzt es mich so, diese Worte in Druck zu geben, damit alle Welt sie liest. Aber ich schreibe sie, damit Sie besser verstehen, was ich zu sagen versuche. Es wäre vielleicht einfacher gewesen, meine Gefühle für mich zu behalten. Vielleicht hätte ich ein Standardbuch über Afrika schreiben sollen, das sich ausführlich mit seiner Politik, den Möglichkeiten und Aussichten auf Veränderung beschäftigt. Aber ich habe es satt zu lügen. Und mir kann die ganze Ignoranz, die Scheinheiligkeit und Doppelmoral gestohlen bleiben, auf die man allenthalben stößt, wenn über Afrika geredet oder geschrieben wird. Vieles davon von Leuten, die niemals dort waren, geschweige denn drei Jahre damit zugebracht haben, zwischen Leichen herumzulaufen. Kommen Sie mir nicht mit Afrika, meinen schwarzen Wurzeln und meiner Verbundenheit mit meinen afrikanischen Brüdern, weil ich Ihnen das alles wieder ins Gesicht zurückschleudern und Ihnen die Bilder von verfaulendem Fleisch unter die Nase reiben werde.

Begleiten Sie mich, wenn Sie wollen, dann nehme ich Sie auf eine Reise mit – es ist meine eigene persönliche Reise, und vieles davon spielt sich in meinem Kopf ab. Es wird keine gemütliche Reise werden, aber das ist auch nicht meine Absicht. Ich möchte, daß Sie all das genau so empfinden, wie ich es empfand. Daß Sie es anfassen, es riechen. Lassen Sie mich Ihr Führer sein und versuchen Sie mir zu folgen, wenn ich Ihnen erkläre, warum ich so fühle, wie ich fühle – über Afrika, über Amerika und vor allem über mich selbst und wo ich hingehöre, wie ich jetzt weiß.

Aber zuvor lassen Sie mich eines klarstellen, damit keine Mißverständnisse aufkommen: Ich habe nicht vor, die Sklaverei zu verteidigen. Sie war eine schlimme Einrichtung, die unvorstellbare Erniedrigungen über meine Rasse brachte, sie war ein Verbrechen, das nie mehr begangen werden darf. Aber die Tatsache, daß man die Sklaverei verdammt, sollte einen nicht blind

13

machen für die menschliche Fähigkeit, im Nachhinein Gutes auch noch aus den schrecklichsten Übeln hervorgehen zu lassen. Man verteidigt oder entschuldigt den Holocaust nicht, wenn man feststellt, daß es eine Folge von Hitlers Verbrechen war, daß der Staat Israel geschaffen wurde. Man kann die Verluste an Menschenleben während des Zweiten Weltkriegs beklagen, die Zerstörungen, die die Atombomben in Japan anrichteten, und trotzdem der Meinung sein, daß aus den Trümmern eine stabilere Weltordnung entstand, ein Prozeß der Entkolonialisierung und ein Japan und Deutschland, die fest im demokratischen Lager verankert sind.

Vielleicht schrecken Sie wegen der jetzigen Situation der Schwarzen in Amerika vor dem zurück, was ich zu sagen versuche. Schwarze bilden inzwischen den Kern der städtischen Unterschicht in Amerika. Ein Drittel aller schwarzen jungen Männer zwischen zwanzig und dreißig sitzen im Gefängnis, sind auf Bewährung entlassen oder haben Hafturlaub. Drogen zerstören die schwarzen Gemeinden. Einige unserer sogenannten aufgeklärten schwarzen Führer sagen uns, daß das weiße Amerika uns etwas schulde, da es unsere Vorfahren als Sklaven hierhergebracht habe. Und Afrika – Mutter Afrika – wird oft als eine Art schwarzes Walhalla gepriesen, in dem die Nachfahren der Sklaven willkommen geheißen würden und in dem schwarze Männer und Frauen in Würde leben könnten.

Tut mir leid, aber ich war dort. Mir wurde eine AK-47 unter die Nase gerammt, ich habe mit Hutu-Milizionären gesprochen, die mit ihren Macheten herumfuchtelten und deren T-Shirts noch vom Blut ihrer letzten Opfer bespritzt waren. Ich habe eine Cholera-Epidemie in Zaire, eine Hungersnot in Somalia und einen Bürgerkrieg in Liberia gesehen. Ich habe Städte gesehen, die nur noch aus Schutt bestanden, weil ihre Führer sie zerfallen und verrotten ließen, während sie Milliarden von Dollars – ja Milliarden – auf ausländische Konten schafften.

Ich habe in Afrika auch Heroismus, ehrenhaftes Verhalten und Würde gesehen, besonders bei ganz gewöhnlichen Menschen, mutigen Afrikanern, die gegen unvorstellbare Wider-

stände ankämpften, um eine unabhängige Zeitung herauszu-
geben, eine politische Partei ins Leben zu rufen, Kinder in irgendeiner ländlichen Schule im Busch zu unterrichten oder –
wie in den meisten Fällen – einfach um zu überleben.
Aber trotz all des Guten, das ich vorgefunden habe, ist meine
Sicht der Dinge hoffnungslos durch das Schlechte verstellt.
Mein Aufenthalt in Afrika fiel mit zwei der schlimmsten Tragödien zusammen, die die Welt je heimgesucht haben – der in Somalia und der in Ruanda. Freunde und Kollegen von mir wurden vom Mob erschossen, erstochen, totgeprügelt, auf einer
Straße in Mogadischu liegengelassen, um dort zu verbluten –
einem von ihnen wurde so brutal ins Gesicht geschlagen, daß
man ihn nur noch an seinen Haaren und Kleidern identifizieren konnte.
Entschuldigen Sie, wenn ich zynisch und matt klinge. Ich
gebe es zu, es hat mich umgehauen. Und es ist Afrika, das mich
soweit gebracht hat. Ich fühle mit seinem Leiden, ich spüre seinen Schmerz, und selbst jetzt, aus der Entfernung, packt mich
das Entsetzen, wann immer ich noch ein weiteres Bild einer
weiteren Stammesabschlachtung, einer weiteren Flüchtlingskrise im Fernsehen sehe. Aber zuallererst denke ich: Ich danke
Gott, daß mein Vorfahre dort rausgekommen ist, weil ich jetzt
keiner von ihnen bin.
Kurz: Ich danke Gott, daß ich Amerikaner bin.

JENSEITS VON AMERIKA

1

AUF HEIMATLICHEM BODEN

„Da ich zu Hause war, war ich an einem bessern Ort,
aber Reisende müssen sich begnügen."

WILLIAM SHAKESPEARE
Wie es euch gefällt, 2. Aufzug, 4. Auftritt

„WAS IST DAS FÜR EIN GESTANK?" fragte ich.

Mein Kollege Neil Henry und ich fuhren in Neils zerbeultem braunem Range Rover durch die Innenstadt von Nairobi, Kenias Hauptstadt. Ich war neu in Afrika, und Neil war der Typ, den ich als Büroleiter der *Washington Post* ablösen sollte. Er hatte mich gerade vom Flughafen abgeholt, mein Gepäck auf dem Rücksitz des Wagens verstaut und fuhr mich jetzt ein wenig in der Stadt herum, in der ich die nächsten drei Jahre leben würde.

Wir befanden uns irgendwo am Stadtrand – ich weiß nicht genau wo –, und es sah so aus und roch auch so, als würden wir über eine riesige Müllkippe fahren. Als ich genauer hinsah, konnte ich die Wellblechdächer auf den winzigen Baracken erkennen und wußte, daß wir uns mitten in einem der wuchernden Squatter-Slums befanden. In Nairobi hatte es geregnet, und die unbefestigte Straße hatte sich in braunen trüben Schlamm verwandelt. Ein fauliger Gestank verpestete die Luft. „Der Gestank?" sagte Neil, und ich sah, daß es ihm Spaß machte, den Neuling einzuführen. „Zum Teufel, das ist Afrika!" Neil hatte endgültig genug. Er hatte gekündigt – nicht nur den Job in Afrika, sondern den Journalismus überhaupt. Als begabter junger schwarzer Journalist aus der Washingtoner Riege der *Post* war er nach Nairobi gekommen, um Erfahrungen als Auslandsberichterstatter zu sammeln. Jetzt ging er, fertig, ausgelaugt, aus Afrika fort. Das hätte mir eine Warnung sein sollen.

Liberia hatte Neil Henry fertiggemacht. Er war 1990 während der Greuel, die auf den Sturz des von den USA unterstützten Diktators Samuel Doe folgten, dort gewesen. Er hatte zu viele Massaker, zu viele Leichen – Leichen von Schwarzen – gesehen, die man wie Brennholz aufgeschichtet hatte. Und er sagte den Herausgebern, daß er kündigen, daß er hier verdammt noch mal raus wollte, nach Hause wollte.

Im Gegensatz zu ihm schien ich voller Eifer und ziemlich naiv. Schließlich war ich ein Veteran der Dritten Welt, jedenfalls dachte ich das. Ich wußte, daß ich in Afrika auf Armut, Verzweiflung und natürlich auf Gewalt stoßen würde. Aber ich hatte meine Zeit bei der *Post* nicht in Watte verpackt auf gemütlichen Schauplätzen verbracht. Ich hatte über den Fall „Baby Doc"-Duvalier in Haiti berichtet. Und danach hatte die *Post* mich in ihr Südostasienbüro auf die Philippinen geschickt. Ich hatte das Leid in den wuchernden kambodschanischen Flüchtlingslagern an der thailändisch-kambodschanischen Grenze gesehen und hatte im Landesinneren der Philippinen und in den Slums von Manila genug Armut mitbekommen, um überzeugt zu sein, jeden emotionalen Härtetest genauso gut zu bestehen wie der abgebrühteste Auslandskorrespondent.

Aber ich erhielt meine erste Lektion, als mein Flieger von der British Airways auf Nairobis Kenyatta International Air-

20

port landete. Ich will damit sagen, daß ich in Afrika das Lügen lernte.

Afrika ist ein Kontinent, auf dem es endlose verwirrende Regeln und Vorschriften gibt, die sich manchmal widersprechen und oft auf Grundsätzen beruhen, die alles andere als vernünftig oder zeitgemäß sind. Zumindest konnte ich nie etwas dergleichen herausfinden. Nehmen wir zum Beispiel das riesige Schild über dem Zoll am Flughafen von Nairobi, das die ankommenden Passagiere darüber informiert, welche Gegenstände im Land verboten sind. Darunter waren Faxgeräte, Aufnahmegeräte, schnurlose Telefone – so ungefähr alles, was ich für einen dreijährigen Job bei mir hatte. Ganz zu schweigen von meinem Toshiba Laptop – wenn sie den entdecken würden, wäre der „Zoll" mit Sicherheit teurer als der Apparat selbst.

Außerdem hatte ich relativ viel Bargeld und einige Tausend Dollar in Travellerschecks bei mir. Neil hatte mich gewarnt, und es sollte eine meiner bevorzugten „Catch-22"-Situationen mit der kenianischen Verwaltung werden. Wenn du in Kenia arbeiten willst, brauchst du eine Arbeitserlaubnis. Bis ein Journalist die bekommt, dauert es an die sechs Monate, wenn sie dich mögen, und gewöhnlich noch sehr viel länger. Während du darauf wartest, mußt du natürlich deine Arbeit machen, das Büro leiten, deine Rechnungen bezahlen und Mitarbeiter vor Ort einstellen. Aber – und das ist die „Catch-22"-Situation – die großen Banken gestatten es Ausländern ohne gültige Arbeitserlaubnis nicht, ein Konto zu eröffnen. So rennst du sechs Monate oder länger wie ein Drogenhändler oder ein international gesuchter Geldwäscher in der Stadt herum, bezahlst all deine Rechnungen in bar und trägst Hundert-Dollar-Scheine auf alle Taschen verteilt, in Schuhen und in Geheimtaschen auf der Innenseite deines Gürtels versteckt mit dir herum. Wenn du natürlich beim Flughafenzoll angeben würdest, daß du beabsichtigst, Tausende von Dollars in bar einzuführen, würde der diensthabende Zollbeamte zweifelsohne irgendeine dubiose legale Erklärung für dich finden, aufgrund derer du dich vom größten Teil deines Geldes verabschieden könntest. Und natürlich gäbe es keinerlei Quittung dafür.

Also lernst du zu lügen. Und während der Jahre, in denen ich auf afrikanischen Flughäfen startete oder landete – oft ohne die korrekten Visa, normalerweise ohne die Impfungen, die irgendein Gesundheitsministerium gerade vorschrieb –, wurde ich sehr versiert, was die Kunst des Lügens in Afrika angeht.

„Haben Sie etwas zu verzollen?"

„Nein, nichts."

„Zweck Ihres Aufenthalts in Kenia?"

„Ich bin Tourist."

„Ist das ein Computer?"

„Nein, es ist eine Schreibmaschine."

„Ich glaube, daß es ein Computer ist."

„Also, ich bitte Sie", sagte ich und versuchte, so genervt wie möglich zu klingen, „haben Sie je einen so kleinen Computer gesehen?"

Pause, dann hievt er sich endlich hoch – „Sie haben recht" – und winkt mich durch.

Vermutlich wußte er, daß es ein Computer ist. Und er wußte, daß ich wußte, daß er es wußte. Diese kleine Begebenheit ist ein Beispiel für das, was mir Kenner Afrikas als Faustregel für meine Reisen auf diesem Kontinent mitgegeben haben: Es ist ganz gleich, wie groß die Lüge ist, solange du nur daran festhältst. Es dauerte einige Monate, aber am Ende hatte ich ein Faxgerät, einen Anrufbeantworter, fast alles, von dem du dir vorstellen kannst, was in meine Schultertasche paßte, in Kenia durch den Zoll gebracht. Das Faxgerät gab ich als Kinderspielzeug aus, der Anrufbeantworter war zu klein, um entdeckt zu werden.

Es gibt ein Pendant zur Regel der Großen Lüge: Es ist ganz gleich, wie falsch deine Papiere sind, solange du sie mit überzeugender Autorität präsentierst. Diese Tatsache war besonders praktisch, wenn ich einen Bericht über den neuesten Staatsstreich oder die neueste Flüchtlingskrise in einem Land schreiben mußte, für das ich kein gültiges Visum hatte. Oder

wenn ein Land – wie zum Beispiel Uganda – die gelben Impf-
pässe der Einreisenden häufig kontrollierte. Eine meiner Kol-
leginnen fing eine Art Handel mit gefälschten Stempeln an, die
sie in Nairobi herstellen ließ. Wenn du unvorhergesehen in ein
Land mußtest und erfuhrst, daß es an der Grenze plötzlich
stichprobenweise Kontrollen für Gelbfieberimpfungen gab,
stempelte sie dir die gelbe Karte mit dem Namen eines völlig
fiktiven, aber offiziell klingenden Krankenhauses und unter-
schrieb sie mit irgendeinem Namen.

Ich schätze mal, daß der wichtigere Punkt dabei war, daß ich
dadurch lernte, warum in so vielen Ländern Afrikas nichts funktioniert. Wir ausländische Journalisten waren nicht die einzigen in diesem Netz von Betrug. Es ist überall eine Art nationalen Freizeitsports, der den Leuten vom Filz der Bürokratie
und von veralteten Gesetzen aufgezwungen wird. Sogar normalerweise ehrliche Leute lernen, daß du Mittel und Wege finden mußt, um das System zu schlagen, wenn du nicht selber
zwischen die Räder des Systems geraten willst. Man stelle sich
einmal vor: Ein kenianischer Geschäftsmann indischer Abstammung erzählte mir, daß er für sein Büro ein Faxgerät
benötigte. Da die kenianische Regierung aber Faxgeräte mit
aberwitzig hohen Einfuhrgebühren belegt, schmuggelte er ein
Gerät aus London im Anschluß an eine Geschäftsreise ins Land.
Bald gab es genug Freunde, die Faxgeräte wollten, und er eröffnete einen kleinen Nebenhandel mit importierten Geräten, die
er um die Hälfte des Preises verkaufte, der in Kenia dafür verlangt wird. Somit verlor die Regierung – da sie die Einfuhrgebühren nicht auf eine vernünftige Höhe festsetzte – Geld, und
dieser Geschäftsmann wurde im Grunde zum Schmuggler.

Da ist noch etwas, was ich aus meinen Erfahrungen mit afrikanischen Flughäfen lernte. Es war eine Wahrheit, die mich für
den Großteil der drei Jahre, die ich den Kontinent bereiste, verfolgen sollte. Schlicht gesagt, beklagten sich meine Kollegen vom
ausländischen Pressekorps – genauer gesagt, meine weißen Kollegen – selten über die gleichen Unannehmlichkeiten, denen ich
Tag für Tag ausgesetzt war. Einige von ihnen brüsteten sich,

daß sie sich normalerweise einfach durchboxen würden, hin und wieder mit ein paar barschen Worten. Weiße, die in Afrika reisen, werden selten angehalten, selten befragt, selten wird ihnen befohlen, ihre Taschen zu öffnen. Sie schaffen es, sich an den Anfang der Warteschlangen zu stellen, sie schreien und schimpfen, um Sitze für einen ausgebuchten Flug zu ergattern, sie bewegen sich mit einer Art selbstverständlicher Immunität, der Immunität ihrer Hautfarbe. Wenn du aber ein Schwarzer oder ein Inder bist, wirst du angehalten. Du wirst mit abschätzigem Blick gemustert. Deine Koffer werden durchsucht. Und es ist keinesfalls ratsam, dich als Schwarzer mit einem Zollbeamten anzulegen, da es sehr leicht damit enden könnte, daß er dir mit seinem Schlagstock einen über den Kopf zieht.

Aber all das habe ich erst sehr viel später herausgefunden. Zuerst mal mußte ich mich an dem Ort eingewöhnen, der für die nächsten drei Jahre mein Zuhause sein würde.

Nairobi ist das Zentrum von allem und gleichzeitig von nichts. Das hängt vielleicht mit der besonderen Lage der Stadt zusammen, die an der Eisenbahnlinie auf halber Strecke zwischen Kampala, der jetzigen Hauptstadt Ugandas, und der am Indischen Ozean liegenden kenianischen Hafenstadt Mombasa gegründet wurde. Es gibt eigentlich keinen Grund, weshalb hier eine Stadt entstehen sollte. Sie wurde nicht wirklich geplant, sie wuchs einfach. Von einem um die Jahrhundertwende noch staubigen kolonialen Außenposten und Stützpunkt zu der inzwischen größten Hauptstadt und Horchstation Ostafrikas, Hauptquartier der regionalen Büros der Vereinten Nationen, des Internationalen Roten Kreuzes und der meisten internationalen Nachrichtenagenturen und ausländischen Unternehmen, die Filialen in Afrika unterhalten.

Trotz seiner aufragenden Bürokomplexe im Zentrum der Stadt hat Nairobi die Atmosphäre eines großen Dorfes beibehalten und wirkt nicht wie eine kosmopolitische Hauptstadt. Es ist nicht viel los, an Sonntagen ist alles geschlossen, und es ist schwierig, ein Restaurant zu finden, in dem man nach zehn

Uhr abends noch etwas zu essen bekommt. Neue Mercedes- und BMW-Limousinen, Statussymbole der korrupten Oberschicht Kenias, teilen sich die engen Straßen mit schwarzen Londoner Taxis, klapprigen Lastwagen und zebrafarbenen Minivans, die die khakibekleideten Touristen von den klimatisierten Hotels in die Wildparks von Massai Mara karren. Und am äußersten Rand der Stadt streifen Giraffen und Weißschwanzgnus frei umher und heben sich von der Silhouette der Hauptstadt-Skyline ab, die von dem spiralförmig aufsteigenden Kenyatta International Conference Center dominiert wird.

Auf der Kenyatta Avenue, der Moi Avenue, der Koinange Street und den anderen Hauptstraßen wehren europäische Rucksacktouristen in gebatikten Baggy-Pants und farbenfrohen Sandalen an den schmutzigen Füßen dreckstarrende Kinder undefinierbaren Geschlechts ab, die sich an ihre Hemdsärmel klammern und um einen Schilling betteln. Zwielichtige indische Ladenbesitzer drängen die Vorübergehenden, ihren Laden zu betreten und den Touristentrödel zu durchstöbern oder illegal Geld umzutauschen, natürlich zum „günstigsten" Kurs in der ganzen Stadt. Auf dem dunklen und höhlenartigen Marktplatz beschwören Straßenhändler die Besucher, ihnen ihre neueste Kollektion von Kenia-T-Shirts abzunehmen, während Dave, der Gemüseverkäufer, seine eigene Touristenspezialität anbietet – starkes „bang", Marihuana, fertig zu Joints gerollt und in alten Marlboro-Packungen verstaut. Es gibt Straßenläden, Zeitungsverkäufer, Gauner und Betrüger, Schuhputzjungen, die dir ebenso schnell die Brieftasche aus der Tasche ziehen, wie sie dir die Schuhe polieren, schmutzige Straßenkinder, die aus großen Plastiktüten Klebstoff schnüffeln, Exilanten aus Somalia, die am Ecktisch eines italienischen Restaurants über ihrer Pasta die politische Lage diskutieren, hochbeinige Nutten mit falschen Haaren und Dauerwellen, die von ihren Sitzen in den Straßenecken aus den Touristen zuzwinkern, und hin und wieder den seltsamen Massai morani, einen hochaufgeschossenen Krieger in rotem Tuch, der in den Straßen von Nairobi entschieden fehl am Platz wirkt.

Einige der alten englischen Reiseschriftsteller und Forschungsreisenden haben die große Schönheit des afrikanischen Lebens beschrieben. Ich fand eine passendere und zeitgemäßere Darstellung in *Going Down River Road*, dem Buch des kenianischen Schriftstellers Meja Mwangi, der ein neues, städtisches – und, wie ich denke, realistischeres – Afrika beschreibt, ein Afrika der Squatter-Slums mit ihren Wellblechhütten und heruntergekommenen Kneipen, in denen Tagelöhner ihr Geld mit billigem Bier und noch billigeren Nutten verschleudern. Es war ein schäbiges, stinkendes, gefährliches, manchmal deprimierend trübseliges Afrika.

Vor allem aber war Nairobi Ostafrikas vorderster Horchposten, ein Sammelbecken, ein sicherer Hort, von dem aus man ein wachsames, wenn auch ein wenig distanziertes Auge auf die Unruhen haben konnte, die in den umliegenden Ländern stattfanden. In Nairobi kann ein Journalist ein Taxi nehmen, das ihn zum Wilson Airport bringt, in eine zweimotorige Propellermaschine steigen und in wenigen Stunden im Hungergebiet von Somalia oder auf dem Kriegsschauplatz im Süden des Sudans sein. Ich konnte meine Wohnung vor Sonnenaufgang verlassen, um sechs Uhr am Flughafen sein, um neun am Schauplatz der letzten Katastrophe und um vier Uhr nachmittags im Flugzeug und in der Sicherheit meines Büros meine Story noch vor dem Dinner fertigschreiben. Daneben hatte ich noch Zeit, mich zu duschen und zu rasieren und im Laufe des Abends zur Soul-Music-Party in die Carnivore-Disco zu gehen. Oder ins Florida 2000. Oder ins Buffalo Bill. Oder in eine der paar schäbigen Bars, in denen Journalisten neben Entwicklungshelfern, UN-Beamten, verrückten weißen ausländischen Piloten und ähnlichen Abenteurern saßen, um das kalte Tusker-Bier und die lockeren afrikanischen Frauen zu genießen.

Für Journalisten war Nairobi der perfekte Platz an der Manege des afrikanischen Chaos, ein Platz genau am Rande der verschiedenen Katastrophen, ohne wirklich in sie verwickelt zu werden. Kenia selbst war selten im Zentrum des

Geschehens, und genau das wollte Präsident Daniel arap Moi.
Aber das sollte sich ändern.

Bevor ich in Nairobi eintraf, hatte ich mich mit Afrika nicht
sehr beschäftigt. Auf der Schule und an der London School for
Economics hatte ich Kurse in afrikanischer Politik belegt, und
an der University of Michigan hatte ich Ende der Siebziger an
einigen African-Studies-Seminaren teilgenommen, nachdem
„Afrocentrism" und „Afro-American-Studies" in den Lehrplan
aufgenommen worden waren. Darüber hinaus wußte ich sehr
wenig – und ich muß gestehen, daß es mich auch nicht son-
derlich interessierte. Europäische Geschichte und asiatische
Politik hatten mich immer mehr fasziniert als dieser riesige
unbekannte Kontinent südlich der Sahara. Ich wußte, daß
Zimbabwe einst die von Weißen beherrschte Kolonie Rhodesien gewesen war, daß Südafrika noch immer von seiner weißen
Minderheit regiert wurde und daß Nelson Mandela weltweit
die Nr. 1 unter den politischen Gefangenen war. Alles in allem
war ich ziemlich unwissend, was das Land meiner Väter betraf. Mein Wissen bezog ich hauptsächlich aus den alten *Tar-
zan*-Serien im Fernsehen und aus Daktari-Filmen, in denen
es im Grunde um Weiße in Afrika geht und in denen die
Schwarzen, die Eingeborenen, auf eine Statistenrolle reduziert
waren.

Ich wurde als schwarzes Kind im weißen Amerika geboren. Ich
wuchs in den sechziger Jahren in Detroit auf, einer Zeit, in der
in den Vereinigten Staaten durch die großen Bewegungen –
Antikriegsbewegungen, Feminismus, Bürgerrechtsbewegun-
gen und die Bewegung der Schwarzen – das Unterste zuoberst
gekehrt wurde. Ich war zu jung, um mich an Malcolm X zu
erinnern, und ich war erst zehn, als Martin Luther King ermordet wurde. Ich erinnere mich, wie diese Nachricht über
den Bildschirm ging und ich meine Mutter fragte, wer Martin
Luther King sei. Und ich erinnere mich, daß ich fragte, ob ihn
ein Weißer oder ein Farbiger erschossen habe.

Meine Familie könnte man in die ungenaue Kategorie „Arbeiterklasse" einordnen – wir waren nicht wirklich arm, aber es ging uns auch nicht besonders gut. Wie viele andere Schwarze war mein Vater in den Vierzigern vom Süden heraufgekommen, hatte seine Reinigung und ein kleines Restaurant verkauft, um nach Norden zu ziehen und in einer Autofabrik, der Ford Motor Company's Dearborn Engine Plant, zu arbeiten. Es war Krieg, und die Fabriken brauchten jede Arbeitskraft, um den Bedarf der Militärmaschinerie des Zweiten Weltkriegs zu decken. Mein Vater blieb nur kurz – er klebte Etiketten auf die Motoren –, da er, wie er mir später erzählte, erkannte, „daß er dafür zu intelligent war". Er trat bei den United Auto Workers ein, wurde in den Ausschuß gewählt und blieb als gewählter Vertreter die nächsten vierzig Jahre bei der Gewerkschaft.

Meine Kindheit war nicht das, was man als typisch „schwarze" Kindheit bezeichnen könnte – es war einfach nur eine Kindheit, eine typisch amerikanische Kindheit. Die Nachbarschaft, in der ich aufwuchs, war rassisch gemischt, die Weißen waren hauptsächlich Iren und Polen. Mr. O'Neill wohnte uns gegenüber, saß Tag für Tag auf seiner Veranda und winkte mir zu, wenn ich von der Schule kam. Einem Weißen namens Fred gehörte der Laden an der Ecke – das gab es damals tatsächlich noch –, und er kannte alle Kinder aus der Nachbarschaft, wenn wir zu ihm kamen, um Bonbons und Kartoffelchips zu kaufen.

Meine Eltern traten in Detroit zum Katholizismus über, und ich besuchte von der ersten bis zur siebten Klasse eine nahegelegene katholische Schule, Saint Leo. Saint Leo war eine dieser riesigen alten Stadtkirchen, an die sich die Grundschule, die High-School, das Kloster und das Pfarrhaus anschlossen. Die Kirche war jeden Sonntag bei allen drei Messen gerammelt voll. Die meisten Gemeindemitglieder und alle Priester und Nonnen waren Weiße.

Detroit war im Sommer drückend heiß, und unser kleines Haus im Westen der Stadt hatte keine Klimaanlage. Also nahm mich mein vier Jahre älterer Bruder Mel manchmal die Grand Avenue hinauf ins Globe-Theater mit, wo wir nur einmal Eintritt zahlen mußten und uns dann den ganzen Tag lang in herrlicher Kühle wieder und wieder dieselben Filme anschauten, bis es Zeit zum Abendessen war. Ich erinnere mich noch besonders an die Zeit, in der der Film Zulu lief und Michael Caine einen Trupp englischer Soldaten in roten Uniformjacken gegen Horden angreifender Zulukrieger führte, die über ihr kleines Fort herfielen. Mel und ich ergriffen abwechselnd die Partei der Engländer und der Zulus. Und da wir natürlich das Ende des Films kannten, wollte keiner auf seiten der Verlierer sein. Wenn ich also dran war, die Zulus anzufeuern – und das hieß, daß man einen lauten Triumphschrei ausstoßen mußte, sobald ein Zulu einen englischen Soldaten tötete –, saß ich meist trübsinnig da, weil ich wußte, was das Schicksal für die unglücklichen Afrikaner in petto hielt. Dann kehrte sich die Sache um, und ich wußte, daß nach der Pause, in der Comics gezeigt wurden, der Film von neuem beginnen würde und ich diesmal die englische Seite anfeuern durfte.

Das war es, eine eigentlich typische amerikanische Kindheit.

Dann begannen die Rassenunruhen.

Ich wußte nicht wirklich, was Rassenunruhen waren – ich war 1967 erst neun Jahre alt. Ich erinnere mich, wie mich mein Vater zum West Grand Boulevard und auf die Grand River Avenue mitnahm, eines der Hauptgeschäftszentren, das ein paar Straßen von unserem Haus entfernt lag und in dem wir im Cunningham Drugstore an den Wochenenden normalerweise unsere Comic-Heftchen kauften oder an Weihnachten bei Kresge unseren Christbaumschmuck und Geschenkpapier. Jetzt stand das ganze Viertel in Flammen.

„Ich möchte, daß du das siehst", sagte mein Vater. „Ich möchte, daß du siehst, was Schwarze ihren eigenen Nachbarn antun."

Der Weiße, dem der Eckladen gehörte, saß auf der kleinen Veranda vor seinem Haus und hielt ein Gewehr in der Hand. Die wenigen schwarzen Geschäfte, wie zum Beispiel der Friseurladen, stellten hastig gemalte Plakate in ihre Schaufenster, auf denen „Soul Brother" stand. Nachts machten wir das Licht aus und blieben von den Fenstern weg, da mein Vater sich

Sorgen machte wegen eventueller „Heckenschützen". Wir hatten gehört, daß Leute erschossen worden waren, die zu nahe am Fenster gestanden hatten.

Die Nationalgarde zog auf und schlug die Unruhen nieder. Sie gingen an den Straßenecken in Position und fuhren in ihren Jeeps herum. Sie verhängten eine Ausgangssperre, was, wie man mir sagte, hieß, daß wir nicht nach draußen gehen durften, weil wir von einem Soldaten erschossen werden könnten. Es waren die schlimmsten städtischen Rassenunruhen in der amerikanischen Geschichte. Mehr als vierzig Leute wurden getötet, und ein Großteil der Innenstadt, Geschäfte und Läden, die ich kannte, brannten aus.

Etwas anderes veränderte sich ebenfalls nach den Unruhen. Die Stadt, unsere Nachbarschaft, wurde schwärzer. Die Weißen, die ich kannte, fingen an, in die Vorstädte wegzuziehen, die weit entfernt zu liegen schienen. Die Kirche, in der man an Sonntagen manchmal kaum noch Platz gefunden hatte, wenn man zu spät kam, wurde leerer und leerer. Man ging dazu über, nur noch zwei Messen am Tag zu lesen, und bald waren fast alle Gesichter schwarz. Auch die Schule wurde schwärzer. Und komischerweise weniger katholisch. Um trotz des massiven Bevölkerungsschwunds nicht schließen zu müssen, erweiterte man das Einzugsgebiet und nahm Kinder aller Konfessionen auf. Aber das genügte nicht. Bevor ich so alt war, um auf die High-School zu kommen, wurde sie geschlossen.

Auch in unserer Familie gab es kurz nach den Unruhen eine tragische Veränderung. Mel, der Schülerlotse an der Saint-Leo-Schule war, wurde von einem Auto erfaßt, das an einer breiten Kreuzung ein Rotlicht überfuhr. Mel hatte in seinem leuchtend orangefarbenen Gürtel immer als erster die Straße überquert und die anderen Kinder hinübergewunken, wenn alles sicher war. Diesmal war er zu schnell auf die Straße gelaufen und hatte den Wagen nicht gesehen. Der erfaßte ihn und schleuderte ihn in die Luft, und als er auf den Boden schlug, geriet sein Körper unter die Räder. Mel starb drei Tage später im Krankenhaus, am 22. November 1967. Ich war damals erst neun, und Kinder in meinem Alter durften nicht auf die Intensivstation. Ich sah Mel lebend zuletzt, wie er zusammengekrümmt wie ein Baby auf der Straße lag, mit einer großen Wunde über einem Auge. Als ich ihn das nächste Mal sah, lag er in einem Sarg, und sie begruben ihn in der schwarzen Soutane und dem weißen Chorhemd, auf das er als Ministrant so stolz gewesen war. Es war das erste Mal, daß ich einen Toten sah, und es war mein bester Freund und mein Bruder. Plötzlich war ich ein Einzelkind. Ich fühlte mich sehr einsam.

Es gab noch eine Veränderung in dieser Zeit, obwohl es eine Weile brauchte, bis ich begriff, was es bedeutete.

Vor den Rassenunruhen – im Grunde meine gesamte Kindheit über – nannte man Schwarze „Farbige". Oder Negroes. Niemals „Schwarze". Als ich noch klein war, hatte das Wort „schwarz" einen negativen Unterton. Wenn man fand, daß jemand gut aussah, sagte man ausnahmslos, er habe eine „braune Haut". Jemand als „schwarz" oder „schwarzhäutig" zu bezeichnen war eine schwere Beleidigung. Es bedeutete, daß er auf dem Feld arbeitete. Daß er häßlich war. Vom Land. Und wenn meine Verwandten aus dem Süden dieses Wort in ihrem singsangartigen Slang während jener lustigen Familienzusammenkünfte fallen ließen, dann benutzten sie es meist in Wendungen wie „dieser häßliche schwarze Nigger" oder „setz dich auf deinen schwarzen Arsch".

Ich erinnere mich, daß ich als Heranwachsender dachte, daß wir, schwarz, farbig, was auch immer, von unserer Hautfarbe besessen waren. Wir erwähnten sie häufig, wenn wir miteinander sprachen. Unser Slang, der südliche Dialekt, war davon geprägt, wenn zum Beispiel Mütter ihre Kinder warnten: „Ich verhau dich, bis du nicht mehr schwarz bist." Oder die müde Feststellung der Resignation: „Mir bleibt nichts anderes übrig, als schwarz zu bleiben und zu sterben."

Aber irgendwann, vielleicht nach den Rassenunruhen im Jahre 1967, nahm die Bezeichnung „schwarz" eine völlig andere Bedeutung an.

Farbige Menschen, Negroes, bezeichneten sich und andere als schwarz, und zwar nicht als Beleidigung, sondern voller Stolz. James Brown hatte es uns gesagt: „Say It Loud, I'm Black and I'm Proud", und dann entstanden Songs wie „Young, Gifted and Black ... that's where it's at!" Es gab die Black Panthers, Schwarze in schwarzen Lederjacken und Baskenmützen, die bedrohlich aussahen und den Weißen Angst einjagten. Es gab die erhobene Faust, den Gruß der Schwarzen Panther. Es gab auch ein neues Bewußtsein, was Afrika und afrikanische Dinge betraf. Die *dashiki*, eine farbenfrohe weite Robe, kam in Mode. Junge Männer – mein Vater pflegte sie „Jitterbugs" zu nennen, eine Bezeichnung aus einer anderen Epoche – gingen nicht mehr zum Friseur, um ihr Haar glätten zu lassen, eine schmerzhafte Sache, zu der man, soviel ich weiß, ein heißes Eisen und viel Fett braucht. Der neue Haarstil hieß „Natural" oder „Afro". Afrokämme waren oft rot-schwarz-grün, die Farben der Befreiung, die Farben Afrikas, und manche Kammstiele waren wie eine zornige Faust geformt.

Auch die Kinos in Detroit veränderten sich nach den Unruhen. An Wochenenden ging die Familie normalerweise zusammen ins Kino, aber nach 1967 wurde das Publikum schwärzer, und die Theater zeigten Filme mit eindeutig schwarzer Thematik. Da gab es *Mandingo* oder *Shaft*, „der schwarze Schwanz, die Sexmaschine, die es allen Tussies zeigt", oder *Cotton comes to Harlem*. Es gab eine Menge schmutzig daherredender gemeiner schwarzer Dandys auf der Leinwand, die es der Weißen und „dem Mann" zeigten.

All das war Teil von Detroit, das sich rapide aus einer weißen Stadt in eine schwarze verwandelte. Der erste schwarze Bürgermeister wurde allerdings erst 1973 gewählt. Aber auch das war nur eine unumgängliche Folge der massiven Verschiebungen, die nach den Unruhen von 1967 einsetzten.

Doch nun ein rascher Sprung zu meiner High-School. Sie sah eher wie ein kleiner College-Campus aus, mit ihrem getrimmten Rasen, den geräumigen Parkplätzen und den Tennisplätzen.

Sogar der Name verwies auf etwas Höheres: „University-Liggett" hieß sie und lag in einem wohlhabenden, ruhigen Vorort mit dem Namen Grosse Pointe Woods. Ich war am Anfang nicht gerade begeistert bei dem Gedanken, die City zu verlassen und eine Schule zu besuchen, die so weit weg von meinem Zuhause und von meinen Freunden aus der Nachbarschaft lag. Aber meine Eltern sahen, wie die Staatsschulen immer mehr herunterkamen, und sagten, sie wüßten, was für mich das Beste sei.

Ich war nicht das erste schwarze Kind an der Schule, bei weitem nicht. Und ich war auch zu der Zeit nicht das einzige. Tatsächlich gab es durchaus einige – die Tochter eines Arztes, den Sohn eines Schuldirektors aus Detroit, den Sohn eines Senators aus Michigan. Sicher, wir waren eine Minorität, aber man gab uns nicht das Gefühl, unwillkommen zu sein, wir waren nie Feindseligkeiten ausgesetzt. Wir waren einfach nur Kinder. Wir beklagten uns über die Vorschrift, eine Schuluniform tragen zu müssen – Krawatten für die Jungen, Röcke für die Mädchen. Wir benutzten gefälschte Personalausweise, um an den Wochenenden Bier zu kaufen, gingen auf Parties und fuhren zu schnell auf den Highways.

Während meiner High-School-Zeit wurde mir nur selten bewußt, daß ich zum anderen Teil Amerikas gehörte. In der elften oder zwölften Klasse aber organisierte eine Gruppe von uns eine Klassenfahrt zu einem Roller-Derby-Wettbewerb. Das Stadion, das Olympia-Stadion, lag im Herzen von Detroit – der „Innenstadt", wie man das jetzt nannte – in einer heruntergekommenen Gegend, die Mitte der siebziger Jahre fast ausschließlich schwarz war. Es war meine Gegend, ich wohnte nur ein paar Straßen vom Stadion entfernt.

Die wenigsten meiner weißen Schulkameraden aus der Vorstadt waren je bei mir zu Hause gewesen. Es war nicht so, daß ich mich wegen des Hauses oder der Nachbarschaft schämte. Es war nur einfach zu weit weg von allem. Ich mußte eine halbe Stunde mit dem Bus zur Schule fahren, bis ich alt genug war, selber einen Wagen zu haben. Und die meisten gesellschaftlichen Aktivitäten außerhalb der Schule fanden in der Nähe der

Schule statt. Ich bin sicher, daß wenige meiner Freunde auch nur wußten, wo ich wohnte, und wenn, dann höchstens in dem vagen Sinn, daß ich in der Stadt wohnte, auf der anderen Seite der unsichtbaren Trennungslinie.

Eine Gruppe behüteter weißer Kids aus der Vorstadt für einen Schulausflug in die Innenstadt von Detroit zu schaffen war vermutlich von vornherein keine besonders gute Idee. Und es war wahrscheinlich unvermeidbar, daß dabei etwas schiefgehen würde. Nach dem Spiel beschloß ich, die kleine Strecke nach Hause zu Fuß zu gehen. Als meine Klassenkameraden aus dem Stadion kamen und den Bus besteigen wollten, kreuzten sie den Weg von ein paar schwarzen Kids. Kids aus meiner Gegend. Eines der weißen Mädchen sah eines der schwarzen Mädchen mit einem afrikanischen Kamm, der ihr hinten im Haar steckte, und gab irgendeinen dummen Kommentar ab wie „Warum hast du sowas im Haar?" Vermutlich meinte sie es nicht böse – ich habe es nicht gehört. Vielleicht wollte sie es einfach nur wissen. Aber natürlich war sofort der Teufel los. Da war also nun eine Gruppe weißer Kids, die in ihren Bus kletterten, der sie in die Vorstadt zurückbringen sollte, und eine Gruppe wütender schwarzer Kids, die mit Ketten, Flaschen und allem, was ihnen in die Hände fiel, gegen die Scheiben schlugen. Beleidigungen wurden von beiden Seiten hin- und hergeschrien. Und da war ich, gehörte zu beiden Seiten und zu keiner – ohne den geringsten Wunsch, mich für eine zu entscheiden. Ich machte, daß ich weg kam.

Wenn ich an diesen Vorfall zurückdenke, fällt mir auf, wie oft ich zwischen zwei Welten gefangen war. Man könnte vielleicht sagen, daß es auf jeden Fall einfacher war, sich rauszuhalten – besser gesagt wegzurennen –, als sich für eine der beiden Seiten zu entscheiden. Aber das wäre nur ein Teil der Wahrheit. Ich sage Ihnen, was ich damals wirklich dachte: Es war mir peinlich. Es demütigte mich. Dies waren meine Schulkameraden – meine weißen Freunde –, die in meine Gegend gekommen waren, ganz in die Nähe des Hauses, in dem ich aufgewachsen war und in dem ich immer noch wohnte. Und da war eine Gruppe schwarzer Kids, die die Fenster ihres Schulbusses einwarfen. So benehmen sich eben die Schwarzen in den Ghettos, würden sie denken. Ich schämte mich so sehr, daß ich am liebsten geheult hätte. Statt dessen rannte ich einfach weg.

Okay, machen wir noch einmal einen Zeitsprung – bis zur Universität von Michigan in Ann Arbor. Ich suchte sie mir aus, weil sie groß ist. Riesig. Vierzigtausend Studenten. Und nach vier Jahren in der High-School mit wenig mehr als dreihundert Schülern (sechsundsiebzig in den Abschlußklassen von 1976) hatte ich das Bedürfnis, mich in der Masse zu verlieren.

In der Zeit, in der ich dort zu studieren begann, gehörte der „Afrozentrismus" schon fest zum Lehrplan. Es gab eine ziemlich große Fakultät, die sich ausschließlich mit afrikanischen und afro-amerikanischen Studien befaßte, und es lehrten dort einige prominente schwarze Professoren, unter ihnen Ali Mazrui, der vielleicht bekannteste Afrikanist im Westen. Michigan hatte außerdem eine ziemlich hohe Anzahl schwarzer Studenten, die es schafften, Fragen wie den Rückzug aus Beteiligungen und Aktienbesitz der Universität an Firmen, die ihre Geschäftsbeziehungen zu dem rassistischen Regime in Südafrika aufrechterhielten, erfolgreich auf die Tagesordnung zu setzen.

Ein Großteil der politischen Bewußtseinsbildung auf dem Campus stammte aus der Zeit, in der eine frühere Gruppe schwarzer Studenten die BAM ins Leben rief, die Black Action Movement, um mehr Studienplätze für bestimmte Minoritäten und die Berufung von Lehrpersonal durchzusetzen, das ihren Bedürfnissen gerecht würde. Ich begann in der „Post-BAM"-Ära zu studieren, und die Anzeichen für das neue Bewußtsein der schwarzen Studenten waren ziemlich leicht zu erkennen. Mir kam es fast wie eine Art freiwilliger Rassentrennung vor – wir wollen gleich sein, aber für uns bleiben. Es gab schwarze Verbindungen für Männer und Frauen, die am Wochenende schwarze Parties mit schwarzer Musik veranstalteten. Die meisten der schwarzen Studenten lebten zusammen, gruppenweise in bestimmten Studentenwohnheimen, oder sie teilten sich ein Appartement. Wenn ich die Cafeteria des Wohnheims betrat, mußte ich mich entscheiden, ob ich mit meinen schwarzen Freunden am Tisch der Schwarzen sitzen wollte oder am Tisch der Weißen, an dem meine weißen Freunde saßen. Und das ausgerechnet ich, der ich von einer hauptsächlich weißen High-School kam und es haßte, mich für eine Seite zu entscheiden.

Ich arbeitete in der Redaktion der Campus-Zeitung, der *Michigan Daily*, mit, die täglich außer montags erschien und fast ganz von Studenten gemacht wurde. Ich folgte damit einem Interesse am Schreiben und am Journalismus, das sich schon an der High-School entwickelt hatte und am College zu einer außerordentlich lohnenden, wenn auch zeitaufwendigen Aufgabe wurde. Die Zeitung war während der College-Zeit das Zentrum meines Lebens. Die Büros des *Daily* wurden so etwas wie ein Zuhause für mich, und alle, die dort mitarbeiteten, waren wie eine große Familie.

In einem Semester belegte ich einmal eines der African-Studies-Seminare. Afrika war das heißeste Thema auf der Tagesordnung der damaligen politischen Studentenaktivitäten, und bei der *Daily* schlugen wir studentischen Herausgeber uns mit Fragen herum, die unserer Meinung nach weitere nationale Dimensionen hatten. Der Kampf um den Rückzug aus den Aktienbeteiligungen war auf seinem Höhepunkt, und die Studenten planten ein Go-in bei einer Sitzung des Verwaltungsrats. Die schwarzen Townships in Südafrika explodierten, und die Regierung John Vorsters reagierte mit immer härteren Repressalien. Der Bürgerkrieg in Rhodesien hatte die weiße Regierung gezwungen, einer schwarzafrikanischen Mehrheitsregierung zuzustimmen. Und tansanische Truppen waren in Uganda einmarschiert, um den brutalen Hanswurst Idi Amin Dada zu stürzen – eine klare Verletzung des so hochgeschätzten afrikanischen Gebots der Souveränität, aber eine völlig gerechtfertigte Aktion, wenn man die Schlächtereien bedenkt, die Amin in seinem eigenen Land veranstaltete, und die häufigen militärischen Überfälle, die er auf Tansania unternommen hatte.

Alles in allem gesehen schien es eine gute Idee zu sein, ein oder zwei Seminare in afrikanischer Politik zu belegen.

Eines der Seminare wurde in einem winzigen Hörsaal abgehalten, der so mit Tischen vollgestellt war, daß es einem Hindernislauf glich, sich zu einem freien Sitz durchzukämpfen, wenn man zu spät dran war. Und natürlich war ich meist zu spät dran. Normalerweise machte ich mich mit Judy Rakowsky, einer Freundin und Kollegin vom Büro der *Daily*, auf den Weg zum Hörsaal. Judy hatte polnische und jüdische Vorfahren und kam aus Lima in Ohio, wo ihr Vater eine Fabrik hatte, die Buckeye Rubber hieß. Und sie sah aus, wie man sich das amerikanische Idealgirl vorstellt – große blaue Augen, glatte blonde Haare, die ihr bis zur Taille reichten, und die durchtrainierte Figur einer Sportlerin.

Man muß sich also folgendes vorstellen: Ich, ein dünner schwarzer Junge mit einer großen Brille, und Judy Rakowsky, die hochgewachsene blonde Sportlerin, betreten zusammen verspätet ein Seminar über afrikanische Politik und müssen uns einen Sitz suchen. Ich glaube nicht, daß sie die einzige Weiße im Seminar war – aber so ziemlich die einzige. Und ganz bestimmt die einzige weiße Person, die einzige weiße Frau, die mit einem Schwarzen befreundet war. Oder anders gesagt, die jeden Tag mit einem Schwarzen hereinkam, neben ihm saß, während des Seminars mit ihm flüsterte und über seine Witze lachte. Vielleicht bilde ich es mir nur ein, aber man konnte die Feindseligkeit, die ihr entgegenschlug, mit Händen greifen. Feindseligkeit aus dem einzigen Grund, daß sie eine weiße Frau war, die ein schwarzes Seminar über afrikanische Politik besuchte. Und Feindseligkeit mir gegenüber, weil ich nicht loyal war, weil ich den Umgang mit dem Feind, dem Unterdrücker, vorzog. Es war der Cafeteria-Test, und ich hatte ihn nicht bestanden. Ich hatte mich für die falsche Seite entschieden.

Während meiner Collegejahre hatte ich einen afrikanischen Freund, den ich auf seltsame Weise kennengelernt hatte. Er hieß Conrad Bruno Njamfa, stammte aus Kamerun und war mein Brieffreund gewesen.

Erinnern Sie sich an Brieffreunde? Es war eine Art Mode in den Sechzigern, vermutlich versuchte man damit, so etwas wie internationale Kooperationsbereitschaft und Verständnis füreinander in die Wege zu leiten. Man schickte seinen Namen ein, legte ein paar Dollar bei, und sie vermittelten einem ein Kind im selben Alter aus einem anderen Land. Man tauschte Briefe und Fotos aus und genoß die Aufregung, wenn die rot-weiß-blauen Luftpostbriefe mit dem eigenen Namen drauf im Briefkasten lagen. Normalerweise hielt dieser Briefwechsel bis ins Teenageralter, dann entdeckte man, daß es Mädchen und Bier gab, und vergaß seinen weit entfernten Freund.

So ungefähr spielte es sich jedenfalls bei mir ab, bis mein ehemaliger Brieffreund von vor zehn Jahren in die Vereinigten Staaten kam.

Bruno hatte an der Eastern Michigan University in Ypsilanti einen Studienplatz bekommen, was mit dem Auto nur wenige Minuten von Ann Arbor entfernt war. Er gehörte zu der englischsprechenden Minderheit in Kamerun, einem Land, das geteilt ist und dessen herrschende Sprache und Kultur immer noch Französisch ist. Er konnte passabel Französisch sprechen, aber ein englischsprachiger Kameruner war immer so etwas wie ein Außenseiter im eigenen Land, obwohl Kamerun offiziell zweisprachig war. Für eine weitergehende Ausbildung war es einfacher, ins Ausland zu gehen, und so landete Bruno in Michigan.

Mir war nicht ganz wohl dabei, als ich hinfuhr, um ihn persönlich zu treffen. Ich weiß nicht mehr genau, warum. Vielleicht war es die Vorstellung, daß ich einen völlig Fremden treffen würde, dessen einzige Verbindung zu mir in einer Reihe von Briefen bestand, die wir vor zehn Jahren gewechselt hatten. Vielleicht war es auch ein wenig Schuldbewußtsein, daß ich die Korrespondenz nicht aufrechterhalten hatte und mich meine Vergangenheit jetzt heimsuchte. Vielleicht wollte er Geld von mir oder erwartete irgendeine andere großzügige Geste von seinem lang verlorenen Brieffreund. Vielleicht würde er mir unsympathisch sein. Oder vielleicht hatte ich einfach Angst davor, daß er mich nicht mochte.

Aber am meisten beunruhigte es mich, daß er Afrikaner war und ich ein schwarzer Amerikaner. Ich machte mir Sorgen, wie mein Verhältnis zu ihm sein würde, aber noch mehr Kopfzerbrechen bereitete mir sein Verhältnis zu mir. Ich befürchtete, daß dieser Afrikaner mich nicht schwarz genug finden könnte.

Ich weiß, das klingt verrückt, und deshalb zögere ich sogar noch heute, es niederzuschreiben. Um diese Gefühle zu verstehen, muß ich mich selbst in die Zeit zurückversetzen, muß mich an die Feindseligkeit in den Augen der schwarzen Studenten in den African-Studies-Seminaren erinnern, die ich beschrieben habe. Vielleicht war mein afrikanischer Brieffreund absichtlich nach Michigan gekommen, in der Hoffnung, in mir einen schwarzen „Soul-Brother" zu finden. Und vielleicht war ich für seinen Geschmack zu assimiliert, ein schwarzer Mann, der mit Weißen zusammenwohnte, weiße Freunde hatte und den schwarzen Tisch in der Studentencafeteria verschmähte. Vielleicht würde er mich verachten, einen Schwarzen, der seine Wurzeln, sein Afrikanertum verleugnete. Oder, was vielleicht noch schlimmer wäre, er würde mich als Verräter meiden.

Wie sich herausstellte, lehnte mich Bruno weder als Verräter noch sonst irgendwie ab. Wir nahmen unsere Bekanntschaft wieder auf, wurden aber nie enge Freunde. Später, als ich einen Sommer über in Washington arbeitete, lebte er für einige Monate im Haus meiner Eltern in meinem alten Zimmer in Detroit. Einige Zeit danach verschwand er, und wir haben nie mehr von ihm gehört.

Das erinnert mich an eine Zugfahrt durch Europa, die ich einige Jahre später unternahm, als ich bereits Journalist bei der *Washington Post* war. Ich machte Urlaub, nützte ein Monatsticket der Bahn aus, und irgendwo zwischen Frankreich und Spanien saß ich mit einem elegant gekleideten Westafrikaner im selben Abteil. Ich wollte mein Französisch aufpolieren, und wir kamen ins Gespräch.

Der Westafrikaner fragte mich, ob ich jemals in Afrika gewesen sei. Ja, sagte ich – in Marokko, Algerien, Tunesien und Ägypten. „Nein", sagte er, „ich meine im schwarzen Afrika." Ich brachte ein paar lahme Entschuldigungen vor. Noch nicht. Ich würde warten, bis ich etwas mehr Zeit hätte. Der Kontinent sei so riesig, daß ich nicht wisse, wo ich beginnen solle. Aber er wiederholte immer und immer wieder: „Ein Schwarzer, der Englisch und ein wenig Französisch spricht. Sie müssen Afrika besuchen. Sie könnten überall hingehen. Wirklich, Englisch und ein wenig Französisch. Sie sollten gehen." Er hatte recht. Ich wußte, daß ich eines Tages gehen mußte. Aber ich wußte auch – und ich bin mir nicht sicher, ob er es bemerkt hat –, daß mich der Gedanke an Afrika mit Schrecken erfüllte. Ja sogar mit etwas, das an Entsetzen grenzte. Teilweise war es die Angst, daß es mir nicht gefallen, daß mich die Armut, die dort herrschte, zu sehr bedrücken würde. Aber es war eben auch das gleiche Gefühl, das ich in der Nacht hatte, als ich auf dem Freeway in Michigan fuhr, um meinen Brieffreund aus Kamerun zu treffen. Vielleicht würde Afrika mich und meine Art zu leben ablehnen. Vielleicht würde Afrika die Entscheidung verlangen, auf welcher Seite der Cafeteria ich sitzen wollte, und das war eine Entscheidung, die ich nicht zu treffen wünschte. Es war einfacher, sich umzudrehen und davonzurennen.

Es gab natürlich noch einen anderen Grund für mein Zögern, nach Afrika zu fahren. Es gibt da nichts zu beschönigen, also werde ich es einfach so sagen, wie es ist: Ich war mir nicht sicher, wie es sein würde, was für ein Gefühl es wäre, einmal nicht in der Menge aufzufallen.

Wenn man ein Schwarzer in Amerika ist, läuft man mit dem ständigen Bewußtsein herum, daß man anders ist, und zwar seiner Hautfarbe wegen. Bevor ich für die *Washington Post* nach Afrika ging, hatte ich in Asien gelebt, wo Weiße und Schwarze so oder so Außenseiter, Ausländer, Fremde sind. An einigen Orten wie zum Beispiel auf den Philippinen garantiert einem die Tatsache, daß man Ausländer ist, sowieso eine Sonderbehandlung, und es spielt keine Rolle, ob du ein Schwarzer oder ein Weißer bist. Du kannst dich vor einem Flugschalter an den Anfang der Reihe stellen. Türen werden dir aufgehalten. Du kannst keinen Polizisten dazu bringen, dir einen Strafzettel zu verpassen, auch wenn er dich dabei erwischt, daß du ohne Führerschein bei Rot durchfährst. Du bist ein Ausländer, und das genügt, daß man dich privilegiert behandelt.

Aber als Schwarzer in Afrika?

Würde man erkennen, daß ich nicht von dort stammte? Bekäme ich immer noch diese Vorzugsbehandlung, die Ausländern zuteil wird? Debbie Ichimura, eine Freundin von mir, Amerikanerin japanischer Abstammung, vertraute mir einmal ihre ganz persönliche Angst davor an, nach Japan, dem Land ihrer Vorfahren, zu gehen. „Ich weiß nicht, wie es wäre, nur ein Gesicht unter vielen in der Menge zu sein", sagte sie.

Genau das ist es. Ohne es zu wollen, sprach Debbie den Kern meiner Angst an: die Angst, einer unter vielen zu sein. Meine Identität zu verlieren. Meine Individualität.

Ich hatte meinen Auftrag in Südostasien beendet, hatte mir ein Jahr freigenommen und lebte in Hawaii, als mich Anfang 1991 die Herausgeber der *Post* fragten, ob ich nach Afrika gehen wolle. Ich bat mir ein paar Wochen Bedenkzeit aus, unternahm eine Reise in mein altvertrautes Revier in Asien und landete in Thailand, wo ich meinen Freund Kevin Cooney aufsuchte, einen großen trinkfesten irisch-amerikanischen Reporter der Reuter News Agentur, der einige Monate für das Reuter-Büro in Nairobi gearbeitet hatte. Inzwischen war er in Bangkok, und wir trafen uns in einer der schmuddeligen Go-Go-Bars auf der Patpong Road.

Zuerst redeten wir über Frauen – was vielleicht natürlich ist, wenn man in einer Bar auf der Patpong Road ein Kloster-Bier nach dem anderen kippt. Aber dann wandte sich das Gespräch Afrika zu. Wie war die Szene in Kenia? Gab es überhaupt eine Szene?

Noch ein paar Bier. Dann stellte ich die Frage, die mich wirklich beschäftigte. Was bedeutete es – was bedeutete es wirklich –, ein Schwarzer in Afrika zu sein? Wie würden die Afrikaner mich sehen, den lange verlorenen Verwandten?

Cooney hatte eine Antwort parat. „In Afrika", sagte er, „bist du nur einer unter vielen Niggern!"

Die Antwort war vielleicht brutal – das war typisch für Cooney –, aber ich empfand sie nicht als Beleidigung, und ich bin sicher, daß er mich auch gar nicht beleidigen wollte. Er meinte es gut mit seiner Warnung, und sie erwies sich als prophetisch. Ich sollte mich oft daran erinnern, als ich den Kontinent bereiste.

Und vor diesem Hintergrund stieg ich auf dem Jomo Kenyatta Airport aus dem Flugzeug und betrat Afrika.

2

WILLKOMMEN
AUF TARA

„No matter where you come from, as long as you're a
black man, you're an African.
Don't mind your nationality, you have got the identity
of an African."

Aus Peter Toshs Reggae-Song African

ALS ICH AUF MEINEM NEUEN POSTEN anfing, wußte ich,
daß Afrika die aufregendsten Jahre seit der Unabhängigkeit
bevorstehen würden. Der Zusammenbruch der Sowjetunion
und das Ende der Trennung zwischen Ost und West bedeute-
ten, daß Afrika die Chance für einen Neubeginn erhielt, daß es
aus dem Griff des Kalten Krieges und der Rivalität der Supermächte entlassen wurde. Der Sozialismus war nicht nur im östlichen Europa, sondern auch in Ländern wie Angola und Mosambik auf dem Rückzug, wo altgediente Marxisten den neuen
Kapitalismus der freien Marktwirtschaft und demokratische
Wahlen zu umarmen begannen.

Afrikas alte Diktatoren hingen ebenfalls in den Seilen. In
den Monaten vor meiner Ankunft auf dem Kontinent war

Muhammad Siyad Barre aus Somalia geflohen und Haile Mengistu Mariam aus Äthiopien. Kenneth Kaunda aus Sambia – einer der Heroen des Unabhängigkeitskrieges – war gezwungen, eine der ersten wirklich demokratischen Wahlen des Landes durchzuführen, und holte sich von einem kleinen Gewerkschaftsführer, dessen Name in der restlichen Welt größtenteils unbekannt war, eine Abfuhr. Und der stärkste Mann, Mobutu Sese-Seko von Zaire, schien als nächster dran zu sein, nachdem es einen blutigen Aufstand unbezahlter Söldner gegeben hatte, die in der Hauptstadt Kinshasa wüteten, so daß die Franzosen und Belgier schließlich gezwungen waren einzugreifen.

Warum diese ganzen Umwälzungen? Ganz einfach: Der Kontinent veränderte sich, weil die ausländischen Geldgeber, zumeist westliche Länder, aber auch internationale Institutionen wie der International Monetary Fund und die Weltbank, endlich Härte zeigten.

In den Zeiten des Kalten Krieges übersah man im großen und ganzen die Exzesse eines Mobutu und das inkompetente wirtschaftliche Management von Kaunda. Im globalen Wettstreit zwischen Washington und Moskau waren afrikanische Länder nicht viel mehr als Figuren auf einem Schachbrett. Mobutu mochte ein korruptes Arschloch sein, aber er erlaubte der CIA, im Süden Zaires einen Behelfsflugplatz zu benutzen, um die antikommunistischen UNITA-Rebellen mit Nachschub zu versorgen. Siyad Barre mochte brutal sein – sein Schwiegersohn Muhammad Said Hersi Morgan war für eine besonders grausame Bombardierung der im Norden liegenden Stadt Hargeysa verantwortlich, die sich von Somalia lossagen wollte –, aber Somalia lag strategisch günstig an der äußersten nordöstlichen Spitze Afrikas, genau gegenüber einem potentiell instabilen Gürtel, der sich über den Indischen Ozean und die gesamte Region des Persischen Golfs erstreckte. Wir brauchten Siyad an unserer Seite.

Aber Ende 1991 lagen die Dinge anders. Die Geldgeber begannen, Nachweise darüber zu verlangen, wofür ihre Fonds verwendet wurden. Die starken Männer Afrikas mußten erken-

44

nen, daß sie ihre strategische Nützlichkeit verloren hatten und die Amerikaner, die Europäische Gemeinschaft, die Weltbank und der IWF nicht mehr so geneigt waren, vor der zügellosen Staatskorruption die Augen zu verschließen. Neue Begriffe wie „Bedingungen" und „Kontrolle" tauchten im Wortschatz der Geldgeber auf, Begriffe, die sich wirkungsvoll als vermehrtes Interesse an der Art und Weise übersetzen ließen, wie ihr Geld ausgegeben wurde. Es bedeutete zudem, daß die Geldgeber, allen voran die Vereinigten Staaten, politische Kriterien wie freie Wahlen und Menschenrechte nicht mehr strikt von den ökonomischen Kriterien trennten, nach denen sie ihre Hilfsleistungen vergaben. Für die afrikanischen Autokraten, die seit dreißig Jahren an einen Blankoscheck gewöhnt waren, schmeckte dieses neue Interesse fürs Rechnungswesen nach einem neuerlichen westlichen Imperialismus und einer Einmischung in ihre inneren Angelegenheiten.

Wenn aber schon Afrika von dieser neuen Welle der Demokratisierung und Reformierung ergriffen war, so stand Kenia in vorderster Linie. Seit 1978 herrschte Daniel arap Moi in Kenia, ein ehemaliger Lehrer, der nach dem Tod Jomo Kenyattas, des Unabhängigkeitsführers und ersten Präsidenten, an die Macht gekommen war. Moi kam eher zufällig an die Präsidentschaft – Kenyatta hatte ihn hauptsächlich deshalb zum Vizepräsidenten gemacht, weil er unter den verschiedenen politischen Parteien, die die Nachfolge des alten Mannes antreten wollten, ein Kompromiß zu sein schien. Moi ist ein Mitglied des Kalenjin-Stammes, eines der kleinsten Stämme des Landes, und man sah in ihm höchstens einen Interim-Herrscher, einen Sesselwärmer.

Aber Moi erwies sich als zäher, als irgend jemand zu dieser Zeit für möglich gehalten hätte. Und als rücksichtsloser. Als er seine Macht konsolidierte, begann er nach und nach seine politischen Gegner und Kritiker zu eliminieren. Das ebnete den Weg für eine Verfassungsänderung, in der er seine Kenya African National Union (KANU) zur Einheitspartei erklärte. Nach einem mißglückten Staatsstreich durch Offiziere der Luftwaffe, die meistenteils dem herrschenden Stamm Kenyattas, den Kikuyu, angehörten, entließ Moi die gesamte Luftwaffe und baute eine neue auf. Er baute auch seine Machtposition stärker aus, indem er loyale Mitglieder seines Stammes in Schlüsselpositionen der Regierung berief und scharf gegen seine Feinde im Inneren vorging.

Als Führer hatte Moi nie den Ruf, besonders weltgewandt oder diplomatisch zu sein. Er galt nicht als eine so charmante Persönlichkeit wie Mobutu. Und er hat keine wirkliche Regierungsphilosophie, abgesehen von einer verschrobenen Vision, die er *Nyayoismus* nennt, was wörtlich übersetzt „Fußstapfen" heißt und von der er annimmt, daß sie die *wananchi*, die Massen, inspiriert, ihm zu folgen. Das große Regierungsgebäude in der Innenstadt heißt „Nyayo-House". Vertreter der Menschenrechtsorganisationen und Dissidenten behaupten, daß sich in seinen Kellern die Folterkammern der Polizei befinden.

Was Moi an Charme und Intelligenz abgeht, macht er durch seine Tücke mehr als wett. Er blieb an der Macht, weil er drei entscheidende und miteinander verbundene Hebel clever zu bedienen wußte. Der erste ist der Tribalismus. Sogar in einem verhältnismäßig modernen Staat wie Kenia kochen die Stammesfehden nur dicht unter der Oberfläche. Der Stamm der Kikuyus ist der größte in Kenia, er kämpfte bis zur Machtübernahme Mois an vorderster Front für die Unabhängigkeit des Landes und spielte in der ersten Zeit des Postkolonialismus eine führende Rolle in der Politik. Jomo Kenyatta war ein Kikuyu und ein Autokrat, der für seine besondere Härte berüchtigt war, ein Stammesführer erster Klasse, der glaubte, daß den Kikuyus das Recht zu herrschen von Natur aus zustand. Viele Kenianer, die nicht zum Stamm der Kikuyus gehören, haben eine tödliche Angst vor einer weiteren Kikuyu-Präsidentschaft, und es ist Moi gelungen, sich diese Furcht zunutze zu machen und sich als die einzige Alternative zu präsentieren. Moi hat darüber hinaus eine ganze Reihe von Stammesunruhen nur deshalb nicht unterbunden, um sich Kenia und der Welt als der zu präsentieren, der als einziger die Stabilität garantiere und ohne den das Land nichts anderes wäre als ein weiterer afrikanischer Staat, in dem sich die Stämme gegenseitig abschlachten.

Der zweite Hebel steht in enger Verbindung zum ersten: Moi besaß die Fähigkeit, mit der internationalen Gemeinschaft und den ausländischen Geldgebern des Landes wie ein Violinvirtuose zu spielen. Irgendwie schaffte er es, nach außen hin gerade soviel Reformen zu gestatten, wie es brauchte, um die westlichen Botschaften ruhig zu stellen, während er sie gleichzeitig daran erinnerte, daß Kenia trotz aller Fehler immer noch ein Garant für Stabilität inmitten einer reichlich turbulenten Nachbarschaft sei.

Das Argument war richtig und verfehlte seine Wirkung auf die dort wohnenden Ausländer nicht. Schaut man von Kenia aus nach Nordosten, liegt dort Somalia und im Nordwesten der Sudan, in denen schlimme Kriege toben. Im Westen jenseits des Victoria-Sees liegt Uganda, das unter der Brutalität zweier aufeinanderfolgender Diktatoren litt, Idi Amin und Milton Obote, die beide nichts anderes im Sinn zu haben schienen, als die „Perle Afrikas" dem Erdboden gleich zu machen. Und im Süden liegt Tansania, Liebling der skandinavischen Humanitätsapostel und Schaukelstuhl-Sozialisten, dessen Wirtschaft nach Jahrzehnten marxistischen Mißmanagements zusammenbrach. Verglichen mit Nachbarn wie diesen sehen Kenia und Moi tatsächlich verdammt gut aus. Und aus genau diesem Grund wurde Nairobi zum Hauptstützpunkt einer ganzen Reihe internationaler Hilfsorganisationen wie des Internationalen Roten Kreuz, Save the Children und UNICEF. Das UNO-Umweltprogramm hat sein Hauptquartier ebenso in Nairobi wie die Habitat-Gruppe. Und die ausländischen Medienunternehmen – unter ihnen auch die *Washington Post* – unterhalten Büros in Nairobi und recherchieren ihre Berichte über den Kontinent von hier aus.

Der letzte Hebel, den Moi in Bewegung setzen konnte, war Geld. Viele Politiker, die sich gegen ihn stellten, wurden gekauft und kooperierten. Wie ich bald herausfinden sollte, halten Loyalität und Prinzipien überall in Afrika nur so lange, wie die Tinte auf einem Scheck braucht, um zu trocknen. Einige von denen, die heute in der Opposition sind, haben ihr Vermögen in der Zeit gemacht, als sie noch auf der anderen Seite standen, was mich zu der Überlegung veranlaßte, ob der Grund für ihren Wechsel nicht in der Tatsache lag, daß sie ihren Platz am Futtertrog verloren haben. Und viele, die vielleicht mit dem Gedanken gespielt haben, in Opposition zum Regime zu gehen, haben sich das zweimal überlegt, da sie damit rechnen mußten, daß man ihnen ihre Bezüge sperrt.

Zu der Zeit, als ich in Kenia ankam, begann Moi seine absolute Machtposition zu verlieren. Das regelmäßige Treffen der ausländischen Geldgeber sollte in wenigen Wochen in Paris stattfinden, und alle Anzeichen sprachen dafür, daß sie der Hinhaltemanöver, der Repressionen und leeren Versprechungen Mois überdrüssig waren. Es sah so aus, als ob sie diesmal den Geldhahn endgültig zudrehen würden, wenn er nicht mit wirklichen Reformen ernst machen würde.

Auch Mois politische Gegner wurden dreister, teilweise ermutigt durch den Sturz Kenneth Kaundas in Sambia. Die Opposition in Kenia bildete eine große Koalition unter dem Namen Forum for the Restoration of Democracy oder FORD, die der Regierung die Stirn bot, indem sie politische Versammlungen ohne offizielle Genehmigung abhielt und Tausende von Anhängern gewann. Die Mitglieder von FORD verlangten, daß Moi das Verbot oppositioneller politischer Parteien aufhebe und eine Stichwahl durchführen lasse, von der sie überzeugt waren, daß sie sie gewinnen würden.

Ein Großteil der Impulse für den Wechsel in Kenia und ein Großteil des Drucks, der auf die Regierung ausgeübt wurde, ging von der amerikanischen Botschaft in Nairobi und ihrem kampflustigen Botschafter Smith Hempstone aus. Hempstone war ein ehemaliger Journalist, ein unverbesserlicher Konservativer, früher Herausgeber des eingegangenen *Washington Star* und danach der *Washington Times*. Er hatte zudem langjährige Erfahrungen mit Afrika, da er einige Jahrzehnte zuvor Auslandskorrespondent in Kenia gewesen war. Als Botschafter nach Nairobi zurückgekehrt, sah Hempstone mit seinen geröteten Wangen, seinem zerfurchten Gesicht und seinem weißen Bart ein wenig wie ein Ernest Hemingway unserer Tage aus. Er wurde ein scharfzüngiger Advokat der Demokratie und kritisierte die Exzesse des Regimes oft auf höchst undiplomatische Weise.

Moi kam noch von anderer Seite unter Beschuß. Einige Jahre zuvor war Robert Ouko, der sehr populäre Außenminister, unter mysteriösen Umständen ums Leben gekommen. Seine verbrannte und verstümmelte Leiche wurde im Februar 1990 in einem Busch in der Nähe seiner Heimatstadt Kisumu gefunden. Der Verdacht war sofort auf Mois Anhänger gefallen, die einer weitverbreiteten Ansicht zufolge vermutlich versucht hatten, Ouko, der damals anfing, die wachsende Korruption der herrschenden Clique anzuprangern, zum Schweigen zu bringen. Unter Druck gesetzt, stimmte die Regierung einer Untersuchung zu, die von Ausländern durchgeführt und von einem pensionierten Ermittlungsbeamten Scotland Yards, John Troon, geleitet wurde. Troons Ermittlungen schlugen ein wie eine Bombe, denn sie belasteten einige der Politiker, die Moi am nächsten standen.

Wie seltsam, dachte ich, als ich an meinem ersten Tag in Kenia die Zeitungen durchblätterte. Die beiden Männer, die die Titelseiten beherrschten, die beiden Persönlichkeiten, die mehr als jeder andere die Grundfesten dieses Regimes erschüttert haben, sind Hempstone und Troon – zwei Weiße.

Die Ironie der Sache blieb auch der kenianischen Regierung nicht verborgen. Schon an meinem ersten Arbeitstag in Kenia sollte ich erfahren, daß die Rassenfrage bei jedem Gespräch in Kenia dicht unter der Oberfläche schwelte. Und Moi und seine Kumpane waren sich nicht zu schade dafür, ihre eigene Rassenkarte auszuspielen.

Der Außenminister, Wilson Ndolo Ayah, reagierte, indem er eine Pressekonferenz für die in Nairobi stationierten ausländischen Journalisten einberief. Das war, wie mir meine Kollegen erzählten, schon an und für sich eine ungewöhnliche Sache, da es diese Regierung selten für nötig hielt, mit der ausländischen Presse zu reden. Ich schloß mich einer Gruppe von Reportern an, aber auf unserem Weg dorthin verirrten wir uns für einen Moment. „Tut mir leid", entschuldigte sich einer, „aber wir bekommen so selten die Gelegenheit, ins Außenministerium zu gehen, daß wir vergessen haben, wo es ist."

Wir erfuhren schnell den Grund für diese ungewöhnliche Vorladung. Ayah war wütend, und sein Zorn richtete sich gegen die amerikanische Botschaft. Hempstone handle wie ein „Rassist", donnerte der Außenminister. „Er gehört zu den Ausländern, die nach Kenia kommen, um sich die Tiere anzusehen und nicht die Menschen." „Hempstone", sagte Ayah, „hat die Mentalität eines Sklaventreibers."

Hempstone seinerseits lachte über die Kritik, wie er es meist über das Gegeifer der kenianischen Regierung tat. Am nächsten Tag gingen Neil Henry und ich zur amerikanischen Botschaft – die ironischerweise in der Moi Avenue lag –, da ich mich dem Botschafter vorstellen und Neil sich von ihm verabschieden wollte. Hempstone begrüßte uns mit einem warmen breiten Lächeln in der Tür seines weiträumigen Büros und sagte in Anspielung auf Scarlett O'Haras Plantage: „Willkommen auf Tara!"

Vielleicht, dachte ich, wird das trotz allem ein vergnüglicher Job.

Das Büro der *Post* bestand aus einem kleinen, ziemlich vollgestopften Raum im zweiten Stock eines heruntergekommenen Gebäudes namens Chester-House, in dem viele der ausländischen Nachrichtenorganisationen ihre Büros entlang eines langen schmuddeligen Korridors hatten. Am Ende des Gangs gab es eine kleine Kantine und eine Cafeteria, in der sich scheinbar jeder kenianische Dissident, jeder sudanesische Guerillero, jeder Führer irgendeiner somalischen Splittergruppe oder jeder Aufständische aus Ruanda einfinden und eine improvisierte

Pressekonferenz für die versammelten Auslandskorrespondenten abhalten konnte. Zwei stämmige, schlecht gekleidete Kenianer saßen normalerweise am Ende eines der hölzernen Tische
und tranken Kaffee. Neil sagte mir, daß sie zum Sicherheitsdienst der kenianischen Regierung gehörten und daß es ihre
Aufgabe sei, ein Auge auf die ausländischen Journalisten und
die verschiedenen Vorkommnisse im Chester-House zu haben.

Einer meiner Nachbarn auf dem Korridor war Gary Strieker, der eine Art Einmannbetrieb für den CNN aufrechthielt.
Er war Kameramann, Korrespondent, Produzent und sogar
Tontechniker in einem, assistiert nur von einem freundlichen
Kenianer namens David, der der Tontechniker war und beim
Ein- und Ausladen der schweren TV-Ausrüstung half, und ab
und zu von Garys kenianischer Frau Christine. Gary hatte
früher in einer amerikanischen Bank in Beirut gearbeitet, sich
dann aber selbst beigebracht, wie man mit einer Fernseh-
kamera umgeht, und die letzten paar Jahre über Kriege und
Hungersnöte in Afrika berichtet. Als ich ihn kennenlernte, re-
dete er bereits wie einer, der zu viel gesehen hat und nur noch
nach Hause will. Er erzählte voll Sehnsucht, daß er auf seine
Ranch im Westen Amerikas ziehen wolle, wo er Umweltberichte
und Features drehen könne, statt über Stammesmassaker und
sterbende Kinder zu berichten.

Mir gegenüber auf dem Korridor hatte auch Julian Ozanne,
Korrespondent der Londoner *Financial Times*, sein Büro. Obwohl er erst Mitte zwanzig war, hatte er unter den in Afrika
stationierten Pressefritzen einen legendären Ruf. Seine Abenteuer umfaßten einen Gefängnisaufenthalt im Sudan und einen Flugzeugabsturz, außerdem war er schon einmal angeschossen und verwundet worden. Wenn Julian nicht weg war,
um Guerilleros im Busch nachzujagen, fand man ihn normalerweise in der Carnivore-Disco, wo er mit der neuesten Liebe
seines Lebens bis in die frühen Morgenstunden tanzte. Danach
schaffte er es immer noch irgendwie, auf dem Wilson-Airport
einzutreffen und einen der frühen Flüge der Hilfsorganisationen zu erreichen, die ihn in den südlichen Sudan oder nach

Somalia brachten, wo er noch vor Mittag durch die Flüchtlingslager stapfte.

Wie so viele andere, denen ich in Kenia begegnete, war Julian ein weißer Afrikaner. Sein Akzent war vage britisch oder stammte aus einer der ehemaligen Kolonien der Queen, aber er war, wie er mir gerne erzählte, in Afrika geboren und fühlte sich auf dem afrikanischen Kontinent mehr zu Hause als in den Pubs des Londoner West Ends oder unter den Stammgästen der Fleet Street. Julian und sein bester Freund, Aidan Hartley, ein weißer Kenianer, der für die Reuter News Agency arbeitete und das Büro mit ihm teilte, wollten sich ein Haus im Karen-Langata-Viertel in Nairobi kaufen. Für mich sah das schon nach einer Art von persönlicher Festlegung aus. Sie konnten zynisch sein, was den Kontinent betraf, und sie waren manchmal geradezu grausam in ihren Sticheleien über die Schwächen der schwarzen Afrikaner, aber es war klar, daß dies trotz allem ihr Zuhause war.

Ein weiterer weißer Journalist so um die Mitte zwanzig, der sich ebenfalls in Afrika wohler fühlte als in London, war Sam Kiley, der extravagante Ostafrika-Korrespondent der Londoner *Times*. Sams Markenzeichen war sein völlig glattrasierter Schädel, den er vor der brennenden afrikanischen Sonne normalerweise mit irgendeinem farbenprächtigen Taschentuch schützte. Sam fuhr mit einem Motorrad durch die mit Schlaglöchern übersäten Straßen Nairobis, er brüstete sich damit, früher als männliches Model in Los Angeles gearbeitet zu haben, um sich ein wenig Geld nebenher zu verdienen, und war wie sein Rivale Julian ein großer Liebhaber der Frauen. Da aber die Anzahl junger weißer Frauen, die in Nairobi zur Verfügung standen, begrenzt war – schwarze Frauen galten wegen der hohen HIV-Infektionsrate als riskant –, schienen die beiden oft in einem stillen Wettstreit an der weiblichen Front zu liegen, suchten nach immer neuen Gelegenheiten oder griffen auf kurzfristige Importe aus England zurück. Nairobi wirkte auf mich in dieser Zeit etwas inzestuös, wie eine Szene aus dem alten Film mit dem passenden Titel *White Mischief*.

Wie so viele andere aus dem Pressekorps konnte auch Sam brutal scharfe Kommentare über Afrika und die Afrikaner abgeben. Einmal kam er im Korridor des Chester-House völlig aufgeregt auf mich zu. Er erzählte mir, daß er ein Buch über seine Erlebnisse in Afrika schreiben wolle. Er würde die wirkliche Geschichte der Guerilla-Bewegungen und Rebellenarmeen schreiben. „Den Titel habe ich schon", sagte er. „Gorillas mit Gewehren."

Hoffentlich bleibe ich nicht so lange, daß ich so zynisch werde, dachte ich.

Mein Verbindungsmann von der *Washington Post* in Nairobi, dessen Job es war, mich mit Hintergrundmaterial zu versorgen, war früher lange Jahre Reporter bei einer Nachrichtenagentur gewesen. Sein Name war Todd Shields. Ein schlaksiger Amerikaner mit einem dröhnenden Bariton, innerhalb des Pressekorps der Witzbold vom Dienst. Er und seine Frau Didi, eine Reporterin der Associated Press, waren mit am längsten in Afrika, und auch sie waren müde und wollten das Land verlassen. Bei mehr als einer Gelegenheit erzählte mir Todd, daß er keine journalistischen Höhenflüge mehr dabei erlebe, wenn er gerade noch um Haaresbreite dem Schicksal entkomme, in den Kopf geschossen zu werden, während er zwei afrikanischen Splitterparteien zuschaue, wie sie sich an irgendeiner staubigen Straßenecke bekriegten.

Die Büros der Nachrichtenagenturen – AP, Reuter, Agence France Press – beschäftigten alle eine Reihe von schwarzen Afrikanern als Reporter oder Fotografen. Einer der ersten Fotografen, die ich nur einige Tage nach meiner Ankunft in Nairobi kennenlernte, war Hos Maina von Reuter. Ich hatte ein schnellschußartiges kleines Feature über die Wahl der Miss Kenia und die Diskussion über afrikanische versus westliche Schönheitsideale geschrieben, die der Wettbewerb ausgelöst hatte. Aber ich hatte kein Foto der Gewinnerin und war verzweifelt. Also rief ich spät an einem Samstag bei Reuter an und hatte Hos an der Strippe. Ich erklärte ihm mein Dilemma, und er sagte, ich solle mir keine Sorgen machen – er hatte selbst ein Foto von

Miss Kenia aufgenommen und war bereit, am folgenden Tag, einem Sonntag, an dem er frei hatte, vorbeizukommen, um das Foto für mich herauszusuchen und es nach Washington zu faxen. Dabei war ich Hos noch nicht einmal vorgestellt worden.

Ich habe mich an diese Gefälligkeit immer als an einen der unzähligen kleinen Akte der Freundlichkeit erinnert, auf die ich später auf dem ganzen Kontinent stieß. Danach betrachtete ich Hos als Freund und guten Kollegen.

Der Liebling des ganzen Pressekorps in Nairobi aber war ein junger Fotograf namens Dan Eldon. Sein Vater war Engländer, seine Mutter Amerikanerin, aber Dan war in seinem tiefsten Herzen Afrikaner, ein weißer Junge, der in Kenia aufgewachsen war, Suaheli sprach und der einzige Mensch war, den ich je kennengelernt habe, der mit Leichtigkeit die Kluft überwand, die die schwarzen Afrikaner von der Welt der weißen Ausländer trennte. Er war erst einundzwanzig und man hätte ihn leicht für einen Teenager halten können, aber er hatte sich bereits als talentierter aufstrebender junger Fotojournalist, der bereit war, für ein Bild überall hinzugehen, einen Namen gemacht. Er war ein Witzbold mit einem Sinn für bösen Humor und einer großen Begabung für Verkleidungen. Ich bin selbst einmal auf seine Verkleidungen hereingefallen, als er auf einer Party mit falschem Schnurrbart und Brille auf mich zukam und mich in einem starken undefinierbaren Akzent ansprach. Er stellte sich mit einem kehligen „Hallo" vor und nahm dann, völlig begeistert von seiner Vorstellung, schwungvoll die Brille ab. „Hab ich dich drangekriegt, was?" sagte er zufrieden. Das war Dan.

Dans Maskeraden wurden zur Legende. Als sein Vater Mike Eldon für kurze Zeit ins Krankenhaus mußte, gelang es Dan, auch noch lange nach der Besuchszeit am Krankenhauspersonal vorbeizukommen, indem er sich einen weißen Kittel überzog und vorgab, Arzt zu sein, und das zweite Mal einen mit Abzeichen versehenen amerikanischen Kampfanzug trug und brüsk verkündete: „Colonel Fred Peck, United States Marines!"

Mein eigenes „Büro" in Afrika bestand aus mir und einem kenianischen Bürogehilfen namens George. Neil Henry hatte George per Zufall aufgetan, als er eine Story über die wuchernden Squatter-Slums in Nairobi recherchierte. Er hielt George für aufgeweckt, auch wenn er keine formelle Ausbildung besaß, und beschloß, ein Experiment mit ihm zu wagen, indem er ihm einen Job gab, der seine Fähigkeiten bei weitem überstieg. Er wollte sehen, ob George der Herausforderung gewachsen sei. Er war es größtenteils, da seine Arbeit hauptsächlich darin bestand, die kenianischen Zeitungen zu lesen, wichtige Artikel auszuschneiden und einmal im Monat einen Haufen Geld durch die Stadt zu schleppen, um die Stromrechnung, die Wasserrechnung und die Telefonrechnungen zu begleichen. Telefone schwebten ständig in Gefahr, wegen verspäteter Zahlung abgestellt zu werden.

George hatte eine zweite Seite, aber die lernte ich erst sehr viel später kennen. Während meiner ersten Wochen teilte er mir mit, daß Neil ihm eine Gehaltserhöhung versprochen habe. Ich fand das in Ordnung, da sein Gehalt bisher nur ungefähr achtzig Dollar im Monat betragen hatte. Dann kam Weihnachten, und er bat mich um einen Vorschuß auf sein nächstes Monatsgehalt, was ich ebenfalls einsah. Im Laufe der Monate häuten sich Georges Bitten um Anleihen, Vorschüsse, Gehaltserhöhungen. Ich erwähnte es Todd und Julian gegenüber, die erstaunt waren, wieviel ich George bezahlte. Hundertfünfzig Dollar im Monat schien mir ein jämmerliches Gehalt zu sein, aber George verdiente doppelt soviel wie alle übrigen Bürogehilfen in Kenia, und das für wesentlich weniger Arbeit, da ich dauernd verreist war. Nachdem ich meine Bücher kontrolliert hatte, fand ich zudem heraus, daß ich George so viel Geld „geliehen" und „vorgeschossen" hatte, daß er ungefähr ein Jahr lang umsonst hätte arbeiten müssen, um es zurückzuzahlen.

Ich verstand inzwischen die Gefühle westlicher Regierungen nur zu gut, die über Jahre hinweg Geld nach Afrika gepumpt hatten, nur um schließlich zu entdecken, daß es abgeschöpft worden war und die Hand weiter ausgestreckt blieb. Aber es sollte noch schlimmer kommen. Bald danach beschwerten sich einige meiner Kollegen, daß George bei ihnen Geld leihe und es nicht zurückzahle. Wenn ich die Stadt für eine Reportage verließ, erzählte ihnen George manchmal, daß ich nicht genug Geld zurückgelassen hätte, um eine Telefon- oder Stromrechnung zu bezahlen, und bat sie, das Geld bis zu meiner Rückkehr vorzustrecken. Es war gelogen – ich ließ immer genug Geld zurück –, aber es war ein bequemer Weg für George, sich in meinem Namen Geld zu leihen. Jetzt kam man natürlich zu mir und verlangte, daß ich das Geld zurückzahle.

Ich entdeckte auch noch andere Gaunereien. Wenn ich George Geld gab, um die Rechnungen zu bezahlen, zahlte er manchmal nur die Hälfte, ließ die andere Hälfte anschreiben und steckte das Geld in die eigene Tasche. Ich stieß eines Tages darauf, als ich am Geschäft des Inders vorbeikam, der mich mit Tageszeitungen versorgte. Er fragte mich, wann ich gedächte, meine Schulden zu bezahlen. Ich war völlig überrascht, da ich wußte, daß ich meine Rechnungen immer pünktlich beglichen hatte.

Ich machte zugunsten Georges Zweifel geltend. Mein Motiv dafür war zum Teil eine Art Schuldgefühl. Ich hatte ein schlechtes Gewissen, daß die Kenianer so wenig verdienten, daß sie Mittel und Wege finden mußten, die mit Anstand nichts mehr zu tun hatten, nur um an ein wenig Extrageld zu kommen. Ich hatte auch das Gefühl, daß ich als schwarzer Boß meinem afrikanischen Bürogehilfen gegenüber ein wenig mehr Verständnis und Großzügigkeit aufbringen mußte. Ein Weißer hätte George vermutlich schon längst entlassen. Aber aus irgendeinem Grund hatte ich das Gefühl, daß ich mich etwas mehr seiner annehmen müßte. Das nutzte er aus, legte mir dauernd Zettel hin, auf denen er sich nach der neuesten Gehaltserhöhung für meine Freundlichkeit bedankte, wünschte mir allen Segen Gottes für mein Verständnis, kurz, er trug dick auf. Er benutzte mich. Genauso wie es ein afrikanischer Potentat machte, wenn er an die Schuldgefühle der weißen Geberländer appellierte. Als ich aber das mit den Zeitungen herausfand, kochte ich vor Wut.

Wie die Weltbank und der Internationale Währungsfonds wollte auch ich belegt haben, was mit meinem Geld geschah.

Als ich George auf seine Lügen und Betrügereien ansprach, war ich drauf und dran, ihn zu feuern. Aber ich tat es nicht. Mein Schuldgefühl behielt die Oberhand. Er sagte mir, daß er sehr arm sei und daß seine vielen Kinder – ich habe vergessen, wie viele es genau waren, jedenfalls eine Menge – Schulbücher und Arznei brauchten, wenn sie krank waren. Ein Teil des Problems rührte daher, daß George wie viele Männer in Kenia mehr als eine Frau hatte. Sich neue Frauen zu nehmen und Kinder zu zeugen verschaffte einem Ansehen, sogar in den Squatter-Slums. Ob man sich die zusätzliche Bürde, eine neue Familie zu versorgen, leisten konnte, war nie ein Teil der Rechnung.

Mir wurde klar, daß George und ich über eine große kulturelle Wasserscheide hinweg miteinander sprachen. Ich würde seine Welt nie verstehen. Ich war vierunddreißig Jahre alt, unverheiratet und hatte keine Kinder. George, einige Jahre jünger als ich, hatte drei Frauen und zumindest acht Kinder. Er hatte vermutlich das Gefühl, daß mein Leben unvollständig sei. Er war auch der Überzeugung, daß ich als Boß die Verpflichtung hatte, ihm zu helfen und sein Patron zu sein. In diesem Land und diesem Kontinent, in dem es kein soziales Sicherheitsnetz gab wie in den westlichen Ländern, war es durchaus üblich, so zu denken. Wenn ein Familienmitglied krank wurde, erwartete man vom Patron, vom Boß, daß er die Arztrechnung bezahlte. Kamen die Kinder in die Schule, half der Boß bei den Schulgebühren, den Schulbüchern, der Kleidung. Wenn ein Elternteil starb, sprang der Boß ein und übernahm einen Teil der Begräbniskosten. So war es eben in Afrika. Und das war es, was George von mir, dem neuen bwana oder Herrn, erwartete. Es ärgerte mich, in eine Rolle gedrängt zu werden, mit der ich nicht gerechnet und die ich nie gewollt hatte. Meine westliche Art zu denken sagte mir, daß ich ihm einfach ein anständiges Gehalt für anständige Arbeit zu zahlen hätte und seine familiären Probleme mich nichts angingen. Ich nahm es übel, daß er mir Schuldgefühle aufdrängte, wenn ich ihn eigentlich nur feuern wollte. Aber der kulturelle Unterschied war zu groß; ich dachte darüber einfach nicht so wie die Afrikaner.

Meine übrigen Hausangestellten erteilten mir eine ganz ähnliche Lektion. Sie waren zwar wesentlich ehrlicher als George, aber auch sie schienen von einer nicht enden wollenden Reihe persönlicher und familiärer Krisen heimgesucht, die mir alle eine Menge finanzieller Unterstützung abverlangten. Mein Haus in Nairobi wurde von einem freundlichen älteren Haushälter und Aushilfskoch namens Hezekiah, der bei mir wohnte, betreut. Während ich das geräumige Haus mit den drei Schlafzimmern allein bewohnte, lebte Hezekiah in einem kleinen Verschlag hinter der Küche, während sich seine Frau und seine Kinder weit weg auf seiner *shamba*, seiner Farm, auf dem Land befanden. Ich betrat den kleinen Raum, in dem Hezekiah lebte, nie. Ich machte mir vor, daß das dem alten Mann ein gewisses Maß an Privatsphäre verschaffe. In Wahrheit hätte ich mich schuldig gefühlt, wenn ich seine bescheidene Unterkunft – die vermutlich nur aus einem schmalen Bett und einem winzigen Radio in einem Zimmer von der Größe eines Wandschranks bestand – mit meiner eigenen reichlich protzigen Wohnung verglichen hätte.

Der Gärtner, der jeden Morgen aus einem der nahegelegenen Slums vorbeikam, war ein höflicher junger Mann namens Reuben. Er sprang auch als Bote und Mann-für-alles ein. Wenn ich ein Taxi brauchte, rannte Reuben einen Kilometer oder mehr zur nächsten Hauptstraße, um eines heranzuwinken und zu meinem Haus zu lotsen. Wenn mir die Milch ausging, lief er ohne sich zu beklagen bei strömendem Regen los, um welche zu kaufen. Reuben legte endlose Strecken zu Fuß zurück, während ich noch für die kürzesten Entfernungen meinen Wagen oder ein Taxi nahm.

Wenn ich bedenke, wie George, Hezekiah und Reuben lebten, wenn ich auch nur einen einzigen kurzen Blick auf ihr hartes Leben werfe, ist mir klar, daß ich niemals wirklich verstehen werde, was es heißt, ein Afrikaner zu sein.

Ein weiterer Aspekt der Realität Nairobis, der mich von meinen afrikanischen Angestellten unterschied, war das Verbrechen, oder besser gesagt die Wahrnehmung von Verbrechen. Ausländer in Nairobi – auch weiße Kenianer – leben in ständiger Furcht davor, daß die „Eingeborenen" mit Panga-Messern über die Mauern klettern, sie in Stücke hacken und alles Geld stehlen, das sie im Haus haben. Wo immer man auch hinging – zu Dinnerpartys, zu Pressekonferenzen, wenn man zufällig Ausländer auf der Straße traf –, dauernd hörte man neue Horrorgeschichten über weiße Familien, die in ihren Häusern schliefen, als „sie" kamen. Wenn man Glück hatte, fesselten „sie" einen nur und steckten einen in den Schrank, während sie das Haus ausraubten. Ein paar heldenhafte Seelen hatten Waffen im Haus, um sich gegen die Eindringlinge zur Wehr zu setzen, aber jedesmal – so jedenfalls wurde es erzählt – fanden „sie" als erstes die Waffen, und zum Dank für seine Bemühungen wurde der Hausbesitzer dann umgebracht.

Das andere Problem, über das viel geredet wurde, war der Diebstahl von Autos. Fast jedermann hatte eine entsprechende Geschichte auf Lager, ob er nun selbst betroffen war oder nicht. „Sie" hechteten in den Wagen, während man vor einem Einkaufscenter die Tüten einlud. „Sie" zwangen einen, mit in die Außenbezirke der Stadt zu fahren – ein Ausländer auf dem Vordersitz ist die beste Garantie, eine Routinekontrolle der Polizei zu vermeiden (ich erinnere dabei nur an die bereits erwähnte Immunität der Ausländer). Und wenn man Glück hatte, setzten „sie" einen irgendwo am Fuße der Ngong-Berge ab, von wo aus man versuchen konnte, per Autostop in die Stadt zurückzukommen.

Ich hatte das alles gehört und hatte keine Angst. Tatsache war, daß mich eine Art dumm-dreiste Tapferkeit erfüllte. Ich stammte schließlich aus Detroit, der Weltmetropole der Mörder. Und während meiner High-School-Zeit im Vorort Grosse Point Woods hatte ich die Innenstadt schon immer gegen das Stereotyp von der kriminellen Unterwelt verteidigen müssen, in der automatisch jeder gesetzestreue Bürger zur Zielscheibe wird. Ich war schließlich in Detroit aufgewachsen und noch kein einziges Mal überfallen oder auch nur bedroht worden. Was war dagegen Nairobi! Eine Kleinstadt. Die Einbrecher hier benutzten noch immer Panga-Messer und nicht die halbautomatischen Waffen ihrer amerikanischen Kollegen.

Also startete ich einen Kreuzzug gegen die Angst vor Verbrechen. Jedem, der es hören wollte, versicherte ich, daß sie übertrieben sei. Ich verkündete, Nairobi sei hundertmal sicherer als New York, Washington oder Detroit, sicherer als jede amerikanische Großstadt. Und ich gab manchmal nicht gerade sehr rücksichtsvoll zu verstehen, daß der wirkliche Grund, weshalb sie so oft über das „Problem der Kriminalität" sprächen, darin liege, daß sie alle Rassisten seien. Wovor sie wirklich Angst hätten, so argumentierte ich, seien die Schwarzen, die vielen Schwarzen. Weiße seien es nicht gewöhnt, in der Minderheit zu sein, in einem Meer von Schwarzen unterzugehen. Die Statistiken, die Fakten würden ihre Besorgnis nicht bestätigen. Und wenn ich mich mit dieser Argumentation nicht durchsetzte, brachte ich sie auf den Schuld-Trip und sagte ihnen, daß die Kriminalität nur deshalb existiere, weil die Ausländer, die Weißen, in ihren schicken neuen Range Rovers und Geländewagen durch die Stadt fuhren, während die „Eingeborenen" wie zum Beispiel George und Reuben Tag für Tag kilometerlange Strecken zu Fuß auf den staubigen Straßen zurücklegen müßten. Wie kannst du von ihnen erwarten, fragte ich, daß sie nicht über die Mauern hinweg in die Häuser eindringen, wenn du einfach in ihr Land kommst, hier in Saus und Braus lebst und deinen Dienern weniger als hundert Dollar im Monat bezahlst?

Ich war sehr geschickt darin, weiße Schuldgefühle herauszukitzeln und auf die Ironie hinzuweisen, die darin lag, Woche für Woche Hunderte von kenianischen Schillingen für Frischfleisch auszugeben, um die Wachhunde damit zu füttern, aber nicht einmal das Wagenfenster herunterzukurbeln und ein verhungerndes Kind zu beachten, das ans Fenster klopft, um ein wenig Kleingeld zu erbetteln.

In Wahrheit kannte ich die afrikanische Mentalität genausowenig wie meine ausländischen Freunde und Kollegen. Ich lebte genauso geschützt und abgeschirmt von Afrika und den Afrikanern, weil die kulturelle Kluft, die uns trennte, zu groß war, um sie dahinter wahrnehmen zu können. Auch ich hatte Angst vor ihnen. Mein Haus war durch ein Alarmsystem geschützt, das mit einem Sicherheitsdienst verbunden war, durch zwei große Hunde – einen deutschen Schäferhund namens Chui (was in Suaheli „Leopard" heißt) und einen Rhodesian Ridgeback namens Hank – und durch eine Gruppe von Sicherheitsbeamten, die sich regelmäßig ablösten und nachts und an den Wochenenden rund um die Uhr vor dem Eingangstor Wache standen – meist schienen sie allerdings zu schlafen.

Ich hatte mich schnell in die „Szene" in Nairobi eingelebt. Es war eine Ausländerszene, und sie war fast ausschließlich weiß. Eine Szene, die aus House-Parties und Saufnächten im Carnivore-Restaurant und der Carnivore-Disco bestand – allerdings nur am Mittwoch, denn dann spielten sie alten Rock 'n' Roll, und deshalb hieß der Mittwochabend bei den Ausländern durchweg „weißer Abend".

Und danach pflegten wir, ob wir im Carnivore saßen oder sonst wo eingeladen waren, nach einer gehörigen Menge Alkohol über die Probleme Afrikas zu diskutieren und zu analysieren, was mit „den Afrikanern" nicht stimmte.

Ich erinnere mich an eine Dinner-Party, auf der, nachdem die Teller abgeräumt waren und der Kognak zu fließen begann, eine wütende Debatte zwischen zwei langjährigen Afrikakennern darüber ausbrach, welches der afrikanischen Länder „das blödeste" sei. Der eine verlieh die Auszeichnung an Tansania mit dem Argument, daß dort „seit dreißig Jahren Friede herrsche, das Land aber aussehe, als habe es dreißig Jahre Krieg hinter sich". Nein, warf Todd Shields in seinem dröhnenden Bariton ein, Somalia sei das blödeste Land, die hätten es binnen weniger Monate geschafft, ihre Hauptstadt in Schutt zu verwandeln. Sie seien eindeutig die Blödesten. Aber der, der für Tansania gestimmt hatte, ließ sich nicht einschüchtern. „Somalia zählt nicht", sagte er. „Somalia ist raus aus der Hitliste."

Der Zynismus meiner Kollegen verletzte mich. Aber ich hielt den Mund, da ich natürlich ein Neuling war und bisher noch keine der ausgebombten Städte und keines der trostlosen Flüchtlingslager besucht hatte, von denen ich hörte. Außerdem fühlte ich mich verunsichert, ungefähr so, wie du dich als Schwarzer in Amerika fühlst, wenn du mit einer Clique weißer Freunde zusammen bist und einer von ihnen einen harmlosen „Nigger"-Witz erzählt. Du weißt, daß es ein Witz ist, du willst darüber lachen, du willst, daß sie dich akzeptieren. Aber du bist verletzt. Und manchmal bleibst du einfach still.

Einer der Männer aus dem Pressekorps, mit dem ich mich befreundete, war Jeff Bartholet von der Newsweek, ein sensibler Schreiber und Berichterstatter, dem der Kontinent nicht gleichgültig zu sein schien. Er war nicht zynisch, nur müde. Er war bereits länger als drei Jahre hier und konnte es kaum erwarten, auf einen anderen Posten versetzt zu werden. Ich erinnere mich, wie ich, der eifrige Neuling, ihn als erfahrenen Veteranen fragte, warum so viele der Kollegen eine so negative Einstellung zu Afrika hätten.

„Es laugt dich aus", sagte er erschöpft. „Du rennst und rennst von einer Scheiße zur anderen. Und nach einer Weile kommst du dir wie eine Ratte im Laufrad vor."

Vielleicht würde es mich auch erschöpfen, wie Neil Henry, wie Jeff Bartholet. Aber jetzt war ich noch neu hier, ich war aufgeregt, an einem neuen Ort zu sein, und ich wollte um alles in der Welt verhindern, daß mich derselbe hemmungslose Zynismus ansteckte.

Ich wollte Afrika für mich selbst entdecken, wollte es mit seinen Augen sehen, ohne mir, wie ich voller Selbstgerechtigkeit dachte, durch die Voreingenommenheit und den Ballast derer, die vor mir hierhergekommen waren, den Blick trüben zu lassen. Ich wußte, was das hieß. Es hieß, daß ich diese abgeschirmte Welt so schnell wie möglich verlassen mußte, daß ich den schützenden Zaun, daß ich Kenia hinter mir lassen mußte, wo es allzu leicht war, von einer angenehmen Welt voll guter Restaurants und Dinner-Parties eingelullt zu werden. Ich beschloß, einen Großteil meiner Zeit mit Reisen zu verbringen. Ich würde Afrika erkunden, es entdecken.

Was ich zu dieser Zeit nicht realisierte, war, daß es damit enden würde, mich selbst zu erkunden, mich selbst zu entdecken.

3

NIEMANDSLAND

„Somalia existiert nicht mehr.
Und zur Zeit kümmert das niemand. "

Äußerung eines Beamten
des amerikanischen Geheimdienstes
Washington, D. C., November 1991

Meine erste Erfahrung mit einer Granate hatte ich, als ich den Präsidenten eines Landes interviewte, das es nicht mehr gab.

Es war in Mogadischu, im Januar 1992, auf der Höhe des Bombenkriegs, der bereits die einst anmutige, am Meer gelegene Hauptstadt Somalias verwüstet hatte. Ali Mahdi Muhammad, der sich zu der Zeit Interims-Präsident nannte, hatte sich in seinem Stützpunkt, einer weiß gekalkten alten italienischen Villa mit unzähligen Bombeneinschlägen, im Norden der Stadt verschanzt. Seine Domäne umfaßte ein paar Quadratkilometer und lag mit dem Rücken zum Meer. Sein Gegner am anderen Ende der Stadt, General Hussein Muhammad Aidid, war entschlossen, Ali Mahdi aus seiner befestigten Enklave zu vertreiben, und die Granaten der Artillerie waren seit November mit schöner Regelmäßigkeit darauf herunter-geregnet. Es war ein weitgehend unsichtbarer Bürgerkrieg, der es nie auf die Titelseiten oder in die Nachrichtensendungen brachte, in dem aber Tausende starben – meist Zivilisten, die von einem Schußwechsel erwischt wurden.

Ali Mahdi hielt hof in einem kleinen, mit einem roten Per-serteppich ausgelegten Raum, was seltsam fehl am Platz wirkte in einer Stadt, in der alles Lebensnotwendige geplündert war. Er trage definitiv die Verantwortung in Somalia, betonte er im-mer wieder lahm, aber der Krieg habe sein Land in Trümmer verwandelt. „In diesem Land gibt es keine funktionierende Wirt-schaft mehr. Alles ist zusammengebrochen", sagte er. „Außer-dem herrscht Anarchie. Ohne Polizei oder Militär ist es sehr schwer, das Land in den Griff zu bekommen." Währenddessen schienen draußen die Einschläge des Artilleriefeuers näher zu kommen. Und gerade als Ali Mahdi zu sprechen aufhörte, schlug eine Granate wie ein Ausrufezeichen zu seinem Schlußsatz ins Haus ein, gefolgt von einer Salve aus Automatikgewehren. Wir warfen uns alle zu Boden, während der Verputz von der Decke rieselte.

Der selbsternannte Präsident war verwirrt, aber nur für einen Moment. Dann rappelte er sich auf, gewann schnell seine Haltung zurück und grinste verlegen. Ein Assistent neben ihm brachte für das Geschehen eine Erklärung vor, die uns ver-mutlich beruhigen sollte: „Ich denke, es verzieht sich."

Das war knapp und war nur das erste von vielen ähnlichen Erlebnissen, die ich in Somalia während der nächsten zwei Jahre und zwei Monate hatte. Diese einzige Episode erteilte mir innerhalb von Sekunden einige wertvolle Lektionen, an die ich in anderen bizarren Situationen, wenn ich der Gefahr sehr nahe kam oder ihr nur um Haaresbreite entwischte, immer wieder denken mußte.

Die erste Regel war natürlich die, immer auf den Klang des Artilleriefeuers zu achten und daran zu denken, daß es ver-mutlich wirklich näher kam, wenn es sich so anhörte. Aber mehr als das wurde mir klar, wie absolut wichtig es war, sich angesichts des Absurden einen Sinn für Humor zu bewahren, denn auch die Somalis selbst taten das. Ich war im Begriff, zu einer fast surrealen Odyssee in ein absolutes Niemandsland aufzubrechen, kam an einen Ort, in dem alle Regeln für das, von dem ich dachte, daß es ein zivilisiertes Verhalten zwischen Menschen begründet, komplett zusammengebrochen waren. Alle Wetten standen in Somalia offen. Hier war die gesellschaftliche Hackordnung durch die Größe und Reichweite der Waffen ersetzt worden. Und keiner – weder die ausländischen Journalisten noch die Mitarbeiter der Hilfsorganisationen, ja nicht einmal die amerikanischen Marines oder die Vermittler der UN – blieb davon verschont.

Als ich Mogadischu 1992 zum ersten Mal sah, glich die Stadt einem Filmset aus der alten „Mad Max"-Serie, in der es um eine unwirkliche postnukleare Welt geht, in der die Lumpensammler überleben, indem sie Schutt und übriggebliebene Metallteile zusammenklauben. Mogadischu hatte kein nukleares Inferno hinter sich – aber es schien dem so nahe gekommen zu sein, wie es eine Stadt überhaupt nur konnte.

Kein Viertel war vom Bürgerkrieg verschont geblieben. Die Kinder, die die Miliz der Guerilla bildeten, hatten sich auf schwere Waffen spezialisiert, mit denen man sonst Kampfflugzeuge abschießt, und setzten sie horizontal ein. Diese riesigen Geschosse sind besonders zerstörerisch, wenn sie gegen Betonbauten abgefeuert werden. Die alte Innenstadt lag in Trümmern; sie war zum unpassierbaren „Niemandsland" zwischen dem Nord- und dem Südteil der Stadt geworden, in dem sich die gegnerischen Sub-Klans von Ali Mahdi und Aidid verschanzten. Somalis sprachen zuweilen von der „Green Line", eine Bezeichnung, die sie sich, passend genug, von Beirut geliehen hatten. Später, als die Somalis ihrer schrecklichen Lage etwas Humor abgewinnen wollten, nannten sie einen Teil der Stadt, in dem besonders viele Gewalttaten geschahen, Bosnien.

Aber die Zerstörungen, die der Krieg verursacht hatte, sind nur die halbe Geschichte. Denn was die Bomben und Granaten verschont hatten, wurde von den nachfolgenden Wellen von Plünderern und Aasgeiern auseinandergerissen, für die alles – sei es ein Stück Metall, eine Leitung, ein elektrisches Kabel – wertvoll war, weil man es vielleicht gegen ein Stück Fleisch oder eine Handvoll Reis eintauschen konnte. Die Straßen waren aufgerissen und die Wasserleitungen daraus entfernt. Stromleitungen wurden von den Masten gerissen, und irgendwann verschwanden auch die Masten. Von den Gebäuden wurde alles geklaut, was man sich nur vorstellen kann – Türklinken, Fensterrahmen, Toiletten, sogar die Zierleisten auf den Fußböden und an den Decken. Alles in Mogadischu konnte jetzt oder in Zukunft irgendeinen Wert haben, und alle waren so weit heruntergekommen, daß sie sich ihren Anteil an dem Müll sichern wollten.

In jenen Tagen war es schon ein schwieriges Unterfangen, überhaupt nach Somalia hineinzukommen, da das Land von der Außenwelt fast abgeschnitten war. Die Journalisten, die ihren Hauptsitz in Nairobi hatten, mußten sich entweder ein kleines Flugzeug chartern und einen der in Kenia stationierte „Cowboy"-Piloten finden, der bereit war, in ein Kriegsgebiet zu fliegen, oder sie waren auf die wenigen Hilfsorganisationen angewiesen, die in einem Land arbeiteten, das noch über regelmäßige Flüge mit Lebens- oder Arzneimitteln verfügte. Jede Reise ins Land erforderte vorheriges stundenlanges Einkaufen: Flaschen mit Wasser, Büchsennahrung, Erdnüsse, die man zwischen den Mahlzeiten essen konnte. In Mogadischu selbst waren die Hilfsorganisationen großzügig genug, die Journalisten mit einer Unterkunft zu versorgen, meist ein Stück Boden in ihrem eigenen überfüllten Lager. Ich hatte immer einen Schlafsack und ein Moskitonetz bei mir.

Selbst der Anschein einer zivilen Verwaltung konnte nicht mehr gewahrt werden, und so hatte eine der Klan-Milizen, die in der Nähe stationiert waren, die Gewalt über Mogadischus internationalen Flughafen am Meer übernommen. Wenn man in Mogadischu aus einem Flugzeug stieg, umstand einen sofort eine Horde von Jungen – manchmal nicht älter als zwölf oder dreizehn – und setzte einem ihre AK-47 Gewehre und ihre Granatwerfer auf die Brust. Normalerweise schrien sie einem unverständliches Zeug ins Gesicht, während sie Geld verlangten, manchmal bis zu hundert Dollar – für Landegebühren, Zoll, Gepäckgebühren, Sicherheitsgebühren, sogar „Eintrittsgebühren". Und man zahlte, ohne zu murren. Ich reiste nie nach Somalia mit weniger als dreitausend Dollar in bar, immer in kleinen Scheinen, zehn oder zwanzig Dollar, die ich aufgerollt und in verschiedenen Taschen, Beuteln und einem geheimen Geldgürtel versteckt bei mir trug. Geld bedeutete Macht in Somalia. Einen Hundert-Dollar-Schein zur rechten Zeit zu zücken konnte dich davor bewahren, umgebracht zu werden, wenn der Streit über Preise zu hitzig wurde. Andererseits, wenn du die Scheine zu schnell herausrücktest, konntest du trotzdem erschossen werden. Du mußtest eben lernen, wie du dich in Somalia zu verhalten hattest.

Nachdem die Stadt leergeplündert war, entdeckten die Milizen eine neue Geldquelle, die man am besten mit dem Wort „Begleitpflicht" umschreiben kann, eine Art Sicherheitsservice für Ausländer wie mich. Sobald man den Flugplatz verließ, war man auf bewaffneten Schutz angewiesen, wenn man es weiter als ein paar Straßenblocks bringen wollte – besonders wenn man in dieser Stadt, in der es nichts mehr gab, einen Rucksack mit Wasser und Nahrungsmitteln bei sich hatte. Also heuerte man sich eine bewaffnete Leibgarde an und lernte es, den Tageslohn auszuhandeln, während einem die Männer ihre Gewehre an die Schläfe hielten. Der normale Satz war hundert Dollar pro Tag für einen Wagen und eine Handvoll Bewaffneter, Mittagspause inklusive.

Meine Freunde zu Hause fragten mich immer, woher ich wußte, daß ich diesen Männern, die ich angeheuert hatte, trauen konnte. Die Antwort ist ganz einfach: Ich traute ihnen nicht.

Du konntest nur raten – und beten –, daß du dich richtig entschieden hattest. Am Ende des Ausflugs gab es unweigerlich Diskussionen, wenn die Männer mehr Geld wollten, als wir vereinbart hatten. Aber ich merkte schnell, daß die Somalis nichts mehr liebten als einen guten Streit, und bis zu einem gewissen Punkt konnte man sie provozieren, zurückschreien und wegen ihrer unverschämten Erpressungsversuche den Himmel anflehen. Es gab ein altes Sprichwort in Somalia, das man ungefähr so übersetzen könnte: „Wer dich warnt, hat dich noch nicht umgebracht." Es schien eine gute Verhandlungsbasis zu sein. Solange man sich noch gegenseitig anschrie, war man wenigstens noch am Leben.

Als meine Reisen häufiger wurden, fing ich an, einige der Bewaffneten wiederzuerkennen, und es entwickelte sich eine seltsame Art professioneller Loyalität zwischen uns. Meist erinnerte ich mich nicht an ihre Namen, erkannte sie aber an ihren Gesichtern, ihren Ray-Ban-Sonnenbrillen oder an den T-Shirts, die sie trugen. Für sie war vermutlich die Bezahlung, die ich ihnen garantierte, wenn ich am Leben blieb, eine verläßlichere Einkommensquelle als die paar hundert Dollar, die es ihnen gebracht hätte, wenn sie mich auf der Stelle erschossen hätten. Eine Art vorausschauender Finanzplanung, nehme ich an, und für mich eine ziemlich handliche Art von wechselseitigem Eigennutz.

Nachdem ich einige Monate lang in Somalia ein- und ausgereist war, entschied ich mich für zwei Männer, die während mancherlei kniffliger Situationen zu meinen ständigen Begleitern werden sollten. Der Übersetzer war ein kleiner drahtiger junger Somali namens Rashid Abdullahi und der Fahrer ein schweigsamer Bursche mit einem Vollbart, der fast immer den Mund voller *khat* zu haben schien, dem übelriechenden betäubenden Kraut, das offenbar eine somalische Nationalspeise war. Wie es sich für einen Fahrer gehört, hieß er Gass, ein Name, den ich immer witzig fand, weil er ständig damit beschäftigt war, Benzin für den klapprigen weißen Toyota zu besorgen. Ab und zu wurden sie von ein oder zwei weiteren bewaffneten Männern begleitet, je nachdem wie sie die Gefahr in der Stadt einschätzten. Für Somalis war die Fähigkeit zu erkennen, wo an einem bestimmten Tag gerade gekämpft wurde, so lebensnotwendig und gehörte so zu ihrem Alltag wie die Kunst der Wettervorhersage.

70

Ich übernahm die beiden von Liz Sly, der Reporterin der *Chicago Tribune*, und stellte schnell fest, daß Rashid, der ganz gut Englisch konnte, ein hervorragender Analytiker der hiesigen Militäraktionen war und ein untrügliches Gespür für die Stimmung auf der Straße hatte. Etwas lernte ich sehr schnell in Mogadischu: Man mußte sich auf seinen Fahrer und Übersetzer verlassen – sie hatten ein wesentlich besseres Gespür für brenzlige Situationen als jeder Ausländer. Wenn ihnen ihr innerer Radar sagte, daß es in einem gewissen Teil der Stadt Ärger geben würde, hörte ich auf sie und blieb brav, wo ich war.

Das Unheimliche an Somalia war, daß sich nicht nur die Einheimischen an dieses Leben gewöhnten, sondern auch wir, die Ausländer, die häufig ein- und ausreisten. Im Nachhinein kommt es einem eigenartig vor, auch als ich später versuchte, Freunden zu beschreiben, wie es war, mit Bewaffneten zu verhandeln, auf dem Rücksitz eines zerschossenen Wagens durch eine vom Krieg zerstörte Stadt zu fahren und neben sich einen Kerl zu haben, der einen Granatwerfer hält. Aber zu der Zeit schien das alles normal – normal zumindest für Somalia. Es war eben das, was du machtest, um die Story zu bekommen.

Viele der Journalisten, die in Nairobi stationiert waren, waren in diesen anfänglichen Tagen mit gefährlicheren Situationen konfrontiert, als ich sie jemals erlebte – das gilt besonders für die Fernsehcrews, die mit ihren teuren Ausrüstungen in den Straßen viel mehr auffielen. Kameras zu stehlen und sie dann wieder an die Fernsehcrews zurückzuverkaufen wurde zu einer Art Heimindustrie in Mogadischu. Dutzende von TV-Kameras wurden gestohlen und dann auf einer Art inoffiziellem Schwarzen Markt verkauft. Die Fernsehcrews, die normalerweise über viel Geld verfügten, schienen die „Lösegeldforderungen" als eine Art Versicherung zu betrachten, den Preis, den sie zu zahlen hatten, wenn sie auf Mogadischus kriminellen Straßen ihrer Arbeit nachgingen.

Mein Freund Sam Kiley von der *London Times* berichtete von einer besonders brenzligen Situation, in die er geriet, als er für eine Geschichte über Waffenhandel auf dem berüchtigten Waffenmarkt im Süden Mogadischus recherchierte. Als er dort stand und sich mit einem Waffenhändler über den Preis von Gewehren und Munition unterhielt, beschloß einer der Verkäufer, sich mit dem Ausländer einen Spaß zu machen – er warf Sam eine Handgranate zu. Sam fing sie mit einer Hand auf und warf sie zurück, also verpaßte ihm der Händler eine weitere. Auch die fing Sam auf. Es dauerte nicht lang, und Sam befand sich in einer Art Handgranaten-Jonglier-Wettkampf mit dem Somali, bei dem sie sich die Handgranaten immer schneller und schneller zuwarfen. Es muß ein irrer Anblick gewesen sein – Sam mit seinem Kahlkopf und seinem Kopftuch, wie er Granaten warf und auffing, und die umstehenden Somalis, die sich vor Lachen bogen. Nachdem er mir die Geschichte erzählt hatte, kam mir die Begeisterung für die Geschichte über Waffenhandel, die ich selbst geplant hatte, rasch abhanden.

Todd Shields erkannte eines Tages, daß er länger in Mogadischu gewesen war, als ihm guttat. Er war mit seinen bewaffneten Leibwächtern in einem Auto unterwegs, als einer von ihnen mit einem somalischen Leibwächter einer anderen Gruppe in Streit geriet. Der Streit wurde hitzig, man fing an, sich anzuschreien, und die beiden Somalis legten ihre AK-47 aufeinander an. Todd, der ungeduldig wurde und weiter wollte, trat zwischen die beiden Leibwächter, hielt die Hände vor die Gewehrläufe und übertönte mit seiner Radio-Baritonstimme die beiden schreienden Somalis: „Stop! Hört auf damit! Aufhören!" Er hielt kurz inne, dann überlegte er eine Sekunde lang. „He, was mache ich da eigentlich? Ich stehe zwischen zwei Männern mit AK-47-Gewehren und versuche sie zur Vernunft zu bringen!" Todd erzählte mir diese Geschichte auf dem Flughafen kurz vor seiner Abreise. Er wußte, daß er bereits so lange hier war, daß ihm alles normal und nicht mehr so gefährlich vorkam – was genau der Zeitpunkt ist, an dem Ausländer anfangen unvorsichtig zu werden und am gefährdetsten sind.

Einer der wenigen Journalisten, der auf Mogadischus schlimmen Straßen allein kraft seiner Persönlichkeit und seines guten

Humors sicher durchkam, war der Fotograf Dan Eldon, fast noch ein Kind. Die Somalis schienen Dan wegen seiner Unbeschwertheit zu mögen und seiner Bereitwilligkeit, sie so zu nehmen, wie sie waren. Er konnte sich vor ein Haus setzen und *khat* mit ihnen kauen, er konnte einen Sarong tragen und irgendwie sogar einer von ihnen werden. Das half ihm als Fotograf, denn er brachte es fertig, bewaffnete Somalis dazu zu bewegen, lächerliche Macho-Posen einzunehmen wie zum Beispiel die, ihre AK-47er in der ausgebombten Kathedrale von Mogadischu in die Luft zu recken. Einige seiner besten Aufnahmen verarbeitete er zu farbigen Postkarten, die er päckchenweise verkaufte. Als die Somalia-Geschichte größere Ausmaße annahm, begann Dan auch ein blühendes Geschäft mit bedruckten Somalia-T-Shirts in Nairobi, die er an die wachsende Zahl von Reportern und an die Mitglieder der Hilfsorganisationen im Land verkaufte.

Die Somalis gaben Dan den liebevollen Spitznamen „der Bürgermeister von Mogadischu", ein Zeichen des Respekts und der Dankbarkeit für die Zeit, die er in der Stadt verbrachte. Die Fahrer und Übersetzer belegten übrigens fast alle ausländischen Journalisten in Somalia mit Spitznamen – und nicht alle waren so schmeichelhaft. Eine hervorragende Fotografin, Alexandra Avakian, hieß „das Mädchen mit der Zahnlücke". Eine andere Fotografin, Liz Gilbert, hieß schlicht „die Dünne". Sam hieß natürlich „der Kahle". Ich hatte nie einen Spitznamen – oder besser gesagt, ich erfuhr nie, ob ich einen hatte, da mein eigener Fahrer und mein Übersetzer immer viel zu höflich waren, es mir zu sagen.

Hatte ich jemals Angst? Natürlich. Die ganze Zeit über. Meist in der Nacht, wenn die Salven der automatischen Handfeuerwaffen dem Ort, an dem ich gerade schlief, gespenstisch nahekamen. Ich wußte nie, ob jetzt der Augenblick gekommen war, an dem sie über die Mauer des bewachten Lagers der Hilfsorganisation steigen würden, weil sie erfahren hatten, daß ich da mit ein paar hundert Dollar in meinem Geldgürtel lag. Aber ich lernte es, meine Angst zu verdrängen, wenn ich meine Arbeit tat. Sie hätte mich sonst gelähmt.

Einmal kam ich mit einem UNICEF-Team zum Flughafen, in der Hoffnung, daß sie mich in ihrem kleinen Flieger mit zurück nach Nairobi nehmen könnten, den sie auf der Rollbahn hatten stehen lassen. Als wir ankamen, saß ein Mann mit einer AK-47 auf der heruntergelassenen Einstiegstreppe des Flugzeugs. Er habe den Flieger „bewacht", erklärte er uns über einen Dolmetscher, und jetzt verlange er Geld, sonst lasse er uns nicht gehen. Wir fingen an, über einige Mittelsmänner mit ihm zu verhandeln, hauptsächlich zerlumpte Jungs, die ihre eigenen Waffen schwangen. Aber der Mann, der vorgab, das Flugzeug bewacht zu haben, gab nicht nach, und irgendwann fing er an, drohend das Gewehr auf uns zu richten. Er stand da, umschritt uns in weiten Kreisen, ohne auch nur eine Sekunde sein Gewehr zu senken. Die ganze Zeit über – die ganze Szene kann höchstens ein paar Minuten gedauert haben – konnte ich meine Augen nicht vom Finger des Mannes lassen; er hatte ihn am Abzug. Ich erinnere mich, daß ich die ganze Zeit über daran dachte, daß nur ein kleiner Druck, ein kurzes Zusammenzucken seines rechten Fingers genügt hätte, um eine Salve aus seiner Automatik in meine Richtung zu feuern.

Schließlich schlichen sich einige der jungen Milizionäre von hinten an ihn heran und entwanden ihm die Waffe. Ich weiß nicht, wie nahe wir dran waren, erschossen zu werden, aber es ist eine der wenigen Situationen, an die ich mich erinnere, in denen ich wahnsinnige Angst hatte. Die Gewalt in Mogadischu war genauso zufällig wie irrational. Ich hätte während der Kämpfe leicht von einer verirrten Kugel getroffen werden können.

Einige der Reporter und Fotografen in Mogadischu begannen, ihre eigenen Waffen, meist Pistolen, mit sich herumzutragen, die sie unter ihrem Hemd oder unter dem Rücksitz ihres Wagens versteckten. Ich erinnere mich an einen Morgen, an dem mein eigener Wagen nicht da war – Gass war wieder mal unterwegs, um Benzin oder etwas anderes zu besorgen –, und ich mit einem amerikanischen Rundfunkreporter mitfahren konnte. Der Typ vom Radio und ich kletterten auf den Rücksitz, und der Übersetzer und der Leibwächter saßen vorne. Als wir losfuhren, öffnete der Rundfunktyp die Tasche auf der Rückseite des Vordersitzes, zog eine 9-Millimeter-Pistole hervor und fing an, sie zu laden. „Wozu um alles in der Welt soll das gut sein?" fragte ich ihn. Er deutete nach vorne auf seinen Leibwächter und seinen Übersetzer und sagte: „Für den Fall, daß den beiden was passiert, will ich eine letzte Chance haben zu kämpfen." Ich beschloß für mich, keine Waffe zu tragen. Als Journalist dachte ich vielleicht, daß meine letzte Chance darin bestand, mich auf meine Überredungskünste zu verlassen – und vielleicht stellte ich auch eine geringere Bedrohung dar, wenn ich unbewaffnet war. Außerdem dachte ich immer, daß, wenn die Recherche so gefährlich war, daß man selber zum Kämpfer wurde und Waffen tragen mußte, es Zeit für uns war, auf eine Story zu verzichten und heimzugehen.

Die fast bizarre Situation in Somalia wurde oft als Anarchie beschrieben. Ich selbst habe diesen Begriff häufig in meinen Reportagen verwendet. Im weitesten Sinn des Wortes kam Somalia der klassischen Definition von Hobbes sehr nahe, nach der das menschliche Leben „widerlich, bestialisch und kurz" sei.

Aber der Begriff „Anarchie" ist vielleicht doch zu einfach, denn in Wirklichkeit gab es eine Art von Gesellschaftsordnung mit etablierten Machtzentren. In Mogadischu hatten die rivalisierenden Straßenklans ihr Terrain mit behelfsmäßigen Barrikaden und Straßensperren abgesteckt. Es war ein paralleles Universum, eine alternative Welt mit eigenen Normen und Regeln und einem eigenen Verhaltenskodex. Wir Journalisten nannten diesen Zustand „Anarchie", weil es uns eine Entschuldigung dafür lieferte, den Dingen nicht zu nahe zu kommen, sie verstehen und erklären zu müssen. Aber ein Großteil der Gewalt hatte Gründe, Gründe, die absolut einleuchteten, wenn man die Regeln dieser parallelen Wirklichkeit zugrundelegte. Ein Wagen wurde gestohlen, jemand erschoß jemandes Bruder. Dieser Tod mußte gerächt werden, danach wurde der Rächer selbst erschlagen, und das nächste war, du wußtest, jetzt würden die Großfamilien und Klans sämtlicher Opfer kreuz und quer durch die Stadt mit Artilleriegranaten aufeinander schießen – meist ziellos, so daß auch Zivilisten in den Schußwechsel gerieten. Sinnlos, sicher. Und auf jeden Fall destruktiv. Aber Anarchie? Nachdem ich einmal damit begonnen hatte, aus Mogadischu zu berichten und zu verstehen suchte, was hinter den verschiedenen Gefechten steckte, wußte ich wirklich nicht mehr, wie ich die Sache benennen sollte.

Die Somalis selbst – die normalen, die Durchschnittsmenschen, die früher Lehrer, Regierungsbeamte, Sekretärinnen oder Geschäftsleute gewesen waren – paßten sich der neuen Wirklichkeit von Chaos, Gewalt und Herrschaft der Gewehre an, indem sie einen erstaunlich guten Humor bewahrten und eine Haltung von *Inschallah*, Allahs Wille geschehe. Manchmal, vor allem am Anfang, empfand ich ihren Fatalismus als abgestumpft und kaltherzig. Ich erinnere mich, daß ich Leute interviewte, die mir hätten erzählen können, daß aus ihrer Familie keiner mehr am Leben sei – sie waren entweder im Bürgerkrieg getötet worden oder waren verhungert. Und sie hätten es mir auch völlig ungerührt erzählen können, ohne das geringste Zeichen von Verzweiflung. Doch da war nur ein Schulterzucken und *Inschallah*.

Natürlich überlebten sie, weil sie sich anpaßten. Nicht nur in Somalia, auch sonst auf dem Kontinent besaßen die Menschen in ihrem Innern einen unglaublichen Überlebenswillen und die Fähigkeit, sich zu verändern, um mit ihrer Lebenssituation fertigzuwerden. Es war Abdi Muhammud Afrah, ein Lehrer, der mir, was das betraf, meine erste Lektion erteilte.

Als ich Abdi kennenlernte, war er ein Sicherheitsposten beim International Medical Corps, dem IMC, einer Organisation mit Sitz in Los Angeles, die Ärzte und Schwestern in die Kriegsgebiete der Dritten Welt entsandte. Ich wohnte im Haus des IMC, das in einer staubigen kleinen Gasse in einer Gegend lag, in der sich mehrere ausländische Hilfsorganisationen niedergelassen hatten. Ich wollte die paar Meter zum Büro einer dieser Hilfsorganisationen zu Fuß gehen, aber Abdi, der als Wache am Eingangstor zum IMC-Gelände arbeitete, machte mir eindringlich klar, daß selbst dieses kleine Stück Weg zu Fuß allein zu gefährlich sei. Er bot an, mich zu begleiten.

Ich war sofort von Abdis hervorragendem Englisch beeindruckt – das war kein gewöhnlicher Sicherheitsposten. Ich fing ein Gespräch mit ihm an und erfuhr, daß er vor dem Bürgerkrieg Lehrer gewesen war und als Übersetzer bei mehreren großen ausländischen Firmen in Mogadischu gearbeitet hatte.

Wie das Leben der meisten Somalis geriet auch sein Leben völlig aus den Fugen, als Ende 1990 die Kämpfe die Hauptstadt erreichten. Er schickte seine Familie aufs Land, versteckte sich in seinem Haus und lebte nur von Brot und Bananen. Draußen konnte er das ununterbrochene Sperrfeuer der Artillerie und die Bombenangriffe hören, die die Endschlacht um Mogadischu ankündigten.

Siyad Barre floh, die Ausländer wurden evakuiert, und im Januar 1991 marschierten die Rebellen in die Stadt ein. Man nahm an, daß dies das Ende des Krieges sei. Aber wie Abdi und jedermann mit ihm sehr schnell begriff, war das nur der Anfang. Die „Befreiungsarmee" stellte sich als ein Haufen Herumtreiber heraus, Kids aus dem Busch – Teenager, ja wirklich, manchmal sogar noch jünger –, die Granatwerfer und AK-47er mit sich herumschleppten und die Hälfte der Zeit völlig weggetreten waren, weil sie dauernd *khat* kauten. Diese Kids teilten die Stadt unter sich auf, errichteten überall Straßensperren und feierten ihren Sieg mit einer Orgie von Plünderungen. Mogadischu wurde eine einzige städtische Feuer-frei-Zone. Abdis Familie kehrte zurück, aber er bereute es bald. Sein vierjähriger Sohn wurde von einem Nachbarkind angeschossen, das mit einer geladenen Automatik spielte, und schwer verwundet.

Abdi mußte nun versuchen, sich inmitten der Ruinen einigermaßen durchzuschlagen, und fing an, abgefülltes Benzin an den Straßen zu verkaufen. Er verdiente genug, um auf dem

Markt Lebensmittel zu kaufen, die er dann an den Straßen wei-
terverkaufte. Das Geschäft lief ganz gut, bis die Schießereien
der Heckenschützen auf den Straßen der Stadt zu heftig wurden. Schließlich traf er einen Freund, der einen recht lukrati-
ven Job als Sicherheitsposten beim IMC gefunden hatte, und
dieser Freund verschaffte Abdi die Stelle. Abdi hatte davor noch
nie ein Gewehr in der Hand gehabt. Als er mir die Geschichte
erzählte, gelang es ihm, über die Ironie seiner eigenen Wand-
lung zu lächeln. „Nun bin ich ein Lehrer mit einem Gewehr",
sagte er grinsend.

Dieser Überlebensinstinkt, so schloß ich daraus, machte die
Leute erfinderisch. Wer früher Kassierer bei einer Bank war,
kochte jetzt auf den Straßen Tee und verkaufte ihn. Frauen
lernten, wie man Kohle herstellt, indem man Steine, Dreck und
Schlamm zusammenpreßt. Einige der Kinder fanden eine
lukrative Beschäftigung darin, alte Coke-Flaschen bei den
Angestellten der Hilfsorganisationen zu sammeln, sie zu zer-
stoßen und die Scherben zu verkaufen, mit denen die hohen
Betonmauern gesichert wurden. Wo sonst gibt es sowas als in
Somalia?

Herauszubekommen, wie die Leute überlebten, war relativ einfach. Die schwierigere Frage – und eine, die ich nie vollständig
beantworten konnte – war die, warum ich selber dort hinging.

Ich könnte es mir leichtmachen und Ihnen einfach sagen,
daß ich Journalist bin und der „Story" folge. Und das Somalia
von 1992, eine Nation, die eingeschmolzen wurde, war sicher-
lich eine unglaubliche Story. Wahr genug, aber es ist nur ein
Teil der Antwort.

Vielleicht könnte man es eine Art Rassenstolz nennen. Oder
besser gesagt, nennen wir es einfach meine eigene negative Reaktion auf das, was ich als übergroße Aufmerksamkeit, als In-
formationsschwemme über den Bürgerkrieg empfand, der im
früheren Jugoslawien wütete. Der Krieg in Bosnien war und
ist eine Tragödie, zweifellos. Aber so langsam fing ich an, aus
meiner Perspektive als schwarzer Journalist im schwarzen

Afrika die Dinge ein wenig anders zu sehen. Was menschliches Leid, was Gewalt, was die Flüchtlinge anging, war Bosnien, ehrlich gesagt, mit den Afrikanern nicht zu vergleichen.

Egal welchen Maßstab man anlegt, in Somalia spielte sich Anfang 1992 eine gleich große, wenn nicht noch größere menschliche Katastrophe ab wie im ehemaligen Jugoslawien. Die Bombardierung Mogadischus hatte schätzungsweise bereits an die fünftausend Leute getötet. Krankenhäuser auf beiden Seiten der Green Line meldeten Hunderte von Einlieferungen täglich, von Schrapnellverletzungen, verirrten Kugeln bis hin zu Kindern, die mit nicht explodierten Granaten gespielt hatten. Ich habe es selbst im Benadir Hospital im Süden Mogadischus gesehen – Kinder, die mit abgeschossenen Armen durch die schmutzigen Korridore wanderten, Frauen mit von Granatsplittern aufgerissenen Bäuchen. Und zu allem anderen kam noch die Gefahr einer aufziehenden Hungersnot. Man konnte es bereits im Januar beobachten – die ausgemergelten Menschen, die aus den Landgebieten kamen und die wenigen Zentren um die Stadt, in denen Essen verteilt wurde, völlig überschwemmten. Und es sollte noch schlimmer kommen. Die Lebensmittelvorräte in den Lagerhäusern waren geplündert worden, und obwohl die privaten Hilfsorganisationen und die karitativen Organisationen taten, was sie konnten, kam nichts mehr ins Land herein, weil der Flughafen und der Hafen unter ständigem Beschuß von jenseits der Green Line lagen, wo sich rivalisierende Splitterparteien bekämpften, um ihr Terrain zu erweitern. Die Hungersnot war eine Zeitbombe, die jederzeit hochgehen konnte.

Und noch immer wurde Somalia in den amerikanischen Fernsehnachrichten oder den amerikanischen Zeitungen kaum erwähnt. Aber die gleichen Sender und die gleichen Zeitungen waren voll von täglichen Schlagzeilen über Bosnien. Warum? Diese Frage habe ich jedem gestellt, dem ich sie stellen konnte.

Es gab eine Menge Erklärungen. Die „Eurozentriertheit" der amerikanischen Medien. Das Novum eines brutalen Konflikts mitten im Herzen Europas, eine Flugstunde von Rom entfernt.

Die Möglichkeit, daß sich der Konflikt ausbreiten, daß es zu einer Konfrontation des Westens mit Rußland kommen könnte, wenn die Russen sich entschließen sollten, ihren serbischen Vettern zu helfen. UNO-Generalsekretär Boutros Boutros-Ghali wurde Tag für Tag mit telefonischen Anfragen der europäischen Staatsoberhäupter bombardiert, die Informationen zur Bosnien-Krise haben wollten, aber was Somalia anbelangte, blieben die Telefone größtenteils still. Boutros-Ghali selbst wies auf diese Ungleichheit hin, als er sich, vielleicht etwas undiplomatisch, gegen eine Entscheidung des Sicherheitsrats wandte, die vorsah, die kostspieligen Operationen zur Friedenssicherung im ehemaligen Jugoslawien zu erweitern, während die Hilfsmaßnahmen in Afrika finanziell völlig unzureichend ausgestattet waren. Jugoslawien, sagte Boutros-Ghali, sei „ein Krieg der Reichen".

Mir versetzte diese kritische Äußerung einen Stich. Sie traf mich in meiner damaligen Besessenheit von Somalia direkt ins Herz. Diese Menschen waren schwarze Afrikaner, die von der Weltgemeinschaft vergessen wurden, die Tausende von „Friedenswächtern" nach Bosnien schickte, in den „Krieg der Reichen". Wenn es je einen Ort gab, wo ich als Journalist etwas bewirken konnte, dann war es hier. Wenn es je einen Grund gab, in Afrika zu sein – als schwarzer Journalist in Afrika zu sein –, dann war es dieser. Die Welt und besonders die Politikmacher in Washington mochten sich Anfang 1992 um Somalia nicht gekümmert haben. Aber ich konnte sie dazu zwingen, sich zu kümmern, indem ich es ihnen tagtäglich unter die Nase rieb, indem ich den Leuten die Bilder von sterbenden Kindern vor die Nase hielt, in den Zeitungen, die im Weißen Haus und von den Kongreßmitgliedern täglich gelesen wurden. Und glücklicherweise waren die Herausgeber der *Washington Post* damit einverstanden, und meine Artikel erschienen regelmäßig auf der ersten Seite.

Ich war auf die Somalia-Geschichte auch deshalb so fixiert, weil Somalia ein Symbol für Afrika und die Welt war. Somalia verkörperte für mich das Afrika nach dem Kalten Krieg, an Somalia konnte man alle Probleme und Tücken Afrikas ablesen. Wenn Somalia vor die Hunde ging, würden auch eine ganze Reihe anderer afrikanischer Staaten zugrunde gehen, die zwischen der Herrschaft der Gewehre und einer gewalttätigen Anarchie hin- und herschwankten. In diesem Sinne war Afrika eine ganze Ansammlung von Somalias, die nur darauf warteten, Realität zu werden: in Zaire, im Sudan, in Nigeria, vielleicht sogar in Kenia, falls die Spannungen zwischen den einzelnen Stämmen stark genug würden und Moi die Kontrolle über sie verlor. Was in den Straßen von Mogadischu geschah, konnte ein wertvoller Hinweis auf das sein, was auf andere instabile Regime des Kontinents zukommen würde. Und für die Welt – die Vereinigten Staaten, die Vereinten Nationen, die Europäer, die Organization of African Unity – stellte Somalia eine einmalige Gelegenheit dar, gemeinsam zu versuchen, einen regionalen Konflikt einmal nicht im Schatten der Rivalität zwischen den USA und der Sowjetunion zu lösen. Wenn es der Welt gelänge, Somalia wieder zusammenzufügen und das leicht entflammbare Gemisch aus Klanpolitik, historischen Rivalitäten und moderner Waffengewalt in den Griff zu bekommen, dann könnte diese desolate Ecke Afrikas zum Modell dafür werden, wie man andere Länder davor bewahren kann, auseinanderzubrechen.

Somalia wurde für mich deshalb das Prisma, durch das ich den Rest Afrikas sah. Es wurde zur Metapher meiner eigenen Desillusionierung.

Lebensmittel wurden knapp. Die rivalisierenden Armeen waren kreuz und quer durchs Landesinnere gezogen und hatten in ihrem Gefolge so ziemlich alles verwüstet. Das Vieh war entweder gestohlen oder getötet, das Getreide verbrannt worden. Die Bewohner von Baidoa, einer kleinen Stadt im südlichen Zentrum Somalias, erzählten, wie die Truppen des alten Diktators Muhammad Siyad Barre auf ihrem Rückzug die Leichen in Brunnen geworfen hatten. Es war eine dieser unglaublichen Geschichten, eine dieser afrikanischen Geschichten, bei denen man nie sicher sein konnte, ob sie Wahrheit oder Dichtung waren.

In der Hauptstadt gab es schon früh eine Reihe von Warnzeichen, daß die Lage auf dem Land verzweifelt zu werden begann. Ausgemergelte zerlumpte Gestalten strömten aus den umliegenden Städten und Dörfern in die Hauptstadt und begannen, die Essensausgabestellen der Hilfsorganisationen zu überschwemmen. Die Hilfsorganisationen schlugen Alarm: In Somalia, das eine ganze Ernte verloren habe, werde in Kürze eine fürchterliche Hungersnot ausbrechen, der Hunderttausende zum Opfer fallen könnten.

Einige der ersten Berichte über die Schwere der Hungersnot stammten von meiner Kollegin Jane Perlez von der *New York Times* und dem unermüdlichen Julian Ozanne von der *Financial Times*. Sie gehörten zu den ersten Journalisten, die sich nach Baidoa wagten, das bereits die „Todesstadt" Somalias genannt wurde. Sie berichteten, daß sie Menschen gesehen hatten, die in der Schlange vor der Essensausgabe tot umfielen, verhungert.

Ich machte mich nach Merca auf, einer alten Kolonialstadt mit weißgetünchten Villen entlang der Küste, die auf dem Weg nach Kismayo lag, der großen südlichen Hafenstadt am Indischen Ozean. Ich nahm einen Lastwagen voll Bewaffneter mit, denn die achtzig Kilometer über einen mit Bombenkratern übersäten Highway, der schon lange von umherstreifenden Banditen kontrolliert wurde, versprach eine gefährliche dreistündige Fahrt zu werden. Als wir uns der Stadt näherten, fuhren wir an Menschen vorbei, die nur noch mit Lumpen bekleidet waren und sich barfuß auf der Straße dahinschleppten. Sie kamen nur langsam voran und hielten sich häufig nur noch mit Stöcken aufrecht, die sie sich aus Ästen gemacht hatten. Einige von ihnen würden es nicht mehr weit schaffen. Wir waren gezwungen, um die Leichen herumzufahren, die überall am Straßenrand lagen.

Ein Durchgangslager war außerhalb der Stadtgrenzen errichtet worden, eine Art „Zeltstadt" für die Toten und die Sterbenden. Dort traf ich auf eine siebenundzwanzigjährige Frau, Yaray Adem, die dreizehn Tage lang barfuß von ihrem Dorf in der Nähe von Jelib, das weiter südlich an der Küste lag, hierhergelaufen war. Dreizehn Tage, in denen sie sich nur von Teeblättern und Zweigen ernährt hatte. Innerhalb von drei Wochen hatte sie ihre gesamte Familie verloren – zuerst ihren Mann, dann ihre Mutter, dann ihre drei Kinder. Alle waren verhungert.

Die Stadt selbst sah aus, wie ich mir die Hölle vorstelle. Überall gab es verhungernde Menschen. Tausende. Sie drängten sich um die Essensausgabestellen, die meisten waren auf verlassenen Schulhöfen untergebracht. Manchmal saßen sie einfach auf der sandigen Straße. Es war das erste Mal seit dem Tod meines Bruders Mel vor fünfundzwanzig Jahren, daß ich so direkt mit dem Tod konfrontiert war. Überall lagen Tote und Sterbende, und ich schaute in ihre Gesichter.

Und mein erster Gedanke war: Sie sehen aus wie ich.

Das könnte ich sein, sagte ich mir, wenn Gott mich nicht davor bewahrt hätte. Und plötzlich fand ich diesen Gedanken so abscheulich, so selbstbezogen, so selbstgefällig, daß ich ihn sofort aus meinem Bewußtsein verbannte.

Aber er kam wieder. Er kam jedesmal wieder, wenn ich den Fuß in eines von Somalias Höllenlöchern menschlichen Leids setzte. Es ist kein Gedanke, auf den ich besonders stolz bin. Es kommt mir selbst jetzt noch peinlich, ja schamlos vor, ihn zuzugeben. Aber ich bin von meiner Erzählung abgekommen.

Gegen Ende des Sommers hatte die Hungersnot schwindelerregende Ausmaße angenommen. Mohammed Sahnoun, der Sonderbotschafter der UN in Mogadischu, schätzte, daß etwa vier Millionen der sechs Millionen Einwohner, die in Somalia noch am Leben waren, eine Notversorgung mit Grundnahrungsmitteln brauchten. Die Hilfsorganisationen, darunter das Rote Kreuz, berichteten, daß mehr als anderthalb Millionen Menschen kurz vorm Verhungern stünden. In Baidoa starben täglich Hunderte von Menschen. Es waren so viele, daß man nicht mehr wußte, wo man sie begraben sollte. Jeden Morgen fuhr ein

„Todeslaster" durch die Straßen und sammelte die ein, die während der Nacht gestorben waren. Bereits nach wenigen Stunden war er voll beladen. Die Stadt stank buchstäblich nach Tod.

Es ist mir klar, daß diese Bilder deprimierend sind. Ich verstehe es, denn für mich waren sie es auch – und ich war dort, habe nicht nur darüber gelesen, sondern es gesehen, es gerochen, bin zwischen den Toten herumgelaufen. Das war meine Realität. Aber es war auch wieder nicht meine Realität. Obwohl ich wie diese Menschen aussah und man mich andernorts für einen von ihnen hätte halten können, war ich doch nicht wie sie. Ich war immer einer, der die Dinge von außen betrachtete, wie ein Fremder, der ziellos in ein Filmset stolpert und plötzlich merkt, daß er mitten in einem Film ist. Oder vielleicht wie eine Pappfigur, die zwar Ähnlichkeit mit den wirklichen Figuren hat, aber irgendwie nicht dazugehört, als ob sie von einer anderen Bühne stamme und künstlich an diesen Platz gestellt worden sei.

Es war in einer anderen Stadt, in Bardhere, einem staubigen kleinen Außenposten an der Grenze zwischen Somalia und Kenia, daß mir schlagartig bewußt wurde, daß Somalias Tragödie in Wirklichkeit eine Geschichte der Mächtigen gegen die Schwachen war. Aidid, der inzwischen „Kriegsherr" genannt wurde, hatte Bardhere zu seinem vorübergehenden Hauptquartier gemacht, nachdem er die Überreste der Truppen Siyad Barres vertrieben hatte. Dort hielt er vor den anwesenden Journalisten hof, prächtig anzusehen in seinem nadelgestreiften Hemd und seinen grauen Hosen, wie er sich da auf den Kissen und Perserteppichen räkelte. Draußen auf den Straßen und vor den Essensausgaben fielen täglich Hunderte verhungert um. Es starben so viele Menschen, daß den Rotkreuz-Helfern die Leichentücher ausgingen, um die Leichen einzuwickeln; statt dessen benutzten sie leere Getreidesäcke. An jeder Essensausgabe versammelten sich Tausende von zu Skeletten abgemagerten Menschen draußen vor den Absperrungen, nur um zu erfahren, daß es nicht genug Essen gab. Und wenn einige von ihnen verzweifelt versuchten, sich gewaltsam Zutritt zu verschaffen, schlugen die Milizionäre, die als „Wachen" aufgestellt waren, mit Ästen und manchmal mit Gewehrkolben auf sie ein.

Drinnen war es nicht viel besser. Verhungernde wurden gezwungen, sich in einer Reihe vor einem Topf aufzustellen, in dem ein Gemisch aus Bohnen und Suppe kochte. Jeder bekam eine Kelle voll, und damit hatte sich's. Wenn einer zu langsam war oder sich über seine Ration beschwerte, schlugen ihm die Wachen genüßlich mit ihren Stöcken auf den Kopf oder ins Gesicht. Eine alte Frau bat um eine größere Portion für ihre Familie, die zu schwach war, um sich anzustellen: Für ihre Sorgen bekam sie auch noch Schläge. Ein kleiner Junge sprang zu früh auf, als verkündet wurde, das Essen sei fertig. Doch, sorry, schwangere Frauen kommen zuerst dran, und so bekam er für seine Frechheit einige Hiebe auf den Kopf.

Was in Somalia passierte, drehte sich aber nicht um Lebensmittel, obwohl Hungersnot herrschte. Es ging um Macht und Kontrolle in einem Land, in dem alle Sicherheit zusammengebrochen war. Die Lebensmittel kamen per Schiff und Flugzeug ins Land, tonnenweise. Aber sie fielen in die Hände der Gangster mit ihren AK-47ern über der Schulter, die die Schwachen und Alten mit Stöcken zusammenschlugen und den Großteil der Beute bei sich horteten. Ich habe mehr als einmal an der verstopften Straße gestanden, die an Mogadischus Hafen entlangführt, und habe gesehen, wie Lastwagen, beladen mit Säcken voller Lebensmittel, nach links statt nach rechts abbogen und geradewegs zu den Lagerräumen der „Kriegsherren" fuhren statt zu den Ausgabestellen der Hilfsorganisationen. Um für diese wachsende Krise eine Lösung zu finden, brauchte es mehr, als Geld und Lebensmittel nach Somalia zu pumpen. Das würde eine Wiederherstellung von so etwas wie Ordnung und Kontrolle erfordern, indem man die Macht der Revolverhelden und sogenannten Kriegsherren brach, die bereit waren, ihr Volk verhungern zu lassen.

Das waren die Gedanken, die mir durch den Kopf gingen, als Präsident Bush am 14. August 1992 die Errichtung einer Luftbrücke verkündete.

„Operation Provide Relief" – eine ziemlich unbeholfene Bezeichnung – sollte 145 000 Tonnen Lebensmittel auf Frachtflugzeugen der US-Air Force vom kenianischen Luftwaffenstützpunkt Mombasa in die Städte im Inneren Somalias fliegen. Gleichzeitig traf die UNO, die dem Wunsch der Hilfsorganisationen nachkam, mit einer Schutztruppe den unruhigen Hafen und Flughafen Mogadischus zu sichern, Vorbereitungen für die Ankunft von fünfhundert Soldaten aus Pakistan. Die Welt wurde langsam und widerstrebend in den somalischen Bürgerkrieg hineingezogen.

Die ersten Schritte in Richtung Somalia geschahen vorsichtig zögernd wie die Schritte eines Kindes, wenn es seine ersten Gehversuche unternimmt. Die Amerikaner wollten zwar die Luftbrücke, aber zuerst wollten sie sicherstellen, daß unseren Jungs nichts zugestoßen war. Die Lebensmittel sollten auf Paletten gestapelt werden, um sie schneller entladen zu können – auch wenn das hieß, daß die Flugzeuge dadurch nicht soviel auf einmal transportieren konnten. Und in Somalia selbst sollten die Flugzeuge mit laufendem Motor stehenbleiben, damit man schnell wegkommen könnte für den Fall, daß es gefährlich werden sollte. Die erste Stadt, die in den Genuß der neuen amerikanischen Großzügigkeit kommen sollte, Beledweyne, war die denkbar schlechteste Wahl. Beledweyne litt zwar Mangel, aber es ging ihr wesentlich besser als Städten wie Baidoa und Bardhere.

In dem Maß, wie die Luftbrücke sich immer weiter über Somalia ausbreitete, wuchsen auch die Probleme. Eine Kugel, die während eines Scharmützels zwischen somalischen Arbeitern eines der Flugzeuge traf, bewirkte, daß die Luftbrücke nach Beledweyna für kurze Zeit unterbrochen wurde. Ähnliche Schießereien brachen in Kismayo und Baidoa aus. Das Muster war unverkennbar: Lebensmittel in ein Land zu pumpen, das weder eine Regierung noch eine Polizei besaß, erhöhte nur die Gesetzlosigkeit. Vor ähnlichen Schwierigkeiten standen auch die fünfhundert Pakistanis, die als „Friedenstruppen" nach Mogadischu eingeflogen wurden. Ihr Hauptproblem war, daß es keinen Frieden gab, den man sichern konnte.

Folgendes Ereignis ist typisch für Mogadischu: Ein Militäroffizier der UNO von den Fidschi-Inseln hatte tagelang mit den Klans, die den Flughafen kontrollierten, verhandelt, damit die Pakistanis ohne Zwischenfälle landen konnten. Nach harten Verhandlungen hatte er sich endlich mit ihnen geeinigt, daß sie das Gebiet um den Flughafen herum während der Ankunft der Pakistanis sichern würden. Der Chef der Klans präsentierte dem Fidschianer eine Liste mit 110 Namen somalischer Bewaffneter, die er für ihren „Schutz" zu bezahlen habe.

Die Geschichte wird noch schlimmer: Am Tag darauf hatte sich die somalische „Schutztruppe" auf mehr als 200 Bewaffnete vermehrt, die alle behaupteten, Teil der Flughafensicherung zu sein, die die Ankunft der Pakistanis sichern sollten. Und alle erwarteten sie, von der UNO bezahlt zu werden. Der Fidschianer, inzwischen völlig entnervt, verlangte eine endgültige, vollständige Liste aller somalischen „Wachen". Und er bekam sie einen Tag später – eine vollständige Liste mit 489 Namen. Auf fast jeden pakistanischen Soldaten kam also eine „Wache". Und jeder von ihnen verlangte für seine Dienste ungefähr 20 000 somalische Schillinge am Tag, also circa 10 000 Dollar die Sache – pro Tag. Es war nichts anderes als Erpressung. Die UNO bezahlte im Grunde die Gangster dafür, daß sie die Soldaten nicht erschossen, die gekommen waren, um den Frieden zu sichern.

Das war Somalia – keine Forderung zu unverschämt, keine Situation zu absurd. Hungersnot und Tod waren zu einer wachsenden Industrie geworden und die Hilfsorganisationen, die UNO inklusive, zum „Goldesel". Es war eine Frage der Ressourcen, der Kontrolle über die Ressourcen und der Macht, die einem aus dieser Kontrolle zufloß. Und keiner war ausgenommen – weder die Hilfsorganisationen, die sich wie Geiseln den exorbitanten Geldforderungen ihrer bewaffneten Fahrer und Leibwächter ausgeliefert sahen, noch die ausländischen Journalisten, mich eingeschlossen, die wußten, daß letztendlich die

Jungs mit den Gewehren das Sagen hatten, unabhängig davon, für wie „loyal" du sie einschätzt.

Mogadischu war zu einem urbanen Dschungel verkommen. Eine überlegene Macht war das einzige, was diese Revolverhelden respektierten, und nach dem, was sie bisher gesehen hatten, gab es keine überlegene Macht, die die ihre gefährden konnte. Die somalischen Bewaffneten, die das Terrain beherrschten, sahen der Ankunft der Pakistanis mit solcher Verachtung entgegen, daß sie, als die Ärmsten schließlich landeten, nur grinsend auf dem Flughafen herumhingen und ihnen bei dem Gedanken, wie sie ihnen ihre amerikanische Ausrüstung abnehmen könnten, das Wasser im Munde zusammenlief. „Zu dünn", witzelte ein Somali zu einem meiner Kollegen von Reuter, nachdem er den ersten Schwung pakistanischer Soldaten in Augenschein genommen hatte.

Es war klar, daß es einer sehr viel größeren, wesentlich eindrucksvolleren Militäraktion bedurft hätte, um Somalia in den Kreis zivilisierter Nationen zurückzuholen.

An dieser Stelle muß ich gestehen, daß ich früher einmal zu denen gehört habe, die davon überzeugt waren, daß eine Militäraktion in Somalia Sinn machen würde und daß die Vereinigten Staaten sie anführen sollten. Schließlich handelte es sich nur um einen Haufen Teenager mit veralteten rostigen Gewehren, die beim ersten Anblick gutgerüsteter Fallschirmjäger oder Marines, sobald diese mit ihren Hubschraubern auf dem Flughafen von Mogadischu gelandet wären, sich vermutlich vor Schreck aus dem Staub gemacht hätten. Wie jeder andere hatte ich den Golfkrieg verfolgt und die Zielgenauigkeit der amerikanischen Hightech-Waffen bewundert. Und gab es einen besseren Platz als Afrika, inmitten einer verheerenden Hungersnot, um die Flagge eines neuen amerikanischen Interventionismus zu hissen, eines wohlwollenden, selbstlosen Interventionismus, ohne daß dabei andere amerikanische Interessen auf dem Spiel standen als die allgemeine Ablehnung von Gewalt und der Wunsch, menschliches Elend zu lindern?

Es war ein Gefühl, das um diese Zeit immer mehr Anhänger fand. Einige der Hilfsorganisationen traten offen dafür ein. Gut getimte Stellungnahmen erschienen in den wichtigsten amerikanischen Tageszeitungen, die dazu aufriefen. Viele der in Nairobi stationierten Reporter ließen jeglichen Anschein von Objektivität fallen und forderten es ganz offen. Ich erinnere mich an Julian Ozanne, wie er einmal im Zorn auf den Tisch schlug, weil die UNO und die Welt so wenig taten, um Somalia zu helfen, wo es doch so klar war, daß nur eine größer angelegte Militärintervention helfen konnte. Und ich nickte in völligem Einverständnis.

Die einzige prominente Stimme gegen eine amerikanische Intervention in Somalia kam von Smith Hempstone, dem barschen US-Botschafter in Nairobi. In einer Stellungnahme in der *Washington Post* warnte Hempstone: „Wenn Sie Beirut mochten, werden Sie Mogadischu lieben."

4

DER FALSCHE ORT

„Wir haben sie hochgepäppelt, sie wurden stark,
sie haben uns getötet."

Major David Stockwell, US-Army,
Militärsprecher der UNO

ICH HÄTTE WISSEN MÜSSEN, daß etwas nicht in Ordnung war, als ich die brennenden Reifenbarrikaden auf den Straßen sah.

Daß es an diesem Tag Unruhen geben würde, war vorauszusehen – es gab immer irgendwelche Unruhen in Mogadischu. Wahllose Schießereien. Autoentführungen. Vielleicht ein Scharfschützenanschlag auf die UNO-Truppen, die die amerikanischen Marines rund um die Stadt abgelöst hatten. Aber das hier war anders – irgendwie gefährlicher. Man konnte spüren, irgendwas lag in der Luft.

Es fing an beim Frühstück im Al-Sahafi, dem von vielen Einschüssen getroffenen dreistöckigen Hotel, das für die ausländischen Journalisten, die über Somalia berichteten, ein Zuhause

91

fern der Heimat geworden war. Es war Samstag, der 5. Juni 1993, und an diesem Tag war nur eine Handvoll von uns da. Die US-Truppen waren erst vor kurzem nach einer fünfmonatigen Intervention zum größten Teil abgezogen, und trotz der Ankündigung eines kurz bevorstehenden Gewaltausbruchs war es in Mogadischu überraschend ruhig geblieben. Die Hungersnot war vorbei, die Bauern gingen langsam zu ihren Feldern zurück, sogar die notorischen Kriegsherren hatten sich seltsam ruhig verhalten. Gute Nachrichten sind oft keine Nachrichten, und so war Somalia weitgehend von den ersten Seiten der Zeitungen verschwunden.

Auch ich hatte die Somalia-Geschichte weitgehend aufgegeben. Ich war von Nairobi mit einem Bündel Geld für ein paar Tage hierhergekommen, ein schnelles Rein und Raus, um das zeitweilige Büro der *Post* im Al-Sahafi aufzulösen und Rashid und Gass zu bezahlen.

Dann, beim Frühstück, hörten wir die Schüsse.

Es war in Mogadischu nichts Besonderes, Schüsse zu hören, aber diesmal hatte ich ein ungutes Gefühl, als ich das Feuer der Automatikgewehre in der Entfernung hörte. Ich hatte vor, mich vom Flieger der UNO heute nachmittag nach Nairobi mitnehmen zu lassen, um zumindest einen Teil des kostbaren Wochenendes zu Hause zu verbringen, vielleicht in einem meiner indischen Lieblingsrestaurants zu essen und danach vermutlich Julian, Sam und die anderen in der Carnivore-Disco aufzugabeln. Ich würde mich, verdammt noch mal, nicht von einem dieser unwichtigen Klan-Scharmützel in Mogadischu aufhalten lassen. Dieses kurze Aufflackern von Kämpfen fand zur Zeit dauernd statt, und der amerikanische Militärsprecher nannte es in seinen täglichen Berichten „Gewalt von Somalis gegen Somalis". Keine ausländischen Truppen involviert, keine Meldung über Verwundete, keine Story.

Aber irgendwie schien das heute anders zu sein. Es war hier zu lange zu ruhig gewesen. Wir vermuteten alle, daß sich die Kriegsherren und ihre Milizen nur ruhig verhalten hatten, um Zeit zu schinden und auf eine Chance zu warten, es den Blauhelmen der UN zu zeigen. Vielleicht war das der Test, auf den alle gewartet hatten.

Ich war an diesem Morgen mit einer amerikanischen Offizierin im Lager des UN-Militärstützpunktes verabredet, also schlürfte ich eine Tasse schlechten Instant-Kaffee herunter und eilte vom Frühstücksraum zum Parkplatz des Hotels, um Rashid und Gass zu finden. An diesem Tag war Rashids innerer Straßenradar auf höchster Alarmstufe. Er hatte sogar zwei zusätzliche Bewaffnete mitgebracht – nur für den Fall.

Es gebe große Unruhen, sagte mir Rashid, als ich zwischen die beiden Bewaffneten auf den Rücksitz des Toyotas kletterte. Auf der Straße erzähle man, daß das pakistanische Truppenkontingent der UNO angegriffen worden sei. Rashid kannte keine Einzelheiten – die kannte er fast nie, da sein Straßenradar sich nicht darauf richtete, harte Fakten herauszufinden. Aber man munkle, daß einige Pakistanis getötet worden seien.

Wir fuhren durch das bewachte Eingangstor des Hotels, und ich sah sofort den Rauch, der ein paar Straßen weiter von den brennenden Reifenbarrikaden aufstieg. Rashid schlug vor, auf Seitenstraßen zum UN-Hauptquartier zu fahren.

Dann befahl Rashid Gass anzuhalten und rannte kurz durch die Hoteleinfahrt zurück. Einer der Bodyguards wollte ein zusätzliches Magazin für seine AK-47. Ein schlechtes Zeichen.

Das Hauptquartier der UN-Truppen lag auf dem weiten Gelände der ehemaligen amerikanischen Botschaft, und als wir ankamen, waren die Eingangstore mit Stacheldrahtverhauen verbarrikadiert. Auch die pakistanischen Truppen, die die Wachposten an den hohen Schutzmauern stellten, schienen gereizter als sonst und brachten meinen eigenen rudimentären Mogadischu-Straßenradar in Gang. Ich war immer vorsichtig, wenn ich mich den pakistanischen Soldaten in Mogadischu näherte, denn wer konnte sagen, wie viele Pakistanis einen schwarzen amerikanischen Journalisten in einem Wagen voller Bodyguards von einer Bande potentieller somalischer Terroristen unterscheiden konnten, die einen Kamikaze-Angriff auf ihre Stellung unternahmen. Wann immer ich mich den Pakistanis auf ihrem Basislager oder in einem ihrer sandsackbefestigten Bunker nähern mußte, um einen Offizier zu interviewen oder einen Zeitpunkt für ein späteres Interview festzulegen, sagte ich Gass, er solle den Wagen eine Straße vorher parken. Dann stieg ich aus und ging allein und zu Fuß auf die Pakistanis zu, während ich wild mit meinem blauen UN-Presseausweis herumwedelte und meine andere Hand immer gut sichtbar hielt. Normalerweise nahm ich auch meine Sonnenbrille ab – so sah ich meiner Meinung nach weniger finster aus – und schrie im dicksten Midwestern-Slang zu ihnen hinüber.

Meistens funktionierte es, obwohl ich mehr als einmal sah, wie sich hinter den Sandsäcken Maschinenpistolen auf mich richteten, und das unverkennbare Einklicken der Magazine und das Entsichern der Abzüge hörte. Das war dann der Punkt, an dem ich zu meinem Wagen zurückhastete, Interview hin oder her.

Diesmal hatte ich Glück und stieß am Eingang auf einen pakistanischen Offizier. Im Gegensatz zu den gewöhnlichen Soldaten waren die pakistanischen Offiziere immer überhöflich und sprachen ein steifes vornehmes Englisch mit britischem Akzent. Der Pakistani versuchte per Funk die amerikanische Offizierin zu finden, mit der ich verabredet war. Die Frau, eine Majorin, war freudig erschrocken, als sie mich da stehen sah.

„Ich kann es einfach nicht glauben, daß es Ihnen gelungen ist, da durchzukommen!" sagte sie. „Wissen Sie denn nicht, was da draußen los ist?" Ich sagte ihr, daß ich etliche Schüsse gehört und die brennenden Barrikaden gesehen hätte, die einige Kreuzungen blockiert hätten. Aber ich hätte keine Ahnung, was eigentlich los sei.

Ein paar pakistanische Soldaten seien heute morgen auf ihrem Patrouillegang durch die Stadt angegriffen worden, sagte sie mir. Die Einzelheiten seien erst bruchstückhaft bekannt, aber es scheine ein inszenierter Überfall gewesen zu sein, irgendwo in der Nähe von Radio Mogadischu, dem Sender, den Muhammad Farah Aidids Partei benutzte. Es war bestätigt worden, daß es einige Verwundete gegeben hatte – wie viele wußte sie nicht –, und einige amerikanische Soldaten seien ebenfalls getroffen worden. Die Schnelle Eingreiftruppe der amerikanischen Luftwaffe sei bereits aktiviert. Und die Kämpfe an mehreren Punkten der Stadt gingen noch immer weiter.

Ich rannte zum Wagen zurück und fuhr direkt zu Radio Mogadischu.

Als ich ankam, hatte sich vor dem Sender eine wütende Menge Somalis versammelt. Schnell wurde ich von der Menge verschluckt, war in ihr gefangen und wurde von allen Seiten angerempelt und umhergestoßen, während jeder mir seine eigene Version des Geschehens zuschrie. In meiner ganzen Zeit in Somalia hatte ich noch nie etwas so Beängstigendes erlebt, wie in der Mitte einer somalischen Menge eingeschlossen zu sein und nicht zu wissen, was der Meute als nächstes in den Sinn kam. Ich hielt Rashid eng an meiner Seite. Er hatte ein lässiges Auftreten und seine eigene Art, bei dem Geschreie mitzumachen, während er dem Mob um uns herum gleichzeitig klar machte, daß ich zwar ein Amerikaner sei, aber in Wirklichkeit auf ihrer Seite stehe. Für den Fall, daß er sie nicht überzeugen konnte, hatte er eine kleine Pistole im Hosenbund unter seinem weiten T-Shirt versteckt. Meine Bodyguards waren wie üblich beim Wagen geblieben, weil das Fahrzeug weitaus wertvoller war als der Journalist.

Einige in der Menge berichteten, daß die pakistanischen Truppen früh am Morgen zum Sender gekommen seien, vermutlich, um vor Ort nach schweren Waffen zu suchen, die nach den Interventionsgesetzen der UN in der Stadt verboten waren. Schnell hatte sich draußen eine Menge versammelt, die glaubte, daß die UN-Truppen hier seien, um den Radiosender zu übernehmen, der zum Anti-UN-Sprachrohr General Aidids und seiner Somalia-National-Alliance-Milizen geworden war. Die Pakistanis hatten den Kopf verloren, einige Schüsse in die Luft gefeuert, um die Menge aufzulösen, und ein junger Somali war getötet worden.

Dieser Bericht war natürlich kompletter Unsinn, aber es konnte einen ganzen Tag dauern, bis es eine genauere Darstellung der Ereignisse dieses Morgens geben würde. In der Tat waren an diesem Tag pakistanische Truppen als Teil einer kurzfristig angekündigten Inspektion der UN zum Sender gefahren, die nach versteckten Waffen suchte, aber Aidids Guerilla hatte diesen Moment gewählt, um die Pakistanis beim Sender, bei einer Lebensmittelausgabe und an drei weiteren Punkten innerhalb der Stadt anzugreifen. Die Pakistanis waren kalt erwischt worden und völlig unvorbereitet. Sie waren in ungesicherten, offenen Jeeps durch die Stadt gefahren, statt in schwer bewaffneten Wagen, und die Soldaten bei den Ausgabestellen hatten nicht einmal zusätzliche Munition dabei. Das Massaker war schrecklich. Den toten Pakistanis hatte man die Bäuche aufgeschlitzt und einigen die Augen herausgerissen. Etwas, was für Muslime besonders schlimm war: Es verletzte eine der wichtigsten Vorschriften des Islam, den Körper nicht zu verstümmeln und ihn nicht unbeerdigt liegenzulassen.

Ich begriff es zu dieser Zeit nicht wirklich, aber der blutige Überfall vom 5. Juni war der Wendepunkt für die gesamte von den US geleitete Militäraktion in Somalia. Er war auch der Wendepunkt in meinem eigenen Denken, der Beginn eines bösen Erwachens, das für immer mein Bild von Afrika verändern würde, davon, wie der Kontinent vor sich selbst gerettet werden könnte – oder ob überhaupt.

In den ersten Tagen der Intervention war ich ziemlich stolz gewesen, daß ich zu denen gehörte, die die Trommel für ein amerikanisches Militärengagement gerührt hatten. Meine Berichte über den Zusammenbruch Somalias waren im Sommer und Herbst 1992 auf den Titelseiten der *Post* erschienen, oft mit riesigen Fotos, die ich von einem toten, zum Skelett abgemagerten Kind oder einer gebückten alten Frau gemacht hatte, die um ein paar Löffel mehr Suppe aus dem dampfenden Kessel bettelte. Die Botschaft war immer dieselbe – dies ist eine humanitäre Krise, gegen die die Welt, besonders die Vereinigten Staaten, etwas tun kann und etwas tun sollte. Ich erinnere mich, wie ich mit den anderen Reportern darüber Witze riß, daß diese jungen somalischen Gangster mit ihren veralteten Waffen und Plastiksandalen längst nicht so abgebrüht waren, wie sie das gerne dachten. „Eine einzige Crack-Gang aus Washington könnte die ganze Stadt in ungefähr zwei Stunden säubern", prahlte ich.

Aber Somalia ist ein ziemlich grausamer Ort, vor allem für die, die mit guten Absichten kommen. Es ist ein hartes, oftmals brutales Land, kein Ort für Träumer. Somalis nehmen, was du hast, fressen dich auf und spucken dich wieder aus. Meine Aufzeichnungen sind voll von Namen, Geschichten und Aussprüchen der Leute, die hierher gekommen waren, um zu helfen – Menschen, die ein wenig Licht ins Dunkel bringen wollten –, und ein großer Teil von ihnen endete als kalte Zyniker oder in einem Leichensack, in dem sie ausgeflogen wurden. Es gab gute und fürsorgliche Menschen unter ihnen wie Valerie Place, eine Krankenschwester der Irish Charity Concern. Sie war unendlich heiter, die Art Mensch, die überall einen Hoffnungsschimmer sieht. Ich sprach mit ihr am Weihnachtsabend vor einer der Ausgabestellen von Concern, die sie am Rande der Stadt errichtet hatte. Sie freute sich über die Fortschritte, die die Kinder machten. Einige waren dem Hungertod gerade noch entkommen, und tatsächlich lächelten und spielten sie jetzt wieder. Einige Wochen später wurde Valerie bei einem Überfall auf ihren Wagen auf einem verlassenen Straßenabschnitt erschossen.

Dann gab es Sean Devereaux, der das regionale Büro der UNICEF in der südlichen Hafenstadt Kismayo leitete. Er war ein temperamentvoller Ire mit einem starken Sinn für Fair Play, den fast jeder in seiner Umgebung liebte. Aber er schien auch Feinde zu haben – vielleicht wegen der Verträge für Mietwagen, oder es hatte irgend etwas mit somalischen Arbeitern zu tun, die mehr Geld von ihm wollten, wer weiß das schon? Bekannt ist nur, daß ein Typ mit einem Gewehr plötzlich auf der kleinen Straße, auf der er normalerweise nach Hause ging, hinter ihm auftauchte und ihn aus kürzester Distanz in den Kopf schoß.

Es war, so dachte ich oft, eines der sonderbarsten Paradoxe Somalias. Wenn keiner kommt, um zu helfen, beklagen sie sich, daß die Welt ihrem Leid gegenüber gefühllos sei. Wenn aber tatsächlich Leute kommen, was machen die Somalis dann? Sie schießen ihn in den Hinterkopf, schleifen die nackten Körper durch die Straßen und steinigen sie zu Tode. Nach den Ereignissen des 5. Juni brauchte ich noch eine Weile, um das zu kapieren – genau gesagt fünf Wochen. Das amerikanische Militär hat die Lektion auch gelernt, und zwar nach einer blutigen Straßenschlacht, die achtzehn Soldaten das Leben kostete, wovon einer, zusammengebunden wie ein Huhn, durch die Straßen geschleift wurde. Siebzig Soldaten wurden an diesem Tag verwundet, ein Black-Hawk-Hubschrauberpilot wurde als Geisel genommen, und ein ernüchterter Präsident Clinton blies die ganze Sache ab und beorderte die Truppen nach Hause. Ebenso die Vereinten Nationen. Nachdem sie drei Milliarden Dollar ausgegeben hatten, um Somalia zu retten, brachen auch sie ihre Zelte ab und gingen nach Hause.

Soweit ich weiß, beherrschen die jungen Gangster mit ihren Sonnenbrillen und ihren AK-47 noch immer die Straßen. Und die Schwachen und Unschuldigen sterben noch immer.

Am Ende ging die weltweite Operation, Somalia zu retten, so grauenvoll schief, daß man leicht die fröhliche Zuversichtsstimmung vergißt, die in jenen ersten Tagen der von allen Fernsehcrews gefilmten Intervention Amerikas in einer der abgelegensten Ecken Afrikas herrschte.

Als die ersten Marines und Navy-SEALs landeten, wurden sie nicht von dem scharfen Geknatter somalischer Gewehrsalven von den Dächern herab empfangen, sondern von dem Blitzlichtgewitter der Journalisten, die sich entlang der Strände aufgestellt hatten, um das Ereignis zu dokumentieren. Es war eine der sonderbarsten militärischen Operationen, die jemals gefilmt wurden – große, aufgeblasene Marines in Kampfausrüstung donnerten in ihren Amphibienfahrzeugen an Land, nur um von einer Horde von Reportern aus aller Welt empfangen zu werden, die ihre Laptops, ihre Satellitentelefone und Übertragungsgeräte mit sich herumschleppten, und all das inmitten von dem, was eigentlich eine Hungersnot sein sollte.

Die „Intervasion" war von Anfang an bizarr und begann mit einigen eher komischen Szenen. Wie zum Beispiel die, als eine Gruppe junger Marines im Hafen von Mogadischu wie um die Wette auf ein altes Lagerhaus zurannte, um es nach versteckten somalischen Heckenschützen zu durchsuchen – und einer der Marines dabei die Orientierung verlor und sich in einem Kamerakabel verhedderte. Oder die chaotische Szene im Flughafen, als die ersten Marines, die an Land gekommen waren, eine Gruppe Somalis entdeckten, die in einigen der verlassenen Wagen schliefen, die an der Absperrung des Flughafens geparkt waren. Die Marines zogen die Somalis mit vorgehaltener Waffe aus den Autos und schrien sie an – auf Englisch, was die Somalis nicht verstanden –, sich auf den Bauch zu legen. Gleichzeitig schrien die Fotografen auf die Somalis ein, sich auf den Rücken zu drehen, damit sie ihre schreckverzerrten Gesichter filmen konnten.

Am Anfang schien die große Mehrheit der Somalis die Ankunft der Truppen aber zu begrüßen, vielleicht auch nur deshalb, weil sie eine Atempause bot im Kriegsspiel und in der Anarchie in den Straßen. Sie säumten die Straßen um den Hafen und den Flugplatz, um den ankommenden Marines zuzuwinken. Kinder rannten neben den offenen Fahrzeugen her, um mit den stämmigen Amerikanern Händeschütteln zu machen und ihnen vermutlich dabei ihre Armbanduhren zu stehlen. Überall begann der Name der Operation – „Restore Hope" oder Rajo auf Somalisch – aufzutauchen. Ein neues „Rajo"-Restaurant eröffnete an der Hauptstraße. „Rajo" und „Hope" hing in Weihnachtsbeleuchtung über dem einzig funktionierenden Elektrowarenladen der Stadt. Überall streckte man die Daumen hoch für die neuen amerikanischen Retter.

Mir schien alles ein wenig unwirklich zu sein. Da war der Anblick dieser Amerikaner – zumeist Weiße, unglaublich bleich aussehende Städter in dieser verlassenen Ecke Schwarz-Afrikas, die unter der brutalen äquatorialen Sonne unter ihren Helmen und in ihren Kampfanzügen heftig schwitzten und von ihrer Ausrüstung fast erdrückt wurden. Sie waren alle jung und strahlend und hatten offensichtlich ihre Hausaufgaben während der Überfahrt gemacht, denn alle redeten sie in Gemeinplätzen über die Klan-Situation und den Zusammenbruch der Parteien, als wäre es Allgemeinwissen. „Schau, das sind Muslime", erklärte mir einmal ein Marine in tiefstem Südstaatenslang, der hier wirklich nicht am Platz war, „aber diese hier sind sunnitische Muslime. Das sind nicht die Bösen, nicht wie die Schiiten, wie du sie drüben im Iran hast." Sie waren immer hungrig nach Neuigkeiten von zu Hause – dem Spielstand ihrer Footballmannschaft am College zum Beispiel, einfach nach allem. Ich verteilte meine alten Newsweek-Exemplare unter ihnen, wann immer ich an einem Marine-Checkpoint vorbeikam. Die Marines zogen auf das alte verlassene US-Botschaftsgelände, das mehr wie der Campus eines kleinen Colleges aussah als wie ein ehemaliger diplomatischer Außenposten. Und als nächstes begannen sie auf den geplünderten Trümmern des alten Geländes ein neues Potemkinsches Dorf zu errichten, das mit jedem Tag, der verging, wuchs und sich ausbreitete. Verkehrszeichen wurden errichtet, um den unaufhörlichen Strom der Militärfahrzeuge auf dem Gelände zu steuern. Verlassene und ausgebrannte Gebäude wurden mit Sandsäcken befestigt und in Arbeitsplätze verwandelt. Sie stellten Generatoren auf, um Strom zu haben, und legten Wasserleitungen, um fließend Wasser zu haben. Ein Postamt wurde errichtet, und bald konnte ich meine Briefe, mit US-Marken versehen, direkt in die Staaten schicken. Ein PX schoß aus dem Boden, und ich konnte Doritos, Pringles-Kartoffelchips, Chips Ahoy und all das amerikanische Junk-Food kaufen, das man auf dem afrikanischen Kontinent sonst nirgendwo fand. Sie hatten aus den Ruinen Somalias ein kleines Stück Amerika gehauen. Es machte das Leben für die Jungs angenehmer, aber es schien völlig absurd, wenn man an die Verwahrlosung jenseits des hohen Lagerzauns dachte.

Das ist totaler Wahnsinn, dachte ich bei mir.

Dann kamen die Bürokraten der UN, an jedem Tag Dutzende, manche frisch von ihren Schreibtischjobs in New York, andere aus Kriegsgebieten der ganzen Welt – aus Kambodscha, aus der West Bank und Gaza, aus Angola und Mosambik und aus dem Chaos des ehemaligen Jugoslawien. Somalia war der Ort, wo zu sein gerade „in" war, eine Chance für die UN, endlich mal etwas richtig zu machen, und sie strömten von überall her, alle jung und begierig darauf, von Grund auf Hand anzulegen beim Aufbau eines zerstörten Landes.

Sie fingen an, in die alten Kolonialvillen zu ziehen, die an der Straße zum Flughafen und an den staubigen Seitenstraßen dahinter lagen, und gaben ihnen Namen wie Haus Eins und Haus Zwei. Sie eilten mit Schreibblöcken in der Hand und mit ihren Walkie-Talkies am Gürtel durch das Potemkinsche Dorf der UN. Sie organisierten sich in Sektoren, Zuständigkeitsbereiche und Abteilungen, die sich mit „regionaler Verwaltung", „Rechtsprechung", „humanitärer Hilfe" und „Zusammenarbeit" mit anderen privaten Hilfsorganisationen beschäftigten. Und dann gab es natürlich noch die „Logistiker", die für die Zuteilung der Häuser, Walkie-Talkies, Schreibblöcke und Autos an all die Hunderte von neuen UN-Beamten zuständig waren, die täglich hereinströmten.

Ich staunte nur. Wieviel kostet das alles?

Ich begann den Flughafen von Mogadischu als Maßstab für die ausländische Aufbauarbeit zu nehmen. Als ich zum ersten Mal nach Mogadischu geflogen war, lange bevor die Marines kamen, war der Flughafen ein Mikrokosmos der Fehden zwischen den Splittergruppen auf den Straßen draußen – ein Haufen zerlumpter Typen mit AK-47ern, die allesamt versuchten, an deine Kohle zu kommen, wenn du mit einem kleinen Propellerflugzeug gelandet bist. Dann wurde der Flughafen von den Marines übernommen, und das Rollfeld wurde zu einem einzigen ohrenbetäubenden Donner von Aktivität, auf dem riesige amerikanische Transportflugzeuge bei laufenden Motoren frischen Nachschub an Menschen und Versorgungsgütern entluden. Dann erschienen die UN-Bürokraten und installierten einen Schalter, an dem man sich einchecken mußte. Es dauerte nicht lange, und man sagte Journalisten wie mir – die es gewöhnt waren, zum Flughafen zu gehen und in irgendeinem Flugzeug, das einen mitnahm, nach Nairobi zurückzufliegen –, daß der Flughafen von der UN kontrolliert werde und daß wir eine „Genehmigung" bräuchten, um ein Flugzeug zu benutzen. Und dann eröffneten sie ein Flugreisebüro und führten eine umständliche Prozedur ein, die von einem verlangte, verschiedene Formulare auszufüllen, diese von verschiedenen Leuten unterschreiben zu lassen und schließlich seinen Namen auf eine Liste setzen zu lassen – und das Ganze nur um die Genehmigung zu erhalten, ein Flugzeug zu besteigen.

Ich wußte, daß die UN-Bürokratie endgültig die Grenze zur Lächerlichkeit überschritten hatte, als ich eines Tages in Mogadischu ankam und wir mit einem kleinen Shuttle-Bus abgeholt wurden, um uns die paar Schritte vom Flugzeug bis zum „Terminal-Gebäude" zu bringen. Ich war mit einem Flieger der Kenian Airways gelandet, der von der UN gechartert worden war, um noch mehr Beamte ins Land zu bringen und Soldaten, die von ihrem Wochenendurlaub zurückkamen. Vor der Landung ging eine Stewardeß ans Mikrophon und sagte: „Wir sind soeben in Mogadischu gelandet. Wir wünschen Ihnen einen angenehmen Aufenthalt."

Rashid und Gass holten mich immer vom Flughafen ab. Aber inzwischen mußten sie sich ihre AK-47er von einem Soldaten „checken" lassen, der am Eingang postiert war. Sobald ich im Wagen saß, fuhren wir zum Ausgang, Rashid sprang raus, zeigte seinen Wisch vor und sammelte seine Gewehre und Magazine wieder ein. Rashid und Gass hatten sogar neue gelbe Personalausweise von der UN ausgestellt bekommen, auf denen ihre Fotos waren und die sie berechtigten, automatische Waffen zu tragen.

Dieser Ort, dachte ich, ist völlig abartig geworden.

Rückblickend begreife ich inzwischen, daß dies alles Teil einer großen Täuschung war, eine Art Selbstbetrug auf seiten dieser Ausländer, die in Scharen hier hereinströmten und es verzweifelt nötig hatten, irgendeinen Anschein von Normalität in einem Land herzustellen, das im Grunde ein völlig anormaler – und immer noch sehr gefährlicher – Ort war. Natürlich spielten auch wir Journalisten dabei unseren Part. So zu tun, als sei alles normal, und sich eine vertraute und komfortable Umgebung zu schaffen war zumindest eine Art, damit fertig zu werden. Diese kollektiven Bemühungen überschritten manchmal die Grenze zum Absurden.

Eine Zeitlang gab es fast jede Nacht Parties bei Mitarbeitern der Hilfsorganisationen, Journalisten und Mitgliedern der ausländischen Truppen. Es gab eine Party zur Eröffnung eines neuen amerikanischen Botschaftsgebäudes, bei der ein Marine den Disk-Jockey, spielte, während Black-Hawk-Hubschrauber zu unserem Schutz über uns kreisten. UNOSOM – Abkürzung für UN-Operation in Somalia – veranstaltete ein Benefizbankett und einen Ball mit Smoking- und Abendkleidzwang, um Geld für die Flüchtlingslager direkt hinter dem Gelände des UN-Hauptquartiers zu sammeln. Pakistanische Militäroffiziere waren da in ihren steifen Uniformröcken und Federbüschen, ältere Frauen trugen Abendkleider, jüngere Miniröcke und hohe Absätze, und alle scharten sich um die Tische mit dem pakistanischen Buffet, während im Hof unten die Rockmusik dröhnte. Und draußen kletterten die Somalis, die Fahrer, die Straßenjungen und die Flüchtlinge auf Bäume oder nahe Mauern, nur um einen Blick auf etwas zu erhaschen, was ihnen wie ein eigenartiges ausländisches Stammesritual vorgekommen sein muß.

Die Szene wurde genauso bizarr im Al-Sahafi-Hotel, unserem recht familiären Verschanzungsort. Das Hotel hatte sich von seinen ziemlich spartanischen Anfängen – einige Matratzen auf dem Boden waren ursprünglich die einzige Annehmlichkeit gewesen – dahin gemausert, daß es heißes Wasser zum Duschen gab, kalte Soft-Drinks am Empfang verkauft wurden und schließlich sogar ein Fernseher in der Hotellobby installiert wurde, der an einer Dachsatellitenschüssel des CNN hing. Das Dach wurde zum Ort unserer eigenen regelmäßigen nächtlichen Parties, die normalerweise damit begannen, daß Paul Alexander, der Reporter der Associated Press, seine besonders tückischen Whisky Sours mixte, wobei er Kool-Aid mit Zitrone benutzte, die er im amerikanischen Militär-PX kaufte. Manchmal konnten wir die amerikanischen Offiziere, die die täglichen Pressemitteilungen herausgaben, dazu überreden vorbeizukommen. Die Marines, die Luftwaffe und die Soldaten in Somalia hatten Order, „trocken" zu bleiben, aber das Dach war immer der einzige Ort in der Stadt, wo alles strikt „off the record", rein inoffiziell war.

Einer der verrücktesten Abende war, als wir ein paar Marines und Soldaten zu einem Saufgelage auf dem Dach dabei hatten. Die Musik dröhnte, der Whisky Sour floß in Strömen, als irgendwo aus dem Dunkel das unmißverständliche Knallen eines Schusses ertönte. Sowas hörten wir auf dem Dach die ganze Zeit, und normalerweise achteten wir gar nicht darauf; denn im allgemeinen konnte man es sagen, ob ein Schuß in der Nähe abgefeuert worden war und dir gegolten hatte oder zu den routinemäßigen nächtlichen Schießereien gehörte. Aber bei diesem Schuß lagen alle Marines mit einem Schlag auf ihren Bäuchen und schrien: „Heckenschützen! Heckenschützen!" Und die Journalisten standen verdattert da, hielten noch immer ihre Plastikbecher mit dem Alkoholzeug in der Hand, starrten in die Nacht hinaus und fragten: „Wo? Wo ist er?"

Bald darauf kam ein noch seltsamerer Abend, nachdem ein kleines Freilichtkino genau gegenüber dem Al-Sahafi auf der anderen Seite der Verkehrsinsel eröffnet hatte. Als „Leinwand" diente die Seitenmauer eines verlassenen ausgebombten Gebäudes, und die überlebensgroßen Bilder waren von unserem Hoteldach aus gut zu sehen, obwohl wir nichts hören konnten. An diesem Abend spielten sie den alten Film Patton mit George C. Scott. Ich erinnere mich, wie absurd es war, die riesige Figur Pattons in seinem Eingangsmonolog zu sehen, wie er vor einer großen amerikanischen Fahne stand – und ich erinnere mich, daß ich mich fragte: Was um alles in der Welt werden die Somalis denken, wenn sie das sehen?

Einmal beschloß ich, die übliche abendliche Dach-Session etwas zu beleben, indem ich meinen kleinen CD-Player und meine tragbaren Lautsprecher mitbrachte. Wir stellten die Lautsprecher vorsichtig auf das Dachgeländer, und ich wählte Bruce Springsteens „Born in the USA", um ihn durch die verdunkelten Straßen dröhnen zu lassen. Wir fanden das wahnsinnig komisch und spielten es immer wieder, bis von irgendwoher aus der Dunkelheit ein Heckenschütze eine Kugel auf uns abgab, die über unsere Köpfe hinwegzischte und uns alle schnell zu unserer Deckung bäuchlings auf Tauchstation schickte. „Ich glaube, dem gefällt die Musik nicht", hörte ich jemand in der Dunkelheit witzeln.

Alexander Joe, der Fotograf für Agence France Press aus Zimbabwe, gab dem versteckten Heckenschützen den Spitznamen „unser Freund". Jeden Abend, nachdem wir ein paar kalte Bier intus hatten und wie üblich lautstark darüber diskutierten, wie es mit Somalia weitergehe, gab unser Freund ein, zwei kurze Schüsse in unsere Richtung ab, mit denen er uns auf dem Boden krabbeln ließ. „Okay, unser Freund ist müde", sagte Joe dann. „Es scheint Zeit zu sein, ins Bett zu gehen."

Eine Zeitlang postierte die UN ein kleines Kontingent nigerianischer Soldaten auf dem Dach des Al-Sahafi-Hotels. Das taten sie zum Teil wegen unserer strategisch günstigen Lage, weil man von hier aus den Kreisverkehr auf dem Kilometer-Vier-Platz gut überschauen konnte, auf dem sich die Straßen, die zum Hafen und zum Flughafen führten, kreuzten. Teilweise – jedenfalls wollten wir das glauben – sollten sie wohl für einen gewissen Schutz der Journalisten sorgen, der größten an einem Ort versammelten Gruppe von Ausländern außerhalb des stark befestigten UN-Gebiets und der „Sicherheits"-Zone rund um die Straße zum Flughafen. Wir boten vermutlich jedem fanatischen somalischen Terroristen oder jedem arbeitslosen Milizionär, der irgendeinen Groll hegte, ein verlockendes Ziel. Und – aber auch das ist nur eine Vermutung – obwohl die amerikanischen und die UN-Kommandeure fanden, daß wir ein zynischer und aufdringlicher Haufen seien, würden sie es aber noch viel lästiger finden, wenn man Reporter unter ihrer Obhut umbringen oder entführen würde.

Ich habe mir immer vorgestellt, daß unsere nigerianischen Wachposten uns für einen ziemlich merkwürdigen Haufen hielten, diese ausländischen Journalisten mit ihren teuren Computern und Satellitenübertragungsgeräten, unsere wilden Bierorgien auf dem Hoteldach und Stereolautsprecher, die in die kühle Nachtluft hinausdröhnten, während sie, die Nigerianer, ein ziemlich spartanisches Leben führten, auf dünnen Armeematten auf dem harten Zementdach schliefen und all ihre Habseligkeiten in einem Rucksack mit sich führten. Ich habe ein paarmal versucht, mit ihnen zu reden, fand aber bald heraus, daß ihre Englischkenntnisse kaum über ein „Hallo" und „Danke" hinausgingen, und ich hatte noch weniger Ahnung, in welcher Sprache sie sich unterhielten, wenn ich sie auf dem Dach im Dunkeln zusammen lachen hörte. Manchmal gab ich ihnen alte Magazine und Zeitungen, besonders wenn ich darin etwas über Nigeria gefunden hatte, von dem ich annahm, daß es sie interessieren könnte. Sie nahmen die kleinen Hefte dankbar und mit dem Anflug eines Lächelns und einem „Danke" entgegen, und das war's dann. Sie gingen in ihre Welt zurück und ich in die meine.

Zwei Welten. Genau wie ich es in Nairobi empfunden habe, diese Distanz zwischen mir und meinen kenianischen Angestellten. Die Kluft war zu groß zwischen den Afrikanern und mir, und ich merkte, so sehr ich mich auch bemühte, ich konnte sie nie überbrücken.

Noch während die schnell wachsende ausländische Gemeinde eifrig ihr Paralleluniversum auf dem Dach des Al-Sahafi-Hotels und in den UN-Lagern errichtete, hatten wir alle, denke ich, dasselbe dumpfe Gefühl, daß die noble somalische Hilfsmission übel ausgehen könnte. Von Anfang an war alles viel zu glatt gegangen – die Küstenlandung, die winkenden Somalis, die die Straßen säumten. Doch inzwischen winkten sie nicht mehr. Jetzt warfen sie Steine und schossen aufs Geratewohl von den Dächern.

Die zerlumpten Jungs mit ihren Gewehren und den Plastiksandalen, die die Bevölkerung terrorisiert hatten, hatten die kluge Idee zu verschwinden, als die ersten Marines aufkreuzten. Sie erkannten die überlegene Macht in ihrem Revier an. Somalische Bewaffnete mögen vieles sein, aber zum Selbstmord neigen sie nicht. Viele vergruben ihre Waffen und warteten auf eine neue Gelegenheit zum Kampf. Viele bekamen Jobs als Bauarbeiter oder Fahrer oder Übersetzer für die riesige Menge von Reportern, die ins Land strömten, und sogar auf dem UN-Gelände. Das war das Wesen dieses komischen Fantasy-Landes namens Mogadischu; die Typen, die tagsüber für die UN arbeiteten, konnten dieselben sein, die nachts als Heckenschützen die Positionen der Marines beschossen.

Einer, der die potentielle Gefahr sah und davor warnte, war Generalmajor Charles Wilhelm, der Kommandeur der Marines in Mogadischu. Wilhelm war einer dieser harten, aufrechten Marines, ein Typ, von dem man erwarten würde, daß ihn im Film Clint Eastwood spielen würde. Wilhelm war in Beirut gewesen, und er wußte aus eigener Erfahrung, was passieren konnte, wenn du zuläßt, daß deine Truppen in einen Konflikt zwischen Splittergruppen mit hineingezogen werden. Ich fand ihn überraschend offen, wie er über die versteckten Gefahren für seine jungen Marines sprach.

„Ob ich uns Gefahr laufen sehe, daß wir durch unser anhaltendes Engagement immer tiefer hineingezogen werden? Die Antwort darauf ist, ganz offen, ja", sagte er zu mir. Wilhelm sprach über das, was er seine persönlichen „psychischen Meilensteine" von Beirut nannte, und warnte: „Wir könnten da hineingezogen werden. Durch eine Flut von Ereignissen könnten wir da hineingezogen werden, das haben wir früher schon gesehen. Das ist eine der Lektionen, die die Geschichte uns gelehrt hat."

Es war die vernünftigste – und weitsichtigste – Analyse, die ich jemals von jemand erhielt, der mit der Intervention zu tun hatte. Ich erinnerte mich an seine Warnung, als Amerika immer tiefer in den somalischen Sumpf geriet. Und natürlich erinnerte ich mich an die ähnliche Warnung von Smith Hempstone: „Wenn Sie Beirut mochten, werden Sie Mogadischu lieben."

Aber bei allem gebührenden Respekt für den General lag er doch in einem völlig falsch: Die Geschichte hatte uns nichts gelehrt, gar nichts. Denn als die Flut der Ereignisse über uns zusammenbrach, wiederholten wir genau dieselben Fehler wie früher. Und deshalb endete, was einmal als gefühlvolle humanitäre Mission zur Versorgung hungernder Menschen begonnen hatte, als peinliche Jagd auf einen egoistischen kahlen Kriegsherrn.

Als ich Muhammad Farah Aidid das erste Mal traf, dachte ich, er sei verrückt. Er schien neurotisch, nervös, sein Blick schweifte wild umher, unfähig, sich auf etwas zu konzentrieren. Ich traf ihn ein zweites Mal in Bardhere, verschanzt in einem abgeriegelten Gebäude, wo er auf Kissen saß, mit seinem Spazierstock in der Luft herumfuchtelte, wo ihm auf einem langen Tisch dampfendes Essen serviert wurde, während einige Meter weiter die Menschen auf der Straße verhungert umfielen. Dieses zweite Mal dachte ich, daß er nicht nur verrückt ist, sondern auch böse.

Ich traf Aidid während der Jahre, die ich aus Somalia berichtete, viele Male, aber diese ersten Eindrücke hielten sich. Er war ein rücksichtsloser Mann, der sich wenig um Leben und Leiden von Menschen kümmerte. Er war ein erstklassiger Lügner, ein Zyniker, der seine verschiedenen Rollen beherrschte, und ein gerissener Guerillakämpfer, der unter anderem begriff, wie wichtig das Aufzählen von Toten in einem Krieg war, der im Grunde ein Fernsehkrieg war. Er war ein Meister der Verwandlung, der sich je nach dem, wie es die Umstände erforderten, neu erfinden konnte – am einen Tag trat er als Anhänger des Islam auf, der seine Pressekonferenzen mit einem Gebet zu Allah begann, am folgenden war er der Diplomat und Staatsmann, der im dunklen Nadelstreifenanzug und frischen weißen Hemd von einem regionalen Treffen zum anderen hetzte, und an wieder einem anderen Tag war er der Anführer des Widerstands im Untergrund, der kaltblütig seinen nächsten blutigen Überfall plante und seine Anhänger über geheime Radiosender ermahnte.

Aidid war ein katastrophal schlechter Redner bei öffentlichen Auftritten, besonders wenn er darauf bestand, zu den Reportern in Englisch zu sprechen. Seine Pressekonferenzen fingen immer damit an (nach dem Gebet zu Allah, wenn er gerade seinen muslimischen Tag hatte), daß er mit hoher Stimme, die an den sonderbarsten Stellen abbrach, und in einem schrecklich verstümmelten Englisch ein vorbereitetes Statement vorlas. Er schob seine Brille auf die Nasenspitze, hielt sich das Blatt dicht vors Gesicht und las langsam, bedächtig, Silbe für Silbe, mit Betonung immer an der falschen Stelle. Manchmal streckte er den Finger in die Luft, um etwas hervorzuheben, aber er hinkte mit dem Lesen immer zwei oder drei Silben hinterher.

Aidids hilflose Versuche, Englisch zu sprechen, waren die Zielscheibe vieler Witze im Pressekorps. Ich selbst lernte den alten Kriegsherrn ziemlich böse zu imitieren, indem ich mir ein Stück Papier vors Gesicht hielt, meine Brille auf die Nasenspitze rutschen ließ, und dann übertrieben langsam Silbe für Silbe ausspuckte. Es war eine Vorstellung, die ich mir gewöhnlich für das Ende der Abende auf dem Dach des Al-Sahafi aufhob, und meine Kollegen wälzten sich dann vor Lachen. Einmal, nachdem wir schon einige von Paul Alexanders tödlichen Whisky Sours intus hatten, filmte ein Freund von Worldwide Television News meine Vorstellung. Ich konnte Aidid wirklich gut nachahmen. Ich nahm sogar Fragen der Reporter entgegen und beantwortete jede, wie Aidid es immer tat, indem ich zuerst einen Finger hochhielt, um etwas zu unterstreichen. Ich hielt es einfach nur für komisch – bis ich ein paar Tage später erfuhr, daß jemand eine Kopie der Aufnahme Abdi dem „Einäugigen" zugespielt hatte.

Abdi der „Einäugige" war so etwas wie ein inoffizieller Sprecher Aidids, in dessen Organisation es keine wirklichen Titel gab. Er pflegte im Journalistenhotel vorbeizukommen, um uns mit Neuigkeiten über Zusammenstöße mit den UN-Truppen zu versorgen oder uns die neuesten SNA-Statements auszuhändigen. Er schien seine Rolle als Verbindungsmann zur ausländischen Presse zu genießen und nützte diese Position aus, indem er sicherstellte, daß wir ihn gut mit kalten Getränken und den neuesten Zeitungen und Zeitschriften, die wir gerade mal per Schiff aus Nairobi erhielten, versorgten. Ich zweifelte nicht daran, daß er dem alten Mann ziemlich nahestand und sogar wußte, wo Aidid sich versteckt hielt, wenn er untergetaucht war. Als ich deshalb von Kollegen hörte, daß Abdi „der Einäugige" eine Kopie meiner Vorstellung auf dem Dach erhalten hatte, verbrachte ich mehr als nur eine unruhige Nacht – und stand mehr als einmal auf, um das Schloß an meiner Tür zu überprüfen. Ich habe nie erfahren, ob man mir nur einen Streich spielen wollte, aber andererseits waren wir hier in Mogadischu, und ich hatte nicht die Absicht, ein Risiko einzugehen für den Fall, daß Aidid meinen Sinn für Humor nicht teilte.

Ich fürchtete Aidid, weil ich wußte, daß er ein kaltblütiger Mörder war. Natürlich war er es gewesen, der am 5. Juni den Angriff auf die pakistanischen Soldaten geplant hatte. Und er bewies immer wieder, daß ihm sogar das Leben seiner eigenen Anhänger nichts bedeutete. Eine seiner bevorzugten Techniken war es, Frauen und Kinder als „menschliche Schutzschilde" zu benutzen, damit die Schüsse der UN-Truppen und der amerikanischen Truppen sie trafen, während er seine Heckenschützen in der Menge versteckte.

Aidid scheute auch vor regelrechten Attentaten nicht zurück, wenn es ihm in den Kram paßte. Im Mai 1993 platzte er bei einem Treffen seiner Berater damit heraus, daß er einen Amerikaner töten werde, weil die Vereinigten Staaten versuchen würden, ihn zu entmachten. Was er nicht wußte, war, daß einer seiner Berater in dem Raum ein amerikanischer Informant war, der die Drohung umgehend meldete, bevor sie ausgeführt werden konnte.

110

Aber obwohl ich Aidid und seine Neigung zu Rücksichtslosigkeit kannte, machte ich einen großen Fehler bei seiner Einschätzung – ich unterschätzte ihn. Es war der gleiche Fehler, den die amerikanischen Militärplaner machten, als sie die katastrophale Operation starteten, den alten Mann zu verhaften.

Es war eine filmreife Operation – mit Army-Rangern, die sich von Hubschraubern abseilten, um kahlköpfige Somalis zu fragen: „Sind Sie Aidid?" Es gab sogar ein „Wanted"-Plakat nach Western-Art, auf dem eine Belohnung von 25 000 Dollar für die Ergreifung von Aidid ausgesetzt war. Das war der Gipfel der Ironie, dachte ich. Aidid hatte dafür gesorgt, daß die Straßen der Stadt so unsicher waren, daß die einzigen Orte, an dem man die „WANTED"-Plakate aufhängen konnte, sich innerhalb des stark befestigten Botschaftsgeländes befanden.

Der Wahnsinn dieser verpfuschten „Suche" wurde mir klar, als ich eines Tages dem weitläufigen Haus von Osman Ali Ato in Mogadischu einen Besuch abstattete. „Osman der Dünne" war einer von Aidids wichtigsten Handlangern und der Hauptfinanzier des Kriegsherrn. Ato wurde zu einer meiner regelmäßigen Kontaktpersonen innerhalb der SNA. Vor der Landung der Marines hatte er mich auf einen kleinen Parkplatz gegenüber seinem Haus geführt, auf dem junge Männer eifrig „technische" Fahrzeuge zusammenbauten, das heißt Kampffahrzeuge, auf denen schwere Maschinengewehre montiert waren. Dann gingen wir zu einer alten verrosteten Kanone, die aus China stammte. Er streichelte das Relikt und wischte meine Bedenken, was ihre Zielgenauigkeit anbelangte, beiseite. Sie sei zur Warnung aufgestellt, sagte Ato, falls die Amerikaner hierherkommen und es wagen würden, die SNA und ihre Kriegsherren zu entwaffnen

Ato war angeblich einer der ranghöchsten Stellvertreter Aidids auf der UN-Suchliste. Aber offensichtlich nicht an diesem Tag, als wir gemütlich in seinem Haus saßen und uns die Nachrichtensendungen des CNN ansahen, die er dank einer auf seinem Dach installierten Satellitenschüssel empfangen konnte.

111

Er bot mir einen Platz neben sich auf dem Sofa an, ließ mir von einem Mädchen heißen süßen somalischen Tee servieren, bemerkte, daß es zehn Uhr sei, höchste Zeit, und bat mich, ein paar Minuten still zu sein, damit wir die neuesten CNN-Nachrichten hören konnten. Die größte Neuigkeit dieses Tages, sagte der Nachrichtensprecher, sei der Überfall auf ein Versteck, in dem sich wichtige Mitglieder von Aidids Armee verborgen halten sollten. Die Bilder, die live übertragen wurden, zeigten Hubschrauber, die in der Luft über einer Villa kreisten, während ein Reporter atemlos von einer bedeutenden amerikanischen Militäraktion berichtete. Ato machte zunächst ein ernstes, dann ein leicht amüsiertes Gesicht. „Wo das wohl sein könnte?" sagte er mit einem Augenzwinkern, als wir uns noch eine weitere vergebliche Aktion ansahen, die live ins Wohnzimmer der SNA übertragen wurde.

Und so wurde Aidid nie gefaßt oder jemals zum Rückzug gezwungen. Es waren am Ende die US-Armee und die Vereinten Nationen, die das Handtuch warfen. All diese milchgesichtigen jungen Kids mit ihren übereifrigen Ideen in Sachen „Aufbau einer Nation" packten ihre Koffer und gingen nach Hause. Das sich weit ausbreitende Botschaftsgelände, das sie so lange gepflastert und gepflegt hatten, bis es wie ein College-Campus aussah, wurde verlassen und von somalischen Plünderern gestürmt. Niemand weiß etwas Genaues, aber die ganze Sache kostete mehr als drei Milliarden Dollar und Tausende von Menschenleben, auf beiden Seiten.

Und für was? Um zu verhindern, daß die Leute verhungerten. Um ihnen zu helfen, ihr Land wieder aufzubauen. Um die Somalis vor sich selbst zu retten.

Niemand hatte sich je überlegt, was du machen sollst, wenn die Leute, denen du helfen willst, gar kein Interesse daran haben, daß ihnen geholfen wird.

Ich weiß ziemlich genau, wann meine eigene Desillusionierung, ob Somalia jemals gerettet werden könnte, einsetzte. Es war am 12. Juli 1993, zehn Uhr morgens. Es war der Tag, an dem vier meiner Freunde von einem somalischen Mob vor einem besetzten Haus totgeschlagen wurden, das gerade von einer amerikanischen Hubschraubereinheit mit allen Insassen in Stücke gebombt worden war.

Ich war in Nairobi, als ich davon hörte. Ich hatte mir nach einem langen Aufenthalt in Somalia eines der seltenen Wochenenden zu Hause gegönnt. Meine Pläne, das Büro der *Post* in Mogadischu zu schließen, waren nach den Attacken des 5. Juni gestoppt worden, da es offensichtlich immer noch genug Neuigkeiten in Somalia gab, über die man berichten konnte. Bevor ich das Al-Sahafi-Hotel verließ, hatte ich mich von Dan Eldon und Hos Maina, die beide für Reuters arbeiteten, verabschiedet, ebenso von Anthony Macharia, Tontechniker der Reuter Television, und von Hansi Kraus, einem deutschen Fotografen, der für die Associated Press arbeitete und nach Somalia gekommen war, um für eine Weile nicht mehr die Kriegsgreuel auf dem Balkan fotografieren zu müssen. Dan schuldete mir noch eines seiner Somalia-T-Shirts, und ich sagte ihm, er solle sich keine Sorgen machen. Ich würde es bei ihm abholen, wenn ich in ein paar Tagen wieder nach Mogadischu kommen würde.

Als der Hauptteil der US-Marines sich im Mai aus Somalia zurückzog, ließen sie ein kleineres Kontingent von etwa zweitausend amerikanischen Soldaten zurück, die unter der Flagge der Vereinten Nationen operierten. Die Marines hatten bisher eisern vermieden, die Rolle von Straßenpolizisten zu spielen und sich in die mörderischen Streitigkeiten der Klans einzumischen. Aber die UN kam mit einer anderen Vorstellung von ihrer Mission – sie nannten es „nation building", „Aufbau einer Nation", was in der Praxis hieß, den sich bekriegenden Parteien die Waffen wegzunehmen und „neutrale" Institutionen wie eine Polizei und eine Gerichtsbarkeit einzurichten. Das Problem war, daß es so etwas wie einen „neutralen" Somali nicht gab – eher würdest du einen blonden Somali mit Sommersprossen finden – und die UN mit ihrem gut gemeinten, aber zu ehrgeizigen Vorhaben in einen Zermürbungskrieg nach dem Motto „Wie du mir, so ich dir" gegen Aidid hineingezogen wurde.

Eine Weile dachten die Strategen der UN, sie könnten das Problem lösen, indem sie Aidid zum Ziel einer militärischen Menschenjagd durch die ganze Stadt machten. Statt dessen erreichten sie nur, daß er sich einfach verpißte. Aidid ließ die amerikanischen oder UN-Hauptquartiere mit Granaten beschießen, und die Amerikaner – die sich eigentlich in einer „unterstützenden" Rolle wähnten, aber mehr und mehr zur Fronttruppe wurden – antworteten damit, daß sie Cobra-Hubschrauber schickten, die ihre Kanonen oder Panzerabwehrraketen auf eine der vermutlichen Hochburgen des Kriegsherrn abfeuerten. Aidid revanchierte sich, indem er seine Schläger ausschickte, um ein halbes Dutzend Somalis zu entführen und umzubringen, die für die Vereinten Nationen arbeiteten und bei der Verteilung ihrer Propaganda-Zeitung Maanta halfen.

Die Morde an den somalischen Angestellten machten Jonathan T. Howe, den pensionierten amerikanischen Admiral und ehemaligen Oberbefehlshaber der U-Boot-Flotte, der an der Spitze der UN in Somalia stand, sehr nervös. Howe wurde von den Soldaten und sogar von seinen eigenen UN-Angestellten häufig wegen seines „Ist doch alles Quatsch"-Auftretens und seines Pfadfinder-Enthusiasmus für diesen schmutzigen Job verspottet und weil er eine sehr blasse Haut hatte und deshalb in ganz Somalia wohl der einzige Weiße war, der niemals braun wurde, nicht einmal in dieser glühenden Sonne. „Zu lange in einem U-Boot gewesen", pflegte einer der UN-Leute zu sticheln. Aber als Aidid die Latte höher legte, war es Howe wie jedem guten Militär klar, daß er angemessen reagieren mußte, oder die Schlacht gegen Aidid um die Herzen und die Meinungen der Leute auf der Straße wäre verloren. Er rang eine Weile mit sich, stimmte dann aber einem alten amerikanischen Militärplan zu, gegen die mächtigsten Mitglieder von Aidids Somali National Alliance-Partei und seinen Habargidir-Klan vorzugehen, während diese sich im Haus von Abdi Qaaybdid, dem selbsternannten „Verteidigungsminister" des Kriegsherrn, trafen. Es war – dies nur zu jedermanns Kenntnis – der erste offiziell von den Vereinten Nationen genehmigte Mord.

Der Überfall war eine schmutzige Sache. Im Grunde war es ein Abschlachten. Ein halbes Dutzend Cobras pumpten sechzehn TOW-Raketen und zweitausend Geschützsalven mit tödlicher Zielgenauigkeit in das Haus. Als erstes schossen sie die Treppe weg, damit niemand entkommen konnte. Dann schossen sie ihre Raketen und Geschütze direkt ins Obergeschoß des Hauses, wo das Treffen stattfand. Ein Video, das unmittelbar nach dem Angriff aufgenommen wurde, zeigte die zerfetzten Körper, die bei dem Angriff im wahrsten Sinn des Wortes auseinandergeflogen waren – die religiösen Führer, die Ältesten, sogar die Frauen, die in ihren farbenfrohen Gewändern immer bereit standen, um den Tee zu servieren. Amerikanische Soldaten drangen ins Haus ein und fotografierten das Blutbad – nur um zu beweisen, daß sie ihren Job gut gemacht hatten.

Es gab keinen Aufruf, herauszukommen und sich zu ergeben. Es gab auch keine Warnung, das Grundstück zu räumen. Es war ganz einfach ein kompromißloses blutiges Massaker.

Niemand weiß genau, wie viele Menschen an diesem Morgen im Qaaybdid-Haus starben. Das Rote Kreuz schätzte, daß zumindest siebzig Menschen getötet wurden. Die Amerikaner, die wochenlang darauf bestanden, daß die Zahl sehr viel niedriger sei – vermutlich nur so an die zwei Dutzend –, gaben später zu, daß das Rote Kreuz mit seiner Schätzung wahrscheinlich recht hatte. Die Zahl der somalischen Opfer schien nie jemand wirklich zu interessieren, vor allem nicht die Militärbehörde, die darauf bestand, daß sie sich nicht in die Art „Leichenzählung" im Vietnam-Stil hineinziehen lassen wolle.

Für mich schien diese Haltung immer indirekt zu bestätigen, daß jedesmal, wenn die Körper schwarz und afrikanisch waren, es niemand einfallen würde, sie zu zählen. Wann immer ich einen Bericht über Somalia schrieb, bestand ich auf einer Schätzung der Zahl der somalischen Toten.

Dan, Hos und ihre beiden Kollegen erschienen kurz nach der Schlachterei im Qaaybdid-Haus, als die Hubschrauber bereits verschwunden waren und sich gerade eine zornige somalische Menschenmenge versammelt hatte. Ich war nicht dabei, aber ich kann es mir lebhaft vorstellen – ich hatte schon viele Aufläufe dieser Art gesehen wie den am 5. Juni vor dem Sender Mogadischu. Es muß viel Geschiebe, Gestoße, Geschrei und erhobene Finger gegeben haben. Steine wurden geworfen. Dann kamen die Messer zum Vorschein. Und die Gewehre.

Die meisten meiner Freunde wurden totgeschlagen. Ihre Gesichter wurden mit Steinen zertrümmert. Als Dans Körper von einem Hubschrauber aufgenommen und zum US-Army-Feldlazarett gebracht wurde, konnte der zuständige Kommandeur, Colonel Artie Shelton, der Dan nur einige Tage zuvor getroffen hatte, ihn nicht identifizieren. Er sagte, Dans Gesicht sei nur noch eine blutige Masse gewesen.

Den anderen erging es nicht besser – erschlagen, gesteinigt, erstochen. Hos, den kenianischen Journalisten, der mir so großzügig seine Fotos jenes weit zurückliegenden Schönheitswettbewerbs zur Verfügung gestellt hatte, fand man einige Straßen von dem Blutbad entfernt. Anthony hatte es fast bis zum Al-Sahafi-Hotel geschafft, war vor dem Mob davongerannt, doch er starb durch ein Messer im Rücken. Und Hansis Leiche wurde einige Tage lang vermißt, offensichtlich hatten die somalischen Angreifer gehofft, vielleicht Lösegeld für ihn zu bekommen.

Ich weinte nicht, als meine Freunde starben. Ich wurde von einer Besessenheit ergriffen.

Als ich nach Somalia zurückkehrte, versuchte ich jeden zu interviewen, der mit der Entscheidung, das Qaaybdid-Haus an diesem Tag zu bombardieren, etwas zu tun hatte – als ob es mir irgendwie helfen würde, wenn ich selbst einen Fehler in dieser Entscheidung aufdeckte und jemand die Schuld für den Tod meiner Kollegen geben könnte. Ich sprach mit den Offizieren, die für die Operation verantwortlich waren, die es einen „guten Schlag" nannten und die Leute im Haus als „Punks" und „Gangster" bezeichneten. Ich sprach mit einem Beamten des State Departments, der mir erklärte: „Vielleicht haben wir ein paar Leute getötet, die wir eigentlich gar nicht töten wollten, aber wir haben auch die Typen erwischt, hinter denen wir her waren." Und ich interviewte Howe mehrfach zu dem Angriff vom 12. Juli, dabei verschwand sein „Mensch-Meier"-haftes typisch amerikanisches Schulterzucken kein einziges Mal. Er bestand darauf, daß die Versammlung im Haus an diesem Tag eine „Zelle militärischer Planung" war und die Leute drinnen „terroristische Aktionen ausgeheckt und vorbereitet" hätten.

Mit jedem Interview, mit jeder amerikanischen Rechtfertigung des Angriffs wurde ich zorniger, nach ein paar Wochen schäumte ich vor Wut. Meine eigene moralische Welt war gerade völlig auf den Kopf gestellt worden. Wir waren die Vereinigten Staaten von Amerika, und ich glaubte, mein Land würde nicht herumlaufen und Leute in ihren Häusern ermorden und dann unter dem praktischen Schutz der Flagge der Vereinten Nationen auch noch ungeschoren davonkommen. Man erwartete von uns, daß wir die Guten waren, diejenigen, die ein Haus umstellten und die Leute drinnen immer erst aufforderten, mit erhobenen Händen herauszukommen. Wir lasen den Leuten ihre Rechte vor, gaben ihnen die Chance, sich vor Gericht zu verteidigen. Aber irgend etwas muß mit den Vereinigten Staaten bei dieser ersten Militärexpedition in Afrika nach dem Krieg passiert sein – wir verhielten uns wie sie. Wir waren in den Dschungel gekommen (oder in diesem Fall in die Wüste) und übernahmen ihre Der-Stärkste-wird-überleben-Regeln. Wir hatten unseren hohen moralischen Standard verloren.

Ich konnte meine toten Freunde nicht wieder zurückholen, aber ich hatte das Gefühl, daß ich ihrem Tod vielleicht eine größere Bedeutung verleihen konnte, wenn ich anhand der Tragödie im Qaaybdid-Haus die Gefahren aufzeigte, wie man in den moralischen Abgrund der Somalis sturzte, wenn man, wie es die Somalis taten, sich das jahrhundertealte Überlebensgesetz der Wüste zu eigen machte.

Natürlich interviewte ich auch die andere Seite, Aidids Guerilleros und Gefolgsleute, denn schließlich waren es ihre Anhänger, die meine Freunde ermordet hatten. Sie boten mir ein paar pathetische Erklärungen an, im Grunde lauter Entschuldigungen. Die Leute seien nach dem Gemetzel im Qaaybdid-Haus aufgebracht gewesen und hätte jeden Fremden, der ihnen unter die Augen kam, angegriffen. Zumindest einer der Fotografen habe einen militärischen Kampfanzug getragen, und der aufgewühlte Mob habe diese Ausländer mit Kameras vermutlich für ausländische Soldaten gehalten, sagte mir einer. Ein anderer von Aidids Speichelleckern vermutete sogar, daß die zum großen Teil analphabetischen Somalis die Ausländer mit ihrer auffallenden Kameraausrüstung gesehen und vielleicht gedacht hätten, daß sie mit diesen Apparaten den Einsatz der Hubschrauber dirigierten. Das war Unsinn wie so vieles, was mir Aidids Gangster aufzutischen versuchten. Jeder somalische Kameltreiber kannte den Unterschied zwischen einem Journalisten mit einer Kamera und einem Soldaten mit einem Walkie-Talkie oder einem Radargerät. Und Dan war von allen Getöteten wohl der bekannteste in der Gegend, „der Bürgermeister von Mogadischu".

Wenn ich darauf zurückblicke, gab es einige widerstreitende Gefühle, die mich dazu brachten, tiefer zu bohren, in dem Gemetzel vom 12. Juli irgendeinen Sinn zu finden und jemanden anzuklagen. Das erste Gefühl war Schuld.

Ich war nicht da an dem Tag, an dem meine Freunde getötet wurden. Aber ich hätte da sein können.

Wenn ich noch einige Tage länger in Mogadischu geblieben wäre, statt mich für ein Wochenende zu Hause in Nairobi zu entscheiden, wäre auch ich ganz sicher beim ersten Schuß aus dem Hotel gestürzt. Wir wären alle dort gewesen, zusammen, umgeben vom gleichen Mob. Vielleicht hätte Rashids Straßenradar ihm gesagt, daß etwas falsch lief, und ich hätte die anderen vielleicht warnen können, daß es jetzt Zeit war, schnell zu verschwinden, bevor die Menge zu gefährlich wurde. Oder ich hätte vielleicht zur Vorsicht raten können, bevor wir nach dem Frühstück alle zur Tür rasten: „Hey, laßt uns erst noch ein bißchen warten", oder „Halt, meine Jungs sagen, der Mob dort sei ziemlich gefährlich."

Vielleicht sollte ich froh sein, daß ich Glück hatte. Ich erinnere mich nicht mehr, was an diesem Wochenende so wichtig war, daß ich Mogadischu verließ – eine Verabredung zum Essen, irgend so etwas. Aber als ich zurückkam, war ich nicht direkt dankbar für mein Glück. Ich fühlte mich wie einer, der an einem entgleisten Zug entlangläuft und weiß, daß er jetzt einer der zerfetzten Körper wäre, wenn er nicht das Abfahrtssignal verpaßt hätte und deshalb auf dem Bahnsteig zurückgeblieben wäre.

Das zweite Gefühl, das mich beherrschte, war Angst.

Als Reporter, die über gewalttätige Geschehnisse berichten, verstecken wir uns gern hinter dem Mythos unserer eigenen Unverletzbarkeit. Das hat nichts mit Macho zu tun. Wir spielen nicht Gott, wir spielen nicht einmal die Gewinner. Es ist eher unser einziger Abwehrmechanismus gegen die lähmende Furcht, die uns sonst daran hindern würde, unsere Arbeit zu machen. Wir verstecken uns hinter diesem Schutzschild und glauben, daß unsere Unparteilichkeit uns immun macht. Aber wenn einer von uns getötet wird, gewaltsam und absichtlich, zerschlägt das den Schutzschild und läßt uns ungeschützt zurück. Das war es, was der Tod meiner Freunde mit mir machte, er ließ mich nackt und ungeschützt zurück. Und zum ersten Mal hatte ich wahnsinnige Angst.

Aber indem ich zu erklären versuchte, was an diesem Tag geschehen war, war es mir auch möglich, es zu rationalisieren und jemanden anzuklagen, und es schien das zu sein, was ich zu dieser Zeit brauchte, um wieder ein wenig Ordnung in unsere geschützte kleine journalistische Welt zu bringen. Wenn ich mir die Tragödie von der Seele schreiben könnte als Folge einer Reihe ganz spezifischer schlechter Entscheidungen, eines Zusammenspiels spezieller Bedingungen und Umstände, würde sich plötzlich zeigen, daß ich schlicht Dusel gehabt, daß es sich nur um einen Irrtum des Schicksals gehandelt hatte – und damit zu etwas werden, was natürlich nie wieder passieren konnte. Dann könnte ich durchatmen, wissend nicken und meinen Job weitermachen.

Ich besuchte das Qaaybdid-Haus wieder und wieder – nicht nur in Gedanken, sondern auch physisch. Oft, wenn ich auf dem

Rücksitz des klapprigen alten weißen Toyota saß, durch die bekannten und staubigen Straßen fuhr, in denen der Schutt des Krieges herumlag, wenn ich von einem Interview mit irgendeinem Klan-Führer oder religiösen Oberhaupt oder nachdem ich mir vom nahegelegenen Digfer-Krankenhaus die neuesten Verlustzahlen geholt hatte, ins Al-Sahafi-Hotel zurückkehrte, bat ich Rashid und Gass, einen Abstecher zum Qaaybdid-Haus zu machen. Nur um es wieder anzuschauen.

Dann ging ich zwischen dem Schutt umher und ließ zu, daß mein Zorn einer intensiven Traurigkeit wich, die mich rasch überfiel, sich dann wieder zurückzog, um dem Zorn wieder Platz zu machen. Das Haus war inzwischen nur noch ein Gerippe, die Mauern waren fast alle eingestürzt, die Teile, die noch übrig waren, geschwärzt vom Feuer der Explosionen. Das zerstörte Treppenhaus war ebenfalls deutlich zu sehen – im Grunde nur noch Trümmer, die sich grotesk nach oben wölbten, dorthin, wo eigentlich Stufen hätten sein sollen. Und es waren einige Graffitis auf die Außenmauern des alten Hauses gesprüht, die Howe und den amerikanischen Imperialismus in Englisch anklagten und der Welt spöttisch auf Somali mitteilten, daß dieser Haufen von Ziegeln, Holz, Geschoßteilen und Granatsplittern die amerikanische „Entwicklungshilfe" für das somalische Volk sei. Ich konnte Somali nicht lesen, aber ich hatte mir die Worte von Rashid so oft übersetzen lassen, daß ich sie auswendig hersagen konnte.

Ich ging die enge Gasse hinunter, die von der Straße, in der mein Wagen geparkt war, zu dem, was von der zerstörten Villa übriggeblieben war, führte. Und dort sah ich nochmals die Bilder meiner Freunde, wie sie da am Ende der Gasse in der Nähe des Hauses in der Falle saßen, während sich schnell eine wütende Menschenmenge bildete, die in die Gasse strömte und den Weg zurück zur Straße versperrte. Und ich sah, wie die Steine geschleudert wurden, wie meine Freunde zu Boden fielen und der Mob sie umzingelte.

Ich wußte, daß dort in den ausgebrannten Trümmern des Qaaybdid-Hauses auch eine Menge meiner vorgefaßten Urteile über Somalia, über die Vereinten Nationen und über mein eigenes Land begraben lagen, über das, was möglich war auf dieser Welt und was nicht – es sollte in der Tat meine spätere Sicht auf den Kontinent prägen. Ein Großteil meines Zorns hatte sich, wie ich jetzt erkannte, auf das falsche Ziel gerichtet; ich war zornig auf mich selbst. Ich war einer der ersten Befürworter einer harten Regelung in Somalia gewesen. Ich war einer der ersten, die sich für eine Intervention ausgesprochen hatten. Ich hatte jedem, der es hören wollte, gesagt, daß wir etwas tun mußten – irgend etwas –, um Somalia vor dem Tod zu bewahren; denn wenn Somalia vor die Hunde ging, ging auch der Rest von Afrika vor die Hunde. Und einige von denen, die hier starben, waren mit dabei gewesen und hatten wie ich argumentiert. Sie hatten einige der bewegendsten Bilder der Hungersnot aufgenommen, die die Öffentlichkeit in ihren Heimatländern aufgestört und die Welt dazu gezwungen hatten hinzusehen. Und jetzt waren sie tot, getötet von genau den Leuten, denen sie mit den Objektiven ihrer Kameras zu helfen versucht hatten.

Und jetzt stand ich hier vor den Trümmern meiner eigenen langjährigen Überzeugungen. Diese Geschosse und Granaten hatten meine Illusionen zerstört. Alles, was blieb, war ein häßlicher Haufen Schutt.

Somalia enttäuschte die Hoffnungen der Welt – und meine –, daß Afrika irgendwo das Testgelände für eine neue Weltordnung und die Idee einer friedlichen militärischen Intervention werden könnte. Aber die Wirkung auf mich war vielleicht noch tiefer, weil ich in Somalia zum ersten Mal lernte, was es hieß, ein schwarzer Reporter zu sein, der über eine wichtige Story in Afrika berichtete.

Es war, fand ich, ein eindeutiger Nachteil.

In Kenia hatte ich bereits herausgefunden, daß Schwarzer zu sein in Afrika bedeuten konnte, daß man sich mit all den kleinen Beleidigungen und Unbequemlichkeiten abzufinden hatte. In Somalia wurde mir klar, daß es tödlich sein konnte.

Schon frühzeitig hatte ich gelernt, mich ausländischen Truppen auf den Straßen Somalias nur dann zu nähern, wenn ich eindeutig klargemacht hatte, daß ich Amerikaner und ein Reporter war, für den Fall, daß sie sich entschließen sollten, gleich zu schießen und erst dann den Paß zu kontrollieren. Womit ich jedoch nicht gerechnet hatte, war, daß auch Truppen meines eigenen Landes, amerikanische Soldaten und Marines, mich mit dem Feind verwechseln könnten.

Einmal, nachdem ich ein Interview in einem besonders heiklen Teil der Stadt in der Nähe des Checkpoint Pasta (des italienischen Checkpoint in der Nähe einer verlassenen Nudelfabrik) beendet hatte, brachten mich Rashid und Gass zum UN-Gelände zurück. Wir hatten an diesem Tag nicht wie üblich unseren zusätzlichen Leibwächter dabei – ich glaube, er hatte sich krank gemeldet –, und Rashid saß vorne mit seiner eigenen verrosteten AK-47. Gass trug eine Pistole unter dem Hemd.

Plötzlich rissen sie ohne vorherige Warnung den lädierten alten Toyota auf den Seitenstreifen der staubigen Straße.

„Was ist los?" fragte ich, weil ich merkte, daß es langsam dunkel wurde – eine gefährliche Zeit, um in Mogadischu auf einer Straße anzuhalten.

„Ein Reifen ist platt", sagte Rashid.

„Okay, aber mach schnell. Ihr habt doch einen Ersatzreifen, oder?" Ich hielt inne und sah, wie sich Rashids Augen langsam senkten. „Scheiße", sagte ich. „Soll das heißen, wir haben keinen?"

Was tust du, wenn du auf einer verlassenen Straße in der gefährlichsten Stadt der Welt in einem Auto mit Platten, aber ohne Ersatzreifen sitzt und nur einen Bewaffneten bei dir hast? Du versuchst natürlich, daß dich ein anderer Wagen mitnimmt.

Rashid und Gass wollten beim Wagen bleiben – ein offensichtlich wertvollerer Gegenstand als ich. So stellte ich mich auf die Straße. Es war dunkel geworden, und das erste Fahrzeug, das ich in der Ferne sehen konnte, war ein amerikanischer Lastwagen – zwei eigentlich –, der einen Konvoi anführte, der genau in meine Richtung fuhr, offenbar direkt zum UN-Gelände. Ich winkte wild mit meinem Presseausweis in der einen Hand und meinem Paß in der anderen. Aber als die Amerikaner näherkamen, beschleunigten sie und brausten an mir vorbei, ließen mich schreiend und wütend im Staub stehen. Einer der Soldaten im ersten Wagen – ein Weißer – starrte mich direkt an, als sie an mir vorbeirasten.

Verdammt nochmal! dachte ich. Das ist ja wie nachts in Washington ein Taxi finden!

Es gelang mir eine Mitfahrgelegenheit zu finden, aber erst ungefähr eine Stunde später, als es bereits stockdunkel war und ich vor Angst schlotterte; ein Lastwagen mit indischen Soldaten nahm mich mit. Welche Ironie! dachte ich. Meine eigenen Landsleute ließen mich im Staub stehen, weil alles, was sie sahen, ein schwarzer Typ war – für sie ein dunkelhäutiger Somali, ein potentieller Mörder. Gott sei gedankt für die Inder!

Ein Schwarzer in Somalia zu sein hatte natürlich auch ab und zu seine Vorteile – besonders dann, wenn gerade wieder einmal eine besonders starke anti-amerikanische Stimmung herrschte und ich, wenn ich den Mund hielt und mich auf dem Rücksitz des alten Toyota klein machte, ganz gut für einen Somali durchging. Mit einer Sonnenbrille und einem karierten somalischen Halstuch um die Schultern konnte ich mich oft unerkannt in Mogadischus gefährlichste Gassen und Gegenden wagen. Das verhalf mir zu einigen meiner besten Berichte aus erster Hand.

Einmal nach irgendeinem Hubschrauberangriff meinte mein Kollege Paul Alexander (der mit dem berühmten Whisky Sour auf dem Hoteldach), daß wir in eines der großen städtischen Krankenhäuser gehen sollten, um eine genauere Zahl der Opfer zu bekommen. Aber der Anti-Amerikanismus war gerade auf seinem Höhepunkt, und wir waren nicht sicher, wie man uns empfangen würde, wenn wir in eine Notaufnahme gehen würden, um die Verwundeten zu zählen. Also zog ich mein sauberstes weißes Hemd an, und Alexander ging mit einem Notizblock hinter mir her wie ein eifriger Assistent. Wir stiegen zielstrebig die Treppen des Krankenhauses hoch, und ich begann Befehle und Fragen zu bellen, als ob ich hier das Sagen hätte.

„Okay, wie viele Verwundete haben wir hier?" fragte ich den ersten, der aussah, als sei er in einer Position, es beantworten zu können. „Wie ist das Ausmaß der Verletzungen?" Und um die Sache noch glaubwürdiger zu machen, fragte ich: „Also, was brauchen Sie an Medikamenten? Genügend Verbandsstoff?" Die ganze Zeit über kritzelte Alexander eifrig mit, und ich schnippte ab und zu mit dem Finger in seine Richtung und bellte: „Schreiben Sie das auf!"

Ich nehme an, daß sie mich für einen Arzt hielten, vielleicht für einen der afrikanischen Hilfsärzte. Und später lachten wir darüber, wie sehr es den Somalis gefallen hatte, einen Weißen zu sehen, der von einem autoritären Schwarzen Befehle entgegennahm. Eine Art Rollentausch, vermute ich.

Meist war es allerdings nicht lustig und kein Spiel. Ein Schwarzer in Somalia zu sein hieß, daß ich ständig in Gefahr war.

Das wurde mir Ende 1993 wieder bewußt, als ich einer der Reporter auf der ersten öffentlichen Kundgebung war, die Aidid in Mogadischu abhielt, nachdem er wieder aus seinem Versteck aufgetaucht war. Der Befehl zu seiner Verhaftung war aufgehoben worden, und die Clinton-Regierung hatte die entwürdigende und vergebliche Menschenjagd abgeblasen. Die Stimmung auf der Kundgebung war, wie zu erwarten, euphorisch. Eine Gruppe von uns wurde durch die Menge geschleust und bekam die Erlaubnis, am äußersten Ende der Tribüne auf den großen Auftritt des alten Mannes zu warten.

Plötzlich stürzte einer der somalischen Bewaffneten, die die Tribüne bewachten, auf mich zu und schlug mir mit der flachen Hand auf die Brust, so daß ich rücklings zu Boden ging. Ich blickte völlig sprachlos in seine wilden Augen, als er seine AK-47 von der Schulter nahm und auf mich anlegte. Er schrie wild auf Somali, und ich konnte natürlich kein Wort verstehen. Eine Menge versammelte sich um uns, es gab noch mehr Geschrei und Gestoße, bis ihm endlich jemand das Wahnsinnsgewehr entriß.

Einer von Aidids Helfern eilte auf mich zu und half mir auf die Beine. „Entschuldigen Sie bitte", sagte er, „Sie sehen aus wie ein Somali. Er dachte, Sie wären jemand anders."

Ein Schwarzer in Afrika. Ich fühlte die Tränen aufsteigen, aber ich kämpfte hart, um nicht dort auf der Tribüne in Tränen auszubrechen. Damals dämmerte mir, daß ich nahe dran gewesen war, in die Statistik einzugehen. Ein paar Sekunden nur – die Zeit, die er brauchte, das Maschinengewehr von seiner Schulter zu nehmen, und bevor sich die Menge um ihn versammelte. Und es wäre aus gewesen mit mir, einfach so. Ein Irrtum. Ein Fall von Verwechslung.

Und all das, weil ich ein Schwarzer am falschen Platz war, ein Schwarzer in Afrika.

Wenn die „Intervasion" als Komödie begann, so endete sie als Tragödie. Nervöse UN-Soldaten auf Patrouille eröffneten das Feuer auf einen versteckten Heckenschützen und töteten am Ende einen unbewaffneten älteren Sicherheitsposten, der für die UN arbeitete. Amerikanische „Heckenschützen" sahen ein Kind, das eine Pistole auf ein ägyptisches Truppenquartier richtete, und erschossen es – nur um später herauszufinden, daß es eine Spielzeugpistole war, die die Ägypter ihm geschenkt hatten. Neu eingetroffene US-Soldaten sollten, so wurde uns erklärt, „die Straßen zurückerobern" von den somalischen Milizen; doch sie blieben lieber brav in ihren Kasernen hocken und versuchten ihr Bestes, weitere Verwundete zu vermeiden. Als die Amerikaner schließlich abzogen, verdrückten sie sich durch die Hintertür, per Schiff, weil die Befehlshaber befürchteten, daß Flugzeuge ein zu verlockendes Ziel für Somalis mit raketenbestückten Granatwerfern abgeben könnten.

In einem meiner letzten Berichte nannte ich den amerikanischen Truppenabzug einen „Rückzug". Der US-Kommandeur, Generalmajor Thomas Montgomery, ärgerte sich darüber so sehr, daß er mir meine Bitte um ein letztes Interview verweigerte.

Und so verließ ich Somalia zornig, angsterfüllt, verletzt und ungeschützt. Ich war mir am Anfang meiner Sache so sicher gewesen. Afrikas Probleme – seine Leidenschaften, sein Zorn, seine Neigung zur Selbstzerstörung – lagen alle auf der Hand, groß hineingeschrieben in den Sand von Somalia. Und die Mittel, die Somalia dafür bekam, waren auch nicht schlecht – drei Milliarden Dollar, die mächtigste Militärmacht auf Erden, das Gewicht und das Prestige der Vereinten Nationen, die Aufmerksamkeit der ganzen Welt.

Und das alles war auch für mich der Grund, weshalb ich Reporter in Afrika war – ein schwarzer Reporter in Afrika. Ich wollte das Leid zeigen, die Welt darauf aufmerksam machen. Doch dann sind meine Freunde plötzlich tot, an die zwei Dutzend amerikanische Soldaten und Marines sind tot, Milliarden wurden ausgegeben und vergeudet, die Welt hat das Licht ausgeschaltet und die Tür zugemacht, und ich stehe vor einem Typ, der seine Maschinenpistole auf mich richtet, weil ich ein Schwarzer bin und er mich für einen Afrikaner hält.

Nackt stehe ich da, habe alle meine Wahrheiten und Sicherheiten verloren und bin mir nicht mehr sicher, was ich glaube. Und ich hasse sie, die Somalis. Hasse sie, weil sie mich verraten haben. Hasse mich selbst, weil ich so unrecht hatte, weil ich mich selbst für den Verrat eingesetzt hatte.

Ich erkannte, daß ich mich mit neuen Wahrheiten wappnen mußte, wenn ich in Afrika überleben wollte. Aber schon braute sich eine weitere Krise zusammen, und ich hatte keine Zeit, mich zurückzulehnen und Bilanz zu ziehen.

5

DER MÖRDER DEINES NACHBARN

„Es gibt keine Teufel mehr in der Hölle.
Sie sind alle in Ruanda."

Ein Missionar, zitiert im *Time Magazine*,
16. Mai 1994

DIE JUNGEN MÄNNER mit ihren Macheten und ihren Pistolen rochen nach Bier, und in ihren Augen stand Mordlust. Aber es waren die getrockneten Blutflecken auf ihren schmutzigen T-Shirts, die mir einen kalten Schauer den Rücken hinunterjagten. Es war das Blut ihrer letzten Opfer.

Wir waren an einem Militär-Checkpoint im Südwesten von Ruanda. Der Völkermord, der bereits Hunderttausende von Leben gekostet hatte, war auf seinem Höhepunkt. Die meisten der Opfer waren vom Stamm der Tutsis, aber unter den Körpern, die an den Straßenrändern oder an den Flußufern aufgeschichtet waren, befanden sich auch viele vom Stamm der Hutus, die man für Tutsi-Sympathisanten gehalten hatte. Für einen Hutu genügte es schon, einen verängstigten Tutsi-Nachbarn vor dem wütenden Mob und der Miliz zu schützen, um einen Machetenhieb über den Kopf zu bekommen. Die anderen Opfer waren Belgier, die man besonders haßte, weil Belgien hier die frühere Kolonialmacht war. Und das war's, wonach diese verrückten jungen Männer an diesem Tag suchten – nach Tutsis, Tutsi-Sympathisanten und Belgiern.

Die jungen Männer wirkten brutal, und obwohl sie einen verschwommenen, in die Ferne gerichteten Blick hatten, durchsuchten sie unseren Wagen mit tödlicher Effizienz – öffneten die Rucksäcke, suchten unter den Sitzen, spähten sogar in den Benzintank. Einer trug ein rot-schwarz-grünes Barett mit einem kleinen Button, der das Bild des lächelnden Juvenal Habyarimana zeigte, des Hutu-Präsidenten, der diese jungen Killer organisiert hatte und dessen Flugzeug vor einigen Tagen auf mysteriöse Weise im Nachthimmel über der Hauptstadt Kigali explodiert war. Während man unseren Wagen auseinandernahm, schaute ich mich um – und überall fand ich Habyarimanas Bild, auf Buttons und auf den schmutzigen blutbespritzten T-Shirts.

Was mir ebenfalls auffiel, waren die Waffen – im Grunde einfache landwirtschaftliche Geräte. Macheten und lange Panga-Messer, wie man sie eher zum Roden und Holzhacken benutzt, als um menschliche Gliedmaße abzuschneiden. Es gab auch Schlagstöcke. Große flache hölzerne Schlagstöcke, schmaler am Griff und am vorderen Ende abgerundet. Sie erinnerten mich mehr an die Allzweck-Schlagstöcke, wie sie Fred Feuerstein und Barney Rubble in den alten TV-Zeichentrickfilmen benutzten. Mit einem kleinen Unterschied; um die Schlagstöcke beim Aufschlag tödlicher zu machen, hatten die Hutu-Milizen lange Nägel ins vordere Ende geschlagen. Das ist also aus Ruanda geworden, dachte ich. Das Land ist in vorhistorische Zeiten zurückgefallen, in eine krankhafte Version der Steinzeit. Konnten das voll entwickelte Menschen sein, die Schlagstöcke, Macheten und Panga-Messer trugen und ihren Nachbarn die Köpfe einschlugen, ihnen die Glieder abhackten, Beine auf den einen Haufen schichteten, Arme auf einen andern, und die Körper alle zusammen auf einen dritten? Und die manchmal ihre Opfer dazu zwangen, sich auf den Haufen zu setzen, während sie sie ebenfalls totschlugen? Nein, dachte ich mir, voll entwickelte Menschen im zwanzigsten Jahrhundert tun solche Dinge nicht. Aus keinem einzigen Grund, weder für Stamm noch für Religion, noch für Land. Das müssen Höhlenbewohner sein.

Wir haben hier nichts zu suchen, dachte ich. Wir sollten schleunigst von hier verschwinden.

Ich reiste mit einer Freundin und Kollegin, Ruth Burnett, einer redseligen rothaarigen englischen Produzentin des deutschen Fernsehsenders ZDF, und ihrer Crew. Es schien, als ob wir hier alle sicher wären, und nur ich, die einzige schwarze Person in der Gruppe, am meisten gefährdet wäre – deshalb hielt ich meinen blauen amerikanischen Paß fest umklammert in der Hand. Ich hatte von anderen schwarzen amerikanischen Journalisten gehört, die man in Ruanda schikaniert und fast getötet hatte, weil man sie für Tutsis gehalten hatte. Ron Allen vom Londoner Büro der ABC, ein großer fotogener schwarzer Amerikaner, war nur um Haaresbreite entkommen, als ein Mob wie dieser hier ihn für einen Tutsi gehalten hatte.

Von Anfang an war die Ruanda-Krise von 1994 eine Art persönliches und berufliches Dilemma für mich. Ich wollte genau dahin, im Zentrum der Story sein wie jeder andere Afrika-Journalist. Doch gleichzeitig wußte ich, daß das Risiko für einen schwarzen Journalisten in Ruanda noch weit größer war als je in Somalia. Die Gefahren waren so real, daß das Büro der Vereinten Nationen in Nairobi es rundweg ablehnte, „farbige Menschen" auf ihren Flügen nach Kigali mitzunehmen. Keine Schwarzen und keine Belgier, war die Order. Und keine Entschuldigungen. Sie diskriminierten uns aus Gründen der persönlichen Sicherheit.

Meine Herausgeber in Washington verhängten ein ähnliches Verdikt: Setzen Sie keinen Fuß nach Kigali, solange die Massaker noch andauern, und in andere Teile Ruandas nur mit ausdrücklicher Genehmigung und auch nur dann, wenn ich ganz sicher sei, daß absolut keine Gefahr besteht.

Ich konnte ihnen keinen Vorwurf machen. Trotzdem kochte ich noch immer vor Wut und Ärger. Das Massaker in Kigali war damals in vollem Gang und die größte Story in Afrika, ja in der Welt. Und ich konnte einfach nicht rein, weil ich die falsche Hautfarbe hatte, die gleiche wie die Opfer.

Einen Zeh über die Grenze von Burundi zu strecken schien zu der Zeit absolut sicher zu sein – jedenfalls dachte ich das. Aber ich war nervös an dem Tag, als Ruth und ich und die anderen die Grenze nach Ruanda überquerten, in die Dunkelheit hinein.

Ich sagte den anderen, daß wir beim ersten Anzeichen von Schwierigkeiten sofort umdrehen und so schnell wie möglich in die Sicherheit der burundischen Grenze zurückkehren sollten. Die anderen waren nicht so besorgt wie ich. Ruth hatte einen englischen Paß, und der Rest der Gruppe bestand aus Deutschen.

Was ich zu dieser Zeit nicht wußte, war, daß Ruths Paß nicht in England, sondern in Brüssel ausgestellt worden war, wo ihre Eltern zu der Zeit wohnten. Ganz unten stand auf einer Seite ihres Passes eine kleine Zeile in winzigen roten Buchstaben, wahrlich unschuldig: „Ausgestellt von der Britischen Botschaft in Brüssel, Belgien." Ruth wußte, daß das Ärger geben konnte, und hatte versucht, es mit einem winzigen Klebestreifen zu verdecken.

Es funktionierte nicht.

Als wir am ersten Checkpoint ankamen, der direkt hinter der südwestlichen Grenze zwischen Ruanda und Burundi lag, wurden wir rasch in das kleine Gebäude gebracht, das noch immer als Einwanderungsbehörde fungierte. Die Ruander drängten sich um uns und inspizierten reihum unsere Pässe und Visa, die uns die ruandische Botschaft in Bujumbura, der Hauptstadt Burundis, ausgestellt hatte. Ich habe nie aufgehört, mich zu wundern, daß sogar Länder, die mitten am Zusammenbrechen waren – Länder, in denen Bürgerkrieg und Anarchie herrschte, in denen machetenschwingende Milizionäre herumliefen, die den Leuten Arme und Beine abhackten –, noch immer darauf bestanden, die gewohnten bürokratischen und ermüdend zeitaufwendigen Formalitäten aufrechtzuerhalten, wie zum Beispiel das Prüfen eines Visums an einem Grenzübergang. So war es in Ruanda und so war es in Liberia, wo sich die Aktivitäten der Regierung lediglich noch auf die Kontrolle der Hauptstadt beschränkten. Und selbst in Goma, der zairischen Grenzstadt, die unter dem Zustrom von einer Million ruandischer Flüchtlinge fast erstickte, fand sich mit Sicherheit ein selbstgefälliger Beamten, mit Sonnenbrille und einem billigen kunstseidenen Hemd, der in einem dunklen fensterlosen stickig heißen Betonverschlag hockte, Visa überprüfte und eine unerklärliche Menge von Stempeln, Formularen und Fotos verlangte, bevor er einem ausländischen Journalisten erlaubte, das Land zu betreten und über das Blutbad dort zu berichten.

Aber das war Afrika, so hatte ich entschieden. Oder genauer gesagt, das war es, was Afrika zu werden drohte: eine Reihe sich bekriegender Feudalherrschaften, markiert von künstlichen Grenzen, wo früher Nationalstaaten existierten, und das einzige, was noch von den alten kolonialen Grenzziehungen auf dem Kontinent übriggeblieben war, war eine Reihe kleiner Betonhäuschen, besetzt mit Beamten mit Sonnenbrillen, falschen Seidenhemden und mit dem so außerordentlich wichtigen Gummistempel. Und alle diese Bürokraten würden ihre Arbeit auch weiterhin ernst nehmen, weil sie wußten, daß sie all das verkörperten, was von den fiktiven Souveränitätsansprüchen ihrer Nationen übriggeblieben war.

Das alles ging mir durch den Kopf, als der Beamte mit der Sonnenbrille und dem falschen Seidenhemd Ruth fragte: „Was ist unter diesem Klebestreifen?"

Er entfernte ihn, und alle konnten jetzt Ruths dunkelstes Geheimnis sehen – daß ihr Paß in Brüssel ausgestellt worden war.

„Sie sind Belgierin!" sagte er, eine Feststellung, keine Frage. Nein, erklärte sie, sie sei Engländerin, aber ihr Paß sei in Brüssel ausgestellt worden, weil ihre Eltern dort lebten.

„Warum leben Ihre Eltern in Brüssel, wenn sie keine Belgier sind?" fragte er mißtrauisch.

Statt die verschiedenen Spielarten westlicher Anstellungsverhältnisse und die Einstellungspraktiken multinationaler Konzerne wie Procter & Gamble zu erklären, entschied sie sich einfach zu beteuern, daß sie wirklich Engländerin sei, daß es wirklich ein englischer Paß sei und ihre Eltern rein zufällig zu dem Zeitpunkt in Belgien lebten, als der Paß ausgestellt worden war.

„Ich glaube, daß Sie Belgierin sind und lügen, was Ihre Nationalität betrifft", beharrte der kleine Mann mit der Sonnenbrille und dem Kunstseidenhemd.

Das ging eine Weile so weiter, und die Befragung wurde immer seltsamer. „Sind Sie mit einem Belgier verheiratet?" fragte er sie. Als sie sagte, daß sie nicht verheiratet sei, fragte der kleine Mann mit der Sonnenbrille: „Mögen Sie afrikanische Männer, oder möchten Sie einen Belgier heiraten?"

Zu diesem Zeitpunkt hatte ich – oder, besser gesagt, mein Paß – bereits alle Kontrollen passiert, und sie hatten befriedigt festgestellt, daß ich kein Tutsi war. Tatsächlich schienen einige der jungen Gangster mit den Macheten, Baretten und blutverschmierten Habyarimana-T-Shirts heftig erheitert zu sein, einen Schwarzen – in ihren Augen einen Afrikaner – mit einem amerikanischen Paß zu sehen. *„Noir Americain"*, sagten sie, berührten ihre eigene Haut und dann meinen ausgestreckten Arm. „Wie ihr", antwortete ich in Englisch. „Genau wie ihr." Das brachte die ganze Gruppe zum Lachen. Dann entschloß ich mich, Ruth zu helfen. Ich suchte mir einen der jungen Männer aus, der mir eine Art Anführer zu sein schien, wenn überhaupt jemand in diesem Haufen so aussah, als hätte er hier was zu sagen. „Sie ist meine Frau", sagte ich, weil das die erste Lüge war, die mir einfiel. Meine erste Lektion in Afrika: lügen. Und zwar richtig. „Sie ist keine Belgierin, sie ist meine Frau." Ich sagte es auf Englisch und danach auf Französisch, um sicherzugehen, daß „der Anführer" oder zumindest irgend jemand in dem Haufen es verstehen würde. „Sie ist okay",

132

sagte ich. „Sie ist mit einem Afrikaner verheiratet, sie ist eine von uns."

Der Haufen schien diese Neuigkeit zu akzeptieren, es schien ihnen sogar zu gefallen. Der selbstgefällige Beamte hatte seine kleine Befragung ohnehin satt. Wir erhielten die Genehmigung zu passieren, weiter zum nächsten Checkpoint, der, wie man uns sagte, an einer Brücke nur wenige Kilometer die Straße hinunter lag.

Ein ruandischer Regierungssoldat saß träge vor dem kleinen Betonverschlag. Wir fragten ihn, ob er uns aus Sicherheitsgründen in unserem Wagen begleiten könnte. Wir dachten natürlich auch, daß ein Soldat uns ein wenig eine Art offiziellen Schutz vor den jungen Milizionären verschaffen könnte, die die Straßensperren bewachten. „Nein, nein", sagte der Soldat und winkte uns durch. „Sie sind für sich selbst verantwortlich. Sehr gefährlich."

Wir wagten uns weiter, an militärischen Straßensperren und weiteren verrückten jungen Männern mit Blut auf ihren Hemden und dem kalten Blick des Todes in den Augen vorbei. Noch mehr Durchsuchungen. Noch mehr Kontrollen unserer Pässe. Noch mehr Momente, in denen einem fast das Herz stillstand, während die Killer entschieden, ob ich wirklich ein Tutsi oder Ruth wirklich eine Belgierin war. Und schließlich gerieten wir in Panik – das heißt, ich geriet in Panik –, drehten um und verließen Ruanda so schnell, wie uns das Auto zurück zur Grenze, zurück nach Burundi und in die Sicherheit des Novotels in Bujumbura bringen konnte.

Diese eine kurze Reise über die Grenze nach Ruanda war die, auf der ich in den ganzen drei Jahren in Afrika der Gefahr am nächsten war, von meiner eigenen Angst überwältigt zu werden. Ich hatte auch in Somalia Angst gehabt, viele Male, als ich flach auf dem Dach des Al-Sahafi lag, während in der Nähe die Granaten explodierten, oder als ich von diesem verrückten Bewaffneten zu Boden gestoßen wurde, der mir seine AK-47 an den Kopf hielt. Aber all das war irgendwie anders gewesen: schnelle und vereinzelte Momente der Angst, in Wirklichkeit nur ein paar Sekunden, wie Blitzlichter, die sich in der Erinnerung verlängerten. Und meist hatte man in Somalia vor dem Angst, was zufällig geschah und unbemerkt daherkam – eine verirrte Kugel, die in mein Schlafzimmer einschlug, während ich zu schlafen versuchte, oder das Geschoß eines Heckenschützen, der mich aus der Gruppe, die auf dem Dach des Al-Sahafi ihre Cocktails trank, zur Zielscheibe gewählt hatte.

Als ich in Bujumbura auf Sam Kiley traf, sah der Veteran der *Times*, der in Mogadischu mit Handgranaten jongliert hatte, mitgenommener aus, als ich ihn je zuvor erlebt hatte. Ich war noch nicht in Ruanda gewesen, und Sam kam gerade von dort zurück, und es war das erste Mal, seit ich denken kann, daß ich ihn in Afrika wirklich fassungslos sah. Ich fragte ihn, was los sei, wie Ruanda so viel schlimmer sein konnte als das, was wir zusammen in Mogadischu erlebt hatten. „O Mann", sagte Sam und schüttelte angesichts der Dämonen in seiner Erinnerung den Kopf, „verglichen mit Ruanda wirkt Somalia wie ein Picknick im Garten der Königin!"

Ruanda war anders, weil die Gewalt, der Tod, immer in der Nähe und körperlich waren, und von einer beispiellosen Grausamkeit. Hier schossen einem die Milizen nicht in den Kopf, das war der somalische Stil. Hier schneiden sie dir zuerst den Arm ab und sehen zu, wie du blutest und vor Schmerzen schreist. Dann, falls du noch nicht in Ohnmacht gefallen bist, hacken sie dir deine Beine ab oder vielleicht auch nur einen Fuß. Wenn du Glück hast, erledigen sie dich dann mit der Machete. Wenn nicht, schneiden sie dir die Ohren und deine Nase ab und werfen deinen gliederlosen Torso ganz oben auf einen Leichenberg, wo du langsam verblutest. Das heißt natürlich, wenn du nicht kurz danach von den Tutsi-Guerilleros der Patriotischen Front von Ruanda gerettet wirst, die dann das, was von deinem fast leblosen Körper noch übriggeblieben ist, ohne Betäubungsmittel in irgendein dreckiges Feldlazarett bringen, das sie in irgendeiner verlassenen Kirche oder auf irgendeinem Schulhof hinter der Front aufgeschlagen haben und wo dich ein französischer oder belgischer Arzt von irgendeiner internationalen Hilfsorganisation soweit zusammenflickt, daß du mit deinen Alpträumen leben kannst.

Ich gebe zu, auch ich konnte zuerst das Ausmaß des Schreckens kaum glauben, nicht einmal als die ersten Geschichten über die Greuel in Nairobi durchsickerten. Wie etwa die Geschichte über die Leichen, die sich außerhalb des größten Krankenhauses von Kigali fast zwei Meter hoch auftürmten. Oder die Geschichte über die zehn belgischen Fallschirmjäger, die exekutiert wurden, als sie versuchten, Ruandas Premierminister zu schützen. Zuerst schnitt man ihnen die Achillessehne durch, um sie an der Flucht zu hindern, dann kastrierte man sie und schob ihnen die abgeschnittenen Geschlechtsorgane in den Mund. Das waren so die Geschichten, die immer und immer wieder erzählt wurden, aber ich glaubte sie nicht. Aber jetzt sah ich es mit eigenen Augen. Es konnte nicht länger geleugnet werden.

Eine Reise durch Ruandas Horror-Show könnte in Byumba beginnen, einer Stadt in dem von Rebellen kontrollierten Sektor im Norden Ruandas, nahe der Grenze zu Uganda. Ein Mann namens Amiable Kaberuka befindet sich dort, er liegt auf einer Liege in einem Notlazarett der Rebellen. Man könnte sagen, daß er Glück hatte, aber Glück ist hier eine relative Sache. Er überlebte mit nur einer Schußwunde in der Schulter. Die Hutu-Milizen stürmten das Schulgebäude, in dem er und tausend andere Unterschlupf gefunden hatten. Die Angreifer sagten Kaberuka, daß er sterben müsse, weil er ein Tutsi sei, und dann nahmen sie ihre Macheten und Panga-Messer, hackten seine Frau und drei seiner vier Kinder in Stücke und prügelten sie zu Tode. Kaberuka erschossen sie nur und ließen ihn in der Annahme, er sei tot, in dem Leichenhaufen liegen.

Auch Angelique Umutesi ist dort. Er ist erst neun Jahre alt, und er überlebte, weil er schnell und mit aller Kraft wegrannte. Die Hutu-Milizen stürmten in sein Haus und töteten seine Eltern und seine sechs Brüder und Schwestern. Dann begannen sie mit Angelique, hackten ihm zuerst mit einer Machete die linke Hand ab und schnitten ihm dann ein großes Stück Fleisch aus seinem rechten Bein. Ein weiterer Schlag mit der Machete schlug ihm ein klaffendes Loch in den Hinterkopf, aber der kleine Junge schaffte es trotzdem, in das Haus seiner Großeltern in der Nähe zu rennen. Natürlich waren die Milizen auch dort bereits gewesen, und Angelique fand alle im Haus auch tot vor. So legte er sich neben die Leichen seiner Großeltern und die der andern, um zu sterben. Und er blieb dort neben den Leichen, vier Tage und vier Nächte lang, war fast verblutet, bis er von den vorrückenden Tutsi-Guerilleros gerettet wurde.

Und dort drüben ist Hassan Twizezimana. Er ist ein Hutu, aber trotzdem verschonte ihn der allgemeine Wahnsinn nicht. Sein Verbrechen war, daß er kein ausweistragendes Mitglied der herrschenden Partei Juvenal Habyarimanas war. Das bedeutete, logisch, daß er ein heimlicher Tutsi-Sympathisant war, und deshalb zogen die Hutu-Milizen ihre Macheten und Panga-Messer und hackten Twizezimanas Vater, seinen Bruder und seine Schwägerin zu Tode. Twizezimana wurde mit einer Gartenhacke der Kopf gespalten, und auch er lag verblutend da, bis man ihn fand und ihn im Norden Ruandas in Sicherheit brachte.

Schockierend? Ja. Abstoßend. Es ist unmöglich, das zu lesen, ohne zurückzuzucken, nur mit dem Wunsch, schnell weiterzublättern. Aber das sind nur einige wenige Beispiele, ein paar zufällige Schnappschüsse, einzelne Gesichter und Geschichten, herausgehoben aus einem großen grotesken Wandbild. Lesen Sie weiter, denn es gibt noch viel viel mehr.

Wie die drei kleinen Mädchen zwischen sechs und acht, deren Köpfe und Augen geschwollen sind, weil sie bis zum Hals in einem Massengrab neben den verstümmelten Leichen ihrer Eltern lebendig begraben wurden. Ich fand sie in Byumba, noch immer benommen, unfähig zu sprechen oder richtig zu gehen und noch immer Erde erbrechend.

Und da ist die alte Frau, die sich in einer Kirche in Butare im Westen Ruandas versteckte, als die Milizen hereinstürmten und neun Mitglieder ihrer Familie töteten, darunter alle ihre Kinder bis auf eins. Sie hackten der alten Frau die Finger ab, und aus purer Bosheit zerschnitten sie ihr das Gesicht. Sie schaffte es bis zu einem Flüchtlingslager in Burundi jenseits der Grenze.

Es gibt noch einen weiteren Halt auf unserer grausigen Reise, die katholische Kirche in Gafunzo, einer Stadt im äußersten Süden Ruandas, in der Nähe des Kivu-Sees. Das große Kruzifix ist stummer Zeuge der Greuel, die hier begangen wurden; die lebensgroße Christusfigur ist von Kugeln durchsiebt, der Altar blutgetränkt. Einige zehntausend Menschen hatten sich in die Kirche und die umgebenden Gebäude, die Schule und die Pfarrei, gedrängt. Sie waren im April hierher geflohen, als die Massaker begannen – schließlich war die Kirche nach allem der letzte und heiligste Fluchtort. Aber dieser einst heilige Ort schreit jetzt mit den Seelen derer, die dort gefunden und geschlachtet wurden. Handabdrücke aus getrocknetem Blut auf den Wänden legen Zeugnis ab von dem Kampf, Blutspuren auf den Deckenkacheln, wo einige sich, vergebens, zu verstecken suchten, bevor die Paneele heruntergerissen wurden. Zwei Massengräber flankieren die Kirche auf beiden Seiten.

Niemand weiß, wie viele während dieses Blutbads in Ruanda getötet und verwundet wurden. Man schätzt, daß es eine Million Tote waren. Nach dem letzten Stand müssen es nach dem, was man in den Massengräbern, an Skeletten in den Friedhöfen und an Körpern zählte, die im Fluß trieben, einige hunderttausend gewesen sein, hauptsächlich Tutsis, aber auch eine unbekannte Anzahl von Hutu-„Sympathisanten". Die Roten Khmer haben vielleicht mehr getötet, aber sie brauchten dazu dreieinhalb Jahre, und die meisten ihrer Opfer starben an Hunger, Krankheit und Zwangsarbeit. Die Hutu-Milizen brachten das gleiche in drei Monaten zustande und wandten entschieden weniger entwickelte Ausrottungsmethoden an.

Wie findet man die Adjektive, um diese sinnlose Orgie der Gewalt zu beschreiben? Meine hatten sich abgenutzt, ich hatte sie bereits in Somalia verbraucht. In Ruanda war es einfacher, es nicht zu glauben. Aber ich mußte es glauben. Ich sprach mit denen, die überlebt hatten. Und ich sah die Leichen.

Als erstes sah ich die Leichen, die den Kagera-Fluß von Ruanda nach Tansania hinuntertrieben. Sie trieben den Fluß hinunter und über die Rusumo-Wasserfälle.

Ich stehe jetzt auf einer neun Kilometer langen gelben Eisenbrücke und sehe auf die Wasserfälle hinunter. Und die Körper treiben vorbei, manchmal ein einzelner, manchmal in Gruppen von zwei oder drei. Sie sind stark aufgetrieben, sind jetzt weiß, was mich ein wenig überrascht; schwarze Körper entfärben sich schnell. Sie bewegen sich nur langsam, eine geisterhafte Prozession auf dem trüben Wasser des Flusses, drehen sich in der Strömung, stoßen manchmal gegen die Felsen. Einer trägt eine leuchtend rote Unterhose. Ein anderer eine grüne Hose. Vielen hat man die Hände auf den Rücken gebunden. Einigen, wenn nicht den meisten, fehlen Gliedmaßen, oder der Kopf. Und wenn sie auf der Höhe des Wasserfalls ankommen, werden sie schneller, stürzen über die Kante und krachen hinunter auf die darunterliegenden Felsen.

Am Fuß des Wasserfalls gibt es eine Anzahl von Klippen, und einige der Körper haben sich dort verkeilt. Sie scheinen mit der Strömung zu kämpfen, sich befreien zu wollen, ihre Glieder schlagen und verdrehen sich in bizarren Bewegungen. Der Körper eines Säuglings liegt auf einem der Felsen. Ich beobachte jede ankommende Welle, wie sie anrollt und auf den Felsen schlägt, und warte, welche Welle, wenn überhaupt eine, hoch genug sein wird, um den Körper des Säuglings zu erreichen und ihn mitzunehmen.

Wer sind diese Menschen?

Ich denke vor mich hin. Wie heißen sie? Haben sie Familien? Was haben sie gerade gemacht, als sie umgebracht und in den Fluß geworfen wurden? An was dachten sie, als sie starben? Ich erinnere mich an meine erste journalistische Ausbildung, als ich während eines Sommerpraktikums über die nächtlichen Einsätze der Polizei berichtete. Wenn eine Leiche – eine ein-

138

zelne Leiche – in der Stadt entdeckt wurde, gab es eine aus-
führliche Untersuchung. Die Polizei fand einen Namen, kon-
taktierte eine Familie, bestimmte die Todesursache. Ich erinnere mich an eine Geschichte über ein Mordopfer, dessen Leiche
mit einem abgetrennten Glied entdeckt wurde, ich glaube, es
war ein Arm, jedenfalls stand es so im Polizeibericht, und so
gab ich es an die Redaktion weiter. Aber sofort kam ein Anruf
von Gene Bachinski, dem wachsamen Nachtredakteur, der mich
in seinem charakteristischen Bariton anschrie: „Welcher Arm
fehlte?" Welcher Arm? Der rechte oder der linke? Ich hatte keine
Ahnung. Aber ich ging zurück zur Polizei und fand es heraus,
weil es offensichtlich wichtig war. Aber das war Washington,
wo jedes Mordopfer einen Namen hatte und eine Identität; und
es war wichtig, wie sie gestorben waren und welches ihrer Gliedmaßen fehlte. Dies hier ist Afrika. Das hier sind nur Körper,
die man in einen Fluß geworfen hat. Hunderte. Tausende. Keiner wird sie je zählen. Keiner wird sich je die Mühe machen,
eine Identität festzustellen, eine Familie zu kontaktieren oder
herauszufinden, welches ihrer Gliedmaße fehlte. Weil dies
Afrika ist, und in Afrika zählt man die Körper nicht.

Das zu akzeptieren und zu begreifen fällt mir am schwer-
sten. Es ist nicht der Tod selbst, obwohl das schlimm genug ist.
Es ist die Anonymität des Todes in Afrika, die Anonymität des
Massensterbens. Ich hatte das gleiche beunruhigende Gefühl
in den immer größer werdenden Flüchtlingslagern im Inneren
Somalias, wo ich die Leute verhungern sah: Kümmert es überhaupt irgend jemand, wie sie heißen? Gibt es jemand, der zumindest versucht, sie zu zählen, der in irgendeine Liste ein-
trägt, daß ein menschliches Wesen die Erde verlassen hat und
daß jemand vielleicht nach ihm sucht? Oder ist das Leben hier
so schrecklich, daß der Tod kaum zählt?

Während ich von der Brücke herab auf die Körper starre, die
sich in den Klippen ansammeln, stelle ich mir vor, wie ich selbst
in diesem Moment über das Brückengeländer falle. Falle und
auf den Felsen aufschlage, mein eigener Körper nun auch
lediglich eine weitere leblose Gestalt, die mit der Strömung

kämpft. Würde irgend jemand bemerken, daß ich hinuntergefallen bin? Würde der Tutsi-Soldat eine Notiz anfertigen über die Tatsache, daß ich neben ihm auf der Brücke stand und dann hinunterfiel? Würde er die Tatsache meines Todes irgendwo melden? Würde es ihn kümmern? Warum sollte es ihn berühren, wo so viele seiner eigenen Leute vorbeitreiben, unbeachtet? Was sollte mich von den anderen unterscheiden?

An dieser Stelle schaue ich auf die Uhr. Eine Minute geht vorbei. Und eine Leiche. Eine zweite Minute, eine weitere Leiche. Noch zwei Minuten, und noch eine, und so geht das weiter. Ein Körper alle ein bis zwei Minuten. Ich stehe eine Stunde lang da, zähle, sehe zu, warte. Dreißig Körper in der Stunde, sagen sie mir. Siebenhundert jeden Tag. Und das geht nun schon seit Tagen so.

Das sind keine Erinnerungen, die man gerne behält. Ich würde sie lieber zu den Akten legen, tief vergraben in den Winkeln meines Gedächtnisses. Aber ich hole sie jetzt hervor und hoffe, daß vielleicht derjenige, der es liest, verstehen wird.

Mit mir auf der Brücke steht ein Tutsi-Offizier der ruandischen Patriotischen Front, der Guerilla-Armee, die sich langsam durch das Land vorwärtsbewegt und darin jeden Tag auf neue Belege für die Greueltaten stößt. Ich bin hier, weil die Ruanda-„Geschichte" zu einer Flüchtlingskatastrophe geführt hat. Ungefähr 250 000 Ruander haben soeben diese enge gelbe Brücke überquert – eine Viertelmillion Menschen überqueren eine einzige Brücke in einem Zeitraum von nur vierundzwanzig Stunden. Der UNO-Kommissar für Flüchtlingsfragen nennt es eine noch nie dagewesene Katastrophe, eine der größten Massenbewegungen in der Geschichte an einem einzigen Tag. Und da bin ich nun, mit einem Notizblock in der Hand, und es fällt mir schwer, mir auch nur eine einzige Notiz zu machen. Mir fehlen einfach die Worte. Statt dessen beobachte ich, und ich zähle.

Ich gehe die paar hundert Meter auf der staubigen Straße zum Hauptlager zurück, wo sich die Flüchtlinge gesammelt haben. Es ist in der Tat eine unvorstellbare Masse von Menschen, ich habe etwas auch nur entfernt Ähnliches noch nie gesehen. Eine ganze Stadt wurde geschaffen, buchstäblich über Nacht, hier zwischen den kleinen staubigen Straßen in einem verlassenen Sektor im Nordwesten Tansanias. Der Gestank von Zehntausenden von Kochfeuern verursacht eine dichte Dunstwolke in der Luft. Er beißt in meinen Augen und bringt mich zum Husten, und ich verfluche mich, daß ich nicht daran gedacht habe, ein Halstuch oder etwas ähnliches mitzunehmen, um mein Gesicht zu schützen. Jetzt gehe ich ziellos zwischen Plastikkoffern, blauen Luftmatratzen, Kochtöpfen, Ziegen umher, zwischen den Männern und Frauen, die vorsichtig Feuerholz auf ihren Köpfen balancieren, den Frauen, die Benzinkanister mit Wasser tragen, das sie aus demselben Fluß geschöpft haben, in dem ich die toten Körper vorbeitreiben sah.

Ich gehe zwischen diesem Menschenstrom herum und denke, daß dies in diesem Moment wirklich die schlimmste humanitäre Krise der Welt ist. Aber ich empfinde keine Sympathie für die Flüchtlinge hier. Ich schaue sie an und denke: Das ist, was ihr verdient. Und zwar deshalb, weil es nicht die Opfer sind, sondern die Mörder. Diese sind Hutus, die gezwungen waren, aus Ruanda zu fliehen, als die Tutsi-Rebellen vorrückten und die Beweise für die Greuel der Hutus ans Licht kamen. Sie sind in diesen abgelegenen Winkel von Tansania geflohen, weil sie der wie auch immer gearteten Gerechtigkeit der Tutsi-Armee, die das Land inzwischen übernimmt, entkommen wollten. Sie flohen hierher und ließen die Werkzeuge ihres Genozids in einem riesigen Haufen am Fuß der Brücke, die über die Rusumo-Wasserfälle führt, zurück – Macheten, Panga-Messer und Speere, die von den tansanischen Truppen eingesammelt wurden, die die Hutus entwaffneten, bevor sie sie über die Grenze ließen.

Ich suche in ihren Augen, schaue vermutlich nach irgendeinem Zeichen, irgendeinem Hinweis, der mir helfen könnte zu verstehen, was einen normalen Menschen, einen armen Bauern, von einem Tag auf den anderen zum Mörder seines Nachbarn werden läßt. Was ich statt dessen sehe, sind kalte harte leere Blicke. Feindselige Blicke. Ich weiß, daß sie von den aufhetzenden Aufrufen des Senders Mille Colline, der Seraphim Rwabukumba, dem Schwager Habyarimanas, gehört, aufgestachelt wurden – Radiosendungen, die die Hutus dazu aufhetzten, „den Busch zu roden", ein Euphemismus für den Mord an den Tutsis. Ich weiß auch, daß die Miliz in kleinen Dorfzellen organisiert war und jeder Zellenführer eine Namensliste von allen im Dorf lebenden Tutsis hatte, was die Exekutionen vereinfachte und systematisierte. Soviel habe ich bereits durch meine Berichte gelernt. Aber das erklärt nur den technischen Ablauf, wie es getan wurde. Für mich beantwortet es noch immer nicht die Schlüsselfrage: Warum?

Das gebirgige, malerische kleine Land, das versteckt in Zentralafrika am östlichen Ufer des Kivu-Sees liegt, ist bei uns vermutlich eher bekannt als die Heimat von Dian Fosseys berühmten Berggorillas, nicht aber als Afrikas neuestes Schlachtfeld. Das Land wurde ursprünglich von den Batwa bewohnt, einem Pygmäenstamm von Jägern und Sammlern, bis vor einigen hundert Jahren die Hutus hier ankamen, ein Wandervolk, das zum Stamm der Bantu gehörte, das sich auf kleinen Stücken Land niederließ und zu Bauern wurde.

Irgendwann im fünfzehnten Jahrhundert kamen die Tutsis. Sie waren ein nilotischer Stamm aus dem Norden Afrikas, groß, wild, meist Viehhirten, mit adlerartigen Gesichtszügen und knochigen Nasen. Äußerlich ähnelten sie damit mehr den Äthiopiern und den Somalis als den kleinerwüchsigen Bantustämmen des Südens. Bald schon errichteten sie ihre Herrschaft über die Hutus wie auch über den Pygmäenstamm der Batwa, deren Bevölkerungszahl rasch abnahm. Die Tutsis setzten ihren eigenen König ein, gaben ihm den Hutu-Namen Mwami, und die Hutus wurden auf den Status von Lehensklaven reduziert.

Die Europäer kamen erst sehr viel später ins Land, im neunzehnten Jahrhundert, zuerst die Deutschen und dann, während des Ersten Weltkriegs, die Belgier. Aber die belgischen Kolonialherren waren an dem Gebiet, das inzwischen Ruanda und

Burundi umfaßte, nie sehr interessiert; ihr Hauptinteresse galt dem erdölreichen Belgisch-Kongo im Westen. Also beschlossen sie, das Land indirekt zu regieren, und benutzten die Tutsis als Verwalter vor Ort, um Steuern einzuziehen, Streitigkeiten zu schlichten und ansonsten der Souveränität des belgischen Königs Geltung zu verschaffen. Und auch die Missionare kamen, verließen sich ebenfalls auf die Tutsis als natürliche Herrscher des Gebiets und versorgten sie mit Bildung und Ausbildung, die den Hutus verwehrt wurde. So verstärkte der Kolonialismus die jahrhundertealte ethnische und soziale Kluft und legte die Saat für die Umwälzungen, die später stattfanden.

Die erste Explosion geschah 1959, als die Hutus rebellierten und die Tutsi-Aristokratie stürzten. An die hunderttausend Tutsis wurden bei dem Hutu-Aufstand getötet, und Hunderttausende flohen in die benachbarten Länder: nach Tansania, Zaire und Uganda. Es waren die heimatlosen Tutsis in Uganda, die später den Kern der Guerilla-Armee bildeten, die Yoweri Kaguta Museveni als Präsident an die Macht brachten, indem sie 1986 Milton Obote vertrieben. Museveni revanchierte sich und erlaubte den Tutsis in Uganda, ihre eigene Guerilla-Armee aufzustellen, die Front Patriotique Rwandais (FPR), die zum Ziel hatte, das Hutu-Regime in Ruanda zu bekämpfen. Die FPR fiel 1990 von Uganda aus in Ruanda ein, und so herrschte bis 1993 ein Guerillakrieg, als ein unsicherer Waffenstillstand ihn beendete.

Nach dem Aufstand von 1959 zogen sich die Belgier zurück, und die Hutus erweiterten ihre Kontrolle über den neuen Staat, wobei sie die Tutsis auf allen Verwaltungsebenen ersetzten. Der Job wurde ihnen durch die Tatsache erleichtert, daß 85 Prozent der Bevölkerung Hutus waren (nur unwesentliche 1 Prozent waren Batwa). Es war das gleiche ethnische Gemisch wie im benachbarten Burundi, aber dort war die politische Situation genau umgekehrt: die Minorität der Tutsis konnte ihre Macht behaupten, da sie weiterhin die Kontrolle über die Armee ausübte. 1973 kam Juvenal Habyarimana durch einen Staatsstreich an die Macht und ersetzte die Hutu-Elite im Süden durch eine neue Gruppe von Hutu-Hardlinern aus dem Norden. Habyarimana entpuppte sich als einer der skrupellosesten und korruptesten Tyrannen des Kontinents, der sich mit einer Clique aus loyalen Familienmitgliedern, Freunden und Militärs umgab, deren einziges Anliegen es zu sein schien, sich zu bereichern.

Als Hauptinstrument seiner Herrschaft gründete Habyarimana die Mouvement Républicain National pour la Démocratie et le Développement, bekannt unter den französischen Initialen MRND. Unter Druck von außen, eine pluralistischere Parteienpolitik zu erlauben, gestattete er die Gründung der noch extremistischeren Schwesterpartei CDR. Aber die wirkliche Macht – die Macht des Terrors – lag nicht bei den Parteien, sondern bei ihren Milizen. Die Miliz der MRND trug den Namen *Interahamwe*, was frei übersetzt „Die, die zusammenhalten" heißt, oder auch „Die, die zusammen töten". Die Miliz der CDR war die *Impuza Mugambi* – „Die Zielstrebigen". Die beiden Hutu-Milizen erhielten ihre militärische Ausbildung in den ruandischen Armee-Camps, und nach Informationen amerikanischer Menschenrechtsgruppen wurden sie von der Armee auch mit Waffen versorgt.

Alle starken Männer Afrikas operieren gerne mit ethnischen Ängsten – spielen die Stammeskarte aus –, um an der Macht zu bleiben; im Fall Habyarimanas wurde die Angst, daß die Tutsis wieder an die Macht kommen könnten, zu einem perversen ideologischen Bindemittel des Regimes. Als er den alten Haß und Neid ausspielte, stieß er bei der meist ungebildeten ländlichen Hutu-Bevölkerung auf offene Ohren, da die soziale Kluft zwischen den Hutus und Tutsis, verstärkt durch ethnische Stereotypen, auch nach der Erlangung der Unabhängigkeit weiterbestand. Und das Stereotyp gründete sich auf das offensichtlich gute Aussehen und die Privilegien der Tutsis und die offensichtliche Häßlichkeit und Rückständigkeit der Hutus.

Wenn ich etwas lernte auf meinen Reisen durch Afrika, dann war es das, daß der Stamm eines der prägendsten Elemente fast jeder afrikanischen Gesellschaft bleibt. Das alte Mißtrauen zwischen den Stämmen und die Stammesstereotypen existieren nach wie vor, und die Gefahr einer gewaltsamen Implosion schwelt unterhalb der Oberfläche fort.

Selbst in den sogenannten kultivierteren oder entwickelteren Ländern wie Kenia ist es während dreißig Jahren „nation building" nicht gelungen, ein wirkliches Gefühl nationaler Identität zu schaffen, das über den Stamm hinausreichen könnte. In Kenia glauben die Kikuyu bis heute, daß die Luo minderwertig seien und daß sie, die Kikuyu, das Recht hätten zu herrschen. Die Luo trauen den Kikuyu nicht, weil sie denken, daß diese sie verachten. Und beide Stämme verachten die Luhya. Und so geht es weiter und weiter.

In Kenia sah ich auch die zerstörerischen Auswirkungen, die es haben kann, wenn Politiker wie Daniel arap Moi und seine Spießgesellen die „Stammeskarte" ausspielen und die Flammen der ethnischen Empfindlichkeiten schüren, um politischen Vorteil daraus zu ziehen. Ich ging durch die ausgebrannte Stadt Enosupukio, nachdem sie von den Massai-Kriegern überfallen worden war, die die Kikuyu vertrieben, weil diese sich nach ihrer Meinung auf traditionellem Weideland der Massai angesiedelt hatten. Die Stadt sah aus wie ein Kriegsgebiet nach einer Generalschlacht, was es, so vermute ich, in gewisser Weise auch war. Kein einziges Haus, kein einziger Laden stand mehr. Selbst die beiden Kirchen hatte man bis auf ein paar Kirchenbänke ausgeraubt. Als ich mit den Kikuyu-Flüchtlingen sprach, die aus der Stadt geflohen waren, erzählten sie mir, wie die Massai, die früher ihre Nachbarn gewesen waren, plötzlich mit Macheten, Gewehren und Speeren über die Stadt hergefallen seien. Eine Frau namens Loyce Majiru erzählte mir, wie sie mit ihren neun Kindern fliehen mußte und wie sie, als sie zurückschaute, den Körper eines Nachbarn, nackt und mit abgehacktem Kopf, am Straßenrand liegen sah.

Und das war Kenia, eines der großen Touristenziele und ein Land, das lange als eines der „stabileren" in Afrika angesehen wurde.

Doch über diese Dinge außerhalb Afrikas zu reden ist nicht sehr populär, besonders nicht unter den Afrikanisten und westlichen Akademikern, für die das Wort „Stamm" ein Fluchwort ist. Der bevorzugte Ausdruck ist „ethnische Gruppe", weil er als weniger rassistisch gilt. Aber die Afrikaner selbst sprechen von ihren „Stämmen", und sie warnen vor der Gefahr einer Explosion zwischen den Stämmen.

Es war lange die Argumentation der alten afrikanischen Machthaber, daß Stammesfehden dieser Art nur durch eine autoritäre Herrschaft verhindert werden könnten. Nach ihrer Theorie führt ein Mehrparteiensystem unweigerlich zu Gewalt unter den Stämmen, da der Pluralismus die Leute ermutigte, bei ihren familiären Stammesverbänden Schutz zu suchen. Es sei praktisch unvermeidlich, daß politische Parteien sich nach Ethnien, sprich Stämmen, ausrichten würden. Und das unterscheidet sie dann nicht mehr allzu sehr von dem stammesmäßigen Wahlverhalten in den großen amerikanischen Städten, wo man auf die schwarzen Stimmen, die irischen Stimmen, die polnischen Stimmen, die italienischen Stimmen und die jüdischen Stimmen zählen kann. Aber in Amerika greifen wir nicht zu unseren Panga-Messern, wenn unser Stamm die Wahl verliert.

Etwas anderes, was ich auf meinen Reisen durch Afrika lernte, ist, daß die Vorstellung über Hautfarbe, Gesichtsschnitt und der Sinn für Attraktivität und Persönlichkeit eine große Rolle spielen und in vieler Hinsicht eng mit der Stammeszugehörigkeit verbunden sind. Einer der ersten Artikel, den ich nach meiner Ankunft in Afrika schrieb, war ein harmloses Feature über einen Schönheitswettbewerb, in dem eine Miss Kenia gekürt werden sollte, die das Land auf den internationalen Schönheitswettbewerben repräsentieren sollte. (Das war die Geschichte, für die Hos Maina mir zu einem Foto verhalf.) Aber es gab eine hitzige Debatte, weil die von den Schiedsrichtern gewählte örtliche Schönheit – eine einundzwanzigjährige Betriebswirtschaftsstudentin namens Karimi Nkirote M'Mbijjiwe – überhaupt nicht so „örtlich" aussah; sie war hellhäutig, hatte hohe Wangenknochen, eine schmale gerade Nase, glattes Haar und eine Figur, die dem Ideal von 90-60-90 sehr nahekam. Sie sah in der Tat eher somalisch aus als kenianisch. Ihre Krönung löste schließlich eine stürmische Debatte darüber aus, ob es so etwas wie ein „afrikanisches Schönheitsideal" überhaupt gebe. Einige der Richter bei dem Schönheitswettbewerb sagten, eine Miss Kenia müsse den international anerkannten Standards entsprechen, wenn sie in den weltweiten Ausscheidungen überhaupt eine Chance haben wolle. Andere hingegen argumentierten, daß eine Miss Kenia zu finden, die den internationalen Standards entspreche, bedeuten würde, im Grunde eine zu finden, die wie eine „Weiße" aussehe und eigentlich überhaupt keine echte Kenianerin sei.

„Wenn sich unsere afrikanischen Frauen in die internationale Arena begeben, wird es schwierig für sie, Punkte zu gewinnen, weil der westliche Standard nun einmal vorherrscht", sagte Stephen Mwangi, Manager bei Eastman Kodak Co., der in diesem Jahr einer der Schiedsrichter war. „Als Schiedsrichter", sagte er, „ist es sehr schwierig für mich. Es ist nicht leicht. Du mußt immer darauf achten, daß du ein Mädchen nicht den ganzen Weg nach London oder Puerto Rico schickst, nur um sie in Verlegenheit zu bringen, weil sie schwarz ist." Und er fügte hinzu: „Es gibt ein Sprichwort in diesem Teil der Welt – eine wirklich allgemeine Redensart –, die lautet: Willst du wirklich schöne afrikanische Frauen sehen, dann geh nach Äthiopien."

„Die, die gewinnen, sind fast immer gemischtrassig", sagte mir Susan Oloo-Oruya. Sie selbst war eine auffallend große, sehr dunkle schwarze Schönheit, die als Public-Relations-Chefin im Intercontinental-Hotel arbeitete. „Man muß eine helle Haut haben – nicht so wie ich", sagte sie. „Sie denken, je hellhäutiger man ist, desto schöner ist man. ‚Oh, sie ist so hell, sie ist so schön.' Sie ist hell, deshalb ist sie schön. Ich kenne Männer, die mit einer Frau nur deshalb ausgehen, weil sie eine helle Haut hat. Manche Männer mögen ihr Fleisch eben weiß."

In Byumba, hinter den Linien der Tutsi-Rebellen, liegt das Krankenhaus, in dem wir einige der Überlebenden des anhaltenden

Massakers angetroffen haben. Es gibt dort auch ein Waisenhaus. Und es gibt dort eine Frau mit Namen Rose Kayumba.

Sie ist groß, sehr groß, und schlank, wirklich eine ziemlich beeindruckende Frau, besonders hier draußen im afrikanischen Busch. Sie sieht aus, als sei sie hier eindeutig fehl am Platz, weil sie viel zu gepflegt ist, offensichtlich eine Frau aus der Stadt, in engen Jeans und mit einer schön geflochtenen Frisur. Sie ist sehr schön, und sie erzählt mir von ethnischen Verhaltensweisen und was es hieß, als Tutsi in Ruanda aufzuwachsen.

Mit ihren schmalen Nasen und scharfen Gesichtszügen galten die Tutsis als der körperlich attraktivere Stamm, noch lange nachdem sie im von Hutus beherrschten Ruanda ihre politische Macht verloren hatten. Selbst als Reichtum und Macht der Hutus zunahmen, wollten die Hutus im Grunde nur eines: aussehen wie ein Tutsi, ja sogar ein Tutsi werden. Früher war das sogar gesetzlich möglich. Ein Hutu mit genügend Geld konnte buchstäblich zu seiner örtlichen Verwaltung gehen und beantragen, als Tutsi eingestuft zu werden. Die moderne Version davon war für einen Hutu, der es zu einigem Wohlstand und Ansehen gebracht hat, so schnell wie möglich eine Tutsi-Frau zu heiraten. Nach einem alten ruandischen Witz fragt einer: „Was ist das erste, was sich ein Hutu kauft, wenn er reich geworden ist?" Antwort: „Einen Mercedes." – „Und das zweite?" – „Eine Tutsi-Frau."

Rose, die in meinem Alter ist, erinnert sich an die Zeit, als sie in Ruanda aufwuchs, bevor sie fliehen mußte, und wie ihre alte Großmutter sie ermahnte, nie mit den kleinen schwarzen flachnasigen Hutukindern in der Nachbarschaft zu spielen, weil sie unter ihrer Würde seien. Rose hatte auch Verwandte auf dem Lande, Tutsis, aber weil sie nicht aus der Stadt waren und weil sie ein härteres Leben führten, kleideten sie sich ärmlich, waren kleiner, und ihre Gesichtsfarbe war dunkler, weil sie der Sonne stärker ausgesetzt waren. Und bevor diese Verwandten zu Besuch kamen, erklärten Roses Eltern ihr ganz ruhig, daß sie keine Angst vor dem Aussehen dieser Fremden haben müsse, daß es wirklich Tutsis seien, keine Hutus, und daß es nicht ihre Schuld sei, daß sie so dunkel und so häßlich aussähen.

Als die Gewalt ausbrach, wurde das Morden durch die Wut über Habyarimanas Tod bei einem Flugzeugabsturz ausgelöst und von den Milizen, die in den Dörfern systematisch von Tür zu Tür gingen, durchgeführt. In einer tieferen Schicht ihres Wesens hatten es viele Hutus jedoch gar nicht nötig, allzu sehr aufgehetzt zu werden, um zur Machete zu greifen, die sie normalerweise zum Holzhacken benutzten, und mit ihr über die Straße zu gehen und die Tutsi-Familie, die in der Hütte gegenüber wohnte, zu Tode zu metzeln. Denn die Hutus, die an den Tötungen beteiligt waren, metzelten damit auch gegen Jahrhunderte von Stereotypen und Diskriminierungen. Sie metzelten gegen diese Vorstellungen von körperlicher Schönheit, die sich in ihren Köpfen festgesetzt hatten. Sie zermetzelten ihre eigene, von ihnen selbst so empfundene Häßlichkeit, als ob sie, wenn sie dieses Schönheitsetwas vernichteten, dieses Etwas, das sie nie erlangen konnten, für immer von der Erde verbannten.

Als mir Rose das alles in einer abgelegenen Stadt im Norden Ruandas, auf einem verlassenen Friedhof im Mondlicht, erklärt, fühle ich mich plötzlich an einen Ort zurückversetzt, der sich sehr von diesem hier unterscheidet und mir doch auf eine unheimliche, traurige Weise vertraut ist. Ich bin nicht länger in Byumba, sondern in Detroit. Ich bin das kleine Kind, und es ist nicht eine Großmutter, sondern es sind mein eigener Vater und meine Verwandten, die ich höre. Der Ort ist ein anderer, die Stimmen sind andere, aber was ich höre, ist so ziemlich das gleiche.

„Untersteh dich, mit diesen schwarzen Kindern auf der Straße zu spielen. Die sind nichts für dich."

Sie waren „nichts für mich", weil ihnen ihr Haus nicht gehörte; sie lebten zur Miete. Weil sie bis tief in die Nacht auf ihren Veranden saßen, das Radio zu laut aufgedreht hatten und den nachbarschaftlichen Frieden störten. Weil sie, wenn sie zu Freds Laden an der Ecke hinuntergingen, ihre abgelatschten

Hausschuhe trugen und Lockenwickler im Haar, und weil sie über ihre Schulter brüllten: „Also, was willst du, Süße? Besser, du bewegst deinen Arsch und fickst dich ins Knie!" Weil die Jungs sich bis zum anderen Ende der Straße „du Arschficker" nachschrien und man sie an Sommerabenden noch Straßen weiter hören konnte, wenn man nur die Fliegentür geschlossen hatte. Weil sie schwarz waren – tief schwarz, direkt-aus-dem-Süden-schwarz, Hinterwäldler-schwarz, und deshalb waren sie „nichts für mich".

Meine Mutter kam einmal nach Hause und erzählte die Geschichte, wie sie gerade im Grand-River-Bus von der Stadt nach Hause gefahren war. Und an einer Haltestelle stieg eine Gruppe Teenager ein, die laut fluchten und „Ausdrücke" benutzten. Und sie und einige der älteren Fahrgäste im Bus schauten hoch und waren überrascht. Schockiert, sagte sie. Denn der lauteste der Gruppe war ein hellhäutiger Junge. „Also, du erwartest doch nicht, einen so hellhäutigen Jungen so laut reden zu hören", sagte sie. Und sie war wirklich völlig perplex. „Normalerweise, wenn du all das Gefluche hörst, weißt du, daß es irgendein Dunkler, Häßlicher ist", sagte sie. Aber das war ein hellhäutiger Junge. Und gut aussehend noch dazu. Die Weltordnung hatte sich verschoben.

So beschrieben die Schwarzen im Detroit der sechziger, sogar noch der siebziger Jahre einander. Hellhäutig. Braunhäutig. Dunkelhäutig. Und es gab noch subtilere Farbabstufungen: „stark gelblicher Neger", „Rothaut". Die Bezeichnungen mögen seltsam klingen, besonders für einen Weißen, der in unsere Welt schaut und eigentlich nur einen Haufen Schwarzer sieht. Aber diese Unterscheidungen waren wichtig. Wir schätzten sie nicht nur, wir lebten danach. Es war die Zeit, in der, wie mein Vater sich vor kurzem erinnerte, „man auf eine Schlägerei gefaßt sein mußte, wenn man jemand als schwarz bezeichnete". Denn Schwarze, gute Schwarze, bezeichneten sich zu dieser Zeit als „Farbige".

Das war das schwarze Detroit. Oder genauer gesagt, eines der beiden schwarzen Detroits, wie es zumindest die „guten"

Farbigen sahen, unter denen ich aufwuchs. Die Trennungslinie war die Woodward Avenue, die den Westen der Stadt vom Osten trennt, wenn man so will unsere Version der berühmten „Green Line" in Beirut. Aber die Trennungslinie war mehr psychologisch als geographisch, sie konzentrierte sich auf unser eigenes Kastensystem und wo du deine Wurzeln im Süden festmachen kannst. Grob gesagt, die Schwarzen aus South Carolina lebten im Westen, die aus Alabama im Osten. Und die Kluft war so real wie die zwischen den Hutus und Tutsis in Ruanda.

Und so hämmerten mir meine Eltern ein, ziemlich genauso wie Roses Eltern und Großeltern es ihr eingehämmert hatten, daß Schwarze wie wir – wir waren die South-Carolina-Westside-Schwarzen – anders waren als die Schwarzen drüben von der East-side. South-Carolina-Schwarze besaßen Häuser und lebten nur selten in Miete. Sie hatten gepflegte kleine Rasenfleckchen in den Vorgärten, die durch kleine Zäune voneinander abgetrennt waren. Sie stammten aus Charleston, Anderson, Greenville, manchmal Columbia, Orte, wo Weiße nie ganz so repressiv waren und die Schwarzen nicht ganz so verhärtet und bitter. Sie arbeiteten hart, sparten ihr Geld, gingen am Sonntag in die Kirche, kauften an Ostern und zu Beginn des Schuljahrs neue Kleider. Sie hielten ihr Haar kurz geschnitten, sehr kurz, um auch nur den Anschein von Kraushaar zu vermeiden. Sie aßen Truthahn, Schinken und Grütze und süßen Kartoffelkuchen. Sie waren betucht, gut erzogen und erwarteten, daß ihre Kinder auch so waren.

Geh nicht über die Woodward Avenue, warnte man uns. Die Schwarzen dort drüben sind hart. Das sind Alabama-Schwarze, hart und bitter. Sie fluchen laut in der Öffentlichkeit. Sie besitzen nicht, sie mieten. Und weil sie mieten, lassen sie ihre Häuser verkommen. Sie reparieren ihre Zäune nicht, wenn sie kaputt sind, und sie lassen den Rasen vorne zu Dreck verkommen. Sie essen Schweinsfüße und haben meist ein Dutzend Verwandte, alle „frisch aus Alabama", in ihre paar winzigen Zimmer gestopft. Sie waren dunkel, weil sie den ganzen Tag unter der heißen Sonne auf den Baumwollfeldern geschuftet hatten. Sie waren, mit einem Wort, „Nigger", so jedenfalls bezeichneten die „guten" Farbigen aus South Carolina sie. Und die schlimmste Beleidigung war: „Er ist ein Nichts – er ist gerade aus Alabama heraufgekommen!"

Sicher, das waren alles nur Stereotypen, die mit der Realität weniger zu tun hatten als mit der Psyche derer, die die Geschichten erzählten. Aber für mich, einen Schwarzen, der in Amerika aufgewachsen war, waren diese Unterteilungen damals sehr sehr real – so real wie die Unterteilungen zwischen den Stämmen, die mir Rose Kayumba dort in Byumba auf dem verlassenen Kirchengelände im Mondschein beschrieb.

In Afrika gehört man zu einem Stamm; ohne einen Stamm gehörst du zu nichts. Schwarze Amerikaner wurden vor mehr als vierhundert oder noch mehr Jahren aus Afrika gerissen, aus ihren Stämmen gerissen, aus allem gerissen, zu dem sie gehörten. Und ohne daß man zu etwas gehört – ohne irgendeine wirklich identifizierbare Gruppe, ohne eine afrikanische Identität – wirst du ständig von allen Seiten mit Argwohn verfolgt, besonders dann, wenn Afrikas Stämme gegeneinander Krieg führen. Von amerikanischen Schwarzen wird in Afrika dauernd verlangt, sich für eine Seite zu entscheiden.

Und was noch gefährlicher ist, ein schwarzer Amerikaner kann leicht von einem Stamm mit dem Angehörigen eines anderen Stammes verwechselt werden. Jeder Unbekannte, jeder Fremde ist ein potentieller Feind – du kannst zur Zielscheibe werden wegen so unschuldiger Dinge wie der Form deines Kopfes, der Breite deiner Nase, deiner Größe, sogar wegen der Tatsache, daß du eine Brille trägst oder Englisch oder Französisch sprichst. In Afrika schwarz und ein Amerikaner zu sein heißt, sich dauernd hinter dem falschen Schutz des blauen amerikanischen Passes zu verbergen – und zu hoffen, daß der Typ, der dir seine AK-47 vor die Brust hält oder dir die Machete an den Hals setzt, zumindest den eingeprägten Adler vorne erkennt, sogar wenn er ein Analphabet ist und die Worte „United States of America" nicht lesen kann.

Linda Thomas-Greenfield fand all das in Ruanda heraus. Sie ist eine beeindruckend kräftige, große Frau aus Louisiana. Sie wurde in Ruanda fast umgebracht, weil man sie für eine Tutsi gehalten hatte.

Es geschah am 7. April 1994, am Morgen nachdem Habyarimanas Flugzeug in der Luft explodiert war und die Hauptstadt Ruandas, Kigali, in Gewalt ausgebrochen war. Thomas-Greenfield war bei der amerikanischen Botschaft in Nairobi für Flüchtlingsfragen zuständig, und sie war erst zwei Tage vorher nach Kigali gekommen, um sich einen Eindruck von der Flüchtlingssituation in Ruanda zu verschaffen. Sie wollte bei einer langjährigen Freundin, Joyce Leader, der Missionsbeauftragten der amerikanischen Botschaft in Kigali, wohnen.

In den ersten blutigen Stunden nach dem Flugzeugunglück wußten Leader und Thomas-Greenfield genau, was sie zu tun hatten. Sie packten für den Fall einer überstürzten Evakuierung ein paar Sachen zusammen und versteckten sich hinter einer verriegelten Tür, weg von den Fenstern. Leaders Haus stand an einer besonders gefährdeten Stelle; es lag direkt neben der Residenz der ruandischen Premierministerin.

Das war zu der Zeit Agathe Uwilingiyimana, eine Frau, die ihre Ernennung einem Kompromiß verdankte, den die internationale Gemeinschaft Habyarimana aufgezwungen hatte in dem Bemühen, seine hartlinige Hutu-zentrierte Regierung zu öffnen. Als die Todesschwadronen an diesem Morgen durch die Stadt zogen, stand der Name Uwilingiyimana ganz oben auf ihrer Liste.

Die Premierministerin war früh auf und versuchte verzweifelt, um Hilfe zu telefonieren, rief Freunde an, Nachbarn und die kleine Truppe der UN, die zu der Zeit in Kigali stationiert war, um dem früheren Friedensabkommen zwischen Habyarimana und den Tutsi-Rebellen Geltung zu verschaffen. Ihr Haus war aus Sicherheitsgründen mit einer hohen Mauer umgeben – aber am Ende wurde es zu ihrem Gefängnis.

Die amerikanischen Diplomaten versuchten, Möbel in den Hof zu rücken, aber nichts war hoch genug, um über die Mauer der Premierministerin zu kommen. Dann versuchten Uwilingiyimanas unbewaffnete Beschützer, ein Regal als eine Art Behelfsleiter über die Mauer zu schieben, aber das zog die Aufmerksamkeit der draußen wütenden Truppen auf sich, die Warnschüsse in ihre Richtung abgaben. Die Premierministerin konnte schließlich über eine andere Mauer fliehen und fand vorübergehend Zuflucht auf dem Gelände des UN-Entwicklungsprogramms. Als die Soldaten ihre Residenz stürmten, war sie bereits weg.

Das war der Moment, als sie zu Leaders Haus kamen, denn sie glaubten, daß sich die Premierministerin dorthin geflüchtet hatte. Doch als sie es erstürmt hatten, fanden sie statt der Premierministerin Linda Thomas-Greenfield – groß, statuenhaft. Eindeutig eine Tutsi.

„Tutsi!" brüllten sie plötzlich. „Tutsi!" Thomas-Greenfield erkannte an ihren Baretten, daß sie zu den Elite-Schutztruppen des Präsidenten gehörten.

„Ich zückte schnell meinen Paß", sagte Thomas-Greenfield später. Und sie verhandelte verzweifelt mit ihnen in dem dicksten amerikanischen Slang, den sie zustandebrachte. „Bitte", flehte sie, „ich habe damit überhaupt nichts zu tun! Ich bin nicht aus Ruanda! Ich bin Amerikanerin! Ich habe überhaupt nichts damit zu tun!"

„Ich war nur noch ein winselndes Bündel, wahnsinnig vor Angst, und flehte um mein Leben", erinnerte sie sich.

Die Killer waren nicht überzeugt. Sie hielten ihr ein Gewehr an den Kopf, während sie das Haus durchsuchten. Sie fanden tatsächlich einen Tutsi, einen Gärtner, der sich in einem Küchenschrank versteckt hatte. Sie zogen ihn heraus und brachten ihn kaltblütig um, während die entsetzten Diplomaten hilflos zusehen mußten. „Sie haben ihm mit dem Gewehrkolben den Schädel eingeschlagen", erinnerte sich Thomas-Greenfield. „Dann schlugen sie ihn in die Seite." Und endlich verkündigte einer von ihnen: *„Il est mort"* – er ist tot.

Von draußen drang heiseres Geschrei und das Geräusch von Schüssen herein. Es gab was zu feiern. Man hatte die Premierministerin auf dem UN-Gelände entdeckt und sie zu der Straße zurückgeschleppt, in der sie wohnte. Dort wurde Agathe Uwilingiyimana hingerichtet. Zu diesem Zeitpunkt muß eine Truppe von zehn Belgiern angekommen sein, um sie zu beschützen. Einer Instruktion über Funk vom UN-Hauptquartier in Kigali folgend, legten sie die Waffen nieder in der Hoffnung, so eine Konfrontation mit der Menge zu vermeiden. Auch sie wurden brutal gefoltert und hingerichtet.

Die Hutu-Milizen glaubten Thomas-Greenfield schließlich und erlaubten ihr, mit dem Rest der Amerikaner zu gehen, die in einem Überland-Konvoi einige Tage später nach Burundi evakuiert wurden. Es war an einem Samstag morgen, und sie mußten sich an festgelegten Sammelstellen einfinden, die in der Nähe der amerikanischen Botschaft, ungefähr drei Blocks vom Haus der Gesandtin entfernt, eingerichtet waren.

An einer Straßensperre wurde ihr Wagen angehalten. Ein Soldat mit dem unverwechselbaren schwarzen Barett der Präsidentengarde, der nach Whisky stank, beugte sich ins Wagenfenster. Thomas-Greenfield nahm all ihren Mut zusammen, sie dachte zum zweiten Mal, das sei das Ende. Aber dann überzog ein breites Grinsen das Gesicht des Soldaten. *„Ah, mon amie!"* sagte er. Sie schaute ihn genauer an und erkannte, daß es derselbe Soldat war, der ihr in Leaders Haus die Pistole an den Kopf gehalten hatte.

„Freundin?" sagte sie wütend. „Sie haben mir dreißig Minuten lang ein Gewehr an den Kopf gehalten! Wenn ich jetzt ein Gewehr hätte, würde ich Sie eigenhändig erschießen!" Zum Glück schien der Soldat kein Englisch zu verstehen.

Im Konvoi war Thomas-Greenfield dem Wagen einer Frau aus Ruanda zugeteilt worden, die für die Amerikaner arbeitete, und drei kleinen Kindern. Der Mann dieser Frau arbeitete für die Africa Development Foundation, und die Kinder waren alle in Amerika geboren. Thomas-Greenfield war sowohl wütend als auch voller Angst. „Das kommt wieder mal davon, wenn man eine amerikanische Schwarze in Afrika ist", sagte sie. „Ich wurde zusammen mit einer ruandischen Frau in einen Wagen ver-

frachtet. Ich war furchtbar wütend auf die Botschaft. Ich fand
es rücksichtslos. Aber ich hatte meinen Schutz – ich hatte meinen schwarzen Diplomatenpaß. Und ich benutzte meinen
schlimmsten Louisiana-Slang, um ja keinen Zweifel daran aufkommen zu lassen, daß ich Amerikanerin war."

Als wir einige Monate später in dem heiteren Ambiente der
Terrasse des Inter-Continental-Hotels in Nairobi saßen, erzählte mir Thomas-Greenfield, was ihr in Ruanda zugestoßen
war und wie sich dadurch ihre Sicht des Kontinents verändert
habe. „Ich glaube, es ist ein absoluter Nachteil, in Afrika ein
Schwarzer zu sein", sagte sie. „Hier wie überall sonst in Afrika
ist die Spaltung keine rassische, sondern eine ethnische. Die
Leute denken, daß sie wissen, welcher ethnischen Gruppe du
angehörst, wenn sie dich nur ansehen. Wenn es einen Konflikt
gibt zwischen den ethnischen Gruppen, mußt du sie wissen lassen, daß du Amerikaner bist."

Ruandas Alptraum, und meiner, endete nicht mit dem Massa-
ker. Als die Tutsi-Rebellen im Land vorrückten und die Armee
der Regierung zusammenbrach, flohen mehr als eine Million
Hutus über die Grenze. Aber nicht nach Tansania, das unter der
Wucht des ersten Massenexodus bereits zu schwanken begann.
Die zweite Welle floh nach Westen, nach Zaire, und über-
schwemmte einen abgelegenen Erholungsort in den Bergen, die
Stadt Goma am Ufer des Kivu-Sees. Eine Million Menschen.
Vielleicht ein paar mehr. Mehr Menschen, als Washington Ein-
wohner hat – eine Million Männer, Frauen, kleine Kinder und
Säuglinge, die gerolltes Bettzeug und gelbe Kanister schlepp-
ten, Ziegen und ein paar Kühe mit sich führten und Kochtöpfe
und Brennholz auf ihren Köpfen balancierten. Und ihre Panga-
Messer trugen und Macheten und manchmal auch ihre Gewehre.

Viele von denen, die kamen, waren die Killer, die Milizionäre
und die Soldaten der vertriebenen Regierungsarmee, noch in
Uniform, noch schäumend vor Wut über ihre Niederlage, die
sie natürlich auf das Waffenembargo zurückführten, das von
den Vereinigten Staaten und der internationalen Gemeinschaft

verhängt worden war. Und diese Bewaffneten und Soldaten errichteten innerhalb der Flüchtlingslager, die um Goma herum aus dem Boden schossen, schnell ihre finstere Herrschaft. Sie terrorisierten die Flüchtlinge, rissen die Kontrolle über die Lebensmittelverteilung in den Lagern an sich und schüchterten die ausländischen Hilfskräfte ein – und manchmal verjagten sie mit physischer Gewalt –, die gekommen waren, um ihnen zu helfen.

Die Lager wurden natürlich zu einem Nährboden für Krankheiten, und so war es unvermeidlich, daß eine Epidemie die Flüchtlingsbevölkerung erfaßte. In Goma gab es nur wenig Wasser, und die Flüchtlingslager lagen weit außerhalb der Stadt, da die zairischen Behörden vor Ort das so wünschten. Und als auch noch die Cholera ausbrach, brachte sie das Elend zum Sieden.

Die meisten der Opfer starben nachts. Man fand ihre Körper hinausgelegt am Straßenrand, in ihre Bettücher und Strohmatten eingewickelt oder machmal einfach auf den Rücken gelegt, unbedeckt, nur mit einem kleinen Tuch über dem Gesicht. In der Zeit, in der ich von der Stadt die engen kurvenreichen Straßen zu den Flüchtlingslagern hinunterfuhr, wurde ich ziemlich geschickt darin, mich um die Leichen herumzuschlängeln. Du versuchtest, nicht über ihre Beine zu fahren.

Manchmal waren die Leichen überhaupt nicht ordentlich ausgelegt worden. Manchmal lagen sie einfach nur steif da, in derselben Haltung, als wären sie zusammengebrochen oder hätten sich, von Hitze und Durst geplagt, für eine Ruhepause hingelegt. Vielleicht den Kopf behutsam in die Beuge des Arms geschmiegt. Vielleicht die Arme ausgestreckt, wie jemand, der versucht, aus den Feldern auf die Straße zu kriechen, als sie starben.

Ich sah ein kleines Kind, das wütend schrie und weinte – ich glaube, es war ein Mädchen, aber das war schwer zu sagen, da Jungen und Mädchen das gleiche anhatten, dasselbe zerrissene Kleidungsstück aus einem einzigen Stück erdfarbenen Stoff. Dieses Kind schlug mit seinen winzigen Fäusten auf die Brust seiner Mutter. Die Mutter war eindeutig tot. Ich verlangsamte den Wagen für einige Sekunden, überlegte, ob ich das Kind mitnehmen sollte, war mir aber nicht ganz sicher, was ich mit ihm anfangen sollte. Aber ich wußte, daß die UNICEF einen Lastwagen hatte, der jeden Morgen die Runde machte, Kinder wie dieses aufzulesen. Ich fuhr weiter.

Einmal wartete ich vor dem Zelt einer Hilfsorganisation, um kurz mit einem Arzt über die neuesten Zahlen in seinem Lager zu sprechen. Während ich wartete, sah ich den Helfern zu, die auf einer Liege den Körper einer Frau heraustrugen, die gerade im Zelt gestorben war. Dem Gesicht nach war es eine junge Frau, vielleicht knapp zwanzig. Ihre Augen waren noch offen. Ich beobachtete, wie zwei Männer sie auf der Liege zu einem Haufen von vielleicht zwei Dutzend Körpern trugen, der nur einige Meter von mir entfernt aufgeschichtet war. Als sie dort angekommen waren, kippten sie die Liege auf die Seite, und die junge Frau mit den offenen Augen fiel mit um sich schlagenden Armen auf den Haufen. Ihr Kopf landete so, daß er etwas erhöht lag, ihr Gesicht war mir zugewandt. Sie sah mir direkt in die Augen. Sie schien mir etwas sagen zu wollen, vielleicht wollte sie mir ihre Geschichte erzählen, mir irgendwie ihr Leid mitteilen. Ich stand da und starrte sie an, eine lange Zeit, wie mir schien, und versuchte, sie zu hören.

Es ist merkwürdig, auf was für Kleinigkeiten du unter solchen Bedingungen achtest. Inmitten des Massensterbens, mit all den Leichen um mich herum, erinnere ich mich an ein Gesicht, einen Körper, ein Kind, das mit seinen kleinen Fäusten auf die Brust seiner Mutter trommelt. Ich glaube, daß es die kleinen Eindrücke sind, die das Ganze weniger überwältigend machen, irgendwie begreifbarer. Ich konnte mich nicht auf den Haufen der aufgeschichteten Körper konzentrieren, nur auf den einen, der mir ins Gesicht schaute. Und ich versuchte, mir vorzustellen, wie ihre letzten Tage gewesen sein mochten. Was sie gedacht hatte, bevor sie starb. Ob sie wohl unter anderen Umständen eine glückliche junge Frau gewesen wäre, vielleicht verheiratet, mit einem Kind, vielleicht auf dem Weg zu einer

Verabredung mit einem jungen Mann. Ich versuchte, mir vorzustellen, wie sie gewesen war, als sie noch lebte, vielleicht wie sie hieß, ob sie viele Freunde hatte, ob jemand sie vermißte, ob irgend jemand hier in diesem gottverlassenen Höllenloch von Flüchtlingslager, in dem überall Leichen herumlagen, überhaupt ihren Namen kannte.

Der Boden um Goma war hart, vulkanisches Felsgestein, was es unmöglich machte, Gräber auszuheben. Deshalb wurden über mehrere Tage die Leichen einfach aufgestapelt. Die französischen Truppen, die in Goma stationiert waren, schafften es, in der Nähe einer alten Plantage eine riesige Grube auszuheben. Ich ging hin und sah einem Dutzend schwer mit Leichen beladener Lastwagen zu, die darauf warteten, ihre Fracht in die offene Grube zu kippen. Auf sämtlichen Lastwagen bildeten die Leichen einen riesigen Hügel, dessen Gipfel weit über die Seitenplanken hinausragte. Und einer nach dem anderen würden die Lastwagenfahrer nun rückwärts an die Grube heranfahren und ihre Ladung ausschütten. Ich stand da und sah den Körpern zu, wie sie namenlos in die wartende Erde stürzten.

Wer sind diese Menschen?

Einmal interviewte ich eine kanadische Krankenschwester, die in einem der Krankenzelte eines Flüchtlingslagers arbeitete. Sie bat mich, mit nach draußen zu gehen, hinter das Zelt, damit sie während unseres Gesprächs eine Zigarette rauchen könne. Und wie ich da so neben ihr stand und mir Notizen machte, als sie mir die verschiedenen Stadien der Cholera erklärte, schaute ich kurz auf den Boden und bemerkte plötzlich, daß wir auf einem Leichenfeld standen. Sie schleppten die Leichen aus dem Zelt und legten sie direkt daneben ab, und da standen wir, inmitten von Leichen, und unterhielten uns kalt über Statistiken, die Anzahl der Fälle und die verschiedenen Arten der Behandlung.

Ich bin nicht sicher, wie viele Tote ich während der Cholera-Epidemie in Goma sah. Schätzungen zufolge sollen ungefähr fünfzigtausend gestorben sein, aber sogar das ist nur eine Ver-

159

mutung. Niemand zählte je wirklich, denn dies war Afrika, und in Afrika zählt man Leichen nicht.

Selbst heute, während ich das hier aufschreibe, kann ich nicht genau sagen, was mir durch den Kopf ging, als ich inmitten all dieses Elends und Todes stand. Und, ehrlich, ich bin mir auch nicht sicher, ob ich es sagen kann, weil zu dieser Zeit meine Gedanken völlig durcheinander waren.

Ich war erschlagen von der Vergeudung menschlichen Lebens, soviel ist sicher. Zugleich waren meine Gefühle aber auch seltsam ambivalent, weil ich wußte, daß diese Menschen, die um mich herum starben, Hutus waren, die Killer, die Vollstrecker des Völkermords in Ruanda. Und wenn sie nicht zu den Killern gehörten, dann hatten sie mit Sicherheit gewußt, was vor sich ging, und wahrscheinlich nichts dagegen unternommen. Vielleicht, dachte ich, war das eine Form göttlicher Gerechtigkeit.

Aber es war die Anonymität des Ganzen, was mich am meisten bekümmerte.

Ich kann es hier nicht beschreiben, wirklich – und das ist ein schreckliches Eingeständnis für mich, denn ich bestreite mein Leben mit Worten und Beschreibungen und Adjektiven. Ich stand da, zählte die Körper, so gut ich konnte, und dann würde ich in mein schmuddeliges Hotelzimmer oder in ein Zelt zurückgehen, wo ich einen Schlafsack hatte, und würde versuchen, neue Adjektive, neue Satzwendungen zu finden, um den Lesern auf der anderen Seite der Welt zu beschreiben, was hier vorging. Und die Körper hörten auf, Menschen zu sein, waren nur noch weitere Opfer, weitere entsetzliche Statistiken. Und dann würde das Gesicht dieser einen Frau auf dem Haufen toter Körper wieder vor mich treten, sie würde mich direkt anschauen, in meine Seele starren und sagen: Auch ich habe einen Namen. Ich habe wie du eine Identität. Ich bin nicht nur eine weitere Zahl in der Statistik. Also, bitte, sorg dafür, daß ich nicht auf diese Weise vergessen werde.

Das Problem ist, dies ist Afrika, und hier zählt niemand, keiner forscht nach den Namen. Man begräbt lediglich die Toten und macht weiter.

6

UNSICHTBARE FEINDE

„Krankheiten kreuzigen die Seele des Menschen,
schwächen unsere Körper, trocknen sie aus,
lassen sie welken und runzlig werden wie alte Äpfel,
machen sie zu wandelnden Gerippen.

ROBERT BURTON, 1577—1640

ESTHER IST EINE ATTRAKTIVE junge Frau Anfang Zwanzig, die mit Vorliebe lange Zöpfe, enge Jeans und weiße hochhackige Sneakers trägt. Ich lernte sie im Buffalo Bill kennen, einer heruntergekommenen Bar in Nairobi, wo sie normalerweise an dem hufeisenförmigen Tresen oder in einer der wie ein Postkutschenabteil eingerichteten Nischen herumhing und darauf wartete, daß ihr jemand eine große Flasche Tusker White Cap, das billigste der in Kenia gebrauten Biere, spendierte. Machmal, wenn nichts los war, bat sie mich, sie in die Florida 2000-Disko oder in den benachbarten New Florida Nightclub mitzunehmen, der wie eine runde Scheibe in prekärem Gleichgewicht auf einer Säule über einer Tankstelle thronte. Die beiden Florida-Bars waren fast immer gerammelt voll mit heißen

161

schwitzenden Körpern, hauptsächlich Afrikanern, aber auch Europäern und Amerikanern, die eng zusammengedrängt zum pulsierenden Disko-Beat tanzten und sich dabei über die neuesten Ereignisse in Nairobi informierten.

Esther gehört eindeutig zum Heißesten, was Nairobis Nachtleben zu bieten hat, und ist bei den in der Stadt lebenden Ausländern sehr gefragt. Das kommt daher, daß Esther von Berufs wegen eine Prostituierte ist.

Ich lernte sie ziemlich bald nach meiner Ankunft in Kenia kennen und fand sie absolut faszinierend. Sie übte eine seltsame Art animalischer Anziehung aus, wie Männer sie offenbar manchmal für Huren empfinden, die Art, wie Graham Greene sie beschreibt, ich glaube in seinem Buch *The Honorary Consul*. Nairobi kam mir oft vor wie ein Roman von Graham Greene, und so sah ich in Esther so etwas wie ein ungefähres Pendant zu der Frau, auf die Dr. Eduardó Parr fixiert war. Also versorgte ich Esther im Buffalo Bill großzügig mit Tusker White Caps und nahm sie in meinem zerbeulten cremefarbenen Peugeot ins Florida mit. Wir trafen uns immer rein zufällig, waren nie vorher verabredet, da ich viel reiste, und immer nur, um uns zu unterhalten, entweder in einer der Postkutschennischen im Buffalo Bill oder in meinem Wagen in der schmalen Gasse hinter dem Florida, wo sie „bang" rauchen wollte – einen Marihuana-Joint –, bevor sie hinaufging, um sich nach Kunden umzuschauen. Einmal nahm ich sie sogar mit nach Hause, spendierte ihr eine heiße Dusche, gab ihr ein Bett mit sauberen Laken und machte ihr am Morgen ein großes Frühstück. Ich habe ihre zweifellos beträchtliche Erfahrung im Bett nie in Anspruch genommen – nicht, weil ich nicht in Versuchung gekommen wäre, sondern aus reinem Selbstschutz. Die Wahrheit ist, daß ich ausgesprochene Angst davor hatte, daß Esther Aids haben könnte.

Eine Prostituierte in Nairobi gehört wahrscheinlich zur höchsten Risikogruppe überhaupt, und ich vermutete, daß Esther da keine Ausnahme war. Sie war eine Kikuyu und war von der ländlichen *shamba* ihrer Eltern in die große Stadt gezogen. Inzwischen war sie allerdings eine vollkommen städtische junge Frau, „ent-stammisiert" sozusagen, ohne irgendein Gefühl von Stammesloyalität, und abgeschnitten vom traditionellen afrikanischen System gegenseitiger Unterstützung in Familie, Klan und Dorf. Allein, auf sich selbst gestellt, lebte Esther in einem schmuddeligen kleinen Zimmer in der Nähe des Flughafens. Und für Geld schlief sie mit Männern – fast ausschließlich Weißen, wie sie sagte –, mit Europäern, ab und zu mit einem Amerikaner, mit durchreisenden Touristen, aber meist mit den hier ansässigen „Regulären" – Angestellten der Hilfsorganisationen, Journalisten, Buschpiloten, Abenteurern, kauzigen Pennern, deren Weltreisen genau wie ihre finanziellen Mittel und ihr Glück an der hufeisenförmigen Bar des Buffalo Bill ein unfreiwilliges Ende gefunden hatten.

Durch unsere Unterhaltungen wurde Esther für mich zu einer Art privatem Fenster auf die zweifelhafte Kehrseite von Nairobis städtischer Szene. Einmal, bevor sie damit aufhörte, im Buffalo Bill aufzukreuzen, und ich ihre Spur verlor, fragte ich sie, ob sie eigentlich keine Angst davor habe, sich bei ihrem hochriskanten Job Aids einzufangen. Sofort zog sie ein halb zerrissenes, vermutlich gefälschtes Gesundheitszeugnis hervor, das bestätigte, daß sie ihren letzten Aids-Test bestanden habe. Sie sagte, sie bestehe immer darauf, daß ihre Kunden Kondome benutzten – und wenn sie den Verdacht habe, daß einer HIV-positiv sei, verlange sie manchmal, daß er zwei benutze.

Ich war mir nie sicher, ob ich Esther glauben sollte. Alle afrikanischen Prostituierten, die ich traf, versicherten, daß sie Kondome benutzten. Aber zur Not – und wenn der Kunde sich weigerte, die Unbequemlichkeit des kleinen Stückchens Gummi auf sich zu nehmen – waren die Mädchen mit Sicherheit mehr als bereit, es „live" zu machen, wie es im hiesigen Straßenjargon heißt. Für diese Frauen war es schlicht verzweifelter Geldmangel, der sie dazu trieb, nicht gesunder Menschenverstand, selbst wenn das bedeutete, ihr Leben zu riskieren. Und einige riskierten es. Esther würde später neben mir an der hufeisenförmigen Bar sitzen und auf einige der hauptberuflichen Pro-

stituierten zeigen, die spindeldürr waren, mit traurigen einge-
sunkenen Augen, und sagen, das Mädchen sei „sehr krank",
und ich würde wissen, was das hieß. Das waren die Mädchen,
die ich immer sah, wenn ich die Bar besuchte, und die dann
wieder für lange Zeit verschwanden, unerklärliche Abwesen-
heiten, die man dann auf Erkältung oder Fieber schob.

Was mich aber am meisten erstaunte, war, daß westliche
Männer, auch Afrikaner, trotzdem mit diesen Frauen schliefen!
Die Prostituierten in Nairobi schienen sich nie um Kunden sorgen zu müssen, Esther war das beste Beispiel. Oft stand sie
einfach auf, sogar mitten im Gespräch, hatte ihr Bier noch nicht
einmal angerührt, und wandte sich einem ihrer zahlenden Kunden zu, der gerade aufkreuzte und bereit schien, sie mit mehr
abzufüllen als nur mit Freibier und Unterhaltung. Wenn sie
dann aufstand, um mit dem Typen loszuziehen, zwinkerte sie
mir manchmal über die überfüllte Theke hinweg verschwöre-
risch zu.

Waren diese Typen verrückt? Waren sie sich über das Risiko
nicht im klaren? Offensichtlich, denn die meisten schienen sich
jedenfalls nicht darum zu kümmern – oder redeten sich ein,
daß ihnen schon nichts passieren werde. Als ich einen der
weißen Stammkunden im Buffalo Bill fragte, ob er nicht Angst
habe, sich Aids zu holen, antwortete er: „Mann, manchmal muß
das eben einfach sein!"

Einer meiner Freunde, ein Amerikaner, der ein paar Jahre
vor mir als Journalist in Nairobi war, klärte mich über das Für
und Wider des Verkehrs mit den dortigen Prostituierten auf.
Nairobi sei eine großartige Stadt für Sex, sagte er, aber man
müsse ein paar grundsätzliche Vorsichtsmaßnahmen beachten.
Erstens empfehle es sich, eine zu finden, mit der man zusam-
menbleibe, und sie zum Arzt zu schicken, um sicherzugehen,
daß sie nicht infiziert ist. Dann halte sie hinter Schloß und Riegel, so gut du kannst. Benutze immer ein Kondom. Und wenn
du oralen Sex machen willst, leg dir zuerst ein Stück Zellop-
han über den Mund. Und wenn du es „live" machen willst, putz
dir vorher nicht die Zähne, weil die Borsten in deinem Gaumen

winzige Einstichstellen verursachen können, über die der HIV-Virus leicht ins Blut gelangen kann.

Wow, dachte ich, diese Typen haben sich wirklich schlau gemacht – jedenfalls wollten sie sich das gerne glauben machen. Aber meine Einstellung dazu war, daß ich – nein danke – von all dem die Finger lassen würde. Alle diese Ratschläge überzeugten mich nur davon, daß es hier wahrscheinlich mehr Schwierigkeiten gab, als die Sache wert war. Meine Vorbehalte waren nicht nur moralischer Art, ich hatte einfach auch wahnsinnige Angst.

Es war eine mächtige Angst, diese Angst, mich mit Aids zu infizieren, und eine, derer ich mir in Afrika immer bewußt war. Die Geschosse, die Milizen mit ihren Macheten, irgendwelche herumirrenden Granatsplitter – das war eine Sache. Ich konnte nichts dagegen machen, wenn mir eine Granate oder eine verirrte Kugel den Kopf abriß, während ich mir die Schuhe band. Wenn das passieren würde, würde es mit etwas Glück ein schneller schmerzloser Tod sein. Aber mit Aids war das anders. Der Tod würde langsam kommen und schmerzvoll sein. Und Aids war etwas, das ich verhindern konnte.

Ich hielt meine Angst nie für irrational. Ich wußte genug über die Krankheit, um zu wissen, daß man sie nicht über alltägliche Berührungen wie Händeschütteln oder sogar Küssen bekommen konnte. Aber ich wußte, daß man sie über Blut bekommen konnte – und ich sah in Afrika eine schreckliche Menge Blut, und davor hatte ich Angst. Ich sah Blut auf den T-Shirts der jungen Milizen am Checkpoint im Südwesten Ruandas, als sie den Wagen anhielten, in dem Ruth und ich fuhren. Ich sah jedesmal Blut, wenn ich meinen Fuß in ein afrikanisches Krankenhaus setzte, ob es das Feldlazarett in Byumba war, wo ich das Gemetzel sah, das die Hutu-Milizen angerichtet hatten, oder das Benadir-Krankenhaus in Mogadischu, wo Paul Alexander und ich uns als Gesundheitsbeamte verkleidet hatten, um an die neuesten Verlustzahlen heranzukommen. Blut war auf den Tüchern, die man in den Ecken und Korridoren aufgeschichtet hatte. Blut war auf den weißen Kitteln des Krankenhauspersonals. Blut war an den Wänden und auf den Böden. Wann immer ich einen Schritt in ein afrikanisches Krankenhaus in einem Kriegsgebiet oder Flüchtlingslager machte, watete ich buchstäblich in Blut. Und doch sah ich immer wieder, wie das Krankenhauspersonal, Ärzte, Schwestern und Pfleger, die blutüberströmten Patienten hochnahmen, blutige Tücher zusammenlegten, und alles ohne die primitivsten Vorsichtsmaßnahmen, wie sich ein Paar Gummihandschuhe überzuziehen. Kannten sie nicht das Risiko?

Wenn ich in Afrika unterwegs war, trug ich immer meine eigenen Injektionsnadeln bei mir für den Fall, daß ich krank würde und eine Spritze brauchte. (Glücklicherweise hatte ich nie die Gelegenheit, sie zu benutzen!) Ich versuchte auch, so gut ich konnte, zu vermeiden, jemand vom Pflegepersonal die Hand zu geben, der gerade einen blutüberströmten Patienten auf die Seite gedreht oder eine blutende Schußwunde versorgt hatte. Manchmal jonglierte ich bewußt etwas linkisch und umständlich mit meinem Stift und meinem Notizblock und meiner Kamera herum, so daß es ausah, als ob ich keine Hand frei hätte. Einmal interviewte ich in Ruanda einen jungen Mann, der half, die Cholera-Opfer zu begraben. Er trug Gummihandschuhe, als er die frischen Leichen eine nach der anderen von einem Haufen auf die Ladefläche eines Lastwagens zog. Ich fragte ihn ein wenig darüber aus, wie er mit der grausigen Arbeit klarkomme, und bat ihn dann, seinen Namen zu buchstabieren. Bevor ich irgend etwas sagen konnte, hatte er mir meinen Kugelschreiber und mein Notizbuch aus der Hand genommen und schrieb mir, immer noch mit den Gummihandschuhen, seinen Namen auf, um sicherzustellen, daß er richtig geschrieben war. Als er mir mit einem Lächeln mein Notizbuch zurückgab, zögerte ich zuerst, und nahm es dann, weil ich nicht unhöflich erscheinen wollte. Aber einige Meter weiter warf ich Notizbuch und Kuli in einen Graben und vermied es, irgend etwas zu berühren, mich zu kratzen oder meine Hemdsärmel aufzurollen, um auf die Uhr zu schauen, bis ich wieder im Hotel

166

war, wo ich fließendes Wasser hatte. Dann weichte ich gut dreißig Minuten die Hand ein, die das Notizbuch berührt hatte.

Um mich davon zu überzeugen, daß meine Angst berechtigt war, brauchte ich nur die Statistiken anzuschauen. Es gibt zur Zeit weltweit 21,8 Millionen Menschen, die mit dem HIV-Virus infiziert sind, aber am verbreitetsten ist die Seuche hier, im Gebiet südlich der Sahara, wo eine riesige Zahl von 13,3 Millionen Erwachsenen HIV-positiv sind, das heißt über 60 Prozent aller Infizierten weltweit. Und das auf einem Kontinent, auf dem lediglich 10 Prozent der Weltbevölkerung leben. Während sich Aids in den Vereinigten Staaten und Europa hauptsächlich auf die sogenannten Hochrisikogruppen beschränkt – auf Homosexuelle und Fixer –, findet man die Krankheit in Afrika fast ausschließlich in der heterosexuellen Bevölkerung, und es kommen auf sechs infizierte Frauen fünf infizierte Männer. Die Hauptursache für eine Ansteckung liegt hier nicht in schmutzigen Injektionsnadeln, auch nicht in Bluttransfusionen oder im Analverkehr, sondern im heterosexuellen Vaginalverkehr. Was das für Afrika bedeutet, wird sehr rasch deutlich. Ich habe ganze Dörfer in Uganda gesehen, wo alte Leute sich um die Kinder kümmern, weil deren Eltern, die zur mittleren Altersschicht gehörten, weggestorben sind. Und ich habe große Städte gesehen, in denen Aids einige der besten und klügsten der afrikanischen Yuppies das Leben gekostet hat, städtische Intellektuelle, Armeeoffiziere, örtliche Unternehmer. Wann immer ich eine kenianische Zeitung oder irgendeine örtliche Zeitung zwischen Lusaka und Lagos durchblätterte, war ich fassungslos über die Todesanzeigen und darüber, wie viele junge Menschen Ende Zwanzig oder Dreißig gestorben waren. „Nach langer Krankheit" hieß es dann geheimnisvoll, und ich wußte, was das bedeutete.

Einer der augenscheinlichsten Gründe, weshalb sich die Seuche in Afrika so weit und so schnell ausbreiten konnte, ist das Überhandnehmen der Prostitution und die Laissez-faire-Einstellung der Afrikaner gegenüber Sex. Sex mit Prostituierten,

Sex mit Nachbarn, Kollegen oder wem auch immer ist fast ein Way-of Life, vor allem in vielen sich ausbreitenden städtischen Zentren Afrikas. Die Zeit, in der Polygamie für Afrikaner die Regel war, ist noch nicht lange her, und Dutzende von Kinder in die Welt zu setzen war die einzige Garantie, daß wenigstens ein paar die Kindheit überlebten. So scheint auch heute noch die Monogamie eine fremdartige Vorstellung zu sein. Und das gleiche gilt für die hartgesottenen weißen Abenteurer, die bereits so lange in Afrika leben, daß sie auch auf den „Eingeborenen-Trip" kamen. Dieser ausufernde Sex bedeutet auch, daß sich andere Arten von Geschlechtskrankheiten ausbreiten – Gonorrhöe, Syphilis, Herpes, Genitalwarzen und alle möglichen anderen Krankheiten, die offene Wunden an den Genitalien verursachen. Westliche Forscher kamen schon vor langem zu dem Schluß, daß das Vorhandensein anderer Geschlechtskrankheiten es dem Aids-Virus wesentlich erleichtert, sich Zugang zu verschaffen und sich einzunisten.

Fast überall in Afrika grassiert die Prostitution, von der Florida-Bar in Nairobi bis zur Disko im Zwischenstock des Intercontinental-Hotels in Kinshasa, von den zwielichtigen Bars von Kigali oder Kampala bis zur Lobby des vornehmen Sheraton-Hotels in Lagos, wo Mädchen mit langen falschen Zöpfen winken und den Neuankömmlingen zulächeln, wenn diese nach der anstrengenden Fahrt vom Flughafen in der Hotelbar nach einem Bier lechzen. Es bedeutet ein Zusammenbrechen der konservativeren sozialen Traditionen Afrikas, wenn junge Frauen sich vom Land in die Städte aufmachen, um dort ihren Körper für Geld zu verkaufen. Um sich ein rasches Bild des Ausmaßes zu verschaffen, das die Prostitution in Afrika angenommen hat, braucht man nur einen Teil der Trucker-Route abzufahren, die von der Küste Kenias ins Landesinnere führt, um den Viktoria-See herum nach Uganda und von da aus weiter nach Zaire und Zentralafrika. Auf der ganzen Strecke gibt es unzählige Bordelle, in denen die Fahrer für eine schnelle Sexnacht anhalten, bevor sie sich wieder auf den Weg machen. Es ist kein Wunder, daß Afrika heute die meisten Aids-Fälle hat.

168

Außerdem sind nicht alle Prostituierten Frauen. Geh nach Mombasa, der Touristenstadt Kenias am Indischen Ozean, und du findest dort die sogenannten „Beach Boys", männliche Prostituierte, die davon leben, daß sie Sex mit den Horden europäischer Frauen treiben, die in Mombasa ihren Urlaub verbringen. Ich konnte nie herausfinden, was sich diese weißen Frauen dabei gedacht hatten, vielleicht lebten sie ja irgendeine Art „Mandingo"-Fantasie aus. Und ich war mir nie sicher, ob die armen „Beach Boys" sich über das Risiko im klaren waren, denn sie konnten sich genausogut mit Aids oder anderen Krankheiten infizieren.

Natürlich ist Prostitution nicht der einzige Grund, warum Aids hier so verbreitet ist. Die Infektionsrate ist auch wegen der afrikanischen Sexualpraktiken so hoch wie etwa das, was man „trockenen" Sex nennt, das heißt schneller Sex ohne Gleitmittel, rauher und brutaler Sex, der die Schleimhaut verletzt und Wunden hinterläßt. Ich habe Esther einmal danach gefragt, ob sie Lotionen oder Öl für einen sanfteren Sex benutze. Zuerst schaute sie mich an, als ob ich verrückt wäre. Dann fragte sie mich, wozu das gut sei. Ich gab ihr eine Flasche Baby-Öl, und sie versprach, es das nächste Mal auszuprobieren.

Die Polygamie, die allgemein verbreitete Praxis der Männer, mehr als eine Frau zu haben, ist ein weiterer Grund, weshalb Krankheiten, die durch Geschlechtsverkehr übertragen werden, sich hier so schnell ausbreiten. Ich mußte oft an George, meinen Bürogehilfen, und dessen Lebensstil denken, der mir ziemlich seltsam erschien. Jedesmal, wenn ich ihm sein Gehalt erhöhte, schien er sich eine neue Frau oder Freundin zuzulegen. Und selbst dann war ich mir nie sicher, ob George seinen „Angetrauten" immer so treu war. Ich hatte immer die verschiedensten Frauen am Telefon, die ihn sprechen wollten, und am Zahltag, einmal im Monat, zog ein unaufhörlicher Strom von Frauen mit ausgestreckten Händen ins Büro, um sich ihren Teil an Georges mickrigem Gehalt zu sichern.

Ein Grund für die Polygamie war vermutlich, daß die verzweifelte Armut und die Suche nach einem Job so viele afrikanische Familien auseinandergerissen hatte. Eines der ersten Dinge, die mir in Nairobi aufgefallen waren, war das Ungleichgewicht zwischen Männern und Frauen in der Stadt. Männer verrichteten viele der Jobs, die anderswo normalerweise Frauen machten – sie waren Kellner in Restaurants, putzten die Zimmer und machten die Betten in den Hotels; sogar meine eigene „Sekretärin", George, und meine „Haushälterin", Hezekiah, waren Männer. Meist heirateten sie früh, wenn sie noch auf dem Land lebten, und verließen dann ihre Familien, um in der Stadt Arbeit zu finden. Einmal dort – vielleicht fühlten sie sich einsam oder waren einfach wohlhabender geworden –, nahmen sie schließlich eine weitere Frau und zeugten in den Barackensiedlungen, in denen sie lebten, eine weitere Brut von Kindern.

Ein traditioneller Stammesbrauch, der in ländlichen Gegenden noch weit verbreitet ist, trägt ebenfalls zur schnellen Verbreitung von Aids bei. In vielen Dörfern ist es üblich, wenn ein Mann vorzeitig stirbt, daß seine Witwe von dessen nach ihm geborenen Bruder geheiratet wird. In früheren Zeiten wollte man damit die Witwe im geschützten Bereich der Familie wie auch den Besitz des Verstorbenen in familiärer, sprich patriarchaler Hand erhalten. Das Problem entsteht, wenn traditionelle Praktiken mit moderner Realität kollidieren: War der Mann an Aids gestorben, standen die Chancen gut, daß er seine Frau durch ungeschützten Sex angesteckt hatte, und wenn der noch lebende Bruder die neue Ehe vollzieht, unterschreibt er damit sein eigenes Todesurteil.

Ein weiteres Hindernis im Kampf gegen die Krankheit ist, daß viele Afrikaner denken, das Aids-Problem sei rückläufig. Es gibt immer noch viele Anhänger der These, Aids und HIV sei ein „westliches" Phänomen, das den vertrauensseligen Afrikanern angehängt wurde. Es gibt einen weitverbreiteten Glauben an eine Große Weiße Westliche Verschwörung, die Afrikaner niederzuhalten, indem man ihnen tödliche Plagen schickt. Mehr als einmal habe ich eine kenianische Zeitung aufgeschlagen und bin auf einen lächerlichen Kommentar oder Leit-

170

artikel gestoßen, der den „Westen" wegen Aids schlechtmacht oder, unter völliger Mißachtung der Statistiken, behauptet, daß man die Afrikaner absolut ungerecht als größte Gruppe von Infizierten bezeichne. Und wenn sie das Ausmaß der Problematik nicht abstritten, so priesen sie irgendeine Schlangenöl-Kur an, die so gefährlich wie lächerlich war, insofern sie den allgegenwärtigen Aberglauben und die kollektive Verdrängung nährten. In Kenia waren zum Beispiel die Zeitungen eine Weile voll mit Geschichten über eine Gruppe junger Prostituierter, die angeblich „immun" gegen Aids seien. Es gab auch Berichte über Ärzte, die angeblich – und fälschlicherweise – behaupteten, ein afrikanisches „Heilmittel" gegen Aids gefunden zu haben.

Was aber die Ignoranz noch verschlimmerte, war das Problem der schieren Armut. In Kinshasa lernte ich Eugene Nzila kennen, einen Arzt, der das ehemals international anerkannte Forschungszentrum für Aids in Zentralafrika leitete. Daneben hatte Nzila in einem heruntergekommenen Viertel der Stadt, in der Nähe des Rotlichtbezirks, eine eigene kleine Tagesklinik für zairische Prostituierte eröffnet. Er legte eine Kartei über diejenigen seiner jungen Patientinnen an, die mehr als einmal zu ihm kamen, und führte pflichtbewußt Buch über ihre Testergebnisse. Er verkaufte den Mädchen auch Kondome für zwei Cents das Stück. Er hätte sie ihnen, wie er sagte, auch umsonst geben können, aber er versuchte, ihnen so etwas wie Verantwortungsbewußtsein beizubringen. Er glaubte – und das erschien mir durchaus einleuchtend –, daß die Mädchen, wenn sie für die Kondome einen gewissen Betrag bezahlt hatten, sie diese nicht als wertloses Almosen betrachten würden, sondern als etwas, was wirklich benutzt werden mußte. Kostenlose Kondome, sagte Nzila, seien leicht weggeworfene Kondome.

Als ich mit Nzila zusammen die Klinik besuchte, stellte er mich einigen jungen Prostituierten im Wartezimmer vor, die leider die Kondome nicht benutzt hatten und HIV-positiv waren. Nzila versuchte ihnen zu erklären, warum sie von der Straße weg müßten und warum diese unsichtbare Krankheit in ihrem Körper sie zerstören würde. Aber er wußte, daß er damit kein Glück hatte. Diese Frauen würden weiterarbeiten und andere infizieren, denn ohne die schnelle Nummer kein Essen, auch wenn sie wußten, daß sie ihre ahnungslosen Partner mit ihrer tödlichen Krankheit anstecken würden. Alles, was Nzila tun konnte, war, falls sie weiterarbeiten würden, sie zu überzeugen, doch bitte zum Wohl ihrer Kunden Kondome zu benutzen.

Vielleicht ist einer der Gründe für die relativ nonchalante Haltung gegenüber Aids in Afrika die Tatsache, daß so viele andere, schneller zum Tod führende Krankheiten ebenfalls auf dem Kontinent grassieren. Afrika ist die Brutstätte für Myriaden von Viren, Keimen, Epidemien, Parasiten, Bakterien und Infektionen, von deren Existenz die meisten Leute im Westen noch nicht einmal wissen – oder von denen man annahm, sie seien längst ausgerottet. In Kinshasa habe ich einmal mit ausländischen Ärzten gesprochen, die mir sagten, daß sie sich Sorgen machten über einen neuerlichen Ausbruch der Schlafkrankheit in einigen abgelegenen Dörfern im Inneren des Landes. Schlafkrankheit! Ganze Dörfer legen sich einfach hin, schlafen ein und sterben. Ich fand es unglaublich, daß es so etwas in den neunziger Jahren noch gibt. Die Berichte hörten sich eher an wie aus dem 19. Jahrhundert. Noch erstaunlicher war aber, daß sich außer ein paar Ärzten in Kinshasa, die diese vereinzelten Berichte sammelten, kaum jemand um das Problem zu kümmern schien. Ein paar vereinzelte Dörfer, die einschliefen und starben, lösten in Afrika keine Krise aus, sondern galten eher als ein größeres gesundheitliches Ärgernis.

Der größte Killer in Afrika ist aber nicht Aids oder die Schlafkrankheit, sondern Malaria. Die Weltgesundheitsorganisation schätzt, daß etwa 88 Millionen Afrikaner davon betroffen sind. (Von den vier Malariaarten sind die drei häufigsten chronisch, das heißt, sie treten über Jahrzehnte hinweg immer wieder auf, während die vierte, die Malaria tropica, die nicht wiederkommt, tödlich verlaufen kann.) Weitere 171 Millionen Afrikaner haben Tb in irgendeinem Stadium. An Malaria, Tb, Masern und

Durchfällen sterben die meisten Menschen in Afrika. Allein Malaria kostet schätzungsweise zwei Millionen Kinder jährlich das Leben. Die Weltbank schätzt, daß der Schaden durch Malaria infolge verlorener Produktivität in Afrika die Höhe der Gesamtausgaben für das Gesundheitswesen übersteigt. Das ist nicht weiter erstaunlich, wenn man die Baufälligkeit der meisten staatlichen afrikanischen Krankenhäuser bedenkt, die normalerweise nicht einmal genug Verbandsmaterial und Spritzen haben, geschweige denn genügend Medikamente. Ich hatte manchmal den Eindruck, daß das, was ich jährlich für Hundefutter und den Tierarzt ausgab, mehr war als das, was die afrikanische Regierung in ihr Gesundheitswesen investierte.

Der desolate Zustand, in dem sich die meisten staatlichen Krankenhäuser in Afrika befinden, ist ein trauriges Zeugnis für den miserablen Zustand des Gesundheitswesens. Krankenhäuser sind mehr als alles andere die Hauptbrutstätten für Krankheiten und Infektionen. Ich besuchte in fast jedem Land, in das ich kam, die Krankenhäuser, da sie ein guter Maßstab dafür sind, was eine Regierung für ihr Volk tut. Fast überall waren die Verhältnisse, um es milde auszudrücken, widerlich. Stickig heiße, fensterlose Räume, in deren übelriechender Luft es von Fliegen wimmelte. Patienten, die man in überfüllten Stationen im wahrsten Sinn des Wortes übereinandergeschichtet hatte. Überall Blut. Kranke, die meisten vermutlich mit Tb, die unkontrolliert in den offenen Stationen herumhusteten. Familienangehörige, die entlang der Gänge und in den überfüllten Innenhöfen für ihre Kranken kochten, die sonst nichts zu essen bekommen hätten. Solltest du noch nicht krank sein, bevor du ein afrikanisches Krankenhaus betrittst, so dachte ich, wirst du es mit Sicherheit sein, wenn du es verläßt.

Es ist zum Beispiel kein Geheimnis, warum der Ebola-Virus 1995 für kurze Zeit in Zaire eine Epidemie auslöste. Es hatte Ebola-Ausbrüche schon früher in abgelegenen Dörfern gegeben, aber 1995 hatte ein Ebola-Patient den Fehler begangen, sich in einem Krankenhaus behandeln zu lassen. Aufgrund fehlender Hygiene, eines Mangels an Gummihandschuhen und eines Mangels an gesundem Menschenverstand im Umgang mit Blut breitete sich der Ebola-Virus rasch unter dem Krankenhauspersonal aus, und eine neue Epidemie war geboren.

Eines der Hauptprobleme, unter denen Afrikas Gesundheitswesen leidet, ist die Korruption. In den meisten afrikanischen Krankenhäusern herrscht ein furchtbarer Mangel an Medikamenten. Aber auf der Straße kann man jede Art von Medikamenten kaufen, die zum größten Teil aus den Krankenhausapotheken gestohlen wurden, wenn sie überhaupt je dort angekommen waren. Wer Geld hat, kann es sich leisten, Medikamente privat zu kaufen. Wer keins hat – und das ist die große Mehrheit in Afrika –, leidet eben so lange, bis er stirbt.

Bevor ich das erste Mal nach Afrika reiste, ging ich zum Tropeninstitut der Georgetown University Clinic in Washington und unterwarf mich einer schwindelerregenden Reihe von Impfungen gegen jede nur vorstellbare Krankheit – Hepatitis, Tetanus, Typhus, sogar Tollwut. Man sagte mir, daß es dort eine Menge streunender Hunde gebe, und wenn ich einige dieser Impfungen in Washington hinter mich bringen würde, könne mir das später eine Reihe schmerzhafter Injektionen in den Bauch ersparen, sollte ich so unglücklich sein, den Weg eines solchen Köters zu kreuzen.

Ich begann meine Reise mit einem Jahresvorrat an Malaria-Tabletten, die man angeblich einmal die Woche schlucken mußte. Ich nahm sie die ersten paar Monate auch treu und brav ein, ließ es dann aber sein. Ich hielt es für besser, mein Glück mit meinem Moskitonetz und dem Insektenabwehrmittel zu versuchen, als drei Jahre lang Tabletten einzunehmen und womöglich mein Immunsystem zu schwächen. Zudem halfen die Pillen nicht gegen die tödlichste Form von Malaria – die Malaria tropica, die das Gehirn angreift und an der man, wenn sie nicht sofort behandelt wird, innerhalb weniger Tage sterben kann. Mein schlimmster Alptraum war, mich mit Malaria tropica anzustecken und irgendwo im Busch festzusitzen, Tagesreisen entfernt von einem Arzt oder einem Krankenhaus, während mir die Erreger das Hirn wegfressen. Ich habe mich nie angesteckt, aber einige meiner Freunde, darunter ein Kollege von der New York Times, ein Reporter des englischen Daily Telegraph und ein Fernsehreporter der BBC, der während der Krise in Ruanda nach Afrika gekommen war. Natürlich ließen sich alle sofort behandeln, nachdem sich die ersten Symptome zeigten, und wurden mit der Zeit geheilt.

Das tägliche Leben in Afrika bedeutet auch einen ständigen Kampf gegen Krankheiten und Infektionen, die man sich über das Wasser, das man trinkt, mit dem man kocht und in dem man badet, holen kann. Neil Henry, mein Vorgänger, hatte mir die grundsätzlichen Vorsichtsmaßnahmen genannt – trink nie Wasser aus dem Hahn, schärfe Hezekiah ein, daß er immer einen Vorrat an abgekochtem Wasser im Kühlschrank hat. Ein paar Dinge lernte ich auch selbst, wie zum Beispiel keine Mahlzeit mit rohem Gemüse oder Salat zu essen, da man nie wußte, mit was für einem Wasser es gewaschen worden war.

Neil war für mich so etwas wie ein Experte. Er erzählte mir, daß er sich erst vor kurzem von einem üblen Anfall von Konjunktivitis erholt habe – „rotes Auge" heißt es bei den Afrikanern –, einer ziemlich schmerzhaften Entzündung der Augen. Neil bekam sie an beiden Augen, er hatte sie sich vermutlich auf seiner letzten Reise nach Westafrika geholt. Er erklärte mir, daß der traditionelle freundliche Gruß in Westafrika mit der Hand es erfordert, daß man die Hand des anderen ergreift, sie herzhaft schüttelt und den Zeigefinger zwischen den Daumen und Zeigefinger des Grüßenden zieht, was ein schnelles schnalzendes Geräusch erzeugt. Neil vermutete, daß er nach einigen dieser westafrikanischen Händeschütteleien vermutlich geistesabwesend seine Augen berührt oder gerieben hatte – und das Ergebnis war, daß er schließlich Augentropfen benutzen mußte, bis die Bindehautentzündung abgeklungen war.

Sogar etwas so Einfaches wie Zähneputzen – eine tägliche Handlung, die für einen Amerikaner selbstverständlich ist – kann in einer bösen Durchfallattacke oder Schlimmerem enden. Es kann in Ländern wie Somalia oder Ruanda auch zu einer mühseligen Prozedur ausarten, manchmal sogar in den zahllosen Hotelzimmern, in denen es kein fließendes Wasser gibt. Auf diesen Reisen nahm ich immer einen ausreichenden Vorrat an abgepacktem Wasser mit, manchmal eine ganze Kiste, wenn ich vermutlich längere Zeit unterwegs sein würde. Um mir die Zähne zu putzen, tauchte ich zuerst die Zahnbürste ins Wasser, drückte dann die Zahnpasta drauf und spülte meinen Mund und die Bürste mit dem abgepackten Wasser. Ich war immer darauf bedacht, nicht zu viel von diesem Wasser zu verbrauchen, da abgepacktes Wasser eine kostbare und oft teure Ware war.

Obwohl ich also vorsichtig war, wußte ich, daß ich mich nicht in eine sterile Luftblase einschließen konnte. Häufig lief es darauf hinaus, daß ich es einfach darauf ankommen lassen mußte – zum Beispiel, als ich mit einigen Ältesten in Baidoa Tee trank und nicht wußte, womit sie die kleinen Teetassen ausspülten, oder wenn ich einen Tutsi-Soldaten in Byumba aus meiner Wasserflasche trinken ließ, weil sich das so gehörte.

Ich wurde in Afrika nie ernsthaft krank, trotz all der Krankheit, die mich Tag für Tag umgab. Aber was ernsthaft heißt, hängt davon ab, wie man es definiert. Durchfall und Bauchschmerzen traten mit schöner Regelmäßigkeit auf. Die meisten Journalisten, die ich kannte, litten den größten Teil der Zeit, die sie auf dem Kontinent verbrachten, unter Darmbeschwerden. Ruth Burnett, die temperamentvolle Rothaarige, erkrankte so ernstlich und verlor soviel Gewicht, als sie über die Krise in Ruanda berichtete, daß, als sie schließlich nach London zurückkehrte, ihre englischen Ärzte sie auf eine strenge Diät setzten, um all die Amöben abzutöten, die durch die zahllosen Tests in ihrem Körper gefunden wurden. Wie Sam Kiley, der Reporter der London Times, in seiner rauhen aber herzlichen Art zu sagen pflegte: „Vertrauensvoll furzen zu können ist in Afrika ein seltener Luxus."

Immer, wenn ich an all die Krankheit dachte – und das geschah oft, wenn ich durch eines der heruntergekommenen Krankenhäuser in den ländlichen Bezirken ging, die Flüchtlinge in Goma sah, wie sie wie die Fliegen an Cholera starben, oder in Merca durch eine überfüllte Tb-Station ging, wobei ich versuchte, nur flach zu atmen –, überfiel mich eine große Traurigkeit, die schwer auf mir lastete wie die abgestandene Luft des Todes, die über so weiten Teilen Afrikas hängt. So viele Afrikaner starben, unnötigerweise, wie mir schien, sie starben an Infektionen und Krankheiten, die leicht mit einer einfachen Injektion oder einer einwöchigen Einnahme von Antibiotika hätten geheilt werden können. Es schien eine so tragische Verschwendung zu sein. Wenn ich nur daran dachte, wie ich als Amerikaner bei der ersten Andeutung eines kratzenden Halses oder einer laufenden Nase ein Aspirin nahm, beim geringfügigsten Anzeichen eines noch gar nicht erkennbaren Ausschlags sofort zum Arzt rannte und mich gründlich untersuchen ließ!

Und in Afrika liefen die Leute wochenlang, jahrelang, manchmal ein ganzes Leben lang herum, ohne auch nur ein einziges Mal einen Fuß in ein Krankenhaus zu setzen. Manchmal war eine Behandlung einfach zu teuer, und manchmal – wie in Mogadischu – konnte die Fahrt zum Krankenhaus gefährlicher sein als die Krankheit selbst, vor allem, wenn man dazu während eines Artilleriesperrfeuers durchs Niemandsland mußte. In Somalia traf ich auf Dutzende von Leuten, die mir Schußwunden zeigten, die seit Wochen nicht behandelt waren. Sie wickelten einfach nur alte Lappen darum und ließen sie eitern.

Ich vermute auch, daß die Afrikaner dasselbe dachten wie ich – daß es keinen Sinn habe, in ein afrikanisches Krankenhaus voller Krankheiten zu gehen, da es in vielen Fällen lediglich ein Ort zum Sterben war.

Meist war ich aber einfach nur wütend über die ganze Situation. Wütend darüber, daß weder ich noch sonst irgend jemand auch nur etwas tun konnte, um zu helfen. Wütend, daß Medikamente, selbst wenn sie vorhanden waren, gestohlen und auf dem Schwarzen Markt verkauft wurden. Wütend darüber, daß die Regierungen überall auf dem Kontinent sicherstellten, daß ihre Soldaten neue Schuhe und neue Gewehre hatten, während die Krankenhäuser manchmal keinen Strom hatten, ganz zu schweigen von Verbandsmaterial oder Einwegspritzen.

Ich dachte an Esther und überlegte, ob sie wohl inzwischen ein weiterer Fall in der afrikanischen Aids-Statistik war.

Ich dachte auch an Hezekiah und Reuben, und sogar an George mit seinem freizügigen Lebensstil, und wie ich ihn hatte feuern wollen, weil er mich hintergangen hatte. Ich dachte daran, wie ihr Leben Tag für Tag ein einziger Kampf war: nicht nur gegen die normalen Entbehrungen in Afrika, sondern auch gegen Krankheiten, mit denen wir im Westen mit Sicherheit nie in Kontakt kommen würden.

Das alles verstärkte in mir das Gefühl, daß ich großes Glück im Leben hatte. Ich war in einem Land zur Welt gekommen, dessen Gesundheitswesen, so mangelhaft und kostspielig es auch sein mag, keine Krankenhäuser hervorbrachte, die Brutstätten für Krankheiten waren. In Amerika diskutieren wir über Themen wie Versicherungsschutz und Abtreibung: Für die meisten Afrikaner liegt sogar jede Art von Grundversorgung außerhalb ihrer Möglichkeiten.

Und so paßte ich auf mich auf, sah zu, daß ich genug Wasser mit dabei hatte, und sprach ein leises Wort des Dankes.

7

ALLES WIE
ZU HAUSE

„Wir sollten aufhören, unsere Differenzen in Gegenwart der
Weißen auszutragen, sollten den Weißen aus unseren
Versammlungen verbannen, und sollten uns dann
hinsetzen und miteinander über die Arbeit reden."

MALCOLM X,
Ansprache in Detroit, 1963

AN EINEM DRÜCKEND HEISSEN Novembermorgen 1992
stand ich am Fuße der Brücke, die über den Po führt, in einem
Außenbezirk Monrovias, der belagerten Hauptstadt des von
Kriegen zerrissenen Liberia. Ich interviewte Soldaten vom
Alligator-Bataillon, und die Jungen (keiner von ihnen schien
älter als einundzwanzig zu sein) ließen eine besonders beißend
riechende Marihuana-Zigarette herumgehen, während sie
Wache standen, um die Rebellen daran zu hindern, von den
umliegenden Sümpfen her in die Stadt einzudringen.

Der Kommandeur des Bataillons, Captain Jungle Jabba,
hatte ein Operation Desert Storm-T-Shirt an und trug eine Sonnenbrille mit Goldrand. Sein stellvertretender Kommandeur,
erkennbar hauptsächlich an seinen Tennisschuhen und seinen

dicken Dreadlocks, stellte sich als Captain Pepper-and-Salt vor, „weil ich den Typen Feuer unterm Arsch mache", erklärte er und schwang seine AK-47. Weiter unten auf der Straße, am Ende der Brücke, war der Soldat, der die Wagen kontrollierte, mit einer langhaarigen aschblonden Perücke herausgeputzt, über die er sich noch eine schwarze Duschhaube gestülpt hatte. Bei ihm war ein zwölfjähriger Junge namens Abraham, der sich als Mitglied der „Spezialeinheit" bezeichnete und behauptete, seit seinem zehnten Lebensjahr im Dschungel Liberias zu kämpfen. Abraham trug einen Tarnanzug und an beiden Seiten seines Gürtels eine Handgranate.

Willkommen in Liberia, Schauplatz eines der verrücktesten und grausamsten Bürgerkriege Afrikas! Es ist ein Krieg mit einem General namens Mosquito, ein Krieg, in dem die Soldaten high sind und ihre Fingernägel lackieren, bevor sie in den Kampf ziehen. Es ist ein Krieg, in dem die Kämpfer manchmal Frauenperücken, Strumpfhosen, sogar Donald-Duck-Halloween-Masken tragen, bevor sie ihren Feinden einige der grausamsten Dinge antun, die die Welt je gesehen hat. Es ist der einzige Krieg, das sich ein Batallion von Soldaten hält, das sich seiner Kleider entledigt, bevor es in den Kampf zieht, und das sich „die Nacktarsch-Brigade" nennt. Es ist ein Krieg, in dem Kindersoldaten Teddybären und Plastikpuppen in der einen und AK-47er in der anderen Hand haben. Es ist ein Krieg, in dem die Kämpfenden sich die Gesichter mit Make-up und Lehm beschmieren in dem Glauben, daß „Juju", westafrikanische Magie, sie vor den Geschossen ihrer Feinde beschützen werde.

Man könnte Liberia leicht als närrischen Fall abtun, wenn die Folgen des andauernden Krieges nicht so furchtbar wären: Zehntausende von Toten, noch mehr vertrieben, und einige der sinnlosesten Kriegsverbrechen, die je begangen wurden. Ich kam nach Liberia nur wenige Tage, nachdem fünf amerikanische Nonnen in den Busch verschleppt und erschlagen worden waren. Es geschah in dem Gebiet, bekannt als „Taylorland", weil es von einem ehemaligen Tankstellenwart namens Charles Taylor, der sich den Rebellen anschloß, kontrolliert wird.

Liberia galt als das amerikanisierteste der afrikanischen Länder, ein Staat, der 1820 von befreiten amerikanischen Sklaven gegründet wurde. Liberia, dessen Name Freiheit bedeutet, war der Traum der American Colonization Society, deren Ziel es war, „befreite Schwarze" wieder in Afrika, dem Land ihrer Väter, anzusiedeln. Finanziert über einen Kredit des amerikanischen Kongresses, stattete die Society eine Flotte von Schiffen mit allem Nötigen aus, um den Atlantik zu überqueren und in der Nähe der Mündung des Mesurado an der westafrikanischen Goldküste Siedlungen zu gründen. 1847, als Liberia Afrikas erste unabhängige Republik wurde, war der amerikanische Einfluß unverkennbar. Die Hauptstadt Monrovia war nach dem amerikanischen Präsidenten James Monroe benannt worden, und andere Städte und Landkreise trugen bekannte Namen wie Buchanan, Maryland und New Georgia. Liberias Flagge war praktisch eine Kopie der amerikanischen Stars und Stripes – allerdings mit nur einem Stern –, und sein nationales Motto bezeugte die Hoffnung seiner Gründer: „Die Liebe zur Freiheit hat uns hierher gebracht."

Und eine lange Zeit schien Liberia, zumindest oberflächlich betrachtet, diesen Traum zu erfüllen; das Land konnte sich einer der längsten Perioden politischer Stabilität in Afrika rühmen – mehr als 130 Jahre ohne einen Staatsstreich, dieses Übel des modernen Afrika.

Wenn es für mich ein Land in Afrika hätte geben müssen, zu dem eine spontane Beziehung hätte entstehen können, so hätte es Liberia sein müssen – ein Land, das von befreiten Sklaven aus dem amerikanischen Süden und deren Söhnen und Enkeln gegründet wurde, denn ich selbst stamme ja von Sklaven aus dem Süden ab. Aber anstatt lang verlorene „Soul Brothers" wiederzufinden, befand ich mich in dem einzigen englischsprachigen Land der Welt, in dem ich mir einen Übersetzer besorgen mußte, und hörte Marihuana rauchenden Soldaten in Frauenkleidung zu, die mir erklärten, wie „juju" es verhindern könne, daß eine Kugel die Brust eines Mannes durchdringt.

Liberias freier Fall in den späten Achtzigern und frühen Neunzigern war so rapide und so vollständig wie der von Somalia und Ruanda. Der Fäulnisprozeß begann 1990, als Präsident William Tolbert, der Enkel eines befreiten amerikanischen Sklaven, von einem achtundzwanzgjährigen Analphabeten, einem Armeesergeanten namens Samuel K. Doe, gestürzt wurde. Tolbert fand ein besonders grausames Ende, da man ihm die Eingeweide herausriß, während er noch im Bett lag, und ihn zusammen mit zwei Dutzend seiner Leibwächter in einem Massengrab verscharrte. Das allein hätte genügen müssen, die Vereinigten Staaten – die noch immer großen Einfluß auf Liberia hatten – dazu zu bringen, jeden Kontakt mit den Verbrechern an der Macht zu verweigern und ihr Gewicht in die Waagschale zu werfen, um eine Rückkehr zur Demokratie und den friedlichen Regierungswechseln zu erzwingen, die Liberia bis dahin gekannt hatte. Statt dessen unterstützte die Reagan-Administration Doe bei seinen Unterdrückungen, überhäufte ihn mit Millionen von Dollars und nahm seine leeren Versprechungen, das Land wieder zur Demokratie zu führen, ernst.

Am Weihnachtsabend 1989 drangen Charles Taylor und seine Rebellenarmee von der angrenzenden Elfenbeinküste aus in Liberia ein. Im September des folgenden Jahres wurde Doe brutal ermordet, ein Video, das alle Schrecken der Exekution zeigte, kann man auf den Straßen Monrovias kaufen. Einen Monat später marschierte eine Friedensarmee der westafrikanischen Staaten ein und installierte einen Interimspräsidenten, einen leise sprechenden Akademiker namens Amos Sawyer aus dem amerikanischen mittleren Westen. Taylors Truppen kontrollierten allerdings 90 Prozent von Liberia, unter anderem die Schlüsselregion, in der Gummi hergestellt wird, während Sawyers Herrschaft sich lediglich auf die Stadt Monrovia beschränkte – und das auch noch ohne die Vororte hinter der Brücke, die über den Po führt.

Liberia liegt an der westlichen Ecke Afrikas, wo die Küste eine Kurve macht, um in die Armbeuge des Kontinents einzutauchen. Im Osten liegt die Elfenbeinküste, die Taylors Rebellen als Ausgangspunkt für ihre Rebellion benutzten. Im Westen liegt Sierra Leone, eine ehemalige britische Kolonie, die gegründet wurde, als die Schiffe Ihrer Majestät Sklavenschiffe auf hoher See abfingen und ihre menschliche Fracht zur afrikanischen Küste zurückbrachten. Sierra Leones Hauptstadt Freetown war das ursprüngliche Ziel der befreiten amerikanischen Sklaven; als sie aber keine Landeerlaubnis erhielten, fuhren sie weiter die Küste entlang und gründeten Liberia.

Sierra Leone ist ebenfalls von einer chronischen Instabilität zerstört. Ein lang anhaltender Bürgerkrieg hat Teile des Landes unpassierbar gemacht, und 1992 stürzte ein anderer großspuriger zwanzigundirgendwas alter Militär, Valentine Strasser, den amtierenden Präsidenten und wurde Afrikas jüngster Diktator. Ich hatte Gelegenheit, ihn in Dakar, der Hauptstadt des Nachbarlandes Senegal, beim jährlichen Gipfeltreffen der Staatsoberhäupter der Organization of African Unity aus der Nähe zu sehen.

Es gab so viele Interviewanfragen für den siebenundzwanzigjährigen Präsidentenjungen, daß einige OAU-Funktionäre Strasser dazu überredeten, eine Pressekonferenz abzuhalten. Als er den Raum betrat, den man für diese Pressekonferenz abgetrennt hatte, stolzierte er mit einem angeberischen Soldatengehabe daher. In seiner überweiten grünen Militäruniform wirkte sein Körper wie aufgeblasen, als hätte er gerade Gewichte gestemmt, und er trug ein schwarzes Barret und die unvermeidliche Ray-Ban-Sonnenbrille, für die sowohl Diktatoren als auch Leibwächter und Einwanderungsbeamte in ganz Afrika eine besondere Vorliebe zu haben scheinen. Was mich aber am meisten überraschte, war sein Babygesicht. Er wirkte kaum alt genug für eine erste Rasur, geschweige denn wie einer, der ein Land allein regieren könne. Mich ergriff das dumme Gefühl, daß da im Grunde irgendein amerikanischer Teenager vor uns stand, der sich für Halloween verkleidet hatte und jetzt die Rolle eines mickrigen afrikanischen Despoten spielte.

Strasser präsentierte sich als Verfechter einer sauberen Regierung und sozialen Fortschritts. Die Korruption habe alle Bereiche des täglichen Lebens ergriffen. „Wir hatten keine Elektrizität", sagte Strasser. „Die Telefone funktionierten nicht richtig. Der Lebensstandard des Volkes lag unter der Armutsgrenze." Also stürzten er und eine kleine Gruppe von Soldaten die Regierung.

Einigen Berichten zufolge war das, was wirklich geschah, etwas weniger dramatisch, als Strasser zugeben wollte. Die Soldaten, die wütend waren, daß sie ihren Sold nicht bekamen, hatten eine lautstarke Demonstration angezettelt, hatten ihre Gewehre abgefeuert und einen allgemeinen Krawall vor dem Präsidentenpalast veranstaltet. Die Regierung, die einen Staatsstreich befürchtete, packte ihre Sachen, floh und überließ Strasser die Verantwortung.

Ungeachtet der Umstände seiner Machtübernahme wußte der junge Strasser sofort, was die Welt und vor allem der Westen hören wollte. „Wir werden uns unermüdlich mit all unseren Kräften dafür einsetzen, unser Land so bald wie möglich wieder zu einer Demokratie zu machen", versprach er damals. Was er nicht sagte, war, daß seine Regierung, während er sein Versprechen abgab, bereits systematisch Dissidenten und Amtsinhaber der vorigen Regierung verhaften und hinrichten ließ. Das war im Jahr 1992.

Vier Jahre später war Strasser noch immer Militärdiktator von Sierra Leone, bis er ebenfalls in einem neuerlichen Staatsstreich von einigen seiner eigenen Offiziere gestürzt wurde. Dieses Mal – Strasser war ins Exil nach London gegangen, und eine neue Zivilregierung war gewählt und bestätigt worden – hegten die westlichen Diplomaten eine vorsichtige Hoffnung, daß Sierra Leone auf dem Weg zur Demokratie sei.

Ich sah Strasser ungefähr ein Jahr später in Libreville wieder, der Hauptstadt des kleinen erdölreichen afrikanischen Staates Gabun. Anlaß war ein Gipfeltreffen zwischen Amerikanern und Afro-Amerikanern, das Reverend Leon Sullivan organisiert hatte, ein langjähriger Bürgerrechtskämpfer und Anti-Apart-heids-Aktivist, Verfasser der „Sullivan Prinzipien", die für US-Firmen, die mit dem südafrikanischen Apartheidsstaat Geschäftsbeziehungen unterhielten, Richtlinien für faire An-stellungsverträge und faire Arbeitsbedingungen formulierten. Das Gipfeltreffen brachte einige der größten Leuchten der ame-rikanischen Bürgerrechtsbewegung zusammen – unter ihnen Coretta Scott King, der ehemalige UN-Botschafter Andrew Young, Jesse Jackson, der Komiker Dick Gregory, der Pfarrer Joseph Lowry, der Vorsitzende der Nation of Islam, Louis Farrakhan, und der Gouverneur von Virginia, Douglas Wilder. Außerdem waren Hunderte von afrikanischen Diplomaten und über zwanzig Staatsoberhäupter dabei.

Als Strasser den Versammlungsraum betrat, inzwischen mit einer handelsüblichen Sonnenbrille und in seinem Tarnanzug, begrüßte ihn die Menge von zumeist der Mittel- und Oberschicht angehörenden schwarzen Amerikaner euphorisch, die Frauen gerieten in Verzückung, es gab einige Pfiffe und tobenden Ap-plaus. Man hätte denken können, Strasser sei ein Musikereig-nis und nicht ein armseliger jungenhafter Diktator. Diese schwarzen Amerikaner waren offensichtlich mehr von dem Ma-cho-Militär-Image beeindruckt, das sich Strasser verpaßt hatte, als von der Tatsache, daß er all das repräsentierte, was in Afrika schief ging: Militärganoven, die die Macht übernehmen und die schwachen Versuche des Kontinents ersticken, sich in Richtung Demokratie zu bewegen. Das Geschrei und Gejohle war ein ab-stoßendes Schauspiel und zeigte mir überdeutlich die völlige Unwissenheit über Afrika innerhalb von Amerikas schwarzer Elite.

Der Empfang, den man Strasser bereitete, war nicht das ein-zige, was einen auf diesem Gipfel krank machen konnte. Ich saß da und hörte zu, wie ein Sprecher nach dem anderen die brutalsten und korruptesten Schlägertypen Afrikas und ihre Regime mit Lob überhäufte. Ein nichtsahnender Zuhörer hätte vermutlich nicht bemerkt, was für eine Farce Jesse Jacksons widerliche Huldigung an den nigerianischen Kraftprotz Ibrahim Babangida war. Jackson nannte Babangida „einen der größten Führer der modernen Welt, der seinem Land dient", und verkündete: „Sie stehen nicht allein, wenn Sie festen Schrittes Ihr Land zur Demokratie zurückführen." Jackson appellierte sogar an Präsident Clinton, Babandiga mit einer offiziellen Einladung ins Weiße Haus zu ehren, was, wie er meinte, „ein Triumphzug werden würde, bei dem wir die Wiedereinführung der Demokratie verkünden könnten."

Das Problem mit Afrika ist, daß niemals etwas ist, wie es scheint. Die versammelten Leuchten schienen nicht zu realisieren, daß Diktatoren wie Babangida und Strasser nicht immer das tun, was sie verkünden, besonders dann nicht, wenn es um so etwas wie freie Wahlen geht. Aber sie sind ziemlich gut darin, das zu sagen, was ihre Zuhörerschaft hören will. Gott sei Dank lud Clinton Babangida nicht ins Weiße Haus ein – er hätte Mühe gehabt, seinen Lincoln Room danach wieder sauber zu bekommen.

Babangida hatte gelernt, eindrucksvolle Ansprachen zu halten, wenn es um afrikanische Demokratie ging. Auf dem OAU-Treffen im Senegal 1992 war er es, der am leidenschaftlichsten für den Pluralismus eintrat. Er erklärte: „Afrika kann und soll sich den weltweiten politischen Entwicklungen nicht verschließen. Der Wunsch nach Demokratie und Freiheit ist so groß, daß auch die härtesten Repressalien ihn nicht lange unterdrücken können."

Schöne Worte. Das Problem ist nur, daß Babangida antidemokratische Repressalien meisterhaft zu handhaben verstand, als er versuchte, den langwierigen und mühseligen „geplanten" Übergang seines Landes zur Demokratie, der seine Militärregierung beenden sollte, aufs genaueste vorzubereiten. Er überließ kein Detail dem Zufall. Er rief zwei politische Parteien ins Leben, verfaßte ihre Programme, finanzierte sie und inszenierte eine Reihe von Vor- und Regionalwahlen, die im Juni 1993 zu Präsidentschaftswahlen führen sollten. Babangida hatte wiederholt versichert, daß er zurücktreten werde, sobald ein Nachfolger bestätigt wäre. „An seiner Macht zu hängen ist etwas,

was der Vergangenheit angehört", sagte er mir einmal. „Wir haben alle über Demokratisierung geredet. Jetzt müsssen wir sie möglich machen, sonst werden wir hinweggefegt."

Ich muß zugeben, daß auch ich fast versucht war, ihm zu glauben oder zumindest zu sagen: „Im Zweifel für den Angeklagten." Ich war 1992 und 1993 mehrere Male in Nigeria und berichtete über jeden Schritt der sich hinziehenden Wahlen. Ich überlegte, ob Babangida es vielleicht – nur vielleicht – ehrlich meinte, wenn er sagte, daß er auf seine Macht verzichten würde. Die vielfach verzeichneten Unterdrückungsmaßnahmen während der Wahlen gaben allerdings nicht viel Grund zur Hoffnung. Wiederholt schloß er die Redaktionsbüros kritischer Zeitungen, ließ Oppositionsführer und Journalisten ins Gefängnis werfen und verschob mehrere Male den Termin seines Rücktritts. Und natürlich, als die Präsidentschaftswahlen dann wirklich stattfanden, zeigte uns Babangida, daß alles eine Lüge gewesen war – die Große Lüge in afrikanischem Stil. Weil ihm das Wahlergebnis nicht gefiel – ein überwältigender Sieg für den Millionär und Geschäftsmann Moshood Abiola, Mitglied des rivalisierenden Yoruba-Stammes –, ließ er einfach die Auszählung abbrechen und erklärte die Wahl für ungültig. Trotz seines visionären Geredes war er nichts anderes als ein weiterer afrikanischer Despot, ein kleinkarierter Militär, der die Vorteile der Macht genoß und keine Vorstellung davon hatte, um was es bei Demokratie eigentlich ging.

Aber Babangida war nicht der einzige, der an diesem Tag in Libreville überschwenglich mit Lob überschüttet wurde. Auch Omar Bongo, Gabuns eigener kleiner korrupter Despot mit seinen Plateau-Sohlen, bekam einen Teil ab. Und zur selben Zeit, als man ihm noch applaudierte, war er schon eifrig dabei, den einzigen privaten Rundfunksender des Landes zu schließen. Machte ja nichts, Bongo kam für den Großteil der Kosten der großen Gala auf und hatte sich so ein gewisses Maß an Respekt erkauft.

Keiner der schwarzen Amerikaner in Gabun machte sich jemals die Mühe, in ein Taxi zu steigen und die zwanzig Minu-

ten bis zum Stadtrand zu fahren, wo sie mit Jules-Aristide Bour-
des-Ogouliguende hätten sprechen können, der zu der Zeit einen zähen Kampf gegen Bongo um die Präsidentschaft führte.
Ich verabredete mich mit ihm in seinem Haus und traf einen
sehr frustrierten Mann an, der sich unter anderem darüber auf-
regte, daß diese selbsternannten schwarzen amerikanischen
„Führer" mit einem Despoten wie Bongo ins Bett gekrochen
seien und dabei augenscheinlich die Not der normalen, hart
kämpfenden Afrikaner ignorierten. „Die Amerikaner kamen
hierher, um einen Dialog zu schaffen", sagte er. „Es ist wichtig,
daß sie die Probleme verstehen, vor denen wir zum Beispiel im
Bildungswesen, im Gesundheitswesen stehen … Aber sie
schauen sich nicht genügend um, um die wirklichen Probleme
des Landes zu sehen und mit den Mitgliedern der Opposition
zu sprechen."

Mit vielen amerikanischen schwarzen Führern scheint etwas höchst Merkwürdiges zu passieren, wenn sie nach Afrika
kommen. Sobald sie den Fuß auf das Land ihrer Väter setzen,
durchlaufen sie eine bizarre Art von Metamorphose. Einige der
prominentesten Veteranen der Menschenrechtsbewegung –
wortgewandte Verfechter der Menschenrechte und Grundfrei-
heiten der Schwarzen in Amerika – scheinen, wenn sie nach
Afrika kommen, eine Art moralische und intellektuelle Black
Box zu betreten. Diktatoren werden dann als Staatsmänner gepriesen, Regierungen, die das Volk nicht repräsentieren, werden für Demokratien gehalten, korrupte Regime werden dafür
gepriesen, daß sie den Kolonialismus abgeschüttelt und „Entwicklung" ermöglicht hätten. Die schwarzen Amerikaner waren meist lautstark an vorderster Front mit ihrem Ruf nach so-
fortigen demokratischen Reformen in Südafrika. Wenn sich
aber das Thema dem Mangel an Demokratie und Menschenrechten in den übrigen afrikanischen Staaten zuwendet, werden dieselben schwarzen Amerikaner plötzlich defensiv, nervös
und ausgesprochen wortkarg. Sie bringen gequälte Erklärungen solcherart hervor wie die, warum Amerika Afrika nicht
kritisieren, ihm nicht seine Maßstäbe aufzwingen dürfe, und

warum Reformen nicht auf einmal, sondern schrittweise durchgeführt werden müßten.

Es ist, als ob Unterdrückung nur von Weißen ausgehen könne.

Ich war also angewidert und wütend in Gabun. Um diesem Gefühl des Ekels nicht zu sehr nachzugeben, beschloß ich, mir einen Spaß zu machen und die verschiedenen schwarzen Führer auf dem Gipfeltreffen zu fragen, wie sie über den Mangel an Demokratie und Menschenrechten im schwarzen Afrika dächten. Ich genoß es, wie sie sich in Widersprüche verwickelten, wenn ich sie darauf ansprach, wie sehr ihre Ansichten über Südafrika mit denen über den Rest des Kontinents kontrastierten. Ich fand die ganze Sache in Gabun so geschmacklos, daß es mir tatsächlich Spaß machte, ihnen zuzusehen, wie sie sich wanden.

Ich fragte Doug Wilder, Virginias ersten schwarzen Gouverneur seit den Sezessionskriegen, wie er das Problem der Demokratie in Schwarz-Afrika sehe. „Wir können und sollten sie nicht zwingen, sich in Sekundenschnelle zu verändern", antwortete er. „Wenn sie auf dem richtigen Weg sind und es so aussieht, als versuchten sie, sich anzugleichen, dann ist es nicht unsere Aufgabe, uns einzumischen. Wir sollten vielmehr Verständnis dafür aufbringen, daß es einen Unterschied gibt zu dem, was sie bisher gewöhnt waren."

Interessant. Man stelle sich einmal vor, das Gespräch hätte sich um Südafrika gedreht, es wäre, sagen wir, 1980 geführt worden, und ein weißer Gouverneur aus den Südstaaten hätte über das Apartheid-Regime gesagt: „Wir können und sollten sie nicht zwingen, sich in Sekundenschnelle zu verändern ... es ist nicht unsere Aufgabe, uns einzumischen." Ich kann mir vorstellen, wie schnell dieser weiße Politiker als Rassist oder noch Schlimmeres gebrandmarkt worden wäre, und vermutlich von keinem Geringeren als Doug Wilder.

Und man bedenke den Kommentar von Leon Sullivan zu der Frage nach der Situation der Demokratie in Schwarz-Afrika: „Wir müssen auf der Seite der Menschenrechte und der Demokratie stehen", sagte er zu mir. „Viele afrikanischen Führer erkennen, daß ihr Land demokratisch werden muß, und versuchen, einen Weg dahin zu finden." Dann fügte er hinzu: „Ich sehe es nicht gern, wenn von Amerika irgendwie Druck ausgeübt wird, indem man ihnen sagt, du hast dies zu tun oder jenes zu tun."

Tatsächlich? Ich erinnere mich, daß Reverend Sullivan aus härterem Charakterholz geschnitzt war. Was waren die „Sullivan Principles" denn anderes als der Versuch, auf das moralisch bankrotte Apartheids-Regime Druck auszuüben? Und es funktionierte. Versuchte mir Reverend Sullivan jetzt also zu sagen, daß es zwar richtig sei, auf Despoten Druck auszuüben, sofern sie weiße Rassisten sind, bei schwarzen Despoten aber sollten wir unsere Maßstäbe ein wenig mildern?

Und was soll man vom Kommentar des Reverend Benjamin F. Chavis, Jr., halten, der zu dieser Zeit der neue Geschäftsführer der National Association for the Advancement of Colored People war: „Das Tempo und der Charakter des Demokratisierungsprozesses in Afrika unterscheidet sich vom Tempo und Charakter der Demokratisierung in Europa oder vom Tempo und Charakter der Demokratisierung in Lateinamerika. Auch wir haben noch immer keine voll entwickelte Demokratie, und das in einem so fortschrittlichen industrialisierten Land wie Amerika. Wir sollten in unseren Urteilen über andere zurückhaltend sein … Die afro-amerikanische Gemeinschaft würde es begrüßen, wenn der Demokratisierungsprozeß in Afrika voranginge, aber wir sollten nicht versuchen, das Tempo und die Art dieser Demokratisierung vorzuschreiben … Wir in den Vereinigten Staaten müssen die entstehenden afrikanischen Demokratien unterstützen – das afrikanische Verständnis von Demokratie – und dürfen nicht versuchen, ihnen einen westlichen Begriff von Demokratie überzustülpen."

Das war ein wahrer Redeschwall, und er erzählte mir das alles in seiner Hotelsuite, kurz bevor er weg mußte, um seine Grundsatzrede vor den versammelten Leuchten zu halten, und so hatte ich keine Zeit mehr, die Fragen zu stellen, die sein

Kommentar aufwarf. Was, um alles in der Welt, ist „ein afrikanisches Verständnis von Demokratie", inwiefern unterscheidet es sich von Ihrem oder meinem Verständnis? Warum ist die Demokratie in Amerika nicht wirklich entwickelt? Warum sollten Europa oder Lateinamerika anders betrachtet werden als Afrika?

Als ich mit Jesse Jackson sprach, fügte er hinzu, daß Afrika zwar „schließlich und endlich zur Demokratie kommen muß, man darf sie ihnen aber nicht blindlings aufzwingen. Letzten Endes muß sich Afrika selbst dafür entscheiden."

Fairerweise anerkenne ich die schwierige Situation, in der sich Amerikas schwarze Führer befinden, wenn sie mit harten Fragen über das schwarze Afrika konfrontiert werden. Ich weiß, daß es keine einfachen Antworten gibt, und es ist auch nicht leicht, in einem Fall, der so komplex und mit einer so tiefreichenden Vorgeschichte belastet ist wie zum Beispiel Somalia oder Ruanda, eine Position zu beziehen. In Afrika ist es nicht immer leicht, die Guten zu erkennen – oft gibt es, wie in Somalia, überhaupt keine Guten, nur verschiedene Schattierungen des Bösen. Angesichts einer afrikanischen Krise wie der in Liberia eine vertretbare Position zu finden ist um vieles schwieriger, als Südafrika in der Apartheid-Ära anzugreifen, denn das war, im wahrsten Sinn des Wortes, eine Frage von schwarz und weiß.

Aber es gibt einen tiefergehenden Grund, weshalb das schwarze Amerika sich so sehr scheut, eine klare Gegenposition einzunehmen. Die schwarze Führung unabhängiger schwarzer Länder öffentlich zu kritisieren träfe einen wunden Punkt. In einem gewissen Sinn, ob richtig oder falsch, verbinden wir unsere Selbstachtung als schwarze Rasse in Amerika mit dem Erfolg oder dem Versagen unabhängiger schwarzer Regierungen in Afrika, die dort ihre eigenen Shows abziehen. „Es gibt da so eine Einstellung, daß man seine eigenen Brüder nicht angreifen darf", sagte C. Payne Lucas, Präsident der in Washington ansässigen schwarzen Entwicklungshilfegruppe Africare. „Das unterscheidet sich nicht allzusehr von dem, was wir bei den Juden oder Polen in Amerika sehen."

1963, als ich noch klein war, sagte Malcolm X so ziemlich dasselbe, als er in meine Heimatstadt Detroit kam, um auf einer Konferenz der Northern Negro Grass Roots Leadership eine Rede in der King Salomon Baptistenkirche zu halten. „Statt unsere Differenzen in der Öffentlichkeit auszutragen", sagte Malcolm der applaudierenden Zuhörerschaft, „sollten wir erkennen, daß wir zur selben Familie gehören. Und wenn es in einer Familie Streit gibt, trägt man den nicht auf der Straße aus. Wenn ihr das macht, sagen alle von euch, daß ihr ungehobelt, ungebildet, unkultiviert und primitiv seid. Was zu Hause schief geht, renkt man auch zu Hause wieder ein; man zieht sich zurück, man spricht darüber hinter geschlossenen Türen, und dann, wenn man auf die Straße geht, ist man sich einig und tritt geschlossen auf."

Ich habe Malcolm damals nicht sprechen gehört. Aber mit dem, was er da sagte, wurde ich später, während meiner Jahre als Reporter in der Zentralredaktion der *Washington Post*, schmerzhaft vertraut. Und es war etwas, was mich als schwarzen Reporter, der über das schwarze Afrika berichtete, verfolgte. Es ist ein Dilemma, vor dem fast jeder schwarze Journalist, der für die große (das heißt die „weiße") Presse arbeitet, steht und das man knapp in einer einzigen Frage zusammenfassen kann:

Bist du in erster Linie schwarz oder in erster Linie Journalist?

Was hinter der Frage steht, ist, ob du genau und kritisch über das, was du hörst und siehst, schreiben sollst. Oder sollst du vielmehr nicht insgeheim das, was gerade auf der schwarzen Tagesordnung steht, unterstützen, prominente Schwarze vor harten Überprüfungen bewahren und ihre Schwächen übersehen, indem du nur positiv über Themen schreibst und berichtest, die Amerikas Schwarze betreffen?

Viele dieser Fragen standen im Mittelpunkt einer Debatte, die Milton Coleman, ein Kollege bei der *Post*, auslöste, als er mitten in der Präsidentschaftskampagne 1984 einige Bemerkungen Jesse Jacksons veröffentlichte, die dieser über die Juden gemacht hatte, worin er sie als „Hymie"[1] und New York als „Hymietown" bezeichnete. Man warf Coleman unfairerweise vor, er habe Material benutzt, das vertraulich war: reines Gequatsche zwischen Schwarzen, zwischen „Brothers", nicht für die Öffentlichkeit bestimmt. Beunruhigender für mich war, daß Coleman vorgeworfen wurde, er sei ein Verräter an seiner Rasse, und daß er den Zorn der Schwarzen auf sich zog und sogar ein paar verhüllte Drohungen von Louis Farrakhans Schlägern erhielt.

Ich erinnere mich, daß ich zu dieser Zeit mit Coleman mitfühlte. Schwarze Reporter stehen oft vor dieser Art intellektueller Herablassung, wenn man uns zu verstehen gibt – zum Beispiel angesichts eines Ereignisses wie Jacksons Kandidatur, die große Teile des schwarzen Amerikas mobilisierte –, daß unser Job weniger darin bestehe, objektiv zu berichten, als vielmehr darin, so etwas wie Einpeitscher zu sein, die das Publikum zu Beifall anfeuern, mehr Beschützer als die professionellen Zyniker, die wir waren. Wenn du kritisch über schwarze Politik und schwarze Politiker in Washington schreibst, wie ich es während meiner anderthalb Jahre als Rathausreporter tat, wird dir vorgeworfen, daß du „dich verkaufst" und dich beim „weißen Establishment" einschmeicheln willst. Entweder du hältst zu deinem Stamm oder du bist draußen, und wenn du für eine der großen Zeitungen arbeitest und nichts anderes im Sinn hast, als ein hartgesottener Reporter zu sein, wird man dir vorwerfen, daß du deiner Rasse den Rücken kehrst.

Sogar meine eigene Familie stellte mir ab und zu diese schwierigen Fragen, und manchmal ärgerte mich das. Ich erinnere mich, daß ich einmal an Thanksgiving oder über Weihnachten zu Hause in Detroit war und mich eine meiner Kusinen fragte: „Warum greift die Presse eigentlich dauernd unsere schwarzen Führer an?" Sie verwies auf den Bürgermeister von Washington, Marion Barry, der wegen Kokainbesitz verhaftet worden war, und die verschiedenen Verfahren, die gegen den De-

[1] Vermutlich eine Verballhornung des jüdischen Vornamens Chaim

troiter Bürgermeister Coleman Young liefen, der, wie es schien, immer irgendwie Dreck am Stecken hatte. Sie hatte noch einige andere Beispiele auf Lager, und jedesmal versuchte ich ihr zu erklären, daß Journalisten, die über solche Skandale schreiben, nur ihren Job tun, daß Straftaten veröffentlicht werden sollten, ob der Täter nun weiß ist oder schwarz. Aber meine Kusine war nicht überzeugt: „Sie sind doch die einzigen Vorbilder, die wir haben", sagte sie.

Ich habe andere Spielarten derselben Kritik schon früher gehört, von Verwandten, von Leuten, die ich interviewte, sogar von Washingtoner Taxifahrern, die ihre „Konspirationstheorie" herunterspulen, sobald ich im Rücksitz sitze und ihnen die Adresse der *Washington Post*-Redaktion nenne. Ich habe es tatsächlich schon so oft gehört, daß ich ganz automatisch abschalte. Ich habe es satt, mich dauernd verteidigen zu müssen.

Wenn ich heute darüber nachdenke, gibt es eine ganze Reihe von zwingenden Argumenten, die ich in solchen Gesprächen hätte anführen können. Ich hätte zum Beispiel sagen können, daß diese schwarzen Politiker, gerade weil sie unsere Vorbilder sind, eine besondere Verantwortung haben, sauber zu bleiben. Bezeichnen wir es ruhig als Rassismus, aber es muß gesagt werden, daß Schwarze, die eine prominente Führungsposition in Amerika innehaben, damit rechnen müssen, schärfer beobachtet zu werden. Sie sollten ihre Steuern rechtzeitig zahlen, sie sollten ihre Reißverschlüsse an ihren Hosen geschlossen halten, sie sollten ihre Finger von öffentlichen Geldern lassen, und sie sollten kein Crack rauchen, und zwar genau deshalb, *weil* sie eine Vorbildfunktion für die schwarze Gemeinschaft haben. Weiße Politiker werden an diesen Maßstäben gemessen, und schwarze Amtsinhaber sollten nicht erwarten, daß man sie mit irgendeinem Schutzwall des Schweigens umgibt oder daß die schwarzen Reporter, die über sie schreiben, in konspirativem Einverständnis zu ihnen stehen.

Das sind alles solide Gegenargumente. Aber keines würde wirklich etwas bewirken. Es ist ein Streit, der nicht gewonnen werden kann.

Er kann deshalb nicht gewonnen werden, weil viele Schwarze fest an eine große weiße Verschwörung glauben, die die Schwarzen unterdrückt, sie in Amerika nicht hochkommen lassen will. Auf der Straße, beim Friseur, in den Taxis von Washington, Detroit und anderen schwarzen Gemeinden, haben die Anhänger der Verschwörungstheorie sogar einen Namen dafür: „Der Plan".

Im weitesten Sinn beabsichtigt „Der Plan", schwarze Politiker, Filmstars oder berühmte Sportler gezielt zu schikanieren. Alles – von Marion Barrys Verurteilung wegen Kokainbesitz bis hin zur Anklage gegen Mike Tyson wegen Vergewaltigung – alles wird als Teil einer großen Verschwörung gesehen.

„Der Plan" ist die Geheimstrategie von Washingtons weißem Business-Establishment, der Regierung und der Medien, um die weiße Herrschaft über die Hauptstadt der Nation aufrechtzuerhalten. „Der Plan" ist subtil, komplex und auf lange Zeit hin angelegt. Er sieht vor, ein gewisses Maß an Selbstverwaltung für die Einwohner der Stadt und das Aufkommen einer schwarzen Politikerschicht zuzulassen. Aber natürlich legt man unserer Selbstverwaltung in Washington von Anfang an Fesseln an, indem der Kongress eine restriktive Steuergesetzgebung einführt und man auf eine staatliche Pauschale angewiesen ist, die einen großen Teil des Stadtbudgets ausmacht. Die schwarze Führungsspitze der Stadt wird behindert und ist zum Scheitern verurteilt.

Die Presse – und in Washington heißt das die *Post* – ist ein wesentlicher Bestandteil „Des Plans". Sie benutzt schwarze Reporter wie mich, denen eine Gehirnwäsche verpaßt wurde und die wie eine Art rassischer fünfter Kolonne alles infiltrieren. Die Presse startet eine systematische Kampagne, um die schwarze Führungsspitze der Stadt durch die Aufdeckung von Skandalen und Straftaten zu ruinieren. Und in Wahlzeiten wirft die einflußreiche Titelseite der Post ihr ganzes Gewicht in die Waagschale, um denjenigen Kandidaten zu unterstützen, der dem weißen Establishment am manipulierbarsten erscheint.

Das ist, in seinen Grundzügen, „Der Plan".

Wenn es lächerlich scheint, so deshalb, weil es lächerlich ist. Das Besorgniserregende daran ist, daß eine Menge Schwarze es glauben – sogar solche, die intelligent genug wären, um es besser zu wissen.

Ich lernte in Washington ziemlich schnell, daß man als Journalist, vor allem, wenn man bei der *Post* arbeitet, dem nicht enden wollenden Rassenkrieg in der Stadt nicht entgehen kann, daß es keinen Weg gibt, die undurchschaubaren rassischen Verschwörungstheorien zu ignorieren, daß man nicht einfach seinen Job tun und ein Reporter sein kann, ohne gleichzeitig ein „schwarzer Reporter" zu sein. Mein erster Auftrag bei der Post war, über die Stadtverwaltung zu berichten, und es dauerte nicht lange, bis ich mich gegen diese „Wir gegen sie"-Mentalität zur Wehr setzen mußte. Wenn ich eine aggressive Story über einen schwarzen Politiker oder eine als wohlwollend betrachtete Story über einen weißen Politiker schrieb – verdammt, selbst wenn ich dabei gesehen wurde, daß ich „zu freundlich" zu einem weißen Angestellten im Bezirksrathaus war oder eine weiße Pressesekretärin zum Lunch einlud –, griffen mich die Schwarzen in der Stadtverwaltung massiv an, bezeichneten mich als Verräter und als einen, der für die allgegenwärtigen „sie" arbeitete.

Weiße Reporter sind nie dazu gezwungen, Stellung zu beziehen, dachte ich, aber man sagte mir, daß ich als Schwarzer gar keine andere Wahl hätte. Mein ganzes Leben lang hatte ich es relativ gut geschafft, dieser Art von Zwang zu entgehen. Und jetzt war ich da, ein Reporter in der Hauptstadt der Nation, der für eine der angesehensten Zeitungen der Welt arbeitete, und ich kam mir vor, als reduziere man mich auf ein Rädchen im Getriebe einer großen weißen Verschwörung, als betrachte man mich mit rassistischem Mißtrauen, als klage man mich eines wie auch immer gearteten Verrats an, als sagten mir die Schwarzen im Grunde: Wenn du nicht ganz einer von „uns" bist, bist du vielleicht nicht schwarz genug.

Ich hatte es in Washington dermaßen satt, dauernd von der „weißen Verschwörung" zu hören, daß ich beschloß, meinen Spaß damit zu treiben. So nahm ich mir eine Zeitlang vor, immer wenn ich ein Taxi nahm und dem Fahrer sagte, daß ich zur *Post* wolle, ganz gezielt auf seine Reaktion zu warten. Sollte er sich dann – was meist der Fall war – zu irgendeinem kritischen Bericht über das Amtsvergehen eines schwarzen Regierungsmitglieds äußern, würde ich sagen: „Nun, Bruder, du weißt doch, das ist alles Teil ‚Des Plans'. Ich habe erst gestern in meinem Exemplar nachgesehen, und auf Seite 673 stand, daß es an der Zeit ist, daß wir zu Stufe zwei kommen, was heißt, daß wir zwar in der Zeit liegen, aber den Druck auf sie erhöhen müssen. Du solltest dir wirklich mal die Mühe machen, ‚Den Plan' zu lesen, Bruder. Es steht alles drin. Natürlich habe ich keinen Überblick über das Ganze, ich kenne nur das, was sie einen sehen lassen. Der ganze Plan liegt oben hinter Schloß und Riegel." Und dann würde ich mich zurücklehnen und so tun, als vertiefte ich mich in meine Zeitung, und stillvergnügt in mich hineinlachen, wenn der verdutzte Fahrer, ohne ein Wort zu sagen, weiterfuhr.

Es war eine ganz und gar unerwartete Erleichterung, als ich nach meinem ersten Jahr aus der Lokalredaktion abberufen wurde. Ich hätte mir nie träumen lassen, daß ich als Auslandskorrespondent im fernen Afrika – ein Job, den ich mir immer gewünscht hatte, weil ich damit den amerikanischen Rassenkämpfen und dem Druck, Stellung beziehen zu müssen, entkommen konnte – immer noch von der „weißen Verschwörung" verfolgt würde, diesmal einer westlichen Verschwörung gegen die Schwarzen, eines meisterhaften Plans, die Schwarzen unten zu halten.

„Es ist der Westen, der hier eine Lösung erzwingen will. Der Westen versucht, dem Präsidenten eine Lösung aufzuzwingen."

Der Sprecher war Kitenga Yesu, Zaires Informationsminister. Er versuchte mir die anhaltende politische Pattsituation zu erklären, die die Wirtschaft seines Landes an den Rand des Zusammenbruchs brachte. Präsident Mobutu Sese-Seko weigerte sich, mit dem Oppositionsführer Etienne Tshikedi zu verhandeln. Mobutu hatte eine nationale Konferenz über die Zukunft seines Landes platzen lassen und sich auf seine Präsidentenjacht, die immer auf dem Zaire-Fluß für ihn bereit stand, oder in seinen eigens für ihn erbauten Palast in Gbadolite zurückgezogen. In der Zwischenzeit wurden die Ministerien geschlossen, und das Unkraut breitete sich auf Böden und Wänden der Regierungsgebäude aus. Krankenhäuser, Schulen und Ämter waren geschlossen. Die Zairer, unter ihnen auch die unbezahlten Beamten des öffentlichen Dienstes, gerieten in eine so tiefe Armut, daß bei den Einwohnern der Hauptstadt Kinshasa Anzeichen von Unterernährung auftraten – in der Regel ein Problem der Landbevölkerung. Sogar die Tiere im Zoo verhungerten, da keiner das Geld hatte, sie zu füttern. Und doch erzählte Kitenge Yesu ausgerechnet mir, einem schwarzen amerikanischen Journalisten, daß die Schuld für alles das beim „Westen" liege, und zwar seiner Meinung nach verkörpert in der Person der amerikanischen Botschafterin Melissa Wells.

„Sie ist eine Weiße", sagte er mir in einem auf Französisch geführten Interview in seinem Büro im obersten Stockwerk eines leerstehenden Hochhauses. „Das ist unser Land. Sie ist eine Weiße. Oder hat sie vielleicht irgendwelche Vorfahren in Zaire?" In einem hatte er recht – Wells war in der Tat eine Weiße, eine große blonde Frau, die jeden Raum beherrschen konnte. Sie war zudem eine sehr erfahrene Diplomatin, ein Profi, die sich bereits in anderen afrikanischen Krisengebieten und in höchst schwierigen Situationen bewährt hatte. Die Zairer erkannten sie auf der Straße und respektierten sie außerordentlich, weil sie Mobutu die Stirn bot.

Kitenge äußerte auch noch einige ausgewählte Worte über die westliche Presse, die offensichtlich auch Teil der großen Verschwörung war. „CNN ist nicht für die Schwarzen", sagte er. „Es ist für die Weißen." Er fuhr fort: „Es ist die gleiche Situation wie in den sechziger Jahren – der Westen ist für Neokolonialismus und Imperialismus."

Wenn ich die Augen geschlossen hätte, hätte das Gespräch genausogut im Büro irgendeiner politischen Operative in der Washingtoner Stadtverwaltung stattfinden können statt in

Kinshasa, der Hauptstadt eines Landes, das um mich herum in seine Teile zerfiel. Die Worte waren zwar französisch. Aber die antiweißen Emotionen und der Glaube an eine weiße Verschwörung gegen die Schwarzen ähnelten sich verblüffend und schmerzlich zugleich.

Ich stieß immer wieder auf die gleiche Haltung, wenn ich in Afrika reiste. Egal, ob es sich um einen politischen Berater des Präsidenten von Kenia oder um einen nigerianischen Drogenboß handelte, der sich über die Vorurteile der Amerikaner gegenüber unschuldigen nigerianischen Reisenden beklagte. Ich nehme an, daß meine weißen Kollegen nicht so oft zu hören bekamen, was die Afrikaner mir, einem schwarzen Reporter gegenüber offener zum Ausdruck brachten: ihre Paranoia. Immerhin war ich schwarz, ein Bruder. Man erwartete, daß ich es verstehen würde.

„Die Engländer sind sehr eifersüchtig auf einen Sudanesen, der sich eine solche Unabhängigkeit herausnimmt, vor allem wenn er ein Nigger ist, ein schwarzer Afrikaner."

Diesmal war ich in Khartoum, der Hauptstadt des Sudan, und interviewte Hassan Turabi, den sudanesischen islamischen Theoretiker, der seit der Zeit, als eine Gruppe von Generälen 1989 mit Hilfe der virulent antiwestlichen muslimischen Fundamentalisten die Macht ergriff, eine Kampagne zur Islamisierung des Landes leitete. Es gibt Leute innerhalb der westlichen Geheimdienste, die glauben, daß Turabi als treibende Kraft hinter dem weltweiten islamischen Terrorismus steckt. Turabi hatte vor kurzem einen Mordanschlag in Kanada überlebt, bei dem er einen Stich in den Kopf bekommen hatte, und ich hatte gehört, daß er seit dem Anschlag nur noch unzusammenhängend und langsam sprechen könne. Aber ich traf Turabi im Büro der Islamic Foundation, deren Vorsitz er hat, und zu meiner Überraschung schien er erstaunlich klar zu sein, als er die Ursprünge seines Denkens über den Westen erklärte.

Turabi war in den sechziger Jahren im Zuge eines von der amerikanischen Regierung finanzierten Studentenaustauschs in die Staaten gekommen. Er entschied sich für den amerikanischen Süden und für die Indianerreservate. „Es gab da einige Probleme", erzählte er. „Ich ging zum Beispiel zu einem Friseur und wußte nicht, daß ich als Schwarzer zu einem schwarzen Friseur zu gehen hatte. Der Friseur fragte: ‚Was wünschen Sie?' Und als er hörte, daß mein Akzent nicht amerikanisch war, sagte er: ‚Ausländer dürfen wir bedienen, auch wenn es Nigger sind.' Selbst heute sind afrikanische Amerikaner nicht in die Gesellschaft integriert", fuhr Turabi fort. „Gesellschaftlich sind die afrikanischen Amerikaner noch immer isoliert … Gesellschaftlich gesehen besteht die Rassentrennung immer noch. Und in der Rechtsprechung zum Beispiel entscheiden die Gerichte nicht nach dem Gesetz. Wenn du schwarz bist, bist du schuldig."

All das sagte er, bevor ich auch nur meine erste Frage stellen konnte. Es brach aus ihm heraus, kaum daß ich den Raum betreten, ihm meinen Presseausweis gezeigt und Turabi gesehen hatte, daß ich ein Schwarzer bin.

Turabi ist der geistliche Führer der islamischen Revolution im Sudan, dem größten Land Afrikas, einem Land, das tief gespalten ist in den arabisierten muslimischen Norden und den afrikanisierten christlichen und animistischen Süden. Sechzehn Jahre lang wurde der Sudan von einem Diktator-Präsidenten namens Jaafar Nimeri regiert, der 1969 durch einen Staatsstreich an die Macht gekommen war. Nimeri war am Anfang gewillt, einer breiteren nationalen Aussöhnung zuliebe mit seinen politischen Gegnern einen Kompromiß einzugehen, wechselte dann aber zu einer radikaleren Spielart des Islam über, führte die strenge islamische Gesetzgebung der sharia ein und fachte damit einen schon lange unter der Oberfläche schwelenden Bürgerkrieg gegen die Nicht-Muslime und die schwarze Bevölkerung des Südens an. Nimeri selbst wurde 1985 durch eine weltliche Koalition von Gewerkschaftsführern und Militärs gestürzt, und am Ende wurde ein in England erzogener Politiker, Sadiq al-Mahdi, in freien Wahlen zum Premierminister gewählt. Sadiq versprach, die sharia wieder abzuschaffen, aber vier Jahre später wurde er ebenfalls gestürzt, diesmal von einer Gruppe noch radikalerer islamischer Armee-Offiziere, die aus dem Sudan eine streng fundamentalistische muslimische Republik machen wollten. Ein Brigadegeneral namens Omar Hassan Ahmed al-Bashir wurde Präsident. Aber Hassan Turabi, die intellektuelle Kraft hinter der Revolution, wird von weiten Kreisen als die eigentliche Macht hinter dem Präsidenten gesehen.

Der Sudan entwickelte sich unter Bashir zu einem der brutalsten Regime in Afrika, mit einem der schlimmsten Berichte über Menschenrechtsverletzungen auf der Welt. 1994 bezeichnete Human Rights Watch / Africa den Menschenrechtsbericht über den Sudan als „absolut katastrophal" und berichtete, daß „alle Formen politischer Opposition verboten sind, und zwar sowohl durch ein Gesetz als auch durch systematischen Terror". Flüchtlinge aus dem Süden wurden in isolierte Wüstenlager verschleppt, in denen politische Gefangene einsaßen, unter ihnen Sadiq al-Mahdi, und es gab die „Geisterhäuser" – geheime Gefängnisse, in denen Dissidenten eingesperrt waren, ohne Verbindung zu ihren Familien aufnehmen zu können. Christliche Geistliche wurden in ihrer Bewegungsfreiheit behindert, die Anzahl der Kirchen, die gebaut werden durften, und die Einfuhr von Bibeln und theologischer Literatur wurden beschränkt. Und natürlich gab es die unbarmherzige Fortführung des Kriegs gegen Schwarze und Christen im Süden des Landes, die die Bombardierung von Dörfern mit einschloß.

Und auf dem Hintergrund all dessen meinte mich Hassan Turabi, der Architekt dieses Terrors, ein Mann, der dafür verantwortlich war, daß der brutale Krieg gegen die schwarzen Afrikaner wieder angeheizt worden war, über die Geschichte der Unterdrückung der Schwarzen in Amerika belehren zu müssen. Lassen Sie uns über die Unterdrückung der Schwarzen im Süden des Sudans reden, wollte ich sagen. Erzählen Sie mir etwas über all die Hände und Füße, die unter der sharia abgehackt worden sind. Erzählen Sie mir über die Verhaftungen, die Folter, die Hinrichtungen, die Bombardierung von Dörfern.

Objektivität sollte eine der Kardinaltugenden des Journalismus sein. Der Reporter fragt, und zwar kritisch. Aber man erwartet, daß wir aufhören, wenn unsere Fragen zu Kampfansagen werden und wir die Leute, die wir interviewen, kritisieren und mit ihnen zu streiten anfangen. Und das war etwas vom Härtesten für einen Journalisten in Afrika: Ungerechtigkeit zu sehen und gezwungen zu sein, ruhig dazusitzen, sich Scheinheiligkeiten und glatte Lügen anzuhören, und dabei den Mund zu halten.

Nach meinem Interview mit Turabi kehrte ich ins Khartoum-Hilton-Hotel zurück. Ich hätte jetzt einen Drink gebrauchen können, aber da im Sudan islamisches Recht galt, war das Stärkste, was man in der Hotel-Lobby bekommen konnte, ein Fruchtsaft und alkoholfreies Bier. Ich entschied mich für den Fruchtsaft.

In der Lobby stieß ich auf eine Gruppe schwarzer amerikanischer Hotelgäste, die auf einer Art „Tatsachensuche" durchs Land reisten und von der sudanesischen Regierung wie VIPs behandelt wurden. Einige der Männer hatten sich entsprechend angezogen, trugen fließende weiße afrikanische Roben und weiße Turbane. Einige der Frauen hatten sich verschleiert, und ich vermutete, daß es Muslime aus den Staaten waren.

Am nächsten Tag erfuhr ich, daß der US-Botschafter in Khartoum, Donald Petterson, die Gruppe zu einem kleinen Empfang in sein Haus geladen hatte. Auf der Titelseite der von der Regierung kontrollierten Zeitung stand groß aufgemacht ein Bericht darüber, wie die schwarze amerikanische Delegation sich beim Botschafter heftig über die Sudan-Politik der USA beklagt habe. Einige Mitglieder der Gruppe hatten Petterson zu verstehen gegeben, daß es unfair vom State Department sei, den Sudan als Geldgeber des weltweiten Terrorismus und als eines der grausamsten Regime der Welt zu bezeichnen. Sie selbst seien schließlich von ihren sudanesischen Gastgebern mit größter Zuvorkommenheit behandelt worden, und sie fänden, daß die staubigen Straßen dieser Hauptstadt sicherer seien als die zumeist von Kriminellen beherrschten Straßen amerikanischer Städte.

Als ich das las, kochte ich vor Wut. Sahen diese Leute denn nicht, daß man sie benutzte, daß einer der berüchtigtsten terroristischen Staaten sie manipulierte? Konnten diese schwarzen Amerikaner nicht begreifen, daß eine herrschende Clique, die schwarze Afrikaner im Namen des Islam gnadenlos verfolgte, sie zu willigen Werkzeugen machte? Sahen sie nicht, wie dumm sie aussahen, wie dumm sie gewesen waren?

Ich wollte sie am liebsten darauf ansprechen, es ihnen ins Gesicht schreien. Statt dessen zog ich es vor, sie zu meiden. Ich verzog mich jedesmal in die hinterste Ecke der Lobby, wenn die Versuchung zu groß wurde, sie anzuschreien und zur Vernunft zu bringen, und am Ende womöglich einem von ihnen eins auf die Nase zu geben.

Ich ging auf mein Hotelzimmer, sah, daß es höchste Zeit für die CNN-Nachrichten war, schaltete den Fernseher ein – und erstarrte vor Schreck, als der Nachrichtensprecher den Tod einer italienischen Journalistin und ihres Kameramanns in Mogadischu verkündete.

Mir drehte sich alles. Ich dachte auf der Stelle: Das muß Ilaria sein.

Ich hatte Ilaria während meiner häufigen Aufenthalte in Somalia kennengelernt und sie sofort gemocht. Sie war eine liebenswürdige Reporterin und arbeitete für einen der staatlichen italienischen Sender, und zwar für den, der der kommunistischen Partei nahestand. Ihre Freundlichkeit schien wirklich von innen zu kommen, und sie besaß einen verhalten bissigen Humor, den ich am Speisetisch im Al-Sahafi-Hotel sehr genoß. Bitte, lieber Gott, dachte ich, laß es nicht Ilaria sein.

Ich rief das Büro der Post in Washington an und hatte Yasmine Bahrani, die langjährige Auslandsredakteurin, in der Leitung. Ich holte tief Luft und bat sie, mir den Leitartikel über den Tod der Journalistin in Somalia vorzulesen. Und dann hörte ich den Namen und erhielt die Bestätigung dessen, was ich befürchtet hatte. Es war Ilaria. Sie und ihr Kameramann waren im nördlichen Teil Mogadischus offenbar bei einer Autoentführung ermordet worden, von Schüssen getroffen und verblutend zurückgelassen in ihrem kugeldurchsiebten Wagen. Großer Gott, nein, dachte ich. Ilaria tot. Und wofür? Für einen verpfuschten Autodiebstahl während der letzten Tage einer fehlgeschlagenen UN-Mission.

Ich ging in meinem Hotelzimmer auf und ab, Wut und Schmerz breiteten sich in mir aus. Ich brauchte wirklich einen Drink, erinnerte mich aber, daß der ja hier verboten war. Ich mußte raus aus diesem Zimmer, ging zur Tür, öffnete sie, besann mich dann aber eines Besseren, als ich an die schwarzen Amerikaner dachte, die in ihren afrikanischen Roben in der Hotelhalle saßen und ihr Loblied auf das sudanesische Regime sangen. Ich wollte ihnen nicht begegnen, wollte nicht das Risiko eingehen, mich auf eine Diskussion einzulassen, die leicht mit einer Schlägerei hätte enden können. Zu viel ging jetzt in meinem Kopf herum. Also schloß ich die Tür hinter mir, legte mich aufs Bett, und dort in meinem Zimmer, ganz allein, fing ich an zu weinen. Ich weinte um Ilaria. Und ich weinte um all die, die ich gekannt hatte und die so sinnlos auf diesem sinnlosen Kontinent gestorben waren.

Manchmal überlege ich, ob es mir je möglich gewesen wäre, wie diese schwarzen Amerikaner in Khartoum zu werden. Vielleicht, wenn meine Interessen rein akademisch geblieben wären wie damals auf dem College, als ich mich ganz emotionslos mit afrikanischem Sozialismus, Befreiungstheorien und der Entwicklungsphilosophie eines Kenneth Kaunda, Julius Nyerere oder Kwame Nkrumah beschäftigt hatte. Vielleicht hätte ich es dann geschafft, von weit her über Afrika zu lesen, mir die gleichen wissenden Platitüden über die Übel des Kolonialismus und die Sünden des Westens zu eigen gemacht. Vielleicht wäre es besser für mich gewesen, nie nach Afrika zu gehen, außer als Tourist für einen einwöchigen Trip, gut aufgehoben in einem Fünf-Sterne-Hotel und nur daran interessiert, afrikanische Souvenirs zu kaufen und afrikanische Kente-Kleider zu tragen. Vielleicht hätte dann auch ich dieselbe inhaltslose Kritik von mir gegeben, die die amerikanische Einmischung für alle Übel Afrikas verantwortlich macht. Auch ich wäre dann vielleicht zum glühenden Verteidiger des Landes meiner Wurzeln geworden.

Aber dazu ist es jetzt zu spät, ich habe bereits zu lange hier gelebt. Und nicht nur ich, auch andere Schwarze, schwarze Amerikaner, die hierher gekommen sind, um hier zu arbeiten und zu leben, nicht diejenigen, für die Afrika lediglich ein Stempel in ihrem Paß ist. Nehmen wir den Fall Linda Thomas-Greenfield, die Botschaftsangehörige, die man in Ruanda fast umgebracht hat. Aber das war nicht die einzige Erfahrung mit Afrika, die sie wie auch mich zynisch werden ließ und reif für die Heimreise.

Sie war kein Neuling, als ich sie in Nairobi kennenlernte. Es war bereits die dritte Stelle, die sie für das US-State Department in Afrika bekleidete, nachdem sie drei Jahre in Gambia und zweieinhalb Jahre in Nigeria verbracht hatte. Und davor hatte sie in Liberia gelebt, direkt nach ihrem Studium an der Universität von Wisconsin. „Ich erinnere mich noch gut, wie das Flugzeug zur Landung ansetzte", sagte sie, „ich konnte es kaum erwarten, daß wir aufsetzten."

Aber neun Monate nach ihrer Ankunft in Kenia und kurz nach ihrem fürchterlichen Erlebnis in Ruanda unterhielten wir uns bei einer Tasse Kaffee auf der Außenterrasse des Inter-Continental-Hotels in Nairobi. Und sie hatte die Schnauze voll, war genauso ausgebrannt und reif für die Heimreise wie ich.

Ihr Haus in Nairobi war fünfmal ausgeraubt worden, also hatte sie sich einen elektrischen Zaun installieren lassen. „Als sie den elektrischen Zaun hochzogen, sagte ich ihnen, sie sollten genügend Volt hineinpumpen, damit jeder, der darüber klettert, gegrillt wird", sagte sie. Aber der Zaun half nichts – es wurde weiterhin eingebrochen. Also ging sie zur nächsten Polizeistation, und die Polizei postierte zwei Wachen auf ihrem Grundstück. Doch dann fingen diese Wachen an, eine zusätzliche Bezahlung von ihr zu verlangen. „Ich bin an dem Punkt angelangt, daß ich größere Angst davor habe, ihnen das Geld nicht zu geben", sagte sie, „schließlich sitzen die mit Maschinenpistolen vor meinem Haus."

Schließlich ließ sie einen drei Meter hohen Zaun um ihr Grundstück errichten. Und als ich mich mit ihr traf, war sie so verzweifelt, daß sie mir sagte: „Inzwischen bin ich so weit, daß ich mich am liebsten selbst mit einer AK-47 draußen hinsetzen würde."

Die Kriminalität in Nairobi zermürbte sie. Ihre Begegnung mit dem Tod in Kigali während des ruandischen Alptraums veränderte für immer ihre Einstellung zu Afrika. Was aber mehr als alles andere den Geist selbst dieser abgehärteten langjährigen Afrika-Liebhaberin brach, war die Haltung der Afrikaner selbst. Sie sei in Kenia nie in ein kenianisches Haus eingeladen worden. Und selbst in den alltäglichsten Dingen sei sie ständig mit einer den Kenianern eigenen perversen Form des Rassismus konfrontiert worden, einer Art Minderwertigkeitskomplex aus früheren Tagen, der schwarze Kenianer veranlaßt, Weißen auf Kosten ihrer angeblichen „Brüder" eine bevorzugte Behandlung zukommen zu lassen.

„Es gibt nichts, was mich mehr ärgert", sagte sie, „als in einem Restaurant zu sitzen und zu sehen, wie zwei Weiße bedient werden und ich warten muß." Einmal, in einem Strandhotel an der kenianischen Küste, beklagte sie sich beim Hotelmanager über den aberwitzig schlechten Service der Kellner und des Hotelpersonals. Der Manager erklärte entschuldigend: „Es ist, weil sie Sie für eine Kenianerin halten."

Etwas Ähnliches ereignete sich, als Thomas-Greenfield, ihr Mann und ein weiterer schwarzer Amerikaner ein beliebtes Restaurant beim Safari Park-Hotel in einem der Außenbezirke Nairobis besuchten. Thomas-Greenfield bereitete den Aufenthalt einer zwanzigköpfigen Delegation des amerikanischen Kongresses vor (Kongressmitglieder, Ehefrauen und Angestellte), die Ostafrika besuchen wollten, und sie beschloß, ins Restaurant zu gehen, um das Menu und den Service zu testen. Sie wartete endlos auf einen Kellner, damit sie ihre Getränke bestellen konnte, bis sie sich endlich wieder an den Manager wandte und sich beschwerte. Der antwortete: „Wir wußten nicht, wer Sie sind." Man hatte sie und die anderen schwarzen Amerikaner für Kenianer gehalten. „Hier ist die kolonialistische Mentalität noch tief verankert", sagte Thomas-Greenfield und schüttelte den Kopf. „Aber ich habe nicht vor, ein Schild mit der Aufschrift ‚Ehrenweißer' vor mir her zu tragen."

Dann machte sie ihrer tiefen Frustration in den härtesten Worten Luft, die sie finden konnte: „Ich wäre lieber eine Schwarze im Apartheids-Regime in Südafrika, als das durchzumachen, was ich hier in Kenia durchmache."

Es ist traurig, aber ich wußte genau, was sie meinte. Ich dachte an all die kleinen Kränkungen, die hochgezogenen Augenbrauen, die großen und kleinen Unannehmlichkeiten, die Appelle der Afrikaner an die „Brüderlichkeit", während sie die Hand aufhielten, und, schlimmer noch, das Mißtrauen, das mir immer entgegenschlug, wenn ich erklärte, daß ich tatsächlich Amerikaner sei, ein schwarzer Amerikaner in Afrika. Ich dachte an ein Gespräch, das ich kurz nach meiner Ankunft in einer Bar in Nairobi hatte. Eine junge Frau fragte mich, woher ich käme, und als ich es ihr sagte, antwortete sie: „Also ich glaube, daß Sie Kenianer sind."

„Nein", sagte ich, „ich bin Amerikaner."

„Sie sehen nicht wie ein Amerikaner aus. Eher wie ein Kenianer."

„Nein", insistierte ich, „ich bin wirklich Amerikaner. Glauben Sie mir."

„Ich weiß, daß Sie Kenianer sind", sagte sie bestimmt und wandte sich ab. „Sie versuchen nur so zu tun, als ob Sie kein Kisuaheli sprechen."

„Okay", sagte ich resigniert. „Sie haben mich durchschaut. Ich bin tatsächlich ein Kenianer."

„Na also", sagte sie und kehrte sich mir selbstzufrieden wieder zu. „Wußte ich es doch."

Ich dachte auch daran, wie ich einmal spät nachts in meinem schmuddeligen Büro im Chester House in Nairobi saß, um meinen Papierkram aufzuarbeiten, als ich plötzlich aufsah, weil ein ziemlich heruntergekommener Typ in zerrissenen Hosen und einer schmutzigen braunen Jacke in der Tür stand. Er kam herein, entschuldigte sich, daß er mich erschreckt habe, und erklärte, er sei ein somalischer Flüchtling, der im Eastleigh-Viertel der Stadt wohne und nach Somalia zurückwolle, aber kein Geld für den Bus habe.

„Ich wollte diese Weißen da drum bitten, diese Europäer“, sagte er und nickte mit dem Kopf in Richtung Gang, wo ein paar weitere Kollegen auch noch so spät bei der Arbeit saßen. „Aber ich hab mich geschämt. Wir haben die gleiche Hautfarbe, also frag ich lieber dich.“

Ich sagte, es täte mir leid, aber ich hätte kein Kleingeld bei mir. Da wurde er wütend. „Ihr schwarzen Amerikaner seid alle gleich!“ schrie er. „Ihr glaubt, ihr seid was Besseres als wir!“

Ich schob ihn aus meinem Büro und sorgte in Zukunft dafür, daß meine Tür verschlossen war.

Ich dachte auch an ein besonders amüsantes Gespräch an der zairischen Grenze, die ich passieren mußte, um nach Bukowa zu kommen. Dort wohnte ich in einem Hotel, hatte den Tag aber jenseits der Grenze in Ruanda verbracht.

„Wo kommen Sie her?“ fragte der Grenzbeamte mißtrauisch und befingerte meinen übel zerknitterten amerikanischen Paß, der inzwischen wegen all der Extraseiten ganz schön dick geworden war. Es war Abend, aber der Beamte trug noch immer seine Sonnenbrille, die, wie ich inzwischen vermutete, wohl zu einem festen Bestandteil der Uniform afrikanischer Bürokraten geworden sein mußte.

Ich fand die Frage etwas albern, da er ja meinen Paß in der Hand hielt. *„Etats-Unis“*, antwortete ich auf Französisch, „aus den Vereinigten Staaten.“

„Ich glaube, Sie sind ein Zairer“, sagte er, während er zuerst das Paßfoto und dann mich betrachtete. „Sie sehen wie ein Zairer aus.“

„Ich bin kein Zairer“, sagte ich noch einmal. Ich war müde, es war spät, und ich wollte nur noch ins Hotel zurück, wo ich, wenn die Wasserleitung funktionierte, zumindest duschen könnte, auch wenn es kalt sein sollte. Ich versuchte, ruhig zu

bleiben, denn die Grenzer scheinen es zu lieben – und deine
Qual dann zu verlängern –, wenn sie merken, daß du die Be-
herrschung verlierst.

„Schauen Sie", sagte ich, „das ist ein amerikanischer Paß.
Ich bin Amerikaner."

„Was ist mit Ihrem Vater – war er aus Zaire?" Der Paßbeamte war nicht überzeugt.

„Meine Eltern, meine Großeltern, alle waren Amerikaner",
sagte ich, gerade ein Dezibel unterhalb der Schreilautstärke.
„Vielleicht gab es vor vierhundert Jahren einmal irgendeinen aus Zaire, aber ich versichere Ihnen, ich bin Amerikaner!"

„Sie haben das Gesicht eines Zairers", sagte er und rief seine
Kollegen zusammen, damit ein Ad-hoc-Komitee entscheiden
könne, zu welchem Stamm ich gehöre und aus welcher Gegend
Zaires ich komme.

Schließlich kam mir etwas in den Sinn, das einzige, was ihn
vermutlich überzeugen würde. „Okay", sagte ich in meinem besten Schulfranzösisch. „Nehmen wir einmal an, ich sei ein Zairer. Und nehmen wir weiter an, daß ich es geschafft hätte, mir
einen gefälschten amerikanischen Paß zu besorgen." Ich konnte
sehen, wie seine Augen bei dieser Vorstellung aufleuchteten.
„Dann wäre ich ein Zairer mit einem gefälschten amerikanischen Paß. Und jetzt erklären Sie mir bitte, warum um alles
in der Welt ich mich wieder nach Zaire einschleichen sollte?"

Der Paßbeamte dachte einen Moment lang nach, er schien
die schwindelerregenden Möglichkeiten in seinem Kopf zu
verarbeiten, die ein gefälschter amerikanischer Paß einem bot.
Nach Zaire zurückzukehren schien sicher nicht dazu zu gehören. „Sie haben recht", meinte er schließlich und nahm
seinen Stempel. „Sie sind Amerikaner – ein schwarzer Amerikaner."

Und ich erinnere mich, daß es kein schöneres Geräusch auf
der Welt gibt, als wenn ein Stempel auf einen Paß knallt und
man eine weitere Paßkontrolle geschafft hat.

Von allen Beleidigungen, denen ein schwarzer Amerikaner in Afrika ausgesetzt ist, ist jedoch keine so ärgerlich wie die Abfuhr durch die Weißen – die weißen Afrikaner oder die Europäer, die in Afrika wohnen. Weiße in Afrika sind eine kleine Minderheit auf einem schwarzen Kontinent, aber viele verhalten sich so, als ob der Kolonialismus nie wirklich abgeschafft worden wäre und ihnen im Grunde noch alles gehöre.

Einmal stand ich mit einem Arm voller Lebensmittel in der Schlange eines Einkaufscenters. Gerade als ich an der Reihe war zu bezahlen, schob sich eine ältere weiße Frau direkt vor mich und stellte ihren Einkaufskorb auf die Kassentheke vor mir.

„Entschuldigen Sie, Lady", sagte ich und versuchte gar nicht erst, meinen Ärger zu verbergen. „Sehen Sie nicht, daß ich hier stehe?"

Sie erkannte offensichtlich meinen amerikanischen Akzent und wurde nervös. „Oh, es tut mir schrecklich leid", sagte sie in breitem britischen Akzent, „ich dachte, Sie seien Afrikaner!"

Es ist eigenartig, wie die Dinge manchmal laufen. Es gibt eine Menge schwarzer Amerikaner, die sich nach Mutter Afrika sehnen, als ob Afrika die Antwort auf alle ihre Probleme sei, vor denen sie zu Hause in Amerika stehen. Und gleichzeitig trifft man auf Afrikaner, die Afrika verlassen haben und in Amerika leben, und sich sehr schnell dort zu Hause fühlen, Hamburger von McDonalds essen, sich American Football im Fernsehen anschauen und Taxis durch Washington kutschieren.

Das war der Fall bei einer Gruppe somalischer Amerikaner, die ich 1993 während der US-Intervention kennenlernte.

Ungefähr hundert Freiwillige, die aus Somalia stammten – fast achtzig Prozent waren aus der Gegend von Washington – waren dem Aufruf vom Dezember 1992 gefolgt, das ungefähr zwanzigtausend Mann starke amerikanische Truppenkontingent, das im Zuge der Operation Restore Hope nach Somalia entsandt wurde, zu begleiten. Das Pentagon suchte händeringend nach somalischen Übersetzern, und eine Beraterfirma aus Virginia namens BDM stellte eilig einen Übersetzerpool zusammen, bot ihnen ein Gehalt von 2000 Dollar an und die Möglichkeit, Staub einzuatmen, Militärrationen zu essen, auf Armeepritschen zu schlafen, Tarnanzüge zu tragen, Geschossen von Heckenschützen und Granaten auszuweichen und mit eigenen Augen die Verwüstungen zu sehen, die ihre Heimat zerstört hatten. Und hundert verpflichteten sich.

Ich traf einige der somalischen Amerikaner, nachdem sie gerade angekommen waren, und überlegte mir, eine Story über sie zu schreiben. Am Anfang fand ich sie alle eifrig und ernst, alle wollten sie dabeisein, wenn es darum ging, einem Land zu helfen, das die meisten von ihnen schon als Kinder verlassen hatten. Einige wollten verlorene Verwandte aufspüren, die über die Füchtlingslager verstreut waren. Andere wollten sich um irgendwelchen Familienbesitz kümmern, den sie zurückgelassen hatten. Wieder andere waren einfach nur neugierig.

Aber es dauerte nicht lange, bis sie enttäuscht und entmutigt waren. Die Somalis behandelten die, die zurückgekommen waren, um zu helfen, mit Mißtrauen. Sie wurden in die somalischen Klan-Rivalitäten hineingezogen, obwohl die meisten von ihnen doch bereits so lange weg von Somalia waren, daß sie sich keinem der Klans mehr verbunden fühlten. Wie Linda Thomas-Greenfield es in Kigali herausgefunden hatte, so lernten auch die somalischen Amerikaner, daß die Kriege in Afrika ethnisch sind, Stammeskriege. Und wenn du schwarz bist, gibt es für dich so etwas wie Neutralität nicht. Du wirst gezwungen, dich für eine Seite zu entscheiden.

Als ich Jamila Abdi, eine der somalischen Amerikanerinnen, kennenlernte, trug sie einen Tarnanzug, Militärstiefel und eine modische Sonnenbrille. Sie war nahe der mit Sandsäcken befestigten Eingangstore des ausgebombten US-Botschaftsgeländes stationiert. Sie arbeitete als Übersetzerin für die Somalis, die jeden Tag zu den Toren kamen, um irgendwelche Forderungen gegen die amerikanischen Truppen zu erheben — eine Entschädigung dafür, daß ein Verwandter von einer verirrten Kugel getroffen worden war, oder für eine Ziege oder ein Huhn, die von einem der amerikanischen Lastwagen überfahren wurde. Jamila war sechsundzwanzig Jahre alt und hatte als Werbeassistentin in einem Kaufhaus in Virginia gearbeitet. Sie entschied sich, als Übersetzerin zu arbeiten, weil, wie sie sagte, „die Amerikaner ihr Leben aufs Spiel setzten und Übersetzer brauchten, also kam ich hierher, um zu helfen".

Als ich ihr ein paar Wochen später wieder begegnete, schien sie müde und sogar etwas verbittert zu sein. „Ich kann es kaum erwarten, in die Staaten zurückzukehren", sagte sie bei unserem zweiten Treffen. „Es gibt so viel Blut, so viel Haß. Sie sehen uns nicht als Individuen – alles, was sie sehen, ist mein Stamm … Sie mögen uns nicht. Sie glauben, wir betrügen sie. Sie beschimpfen uns. Es macht mich sehr wütend, sehr enttäuscht", sagte sie. „Ich meine, ich hätte nicht hierherkommen sollen … Ich bin mehr Amerikanerin als eine Somali. Die Leute hier – ehrlich gesagt, ich habe keine Beziehung zu ihnen."

Hassan Hussein und sein Zimmergenosse Mohamed Santur waren beide Taxifahrer im Norden Virginias, als sie sich für Operation Restore Hope anwerben ließen. Hussein war vierunddreißig, als ich ihn kennenlernte, und war 1982 aus Somalia weggegangen. Auch Santur war vor mehr als zehn Jahren nach Amerika gekommen, er hatte Mogadischu verlassen, um an der George Mason Universität zu studieren, und wenn er nicht Taxi fuhr, arbeitete er am American Geological Institute. Zum Schluß waren die beiden mehr als bereit heimzugehen.

„Glauben Sie mir, ich bin froh über all die Dinge, die ich jetzt habe", sagte mir Hussein. „Ich bin Bürger der USA, aber ich bin ein richtiger Somali. Selbst nach zehn, zwanzig, dreißig Jahren werde ich immer noch ein Somali sein. Aber jetzt haben sie ihr Wertesystem verloren … Ich habe das gleich am ersten Tag gemerkt, als ich ankam. Man sieht es an ihren Augen. Früher war es ein echtes Tabu, einem Älteren in die Augen zu schauen. Jetzt schauen dich die Kinder an, als ob sie dich gleich umbringen wollten."

Hussein verbrachte so viel Zeit wie möglich in Mogadischu, um mit kleinen Gruppen von Somalis zu sprechen. Er mußte durch die Gitterstäbe des Eingangstors hindurch sprechen, denn wenn er sich auf die Straße gewagt hätte, hätte man ihn vielleicht allein schon wegen seines T-Shirts und seiner Sonnenbrille in Stücke gehackt. „Ich fing an, Reden zu halten, und erklärte ihnen, daß der Tribalismus all diese Probleme verursacht", sagte er. „Das Traurige ist, daß einem niemand zuhört. Das ist die Kehrseite dieses Trips, daß man erkennen muß, daß man nicht den Einfluß hat, den man sich erhofft hatte, und daß die Probleme zu groß sind."

Husseins Zimmergenosse Santur ist ein stämmiger, 1,80 Meter großer Somali, der im nationalen Basketballteam spielte, als Somalia noch eine Nation war. Manchmal, wenn er mit den Marines auf Patrouille war, erkannten ihn die Somalis und versuchten ihn zu berühren. Und, was noch schmerzlicher war, manchmal traf er auf alte Mitspieler. „Manche von ihnen sind kaum wiederzuerkennen", sagte er. „Leute, mit denen ich zusammen gespielt habe, du siehst sie wieder, und sie haben inzwischen sechzig Pfund abgenommen. Es ist nicht viel, was du für sie tun kannst. Es ist wirklich deprimierend. Es ist schlimmer, als ich dachte ... Ich sehe mich selber, wenn ich sie auf der anderen Seite des Tors sehe. Ich bin weder klüger noch besser als sie. Ich hatte einfach nur Gück."

Und ich hörte ihm schweigend zu und dachte: Wenn Gott mich nicht bewahrt hätte ...

Einmal, als ich gerade im Senegal unterwegs war, nahm ich die Fähre auf die Goree-Insel, direkt vor der atlantischen Küste. Im siebzehnten und achtzehnten Jahrhundert war Goree die Hauptdurchgangsstation für afrikanische Sklaven, die nach Amerika verschifft wurden. Sie waren aus dem afrikanischen Hinterland hierhergebracht worden und wurden zu je fünfzehn oder zwanzig in kleinen, höhlenartigen Zellen mit einem Durchmesser von 2,80 auf 1,80 Meter gehalten. Dort blieben sie, bis die Frachtschiffe bereit waren, sie zu verladen, und traten – ungefähr zwanzig Millionen körperlich gesunde Afrikaner, an Hals und Füßen aneinandergekettet – ihre Reise in die Sklaverei durch eine kleine Tür und über eine Holzplanke in die Neue Welt an.

Joseph Ndiaye, der Leiter des Sklavenmuseums auf Goree, hat ein Gästebuch aufgelegt, in das Besucher ihre Eindrücke schreiben können. Ich habe mehr als eine Stunde damit verbracht, darin zu lesen und mir einige der Kommentare zu notieren.

„Ja, Mutter, ich bin zurückgekommen – mehr als 440 Jahre später", schrieb eine Schwarze aus Sacramento. „Ich spürte die Gegenwart meiner Ahnen, und ich weiß, warum wir ein starkes Volk sind. Schwarz werde ich immer sein. Mutter Afrika, ich liebe dich."

„Ich bin heimgekehrt, und ich habe mir geschworen, daß so etwas nie mehr geschehen darf", schrieb ein anderer.

„Ich bin heute ein wiedergeborener Afrikaner", schrieb einer, der in Brooklyn geboren wurde.

Und eine zornige schwarze Frau, die nicht angab, woher sie kam: „Die einzige Sprache, die die Weißen verstehen, ist das Gewehr. Ich werde Waffen für die Revolution besorgen. Es ist der einzige Weg, auf dem Schwarze die Freiheit erlangen werden."

So ging es weiter. Einige der Eintragungen waren berührend, einige poetisch, einige zornig. Für viele schwarze Amerikaner, die den Atlantik überquert hatten, war diese Reise eindeutig so etwas wie eine religiöse Wallfahrt.

Ich war verstört, als ich so dastand. Ich zitterte ein wenig, als ich die verschiedenen Kommentare las. Auch ich war nach Goree gekommen, um diese Art geistiger Verbundenheit zu spüren, einen emotionalen Bezug zu finden. Und nun versuchte ich, etwas zu fühlen, was einfach nicht kommen wollte.

Ich blieb distanziert, ausgeschlossen. Ich fühlte Abscheu angesichts des ungeheuerlichen Verbrechens der Sklaverei – ein Gefühl, das ich schon Jahre zuvor empfunden hatte, als Rucksackstudent in Europa, als ich das Konzentrationslager Auschwitz besucht hatte. Goree war irgendwie genauso; Erinnerung an ein früheres Verbrechen, das nie vergessen werden darf. Aber aus irgendeinem Grund fühlte ich kaum persönliche Betroffenheit oder Schmerz. Goree war eine beeindruckende historische Gedenkstätte, eine, die ihre Besucher dazu brachte, über die verbrecherische Natur des Menschen nachzudenken. Aber für mich war es nicht mehr. Ich dachte an all die anderen Verbrechen, die ich in Afrika gesehen hatte, und wohl auch an all das Böse und Dunkle, das ich noch nicht gesehen hatte, von dem ich aber wußte, daß es mit Sicherheit auf mich wartete.

Und dann dachte ich: Würde es mir besser gehen, wenn es diese große Tragödie, dieses Verbrechen der Sklaverei nicht gegeben hätte? Wie würde mein Leben dann aussehen? Würde ich dann jetzt als Journalist mit dem Notizbuch in der Hand und der Kamera über der Schulter hier stehen?

Ich hörte auf, da ich begann, mich für meine Gedanken zu hassen. Diese Fragen trafen genau den Nerv dessen, was mich quälte, seitdem ich ins Land meiner Väter gekommen war. Aber die Antworten waren so unaussprechbar, im Grunde so undenkbar, daß ich die Augen schloß und sie im wahrsten Sinne des Wortes aus meinem Kopf verbannte. Ich wußte, was ich dachte, aber ich wollte nicht mehr denken, also bot ich all meinen Willen auf, nicht meine eigenen Gedanken zu denken.

Ich hätte schon viel früher nach Goree kommen sollen, dachte ich. Das war mein Problem. Ich hätte es in meiner Jugend besuchen sollen, als ich durch Europa und Asien gereist war und dabei aus irgendeinem Grund Afrika gemieden hatte – damals hätte ich nach Goree kommen sollen. Denn damals wäre ich wahrscheinlich aus der anderen Richtung gekommen, über den Atlantik her aus Amerika, und mein Kopf wäre leer gewesen, noch ohne die Bilder und Töne, die mich jetzt verfolgten. Damals hätte ich mich ebenfalls in das Buch eingetragen, hätte meinen eigenen bewegenden Tribut denen gezollt, die hier einst vor mir weggegangen waren. Und ich wäre nach Hause zurückgegangen, nach Amerika, und meine Seele wäre rein geblieben.

Aber dafür war es jetzt zu spät. Ich war aus dem Osten nach Goree gekommen, aus der Dunkelheit, und ich hatte bereits viel zu viel von Mutter Afrika gesehen, und was ich gesehen hatte, hatte mich bereits krank gemacht.

Ich verließ die Insel und fragte mich, ob ich je wieder heil werden könnte.

8

WECKRUFE

„Was wir getan haben und was wir weiterhin tun werden, ist,
die Rechte der Afrikaner einzufordern,
als Menschen behandelt zu werden."

JOMO KENYATTA

ES WAR NICHT MEHR VIEL ÜBRIG von Kibassa Malibas Sohn. Ich sah die grausigen Fotos, und sie zeigten nur noch verkohlte Reste.

Kibassa war einer der Hauptführer der vereinigten Oppositionsbewegung Zaires, der „Sacred Union". Als Truppen der Armee 1994 wütend durch Kinshasa zogen, weil sie ihren Sold nicht bekommen hatten, gingen einige Soldaten, die Präsident Mobutu Sese-Seko ergeben waren, direkt zu Kibassas Haus und sprengten die Stahltüren am Eingang mit sieben Handgranaten auf. Als sie drin waren, erschossen sie Kibassas siebenundzwanzigjährigen Sohn, der im Vorderzimmer geschlafen hatte. Aus purer Bosheit übergossen sie den Körper mit Benzin oder mit irgendeiner anderen leicht entflammbaren Flüssigkeit und zündeten ihn an.

Es ist hart in Afrika, wenn du dich entscheidest, dem Großen Mann die Stirn zu bieten. Und in Zaire ist es sogar noch härter, denn Mobutu hat immer wieder bewiesen, daß ihm jedes noch so brutale Mittel recht ist, um an der Macht zu bleiben.

Unter all den Dingen, die ein Zeitungsreporter tun muß, finde ich es am schlimmsten, mit den Angehörigen eines Menschen zu sprechen, der gerade gestorben ist. Und besonders schlimm ist es, wenn es ein gewaltsamer Tod war und die Angehörigen noch unter Schock stehen und trauern. Schon als junger Reporter in Washington haßte ich es, wenn ich die Familie eines Mordopfers um einen Kommentar bitten sollte. Und in Afrika ging es mir nicht anders – obwohl ich dann doch mit sehr vielen Angehörigen von Menschen sprach, die gerade gestorben waren, und das meist unter gewaltsamen Umständen.

Es machte es auch nicht leichter, wenn ich die Familie bereits kannte, und Kibassa war einer meiner besten Kontaktpersonen in Kinshasa und einer der wenigen Politiker in Zaire, die ich für ihre offenen Worte bewunderte. An jenem Tag fand ich ihn, als er gerade auf dem überdachten Platz vor seinem neuen Haus, in das er vor kurzem eingezogen war, einen Strom von politischen Anhängern empfing, die gekommen waren, um ihm ihr Mitgefühl auszusprechen. Als ich an der Reihe war, setzten wir uns einander gegenüber, und zu meiner Überraschung war Kibassa in kämpferischer Stimmung. „Mein Sohn hat dafür bezahlt", sagte er mir, „aber ich werde weiterkämpfen."

Ich fragte ihn, ob er sicher sei, daß Mobutu hinter dem Anschlag stecke, der seinen Sohn das Leben gekostet hatte, und Kibassa zögerte keine Sekunde. Natürlich war es Mobutu, sagte er mit einer solchen Schärfe, daß ich erschrak. Es sei der unbarmherzige Versuch des Diktators, ihn einzuschüchtern. Dann schüttelte Kibassa resigniert den Kopf und starrte wie in tiefe Gedanken versunken vor sich hin. Schließlich sagte er: „Wir leben in der Mitte des zwanzigsten Jahrhunderts. Warum tun Leute so etwas?"

Ja, warum? Es war eine verdammt gute Frage, eine, die auch ich mir immer wieder stellte, während ich das Land durchquerte und nicht nur Hungersnöte und Massaker sah, sondern auch das alltägliche menschliche Elend, die Rechtsbrechungen, das Herumtrampeln auf der Freiheit des einzelnen, die Schikanen der Polizei, die Schläge in den Gefängnissen, die Schließungen und Bombardierungen der Zeitungen, die Verhaftung von oppositionellen Politikern und den offenen Mord an denen, die den Mut aufbrachten, öffentlich ihre Stimme gegen diese Ungerechtigkeiten zu erheben.

Das war es, was mich an Afrika fast verzweifeln ließ, nicht die Somalias, Ruandas oder Liberias, die in vielerlei Hinsicht Ausnahmen waren, die hoffnungslosen Fälle, Orte, wo jemand durchgedreht war. Nein, die wirkliche Geschichte findet an den Orten statt, über die man selten etwas liest, an denen ich aber viel Zeit verbrachte – Zaire und Kenia, Kamerun und Gabun, und der Riese unter ihnen, Nigeria. Dies waren die Orte, wo ich Tag für Tag, mit jedem neuen Interview, auf eine weitere entmutigende Geschichte stieß, wo irgendein mutiger und namenloser Afrikaner, jemand wie Kibassa Maliba, sein Bestes gab und den Preis dafür bezahlte. Ich sah ihren Mut und ihre Selbstaufopferung, und es zerriß mir das Herz, es brannte sich tief in meine Seele ein. Am Schluß war es nur noch deprimierend, denn tief in meinem Inneren wußte ich, daß in Afrika solche Kämpfe ganz selten mit einem Sieg enden. In Afrika gewinnen die Good Guys nicht. Normalerweise werden sie ins Gefängnis geworfen, gefoltert, umgebracht, zusammengeschlagen oder manchmal nur unterdrückt. Sie werden so hart unterdrückt, daß sie schließlich aufgeben. Und der Rest? Sie hören schlicht damit auf, es zu versuchen, weil sie mit dem Versuch, einfach nur zu überleben, bereits alle Hände voll zu tun haben.

Wenn ich nicht zu deprimiert war, war ich zornig. Zornig wegen der ganzen zum Himmel schreienden Ungerechtigkeit und deswegen, weil es so wenig gibt, was die übrige Welt, was irgend jemand wirklich tun kann, um zu helfen. Die Welt hat einmal versucht zu helfen, in Somalia, und ich war da gewesen, um zu bezeugen, wie ein milliardenschweres Fiasko daraus entstanden war. Inzwischen wünschte die Welt größtenteils nur noch eines: sich rauszuhalten.

Ich versuchte, die Ungerechtigkeit so gut ich konnte zu dokumentieren, versuchte, den Stimmlosen eine leise Stimme zu geben. Aber ich weiß, daß am Ende nicht viel dabei herauskommen wird. Die Großen Männer werden bleiben, arrogant, extravagant, und werden sich an den ausländischen Dollarhilfen sattfressen. Sie werden noch immer ihre Marmorpaläste besitzen, die sie aus dem Dschungel hauen ließen, und ihre Bankkonten in der Schweiz, ihre Villen in Südfrankreich und ihre Appartements auf der Avenue Foch in Paris. Sie werden ihre Mercedesflotten haben und ihre Privatjets. Sie werden Basiliken bauen, in denen sie sich auf Mosaiken neben den Aposteln verewigen lassen, und werden Universitäten gründen, die ihre Namen tragen, deren Studenten aber kein Geld haben werden, um Bücher zu kaufen, und keine Aussicht auf eine Stelle, wenn sie jemals die Universität verlassen. Sie werden ihre Armeen mit glänzenden Stiefeln ausstatten und ihre Sicherheitskräfte mit den neuesten Waffen, aber die Krankenhäuser werden nicht genügend Spritzen und Verbandszeug haben, und Schüler werden Pappattrappen benutzen, um die Tastatur eines Computers bedienen zu lernen, weil sie keinen richtigen Computer zur Verfügung haben.

Und ich komme nicht umhin, mir immer wieder Kibassa Malibas Frage zu stellen: Warum?

Natürlich war das alles nicht so gedacht, jedenfalls nicht zu der Zeit, als ich zum ersten Mal nach Afrika reiste. Die neunziger Jahre sollten Afrikas „Jahrzehnt der Demokratie" werden, so sagte man mir zumindest. Die westlichen Geberländer begannen nun endlich härter durchzugreifen und forderten freie Wahlen, verfassungsmäßig geschützte Oppositionsparteien und eine stärkere Kontrolle ausländischer Zahlungen. Auch im Inneren, so hieß es, zersetze eine explosive neue Kombination von Kräften die jahrzehntealte schweigsame Duldung des Autoritarismus: Die städtische Bevölkerung hatte besseren Zugang zu Informationen, und die jüngere Generation von Afrikanern besaß keine persönliche Erinnerung mehr an den weißen Kolonialismus, kannte nur die schwarze Unterdrückung. Unter diesem inneren und äußeren Druck begannen die alten afrikanischen Tyrannen zu wanken, einer nach dem andern. So sagte man jedenfalls.

Aber wenn ich mich in Afrika so umschaue, hat sich leider wenig wirklich verändert. Wie so vieles – zum Beispiel mein eigener vorschneller Optimismus vor der Katastrophe in Somalia – liegt auch das große Versprechen eines demokratischen Afrikas weitgehend in Schutt und Asche. In Nigeria wurde es von einem Militär namens Sani Abacha zertreten, der auf Babangida folgte und den Gewinner der freien Wahlen und rechtmäßigen Präsidenten des Landes, Moshood Abiola, ins Gefängnis werfen ließ. In Kamerun wurde es zu einer Farce, da der Dunkelmann Paul Biya es schaffte, die Wahlurnen zu kontrollieren und so das Wahlergebnis zu manipulieren. Er erklärte sich zum Gewinner eines Wahlkampfs um die Präsidentschaft, von dem ausländische Beobachter sagen, er sei mit zu viel Betrug erkauft, um fair zu sein. Auch in Zaire hat es nie wirklich eine Chance gegeben, wo Mobutu, der starrköpfigste der afrikanischen Tyrannen, sein Land lieber in einen Scherbenhaufen verwandelte, als auf seine Macht und die Möglichkeit zu verzichten, alles, was er noch irgendwie aus dem Land herausholen konnte, an sich zu reißen. Und in Kenia, wo Daniel arap Mois Einheitspartei die Stammeskämpfe anheizte, die Zehntausende von ihrem Land vertrieben, wurde das Versprechen der Demokratie eingeäschert, nur um die Prophezeiung wahr werden zu lassen, die ich von einem von Mois politischen Beratern einmal hörte, daß „Demokratie hier in Afrika nicht funktioniert".

Ich will damit nicht sagen, daß es keine Lichtblicke gibt. Ich ging nach Malawi und beobachtete den Untergang des ältesten und gleichzeitig längstgedienten Tyrannen, des „Life President" Hastings Kamuzu Banda, der sich selbst „Black Cock" nannte und für seine dunkle Sonnenbrille, seinen Fliegenwedel aus

Pferdehaar und seine rothemdige „Jugend-brigade", Gangster, die die Bevölkerung terrorisierten, bekannt war. Ich sah ihn zu einer Wahl gehen, zu der er von einem weitgehend unbekannten Geschäftsmann namens Bakili Muluzi gezwungen worden war. Den hatte ich früher einmal auf dem Rücksitz eines Wagens interviewt, als es zu gefährlich war, ihn an einem öffentlichen Ort zu treffen. Ja, das war ein tolles Gefühl, denn Malawi war vermutlich eine der finstersten Diktaturen Afrikas, personifiziert in Banda, der einen so mächtigen Personenkult trieb, daß es in der Öffentlichkeit verboten war, seinen Namen auszusprechen, ohne den vollen Titel zu nennen: „Seine Exzellenz, der Life President" ... Malawi war ein Ort, wo die internationale Gebergemeinschaft ihre Absicht verwirklichte, ihre Dollars als Hebel zu benutzen, um ein Mehrheitsparteiensystem und eine Wahl durchzusetzen, die den „Life President" zu Fall brachte. Aber die Zeit dort war reif für einen Wechsel. Banda war in den Neunzigern und kränklich, war kaum noch fähig zu sprechen und fast blind, war im Grunde ein wandelnder Leichnam, der von geldgierigen Höflingen aufrechtgehalten wurde, weil sie ihren Platz an der Futterkrippe nicht verlieren wollten. Banda wurde eigentlich nicht besiegt, sein Regime schwand einfach dahin.

Und dann war da Mosambik, eine meiner letzten Stationen in Afrika, eines der letzten Notizbücher auf meinem Stoß. Die Wahl dort war der letzte Schritt in einem Friedensprozeß, der einen der schlimmsten Bürgerkriege im Süden Afrikas beendete. Es war zudem, wie Somalia, eines der wenigen Länder, in denen sich die UN durchsetzten. Es gab eine gründliche Demobilisierung der gegnerischen Armeen. Ausländische Truppen und Wahlbeobachter schwärmten durch das Land. Und als der Rebellenführer in letzter Minute mit einem Wahlboykott drohte, schritten die Vereinigten Staaten und die UN mit massivem Druck ein und hielten die Wahlen in Gang. Das kostete viel Geld. Die UN bezahlten die Kämpfenden im Grunde dafür, daß sie aufhörten zu kämpfen. Ob das als irgendeine Art von Modell dienen könnte, war dagegen weit weniger sicher.

Ich denke auch an den winzigen westafrikanischen Staat Benin. Im März 1991 fand in Benin eine Wahl statt, die einen festverwurzelten Diktator aus dem Sattel hob, und plötzlich wurde für dieses obskure kleine Land am Golf von Guinea von aufgeklärten Afrikanisten die Werbetrommel gerührt: es sei die demokratische Speerspitze von Afrikas Zukunft. Aber auch das erwies sich als kurzlebig. Die Wahl von 1996 brachte den früheren Herrscher wieder an die Macht.

Und natürlich ist da Sambia. 1991 gelang es einem wenig bekannten Gewerkschaftsführer namens Frederick Chiluba, eine der überlebensgroßen Figuren Afrikas, Kenneth Kaunda, als Präsident der Nation zu stürzen, die er selbst gegründet hatte. Vielen im Westen schien Kaunda ein einigermaßen akzeptabler Diktator zu sein, aber sein wahres Verbrechen bestand in seiner verrückten Politik, die Sambias Wirtschaft zum Erliegen brachte. Nach wiederholter Aussetzung ihrer Hilfeleistungen hatten die internationalen Geldgeber den alten Mann endlich gezwungen, eine Mehrparteienwahl zuzulassen, und zum Erstaunen der ganzen Welt – ganz abgesehen von seinem eigenen – verlor Kaunda die Wahl. Und zwar haushoch. Und in Chiluba sahen viele in Afrika die Möglichkeit einer neuen demokratischen Zukunft.

Aber so erfrischend der Erfolg dieser Wahl auch war, was ihr folgte, war desillusionierend. Chilubas Bewegung für eine Mehrparteiendemokratie etablierte sich selbst als neue herrschende Clique. Weit davon entfernt, die Korruption zu beenden, herrschte Chiluba über ein System, das ebenso korrupt und inkompetent war wie das alte: Regierungsbeamte waren in Drogenschmuggel verwickelt. Die wenigen ehrlichen Beamten traten empört zurück und erklärten, die neuen Führer hätten ihre Orientierung verloren. Zeitungen, die die neue Regierung kritisierten, wurden gerichtlich verfolgt, ihre Herausgeber schikaniert. Und wie um zu beweisen, daß die neuen Herrscher genauso autoritär und undemokratisch waren wie die alten, erließ Chiluba ein neues Gesetz, das verhindern sollte, daß Kaunda sich wieder zur Wahl stellte, indem es die Amtsperioden des Präsidenten begrenzte. Außerdem verkündete er, daß Kaunda nicht gewählt werden könne, weil seine Eltern nicht in Sambia geboren seien, sondern in dem benachbarten Territorium, das inzwischen Malawi ist.

Nach der Wahl von 1991 schien sich in Sambia zunächst alles verändert zu haben. Aber bereits 1996 wurde schmerzlich klar: Je mehr sich die Dinge ändern, um so mehr bleibt in Wirklichkeit alles beim alten.

Obwohl diese Erfolgsgeschichten herzerwärmend sind, gibt es doch immer noch viel zu wenige davon. In vielen Fällen kann man bestenfalls sagen, daß die Geschichte noch nicht abgeschlossen ist. Und die wenigen Erfolge konnten die überwältigende Verzweiflung nicht verhindern, die mich überkam, als ich sah, wie eine Wahl in Kamerun gestohlen, eine Wahl in Kenia manipuliert und eine Wahl in Nigeria annulliert wurde, und wie selbst äußerst fragwürdige Wahlen nur deshalb durchgeführt wurden, um den Status quo zu bestätigen oder, wie in Simbabwe, Äthiopien, Tansania und Uganda, den ungehinderten Zustrom von Dollars sicherzustellen.

Ich weiß, daß viele schwarze Amerikaner in den Staaten unter einem Gefühl von Entfremdung leiden und sehnsuchtsvoll auf Afrika als ein Mekka schwarzer Selbstbestimmung blicken. Es ist ein verführerisches Bild, fast zu schön, um wahr zu sein, und ein erhebender Kontrapunkt zu dem Gefühl von Entbehrung und Diskriminierung, das man als Minderheit in Amerika oft hat. Schließlich handelt es sich hier um schwarze Nationen, die von Schwarzen regiert werden, das Gegenstück zu den Bedingungen zu Hause, wo sich viele Schwarze wie eine dauernde und unerwünschte Minderheit im Land ihrer Geburt fühlen.

Aber so ist das mit Bildern – wenn sie zu schön sind, um wahr zu sein, dann sind sie es meistens auch. Es ist ein Trugbild. Es spiegelt nicht die heutige Realität Afrikas wider, wo Schwarze in den meisten Ländern drei Jahrzehnte, nachdem die letzten Europäer ihre Sachen gepackt haben und abgezogen sind, noch immer darauf warten, ihre Selbstbestimmung zu verwirklichen. Natürlich wurden die Länder unabhängig, die Flaggen wechselten, die Namen wurden afrikanisiert, neue Nationalhymnen wurden gesungen, neue Feiertage gefeiert. Das Bild des Großen Mannes ersetzte das der Queen. Aber in einem Land nach dem anderen wechselte die Macht nur von einer weißen Kolonialherrschaft auf eine einheimische schwarze über – und das Ergebnis war mehr Unterdrückung, mehr Brutalität. Für die Afrikaner, die normalen, anständigen, leidgeprüften Afrikaner, hat sich herzlich wenig verändert.

Diese Analyse mag zu hart scheinen, übertrieben. Aber dafür kann ich keine Entschuldigung anbieten, denn ich war dort, und ich möchte es Ihnen so ehrlich schildern, wie ich es gesehen habe. Denn das ist eines der größten Probleme Afrikas: dieser völlige Mangel an offenen Gesprächen nicht einmal unter – oder vielleicht sollte ich sagen: gerade unter – den Freunden Afrikas.

Und damit komme ich auf Kibassa Malibas Frage zurück: Warum das alles im zwanzigsten Jahrhundert? Warum benehmen sich Afrikas Führer so, warum plündern sie die Schätze ihres Landes und lassen zu, daß es um sie herum zusammenbricht? Warum hängen sie mit allen Mitteln an der Macht, selbst lange nachdem sie ihre Milliarden bereits angehäuft haben? Warum hier, warum in Schwarz-Afrika?

Vor meiner Ankunft in Afrika hatte ich vier Jahre lang aus Südostasien berichtet. Ich verbrachte zudem ein Jahr mit einem Journalistik-Stipendium am East-West-Center in Honolulu, was mir erlaubte, zu Forschungszwecken nach Asien zurückzukehren. In Asien erlebte ich eine erstaunlich dynamische Wirtschaftsregion, hauptsächlich geprägt durch eine mehr als zehnjährige kontinuierliche Wachstumsrate und Weiterentwicklung, einen sehr viel höheren Lebensstandard als früher und weitreichende Möglichkeiten. Fast alle Länder in Südostasien hatten sich von armen Ländern zu relativ wohlhabenden Ländern entwickelt, besaßen eine breite, stabile Mittelschicht und waren dabei, die erste Stufe einer neuen industrialisierten Volkswirtschaft zu erklimmen.

Warum hat sich Südostasien zu einem Modell wirtschaftlichen Erfolgs entwickelt, während Afrika fast ausschließlich Armut, Hunger und eine Wirtschaft kennt, die sich nur mit Hilfe ausländischer Mittel über Wasser halten kann? Warum erweitert Südostasien inzwischen bereits sein Telekommunikationsnetz, während es in Afrika immer noch schwierig ist, auch nur zum nächsten Haus zu telefonieren? Warum kämpfen die Asiaten bereits um Wege und Möglichkeiten, den Zugang zum Internet zu kontrollieren, während Afrikas Studenten noch immer mit Pappcomputern arbeiten müssen, weil sie keine richtigen Computer in ihren Klassenzimmern haben? Warum erweitert East Asian Airlines das Angebot an Langstreckenflügen, während die bankrotten afrikanischen Fluggesellschaften ihre Flugzeuge auf unkrautüberwucherten Rollbahnen verrotten lassen, weil sie sich kein Benzin und keine Reparaturen leisten können? Warum verhandeln die Führer in Südostasien über Mittel und Wege, Handelsbarrieren zu senken und eine Freihandelszone zu schaffen, während die Afrikaner immer noch mit die höchsten Schutzzölle der Welt erheben, sogar auf den innerafrikanischen Handel?

Asiens Erfolg hatte nichts Zwangsläufiges an sich, und Afrikas verzweifelter Mißerfolg auch nicht. Beide Regionen schüttelten etwa zur gleichen Zeit den Kolonialismus ab und standen oft vor den gleichen Hindernissen. 1957, als Ghana seine Unabhängigkeit von Großbritannien erklärte, schien es eine der leuchtendsten Hoffnungen des schwarzen Afrika zu sein, mit einem höheren Bruttosozialprodukt als Südkorea, das sich erst noch von einem zerstörerischen Krieg und fünfunddreißig Jahren japanischer Kolonialherrschaft erholen mußte. Heute ist Südkorea einer von Asiens „Drachen", ein ökonomisches Kraftwerk, das sich innerhalb des Landes und weltweit immer neue Märkte erschließt. Währenddessen ist Ghana zurückgefallen. Sein Bruttosozialprodukt ist inzwischen niedriger als zur Zeit seiner Unabhängigkeitserklärung. Weltbank-Ökonomen zeigen gern auf Ghana als Beispiel dafür, daß sich Afrikas Länder unter einer strikten Finanzdisziplin „erholen". Was sie nicht sagen, ist, daß die Wirtschaft vollgepumpt ist mit ausländischen Finanzmitteln.

Es ist eine häßliche Wahrheit, aber ich werde sie hier aussprechen, weil Afrikas Fehler schon zu lange hinter einem Schleier von Entschuldigungen und Verteidigungen versteckt wurden. Es ist mir klar, daß ich mich dabei auf vermintem Terrain bewege, also werde ich vorsichtig sein. Man macht es sich zu leicht, wenn man in die Falle der alten rassistischen Vorurteile stolpert – daß Afrikaner faul und Asiaten einfach schlauer seien, daß Schwarze noch immer etwas Wildes, Primitives an sich hätten. Ich bin zwar kein Afrikaner, aber ich bin schwarz, und deshalb werde ich mich auf dieses Gebiet vorwagen. Ich bin mir dabei der Gefahr durchaus bewußt und weiß genau, daß einige sagen werden, daß ich meiner Rasse einen schlechten Dienst erweise, wenn ich auf diese schmerzliche Realität hinweise. Aber ich bin schon zu weit gegangen, um jetzt einen Rückzieher machen zu können. Der schlechtere Dienst wäre inzwischen vermutlich, den Rest ungesagt zu lassen.

Werfen wir zuerst einen Blick auf die Statistiken, die harten und kalten Fakten, von denen leider viele bereits allzu bekannt sind. Laut Weltbank ist Afrika der Kontinent mit den ärmsten Ländern der Welt – und dabei werden Länder wie Somalia noch nicht mal richtig mitgezählt, wo es keine sinnvollen Statistiken gibt, weil es keine Regierung gibt, die sie erstellen ließe. Die Kinder in Afrika sterben von allen Kindern auf der Welt am wahrscheinlichsten bereits vor ihrem fünften Lebensjahr. Die Erwachsenen haben weltweit die geringste Erwartung, älter als fünfzig Jahre zu werden. Afrikaner sind im Durchschnitt schlechter ernährt, schlechter ausgebildet und anfälliger für eine Ansteckung mit tödlichen Krankheiten als die Bewohner irgendeines anderen Landes auf der Welt.

Afrikas Wirtschaft ist geschrumpft. Sein Anteil am Weltmarkt hat sich seit 1970 um die Hälfte verringert, und der Dollarwert seines Welthandelsaufkommens ging während der achtziger Jahre zurück. Afrikanische Waren machen weniger als ein Prozent der amerikanischen Importe aus. Mit Ausnahme von Südafrika ist der afrikanische Kontinent auf einem ökonomischen Abstellgleis gelandet, ist auf eine irrelevante Randposition im Welthandel verwiesen worden.

Wenn Sie mir jetzt mit dem Erbe des Kolonialismus kommen, verweise ich Sie auf Malaysia und Singapur, das von den Briten regiert und während des Zweiten Weltkriegs von den Japanern besetzt wurde. Oder auf Indonesien, das von den Holländern über drei Jahrhunderte lang ausgebeutet wurde. Oder schauen wir auf Vietnam, eine französische Kolonie, die später in einen Norden und einen Süden aufgeteilt wurde, mit den allseits bekannten tragischen Konsequenzen. Wie in Afrika haben die meisten der asiatischen Länder ihre wirkliche Unabhängigkeit erst in den Jahren nach dem Zweiten Weltkrieg erlangt. Im Gegensatz zu den Afrikanern wußten die Asiaten etwas damit anzufangen.

Kommen Sie mir nicht mit den Problemen des Tribalismus in Afrika, damit, daß die Europäer verschiedene ethnische und sprachliche Gruppen zu künstlichen Nationen zusammengefaßt haben. Sonst verweise ich Sie auf Indonesien, wo auf 13 700 verstreuten Inseln mehr als 360 verschiedene Stämme und ethnische Gruppen leben und ein Gemisch von Sprachen und Religionen herrscht. Indonesien hat zwar eine turbulente Vergangenheit hinter sich, zu der auch ein blutiges, 1965 von der Armee begangenes Massaker gehört, das eine Million Menschen das Leben kostete. Aber es hat seitdem dreißig Jahre relativer Stabilität und Prosperität erlebt.

Wenn Sie jetzt von den afrikanischen Ländern sprechen, denen es an Bodenschätzen fehlt und die auf bestimmte Rohstoffe angewiesen sind, dann frage ich Sie, wie Sie sich Singapur erklären, einen kleinen Inselstaat ohne die geringste Spur von Bodenschätzen und mit einer Bevölkerung, die kaum groß genug ist für eine unabhängige Nation. Singapur ist heute eine der erfolgreichsten Wirtschaftsnationen der Welt.

Ich brachte die Frage des asiatischen Erfolgs auf meinen Reisen durch Afrika zur Sprache, wann immer ich konnte, weil ich wissen wollte, wie die Afrikaner selbst – Regierungsbeamte, Di-

228

plomaten, Akademiker – ihre mißliche Lage erklären. Worauf ich stieß, war Abwehr, gefolgt von Verärgerung und schließlich von Vorwürfen, von Geschichte keine Ahnung zu haben. Dann zählte man mir eine lange Latte von Entschuldigungen auf. Man verwies auf den Kalten Krieg und wie die beiden Supermächte ihre Rivalitäten über Stellvertreterkriege in Afrika ausgetragen und damit die Leiden des Kontinents verlängert hätten. Und ich antwortete, daß der längste und kostspieligste Konflikt des Kalten Krieges nicht in Afrika, sondern in Korea und Vietnam stattgefunden habe. Sagen Sie mir jetzt, welcher Kontinent nun das größte Spielfeld für die Rivalitäten der Supermächte war.

Wenn wir über Korruption sprechen – offizielle Plünderung auf höchster Ebene –, kommen wir der Sache schon näher. Korruption ist der Krebs, der das Herz Afrikas auffrißt. Korruption hält die Politgangster in Afrika an der Macht, und mit dem Geld, das sie stehlen, können sie es sich bei großzügiger Verteilung erlauben, Treue einzufordern auch dann noch, wenn bereits der letzte Fetzen von Legitimität verschwunden ist.

Natürlich gibt es auch in Südostasien Korruption. Sogar in großem Stil. Südkoreas ehemaliger Präsident kam wegen Korruption ins Gefängnis, nachdem er zugegeben hatte, Schmiergelder von den mächtigen Konzernen im Land angenommen zu haben. In Indonesien hat die Geschäftemacherei der Kinder Suhartos so schamlose und allgegenwärtige Ausmaße angenommen, daß es allgemein heißt, man müsse nur ein Taxi besteigen, in einem Hotel übernachten, eine Zigarette rauchen, von einer Telefonzelle aus telefonieren oder einen Mercedes in Djakarta kaufen, und schon pumpe man damit Geld in die Taschen der Präsidentenfamilie. Eine Überwachungskommission zählte Indonesien einmal zu den korruptesten Ländern der Welt, und Risikoberater in Hongkong sahen es an dritter Stelle in Asien, direkt hinter dem kommunistischen China und Vietnam. Und in Thailand erfreuen sich Armeegeneräle komfortabler Beziehungen zur Wirtschaft und sitzen sogar in den Aufsichtsräten der großen Konzerne.

Und doch ist Korea eine wirtschaftliche Großmacht, hat Indonesien die Armut innerhalb der letzten fünfundzwanzig Jahre jährlich stärker reduziert als jedes andere Entwicklungsland der Welt, und haben Thailand, Vietnam und China jährliche Wachstumsraten zwischen acht und zehn Prozent.

Dies alles steht im Gegensatz zu Afrika, wo die Korruption genauso weit verbreitet ist, aber mit völlig anderen Ergebnissen. Nehmen wir noch einmal Zaire, wo Mobutu in den dreißig Jahren seiner Regierung die Korruption in bis dahin unvorstellbare Höhen trieb (oder Tiefen, das kommt auf den Standpunkt an) und eine Kleptokratie etablierte, die sich nur noch an dem messen läßt, was Ferdinand E. Marcos auf den Philippinen errichtete. Man schätzt, daß Mobutu an die zehn Milliarden Dollar auf überseeische Bankkonten transferierte, Geld, das zum größten Teil aus den Einnahmen der Diamant- und Kupferminen stammt und aus den Beteiligungen an den Erträgen der staatlichen Körperschaften.

In einer so offensichtlichen Kleptokratie zu leben fördert auch bei den unteren Schichten den Hang zu Korruption und Diebstahl, und das ist genau das, zu was Zaire in den neunziger Jahren heruntergekommen ist. Jeder sieht nur auf seinen eigenen Vorteil, das lernte ich bereits in dem Augenblick, als ich auf dem chaotischen Ndili International Airport landete. Als erstes sah ich mich einem schwindelerregenden Aufgebot von Militär und Polizei, Zollbeamten, Einwanderungsbeamten, Gaunern, Taschendieben, Zuhältern, zwielichtigen Typen, Kofferträgern, Betrügern und Pennern ausgesetzt. Sie alle beanspruchen irgendeine „Funktion" für sich – kontrollieren deinen gelben Impfpaß, prüfen dein Gepäck, stempeln deinen Paß ab – und halten dann die Hand auf, um die Gebühr zu kassieren, normalerweise etwa zwanzig Dollar. Im Vergleich dazu war Mogadischus Flughafen ruhig und ordentlich.

Um diese laute und verwirrende Skala von Dieben zu meiden, entschloß ich mich, von der Möglichkeit des „VIP- Service" Gebrauch zu machen, was hieß, daß ich einem uniformierten Soldaten hundert Dollar bezahlte, der mich ziemlich schnell an der Reihe ausgestreckter Hände vorbeischleuste und vom Flughafen aus im Taxi mitfuhr, ein Maschinengewehr zwischen den Beinen. Man stelle sich bloß mal folgende Zeitungsanzeige vor: „Soldat ohne Sold als persönliche Eskorte zu mieten." Zaire, dachte ich, war tatsächlich nicht so weit von Somalia entfernt.

Korruption ist in Afrika so verbreitet – und um vieles destruktiver als ihr asiatisches Gegenstück –, daß der Vergleich einen bekannten Witz hervorgebracht hat, der folgendermaßen geht:

Ein Asiate und ein Afrikaner befreunden sich als Studenten an einer westlichen Universität. Jahre später werden beide Finanzminister in ihrem jeweiligen Land. Eines Tages fährt der Afrikaner nach Asien, um seinen alten Freund zu besuchen, und ist überrascht über den Palast, in dem der Asiate wohnt, über seine drei Mercedes-Limousinen in der Auffahrt, den Swimming-Pool und die Bediensteten.

„Mein Gott!" ruft der Afrikaner aus. „Früher waren wir arme Studenten! Wie um alles in der Welt kannst du dir das alles leisten?"

Der Asiate führt seinen Freund ans Fenster und zeigt ihm einen glänzenden neuen Highway in der Ferne. „Siehst du den Highway?" fragt der Asiate und klopft sich stolz auf die Brust. „Zehn Prozent." Und der Afrikaner nickt zustimmend.

Wieder ein paar Jahre später kommt der Asiate nach Afrika, um den Besuch zu erwidern. Er findet seinen alten Freund auf einem herrschaftlichen, viele Hektar großen Besitz. In der Auffahrt steht eine Flotte mit Dutzenden von Mercedes-Limousinen, es gibt ein Schwimmbad im Inneren des Hauses, Tennisplätze und eine Armee livrierter Chauffeure und Bediensteter. „Mein Gott!" sagt der Asiate. „Wie um alles in der Welt kannst du dir das alles leisten?"

Diesmal führt der Afrikaner seinen asiatischen Freund ans Fenster und zeigt hinaus. „Siehst du den Highway?" fragt er. Der Asiate schaut hinaus, sieht aber gar nichts, nur ein offenes Feld, auf dem ein paar Kühe grasen.

„Ich sehe keinen Highway", sagt der Asiate und strengt seine Augen an.

Bei diesen Worten lächelt der Afrikaner, schlägt sich an die Brust und verkündet stolz: „Hundert Prozent!"

Der Witz wurde mir zum ersten Mal von einem amerikanischen Diplomaten in Nigeria erzählt, der einige Zeit in Indonesien gewesen war. Die darin enthaltene Botschaft klang scharf und deutlich; im Gegensatz zu der gutartigeren Version in Asien hatte die Korruption in Afrika eine schwächende Wirkung. „In Indonesien mag zwar die Tochter des Präsidenten den Auftrag bekommen, Straßen zu bauen", sagte der Diplomat, „aber die Straßen werden gebaut und entlasten den Verkehr." In Afrika werden die Straßen niemals gebaut. Das war der Unterschied, sagte er, „zwischen produktiver Korruption und tödlicher Korruption".

Es ist dieses Problem der Korruption, vom Präsidenten bis hinunter zum kleinsten Zollbeamten, das mir eine ebenso treffende Erklärung für die Misere in Afrika zu sein scheint wie jede andere. Aber es ist immer noch nicht die Antwort auf die Frage: Warum? Gibt es irgend etwas in der Natur des Afrikaners, das ihn anfällig macht für Korruption? Warum bringt Asien einen Lee Kuan Yew und einen Suharto hervor, während statt dessen Afrika so viele Mobutus, Mois, Aidids und Hastings produziert?

Stimmt da was nicht mit der afrikanischen Kultur?

Es gelang mir, eine ziemlich gute Antwort zu finden, die aus einer ganz unerwarteten Quelle stammt – ich fand sie bei Yoweri Museveni, dem Präsidenten von Uganda.

Museveni kam auf altmodische Art an die Macht. Er stellte eine zerlumpte Guerilla-Armee zusammen und schoß sich 1986 den Weg nach Kampala, der Hauptstadt, frei. Er ist in manch unterschiedlicher Hinsicht ein altmodischer afrikanischer Großer Mann. Er duldet keine andere Meinung. Er hält nicht viel von westlicher Demokratie, er glaubt, daß Pluralismus nur Chaos verursacht. Seine Lösung ist eine Art „Demokratie ohne Parteien", womit er umschreibt, daß er ein autoritärer Ein-Mann-Herrscher ist. Trotzdem wird Museveni selten von seinen vielen freigebigen westlichen Geldgebern kritisiert, denn sie erinnern sich nur allzugut an den Alptraum, der ihm vorausging – das Chaos, das zwei aufeinander folgende brutale Diktatoren anrichteten: der Clown Idi Amin Dada und sein finsterer Nachfolger Milton Obote.

Trotz alledem ist Museveni ein Denker, der mehr wie ein Gelehrter redet als wie ein Soldat. Er ist auch im Gespräch ziemlich offen, wenn es um Afrika und seine Probleme geht. Ich sah ihn persönlich das erste Mal auf einem internationalen Forum von Regierungsbeamten, Diplomaten und Akademikern, die er nach Kampala eingeladen hatte. Museveni benutzte die Eröffnungszeremonien und sein Vorrecht als Präsident des Gastlandes dazu, sich über seine Theorie auszulassen, warum es Afrika nicht geschafft hat, seine Wirtschaft zu entwickeln.

Ich saß und hörte ihm zu, wie er dieselben müden alten Erklärungen – im Grunde Entschuldigungen– herunterrasselte, die ich schon unzählige Male gehört hatte. Erstens, sagte er, hatte Afrika fünfhundert Jahre lang nicht die Freiheit, eigene Entscheidungen zu treffen. Das beste Beispiel hierfür sei die Frage, die während der Zeit des Kalten Krieges immer wieder gestellt wurde: „Bist du für den Osten oder bist du für den Westen?" Er hielt das „größtenteils für einen Fehler der Afrikaner", es der Rivalität der Supermächte erlaubt zu haben, den Kontinent zu spalten. Dann sprach er über Afrikas „fragmentierte Märkte" und die Notwendigkeit einer besseren innerafrikanischen Integration. Er gab zu, daß auf dem Kontinent ein „hoher Grad an Analphabetismus herrsche – nicht genug Handwerker, Techniker, Ingenieure". Er sprach über eine „Wirtschaftspolitik, die die Investitionslust der Unternehmer abgewürgt hatte", und erwähnte Wechselkurskontrollen und ähnliches.

Er schien mir ein paar vernünftige Argumente anzuführen. Als dann die Fragerunde für die anwesende Presse eröffnet wurde, kämpfte ich mich zu einem der Mikrophone durch und stellte ihm die Frage, die mich schon die ganze Zeit bedrängte. Warum, so fragte ich ihn, hatte sich Südostasien so schnell entwickelt und Afrika nicht? Ich nahm jeden der Gründe auf, die er in seiner Rede genannt hatte, und schleuderte sie ihm zurück. Südostasien, sagte ich, hatte ebenfalls unter dem Kolonialismus gelitten, das kann also als Entschuldigung nicht ausreichen. Asiatische Länder setzen sich ebenfalls aus zahlreichen ethnisch und sprachlich unterschiedlichen Gruppen zusammen, also kann auch diese Verschiedenheit kein ausreichender Grund sein. Auch asiatische Länder haben künstliche Grenzen und ständige Grenzstreitigkeiten, und einige Länder in Ostasien wie zum Beispiel Korea und Vietnam hatten in den fünfziger und sechziger Jahren ebenfalls vernichtende Bürgerkriege durchgemacht. Und doch hatte Asien einen bedeutenden wirtschaftlichen Aufstieg geschafft, während die Afrikaner für ewig in der Armut hängenzubleiben scheinen. Warum ist das so? Was war geschehen?

Museveni dachte lange über meine Frage nach. Dann sprach er eine Zeitlang darüber, daß die südostasiatischen Länder mehr Unterstützung von den USA erhalten hätten, unter anderem für die Militärbasen der Amerikaner auf asiatischem Boden. Aber schließlich sprach er das aus, was er, wie ich vermute, die ganze Zeit über im Kopf gehabt hatte.

„Disziplin", sagte er zum Schluß. „Es ist die Disziplin der Asiaten, verglichen mit der der Afrikaner." Er machte eine Pause. „Ich würde sagen, daß unter den Asiaten in Uganda eine größere Disziplin herrscht als unter den Afrikanern. Ich habe keine Erklärung dafür. Leute, die aus einem Gebiet kommen, das eine große Bevölkerungsdichte hat, wo der Kampf um die natürlichen Ressourcen groß ist, neigen dazu, disziplinierter zu sein als Leute, die das Leben als selbstverständlich betrachten."

„Knappheit an Ressourcen lehrt die Menschen Disziplin", sagte er. „Zuviel Kampf um Ressourcen lehrt ein Volk ebenfalls Disziplin."

Es war eines der wenigen Male auf dem Kontinent, daß mich ein afrikanischer Führer beeindruckte, weil er wirklich bereit

234

war, offen über Afrika und seine Probleme zu diskutieren. Diese Art Unvoreingenommenheit ist noch seltener unter Afrikas Freunden und Förderern im Westen zu finden. Anstatt offen über Afrika zu sprechen, hört man allenthalben nur Zweideutigkeiten, Entschuldigungen und Ausflüchte – und vor allem Scheinheiligkeit.

Es ist eines der Dinge, die ich am frustrierendsten an Afrika finde: die fehlende Bereitschaft selbst der erfahrensten Gelehrten und „Afrika-Experten", mir eine ehrliche, kühle, unsentimentale Einschätzung des Kontinents und seiner Probleme zu geben. Sobald die Rede auf die Rücksichtslosigkeit der Diktatoren kam, auf die Schwierigkeit der Demokratie, in Afrika Fuß zu fassen, auf das immer gegenwärtige Problem des Tribalismus, wird Afrika mit einem doppelten Maß gemessen, mit einem „afrikanischen Maß". Es gibt da eine Scheu, zu starken Druck auszuüben, zu schnell Reformen zu verlangen, eine Tendenz, möglichst keine allzu offene, allzu harsche Kritik zu üben.

Der Grund dafür ist natürlich, daß Afrikaner schwarz sind. Zu harte Kritik von weißen westlichen Ländern klingt gefährlich nach Rassismus. Und die afrikanischen Führer sind durchaus bereit, diese Karte auszuspielen, malen dauernd das Gespenst des „Neokolonialismus" an die Wand. Ich erinnere mich an den kenianischen Außenminister, der an meinem ersten Tag in Afrika den amerikanischen Botschafter beschimpfte, er habe „die Mentalität eines Sklavenhalters". Es war eine wohlbedacht spöttische Bemerkung, die auf eine der größten weißen Befürchtungen zielte: die, als Rassist dazustehen.

Meiner Meinung nach erweist man mit dieser Zurückhaltung, offen über Afrika zu reden, dem Land einen Bärendienst. Die alten Zeiten des Kalten Krieges, in denen man die Diktatoren verhätschelte, mögen vorbei sein, aber Afrikas Diktatoren werden noch immer nicht hart genug angefaßt. Man zwingt sie nicht, sich von der Dollarunterstützung unabhängig zu machen, und man zwingt sie schon gar nicht, sich im Umgang mit ihren eigenen Bürgern an internationale Normen zu halten.

Wenn das so klingt, als sei ich all der alten Ausreden müde, dann mag das daher kommen, daß ich sie bereits so oft gehört habe. Oder Variationen über ein Thema in unterschiedlichem Kontext. Und ich spreche hier nicht allein über Afrika – ich spreche auch über Amerika.

Haben Sie jemals versucht, in Amerika ein vernünftiges Gespräch über die Probleme der schwarzen Unterschicht zu führen? Über Drogenmißbrauch und Teenagerschwangerschaften in den schwarzen Vierteln? Über den Zusammenbruch der schwarzen Familie, die Zahl der vorzeitigen Schulabbrüche, die schwindelnde Höhe von Verbrechen, die Schwarze an Schwarzen begehen? Daniel Patrick Moynihan hat es vor langer Zeit, bevor er Senator wurde, versucht und warnte vor der Desintegration schwarzer Familien. Er holte sich eine schlimme Abfuhr – wurde als Rassist und Schlimmeres beschimpft. Aber wenn man sich heute anschaut, was er damals sagte, so hört sich das an, als ob Pat damals verdammt recht gehabt hätte, und das zu einer Zeit, bevor diese Art von Reden in Mode kam.

Weiße sprechen ungern über die Probleme der Schwarzen, aber verdammt noch mal, auch die Schwarzen sprechen nicht offen darüber. Ich versuche jedesmal, wenn ich zu einer dieser Familienferientreffen nach Detroit fahre, diese Dinge anzusprechen. Dabei höre ich eine Menge über weißen Rassismus. Ich erfahre alles über Jim Crow, legale Rassentrennung, fiese Vermietungspraktiken und all den Kram. Ich höre Ausreden, und sonst nichts – und fast immer ist es rückwärts gerichtet, nie nach innen.

Mir scheint aber, wenn es mit der Rassenfrage weitergehen soll, sollten wir damit beginnen zuzugeben, daß der Feind in uns selbst ist.

Mein Vater ist jemand, der offen seine Meinung sagt. Er ist nicht sehr gebildet, ein paar Jahre College und ein paar Weiterbildungskurse in der Gewerkschaft. Aber er liest sehr viel, kennt sich gut aus in Geschichte und kommt in einem Gespräch schnell zum Kern der Sache. Als ich einmal von Asien zurückkam und wir an Thanksgiving um den Truthahn herumsaßen, beschloß ich, ein ziemlich heikles Thema anzusprechen, um zu sehen, wie meine Familie reagieren würde.

Es war mir aufgefallen, daß in unserer Nachbarschaft immer mehr koreanische Lebensmittelläden und Kaufhäuser aus dem Boden schossen. Die Koreaner hatten eine ganze Reihe der alten ausgebrannten und verlassenen Gebäude aufgekauft und sie in profitable Geschäfte umgewandelt. Sie arbeiteten hart und beschäftigten nur Familienmitglieder, vor allem hinter der Kasse. Warum, fragte ich zwischen Truthahn und Füllung, kann das sein, daß diese Einwanderer in eine schwarze Gegend ziehen und den wirtschaftlichen Aufstieg schaffen, während die Schwarzen, die doch schon seit vierhundert Jahren hier sind, noch immer auf der untersten Sprosse der Leiter festsitzen? Dann erzählte ich die Geschichte einer vietnamesischen Amerikanerin, mit der ich befreundet bin und die inzwischen in Houston lebt. Sie kam 1975 mit neun Jahren nach Amerika und sprach kein Wort Englisch. Ihre Familie verlor so ziemlich alles, als die Kommunisten in Saigon einmarschierten, und mußte quasi bei Null anfangen. Aber meine Bekannte schaffte den Abschluß an einer guten Universität, machte ihren Magister und war gerade von einem großen Stromwerk in Houston eingestellt worden.

Warum kann ein Einwandererkind, das vor zwanzig Jahren nicht einmal Englisch verstand, in unserem System so erfolgreich sein, während so viele Schwarze sich noch immer auf der Straße abrackern, um dann schließlich nur einen Wurstzipfel zu ergattern?

Junge, war das still, nachdem ich das gesagt hatte, und sie waren es nicht, weil sie innehielten, um den Truthahn zu segnen. Es war dann mein Alter, der das Wort ergriff und ihnen zu Hilfe kam, und seine polternde Direktheit hatte mit seinen siebzig Jahren noch keineswegs an Schärfe verloren. „Weil diese Schwarzen", sagte er, „die du da draußen auf der Straße siehst, denken, der weiße Mann schulde ihnen etwas. Sie warten immer noch auf ihre zwanzig Acres Land und ihr Maultier."

Mein Vater hat Yoweri Museveni nie kennengelernt, wird ihn vermutlich auch nie kennenlernen. Aber ich weiß, daß die beiden sich großartig unterhalten würden – kein Wischiwaschi, nur direkte Fragen und offene Antworten.

In Afrika gibt es eine ganze Menge Leute, die so rückwärtsgewandt denken. Die meisten Afrikaner wurden in unabhängigen schwarzen Ländern geboren, aber ihre Führer reden immer noch genauso über den Kolonialismus, wie schwarze „Führer" in Amerika über die Sklaverei und Jim Crow reden. Es gibt noch eine andere Parallele: Schwarze Führer in Afrika reden über Auslandshilfe, als ob sie ihnen zustehe – sie ist etwas, was man Afrika *schuldet*, und zwar ohne daß Bedingungen daran geknüpft sind. In gleicher Weise betrachten viele amerikanische Schwarze die Hilfsprogramme der Regierung als eine Art Geburtsanrecht. In beiden Fällen bleibt ein schwarzes Volk, das sich in einem Sicherheitsnetz von Abhängigkeiten räkelt.

So gesehen haben die alten afrikanischen Tyrannen recht – es gibt wirklich eine weiße Verschwörung, die die Schwarzen unten hält. Nur ist es nicht die, an die sie dabei denken, sondern eine so umfassende und heimtückische Verschwörung, daß „Der Plan" daneben wie ein Kinderspiel wirkt. Ich spreche von der großen Verschwörung des Schweigens, der kollektiven Bereitschaft der Weißen im Westen, den Kopf in den Sand zu stecken, wenn es um Afrika geht. Diese Haltung ist so verbreitet, daß selbst das Wort „Stamm" einige Weiße nervös macht, weil sie denken, es sei rassistisch, verächtlich. Der höflichere Begriff ist zur Zeit „einheimische ethnische Gruppe".

Natürlich, auch die Schwarzen sind nichtangeklagte Verschwörer in diesem konspirativen Schweigen. Ich meine hier all die selbsternannten Sprecher, die vorgeben, das ganze schwarze Amerika zu repräsentieren, als ob wir eine geschlossene Gruppe wären mit nur einer einzigen Weltanschauung. Sie stellen ihre regelmäßigen Forderungen nach Schuldenerlaß. Sie rufen nach immer höheren ausländischen Hilfszahlungen für diese korrupten kleinen schwarzen Potentaten. Inzwischen haben sie sogar begonnen, die Forderung nach „Reparationen" herumzuposaunen, die die USA als Wiedergutmachung für die ehemalige Schuld der Sklaverei an die afrikanischen Länder zu zahlen hätten – obwohl einige der damaligen afrikanischen Herrscher sich als Komplizen durchaus mitschuldig gemacht hatten, waren sie es doch, die im Landesinnern die Sklaven für die weißen Händler, die diesen expandierenden Menschenmarkt schufen, zusammentrieben. All das Gerede über Afrika streift nur das Problem, um das es wirklich geht – um die Notwendigkeit einer kritischen Überprüfung von Afrikas eigenen Fehlern seit seiner Unabhängigkeit. Was bislang fehlt, ist eine offene Auseinandersetzung darüber.

Aber wie können Amerikaner offen über Afrika reden, wenn Schwarze nicht einmal unter sich offen über Rasse reden können?

Afrikaner könnten diesen Prozeß beginnen, indem sie einen nüchternen kritischen Blick auf sich selbst richten. Sie könnten beginnen mit der Analyse ihres selbstzerstörerischen Hangs, alle Arten von Leid zu ertragen und auf Erlösung von außen zu warten.

Als ich den Kontinent bereiste, war eine der Fragen, die mich immer verfolgten: Warum wehren sich die Afrikaner nicht gegen die schreienden Ungerechtigkeiten? Als Reporter sah ich in Haiti und später in Burma die Leute auf die Straße gehen und gegen ihre autoritären Regierungen und gegen die Unterdrückung protestieren. Ich sah noch mit eigenen Augen die letzten Protestmärsche, die das System in Südkorea veränderten. Dank CNN war ich Zeuge von Revolutionen, die Diktaturen in Osteuropa und in der ehemaligen Sowjetunion zu Fall brachten. Aber in Afrika kommt es selten vor, daß die Menschen für ihre Rechte auf die Straße gehen. In Afrika gibt es keine „Macht dem Volk!"

In Zaire bat ich einmal einen Oppositionsführer namens Poppa Ileo, einen älteren Anführer der Anti-Mobutu-Bewegung, mir zu erklären, warum die Leute nicht auf die Straße gingen.

Was ich zu hören bekam, war eine Tirade darüber, daß es Amerikas Aufgabe sei, den Diktator, den sie eingesetzt hätten, wieder loszuwerden, nicht die der Zairer.

„Mobutus Milizen töten das Volk von Zaire", sagte er. „Als die Iraker anfingen, die Kurden umzubringen, was taten da die Amerikaner? Wenn man den Amerikanern glaubt, dann sind wir keine Menschen, weil wir uns von der Armee umbringen lassen. Wenn fünf Weiße, Europäer, getötet würden, würden hier Truppen einmarschieren. Aber Hunderte von Zairern werden getötet. Die Amerikaner sind die Herren der Demokratie und der Menschenrechte. Aufgrund der Vereinigten Staaten finden große Veränderungen in Osteuropa statt. Der Kommunismus ist zusammengebrochen. Die Demokratie blüht überall.

Sie helfen Rußland, sie helfen Polen, weil es dort demokratische Bewegungen gibt. Jetzt beginnt diese Bewegung in Afrika. Aber hier in Zaire blockiert die Regierung die Demokratie. Mobutu ist ein Produkt der Amerikaner. Das zairische Volk will Demokratie, aber Amerika hilft ihm nicht. Ich wünschte mir, daß die Vereinigten Staaten hier das gleiche täten wie in anderen Ländern, die die Menschenrechte nicht respektiert haben. Bei Marcos, Duvalier, Noriega waren es immer die Amerikaner. Amerika ist einer der Führer der Welt. Man sagt doch: ‚Wenn du ein Freund bist, dann hilf mir!'"

Es widerte mich an. Natürlich wußte ich, daß die CIA am Sturz und an der Ermordung von Zaires Unabhängigkeitshelden Patrice Lumumba beteiligt war. Aber das ist dreißig Jahre her! Ich suchte Rat bei meinem Freund Ipakala Abeiye Mobiko, der ein kleines Wochenblatt namens *La Reference* Plus herausgibt, das politische Reformen in Zaire fordert. Für Mobutu ist das Blatt das Sprachrohr seiner politischen Gegner. Ich wollte Mobiko in seiner Redaktion aufsuchen, die im zweiten Stock eines heruntergekommenen Gebäudes an einem ständig verstopften Kreisverkehr liegt. Aber es gab die Redaktion nicht mehr. Sie war ausgebrannt, und alles, was noch davon übriggeblieben war, war der verkohlte Name der Zeitung an dem, was früher einmal die Tür gewesen war. Als ich ihn endlich fand, arbeitete Mobiko gerade im vorderen Zimmer seines kleinen Hauses, wo Reporter und Redakteure um einen langen Tisch herumsaßen und ihre Berichte auf alten Schreibmaschinen herunterhackten.

Mobiko erzählte, wie die Soldaten an einem Donnerstag um sieben oder acht Uhr abends die Redaktion gestürmt hatten. Zuerst hatten sie sich ihren Weg ins Innere freigeschossen. Dann plünderten sie alles, trugen die Tische und Stühle, die Archive und Schreibmaschinen hinaus. Was sie nicht wegschaffen konnten, zerschlugen sie mit ihren Gewehren, wobei sie ihre Gewehrkolben als Schlaghammer benutzten. Und als sie gingen, übergossen sie alles mit Benzin und setzten es in Brand. Eine klare Botschaft von Präsident Mobutu.

„Das Problem Mobutu ist schwer von hier aus zu lösen", sagte er. „Die Zairer glauben, daß Mobutu nur deshalb noch an der Macht ist, weil ihm die USA helfen. Bill Clinton sagte, es sei eines seiner Hauptprobleme, diese Diktatoren überall in der Welt loszuwerden. Nun, und die Leute warten noch immer darauf, daß Bill Clinton sein Versprechen einlöst."

Ich war nun allmählich verärgert und suchte verzweifelt nach einer intelligenteren Einschätzung der Lage. Ich sprach mit Father Gode Iwele, einem kleinen ernsthaften gelehrten katholischen Priester, den ich schon früher auf meinen Reisen nach Zaire aufgesucht hatte. Bei einem meiner Besuche hatte ich ihn gefragt, warum die Zairer immer in die Vergangenheit schauten und dauernd darauf warteten, daß andere, vor allem die Amerikaner, sie von Mobutu befreiten, während die Oppositionsführer selbst nicht in der Lage waren, mehr als ein paar hundert Demonstranten auf die Straße zu bringen. Father Gode hörte mir zu, während ich meinem Ärger Luft machte, dann sagte er: „Die Leute sind davon überzeugt, daß die Amerikaner Mobutu unterstützen, und wenn die Amerikaner beschließen würden, ihn fallenzulassen, kann er sich nicht mehr lange halten. Aber eine Veränderung kann nicht stattfinden, solange wir unsere Hoffnung auf andere Länder zu setzen. Das ist das Problem in Zaire."

Ich traf Father Gode ein paar Monate später, nach einer neuerlichen Welle von Aufständen und Plünderungen durch Soldaten, die ihren Sold nicht erhalten hatten – und diesmal befand sich unter den Opfern der französische Botschafter, der erschossen worden war, als er das Chaos vom Fenster aus beobachtete. Ein politisches Patt zog sich bereits ein Jahr lang hin, und das Elefantengras, das die Stadt überwucherte, verdeckte inzwischen fast die leerstehenden Regierungsgebäude. Auch die Unterernährung war zu einem ernsten Problem geworden, und Gesundheitsexperten warnten vor einem erneuten Auftreten der Schlafkrankheit. Im Osten des Landes, in einem Ort namens Likasi, waren Mobutus Anhänger dabei, eine neue Welle ethnischer Säuberungen durchzuführen. Sie rotteten die Kasai aus, verluden sie wie Vieh auf Züge oder verschifften sie nach Nirgendwo. An die dreißigtausend Kasai lebten in einer eilig vom Roten Kreuz errichteten Zeltstadt. Und noch immer gingen die Zairer nicht gegen Mobutu auf die Straße. Noch immer warteten sie, daß die USA ihnen die Erlösung bringe.

Dieses Mal wußte Father Gode bereits, was ich dachte. „Jedes Volk hat seine eigene Kultur und seine eigene Identität", sagte er. „Die Menschen in Zaire sind friedlich. Sie lieben den Krieg nicht. Außerdem sind sie in einem gewissen Sinn realistisch. Als in Südafrika großes Elend herrschte, hatten die Regierungen dort wenigstens noch etwas Respekt vor den Menschen. Wenn Sie hier auf die Straße gehen, werden Sie kurzerhand getötet. Ich selbst bin der Meinung, daß es nicht vernünftig wäre, die Leute auf die Straße zu schicken. Wir haben schon genug Menschen, die sterben. In den Krankenhäusern gibt es keine Medikamente. Die Berge von Toten würden nur noch weiter anwachsen."

Auf derselben Reise stellte ich dieselbe Frage auch einem befreundeten Kollegen namens Jean-Louis Katambwa, dessen Spitzname „Mike" ist. Er arbeitete für Umoja, eine solide Anti-Mobutu-Zeitung in Kinshasa. Er betete mir die bekannte Litanei herunter, daß die CIA beim Sturz Lumumbas ihre Hand mit im Spiel gehabt habe und es deshalb heute Amerikas Pflicht sei, Mobutu zu entfernen. „Ihr Amerikaner müßt uns helfen", sagte er. „Was habt ihr denn mit den Diktatoren in anderen Ländern gemacht? Ihr habt sie verschwinden lassen! Warum helft ihr den Zairern nicht und laßt Mobutu verschwinden? Mobutu steckt zur Zeit tief im Dschungel. Bitte hilf uns, Amerika. Ihr habt es mit Marcos geschafft. Alles, worum das zairische Volk euch bittet, ist, uns zu helfen."

An diesem Punkt unterbrach ich ihn. Wo, fragte ich, war das Volk? Wenn Mobutu so unpopulär ist, warum sind dann nicht eine Million Leute auf der Straße, die gegen ihn marschieren? Warum sollte mein Land euch helfen, wenn ihr nicht da draußen seid und euch selbst zu helfen versucht?

Ich war nun wirklich wütend, zitterte und schlug mit der Faust auf seinen Schreibtisch. Mike erkannte, daß mich das wütend machte, hielt einen Moment inne und ließ sich meine Frage durch den Kopf gehen. Dann schaltete er auf eine andere Gangart um.

„Die Leute in Zaire, besonders in Kinshasa, sind es nicht gewöhnt, auf die Straße zu gehen", sagte er schließlich. „Die Leute haben Hunger. Aber sie sind nicht an Demonstrationen gewöhnt, das ist das Problem. Sie wollen zwar auf die Straße gehen, aber wenn sie es heute tun, werden sie morgen müde sein." Müde, erschöpft allein von dem Versuch zu überleben, wollen sie nicht auch noch von Soldaten mit Maschinengewehren niedergemäht werden.

„Das Problem liegt auch in der Erziehung", fuhr Mike fort. „Du kannst das nicht mit den Philippinen vergleichen. Wir haben unsere eigenen Traditionen hier. Das ist eine Frage der Mentalität. Bis man hier für die Demokratie auf die Straße geht, dauert es lange. Das geht nur Schritt für Schritt. Es ist wie jemand, der geträumt hat und gerade aufwacht."

Aber einige fangen an aufzuwachen. Es gehörte zu einem der wenigen ermutigenden Dinge, die ich in Afrika erlebte, als ich die paar mutigen, kämpferischen, ganz normalen Afrikaner kennenlernte – Politiker, natürlich, aber auch Ärzte, Priester, Zeitungsredakteure, Lehrer und ganz gewöhnliche Bürger –, die Tag für Tag Kinder unterrichteten, im Freien unter einem Baum, ohne Bücher oder Schreibpapier, die eine Gewerkschaft gründeten, eine neue Zeitung herausgaben oder eine Tagesklinik eröffneten, in der Prostituierte mit Kondomen versorgt wurden, bevor sie wieder auf die Straße gingen. Als ich mit einigen von ihnen sprach, sah ich einen Strahl von Hoffnung, den ich sonst so vermißte. Ich lernte durch ihre Geschichten auch die fast unüberwindlichen Hindernisse kennen.

Eugene Nzila ist der Leiter des Projekts SIDA (Aids auf Französisch), einst eines der anerkanntesten und bekanntesten Aids-Forschungsprogramme in Afrika. Es war jener Arzt, der an die zairischen Prostituierten Kondome für zwei Cents verkaufte, weil er ihnen ein gewisses Verantwortungsbewußtsein einzuimpfen versuchte und die Ausbreitung der Seuche eindämmen wollte. In seiner Glanzzeit beschäftigte das Projekt SIDA etwa dreißig Ärzte und erhielt vier Millionen Dollar an internationalen Fördergeldern. Aber Nzilas Büro ist inzwischen weitgehend verlassen. Die Computer sind noch da, aber ihre Verbindung mit den weltweiten Datenbanken ist gekappt, weil die Telefonleitungen nicht funktionieren. Die Belegschaft hat seit Monaten kein Gehalt mehr bekommen, und die meisten erscheinen überhaupt nicht mehr. Nzila selbst kommt noch in sein Büro und versucht, die Stromversorgung aufrechtzuerhalten, um die kostbaren Blutproben, die eingefroren bleiben müssen, zu schützen. Er hofft und betet, daß das Projekt eines Tages weitergeführt werden kann.

Dieses Projekt ist ein weiteres klassisches Beispiel für die Fäulnis, die sich in einem Land ausgebreitet hat, das eigentlich Afrikas reichstes Land sein könnte. Nichts funktioniert hier mehr – nicht die Schulen, in denen die Lehrer kein Gehalt bekommen, nicht die staatlichen Krankenhäuser, wo die Patienten vorher bar bezahlen müssen, damit ein Arzt sie behandelt. Regierungsbeamte halten es nicht für nötig, in ihren leeren höhlenartigen Büros zu erscheinen. Wenn man eine offizielle

Erlaubnis oder einen Stempel braucht, findet man den zuständigen Beamten bei sich zu Hause und bezahlt ihn in bar für die gewünschte Unterschrift oder den Stempel. Nicht einmal mehr die Polizei oder die Soldaten werden bezahlt, und die meisten arbeiten nun nebenher als Sicherheitsleute oder, was häufiger vorkommt, erpressen Geld von Passanten oder zetteln blutige Straßenkämpfe an. Es ist eine Privatisierung, die Amok läuft.

Die Gefangenen in den Gefängnissen verhungern, weil die Verwaltung kein Geld für ihr Essen hat. Die Tiere im Zoo verhungern. Die Situation in der Stadt ist inzwischen so verzweifelt, daß die Einwohner in der Erde nach Wurzeln graben und andere auf den öffentlichen Rasenflächen Getreide anbauen. „Vorkolonialistisch", so beschrieb ein Brite in Kinshasa das Land.

Und doch kommt Eugene Nzila jeden Morgen pflichtbewußt in sein Büro. Natürlich bekommt auch er kein Gehalt, also ißt er, wie es in Zaire inzwischen üblich ist, nur alle zwei Tage. Ich frage ihn, wie er damit überleben wolle, und er lacht über die Naivität meiner Frage. „Ich überlebe nicht!" sagt er. „Ich verhungere!"

Edward Oyugi ist kein Krimineller, nicht einmal ein politischer Dissident, auf keinen Fall ein Unruhestifter. Er ist einfach ein Akademiker, ein Psychologieprofessor in Nairobi, einer der Afrikaner, die versuchen, die Leute aufzuwecken. Als Belohnung für seine Bemühungen hat er genug Zeit in Gefängnissen verbracht, um so etwas wie ein Experte auf dem Gebiet des kenianischen Strafvollzugs zu sein. Er kann dir von dem Gefängnis an der Küste erzählen, wo man ihn in einer kochend heißen Zelle in Isolationshaft hielt, vier Jahre lang Tag und Nacht eingesperrt, ohne etwas anderes zum Lesen als seine Bibel.

Sein Verbrechen? Er hatte sich mit Präsident Daniel arap Moi angelegt, der die Universitäten für Brutstätten der Subversion hält. Oyugi lehrte an der Kenyatta University, als er Ende der siebziger Jahre in den Personalrat der Universität gewählt wurde, zu einer Zeit, in der die Studentendemonstrationen einen regierungskritischen Ton anschlugen. Moi begann mit aller Macht, die sogenannten radikalen Elemente vom Campus zu entfernen, und Oyugi wurde zusammen mit drei anderen verhaftet und beschuldigt, ein „aufwieglerisches" Dokument in seinem Besitz zu haben.

Oyugi wurde entlassen, nachdem er in Hungerstreik getreten war, dann aber auf die schwarze Liste gesetzt und durfte nicht mehr an die Universität zurück. Also verließ er, wie viele der Besten und Klügsten Kenias, das Land und ging nach Deutschland. Er kehrte ein Jahr später zurück, als man ihm erlaubte, seine alte Stelle an der Kenyatta University wieder anzutreten, aber 1990, als das Mehrparteienfieber das Land ergriffen hatte, wurde er erneut verhaftet, ohne Beweis, ohne Prozeß, aus reiner Schikane. Diesmal wurde er wegen versuchten Regierungsumsturzes angeklagt. Er wurde zu sieben Jahren Gefängnis verurteilt, aber die Anklage war offensichtlich erfunden und wurde später in der Berufung fallengelassen. Doch bis zur Aufhebung des Urteils hatte er bereits länger im Gefängnis gesessen, und als er entlassen wurde, verbot man ihm erneut, an seine alte Lehrstelle an der Universität zurückzukehren.

Edward Oyugi mag heute ein geschlagener Mann sein, ein Arbeitsloser, fertiggemacht von einem ungerechten System und einem rücksichtslosen Tyrannen. Aber er ist nicht verbittert. Er spricht mit leiser Stimme, und manchmal klagt er sich selber an. An den meisten Tagen „stöbert er herum", wie er sagt, und versucht, ein paar Beraterjobs zu finden oder ein wenig Geld zu verdienen, ein bißchen hier, ein bißchen da, gerade genug, um sich etwas zu essen zu kaufen. Wenn er so etwas wie Mitleid empfindet, dann nicht für sich, sondern für Kenias Bildungssystem und wie Moi es geschafft hat, es komplett zu zerstören, und damit die Zukunft des Landes aufs Spiel gesetzt hat. „Die meisten guten Professoren sind weg", sagte er. „Die, die bleiben, sind zum größten Teil Speichellecker, denen es nur ums Geld geht. Sie veröffentlichen nichts. Sie forschen nicht. Es gibt keine Qualität. Damit sind die Universitäten am Ende.

Es wird lange dauern. Es braucht eine neue Regierung, die die akademische Freiheit und die Souveränität der akademischen Institutionen respektiert. Moi ist unfähig, sich so zu verändern, daß unsere Universitäten in die Lage kämen, sich wieder zu erholen."

„Wir haben etwa drei Generationen verloren", sagte er. „Ich sehe komplexe Probleme, die lange Zeit in Anspruch nehmen werden, sie zu lösen. Es ist wirklich zum Erbarmen für die Zukunft dieses Landes, daß die Führer ihre Augen vor allem verschließen."

Koigi wa Wamwere ist ein politischer Aktivist, Mitglied des großen Kikuyu-Stammes in Kenia – eine Nemesis für Präsident Moi und seine KANU-Maschinerie. Koigi ist ebenfalls eine der einsamen und mutigen Seelen, die sich gegen Afrikas Ungerechtigkeiten empören.

Seit Jahren ist er entweder im Gefängnis oder in Freiheit, und zwar immer deshalb, weil er öffentlich gegen die Diktatur auftritt. Einmal ging er nach Norwegen ins Exil, als er Wind davon bekam, daß man ihn umbringen wollte. Vier Jahre später kam er nach Afrika zurück, wurde vom Geheimdienst entführt und des Hochverrats angeklagt, aber diese Anklage wurde natürlich später fallengelassen. Inzwischen hat Koigi eine neue Menschenrechtsgruppe gegründet, die NDEHU-RIO heißt, und untersucht auf eigene Faust die von der Regierung inszenierten Stammeskämpfe im Rift-Valley.

Koigi wurde zusammen mit zwei Verwandten und einem Freund verhaftet, mit der Begründung, der Kopf einer brutalen Verschwörung zu sein, die geplant haben soll, eine Polizeiwache zu überfallen und Waffen zu stehlen, um so eine neue bewaffnete Rebellion anzuzetteln. Und Moi überließ nichts dem Zufall. Der vorsitzende Richter, William Tuiyot, ein Mitglied von Mois Klan, hinderte Koigis Verteidiger daran, ihre Sicht des Falles vorzutragen, und erlaubte damit, daß eine eindeutig falsche, einzig auf Lügen gegründete Anklage der Regierung unwidersprochen blieb. Die Widersprüche im Fall Koigi wären lächerlich, wäre er nicht eines Kapitalverbrechens angeklagt worden. Gerichtsmediziner bestätigten, daß einer von Koigis „Gangstern", derangeblich in der Nacht des Überfalls auf die Polizeiwache erschossen worden war, in Wirklichkeit bereits einen Tag vor dem Überfall gestorben war. Und ein zweites Opfer, das man aus einem Maisfeld gezogen hatte, war bereits einen Monat lang tot. Die selbstgebastelte Pistole, die Koigis Männer angeblich benutzt hatten, funktionierte nicht, als sie als Beweisstück vor Gericht vorgelegt wurde. Zeugen konnten keinen der Verdächtigen identifizieren. Koigi hatte sogar ein Alibi: In der Nacht, in der der Überfall stattgefunden haben sollte, war er in Nairobi im Haus des angesehenen Menschenrechtsanwalts Gibson Kamau Kurai. Aber Tuiyot, dieser unparteiische Gebieter über Gerechtigkeit und Wahrheitssucher, entließ alle Zeugen der Verteidigung als „Lügner".

Als man Koigi zum Schluß erlaubte, in eigener Sache zu sprechen, hielt er eine eloquente Anklagerede gegen das Femegericht, von dem er wußte, daß es ihn am Ende verurteilen würde. „Am meisten bedaure ich, daß ich mich vor einem Gerichtshof verteidigen muß, der mehr einem Kasernenhof ähnelt", sagte er. Der Prozeß, die Beweise gegen ihn, der erlogene Überfall sei alles von Moi ausgebrütet worden, der Koigi als Bedrohung empfinde und seine dicken Dreadlocks als nicht zu duldenden Akt des Widerstands in einem Land betrachte, das auf konservativer Uniformierung bestehe. Moi habe schon früher sein Wort darauf verpfändet, daß er Koigis Dreadlocks abschneiden lassen werde, so oder so.

„Wenn du einen Hund töten willst, nenne ihn einen schlechten Hund", fuhr Koigi fort. Und dann erinnerte er an zwei weitere afrikanische Helden, die ungerecht behandelt und verurteilt worden waren – an Nelson Mandela und Kenias Unabhängigkeitsführer Jomo Kenyatta. „Warum", fragte er, „sollte ein Gericht in einem unabhängigen Kenia sich so bemühen, die Gerichte der Kolonialzeit und der Apartheid an Ungerechtigkeit zu übertreffen? Ein solches Gericht kann doch nur von diesem Stammeshaß getrieben sein, der schon die Rechtsprechung in Ländern wie Ruanda, Somalia und Liberia mit Stumpf und Stiel vernichtet hat."

Die Wahrheit sei, so endete Koigi seine Anklage, daß, „obwohl Kenia unabhängig ist und Afrikaner jetzt an der Macht sind, Sie – ein schwarzer Afrikaner – uns, die wir nicht zu Ihrem Stamm gehören, weniger Gerechtigkeit zuteil werden lassen als die weißen Kolonialherren Kenyatta zugestanden hatten, obwohl er ein Schwarzer war und kolonialer Untertan ... Präsident Moi wird einen Schuldspruch gegen uns dazu verwenden, um den Kikuyus und den anderen Nicht-Kalenin-Stämmen im Rift-Valley, die sich in der Opposition befinden, klarzumachen, daß sie entweder in die KANU eintreten oder das Rift-Valley verlassen müssen, und falls sie das nicht tun, das Risiko eingehen, bei Stammesfehden oder im Gefängnis per Gerichtsurteil getötet zu werden...

Präsident Moi wird einen Schuldspruch gegen uns dazu verwenden, der politischen Opposition in diesem Lande klarzumachen, daß einen Menschen, der nicht auf seiner Seite steht, kein Nachweis seiner Unschuld, kein geschriebenes oder ungeschriebenes Gesetz, keine Verfassung, keine Bitte um Gerechtigkeit, aus welcher Ecke auch immer, ja nicht einmal Gott vor seinem Zorn schützen wird. Diese Gerichtsverhandlung ist deshalb ein Teil von Mois Kampagne, die Mehrparteiendemokratie in diesem Lande zu verhindern."

Ich wünschte, sagen zu können, daß Koigis Beredtsamkeit Beachtung gefunden, daß Tuiyot seinen Fehler erkannt hätte, Kenias Rechtsprechung zum Werkzeug der KANU-Partei verkommen zu lassen. Aber dies ist Afrika, und die Good Guys gewinnen hier selten. Koigi wurde verurteilt – aber nicht wegen eines Kapitalverbrechens, was ihm die Todesstrafe ersparte. Er wurde zu acht Jahren Gefängnis und zu sechs Stockhieben verurteilt. Und gewiß bekam Moi seinen Wunsch, Koigis Dreadlocks abzuschneiden, erfüllt, da bin ich sicher. Ein wichtiger Kritiker, eine Persönlichkeit, die die Opposition hätte um sich sammeln können, wurde so bis lange nach der nächsten Wahl aus dem Verkehr gezogen.

Ich könnte endlos so weitermachen. Meine Notizbücher sind bis oben hin voll mit Geschichten über Unterdrückung, Verfolgung, Ungerechtigkeit. So voll, daß ich manchmal mit der Faust gegen die Wand schlagen möchte, aber natürlich weiß ich, daß das nichts nützt. Statt dessen bleiben meine Gefühle fest zugeschnürt in mir, bis zur nächsten Reise, zum nächsten Land, und zur selben Ungerechtigkeit, zur selben Unfairneß, und alles wie gehabt.

Afrikaner müssen aufwachen und auf Leute wie Koigi hören, wenn sie jemals ein besseres Leben haben wollen. In dieser Hinsicht jedenfalls bin ich mir sicher. Aber daneben gibt es für mich zur Zeit nicht viel, worin ich mir noch sicher bin. Afrika hat mir alle Sicherheiten genommen, hat sie ins Gegenteil verkehrt, hat mein Innerstes nach außen gekehrt, und ich weiß nicht mehr, was ich wirklich glaube.

Ich möchte die Diktatoren hassen und an die mutigen Afrikaner glauben, die für ihre Freiheit kämpfen. Aber von diesen wenigen Ausnahmen abgesehen, kämpfen die meisten Afrikaner nicht. Sie wurden zu gewaltsam und zu lange unterdrückt, und so sehen sie keinen anderen Ausweg, als auf einen großen weißen Mariner in Kampfuniform zu warten, der sie aus ihrer Unterdrückung erlöst. Ich wünschte, ich würde unter den normalen anständigen Afrikanern Helden finden, aber sie machen mich rasend mit ihrer endlosen schweigenden Ergebung in die Unterdrückung, ihrer grenzenlosen Toleranz, ihren Ausreden. Koigi wa Wamwere wurde in Kenia ins Gefängnis geworfen, aber es gibt nicht den leisesten Piep einer Protestkundgebung auf den Straßen von Nairobi oder Nakuru. In Kamerun wurde eine Wahl geklaut, und eine Woche danach tut jeder, als ob nichts gewesen wäre. Der Große Mann ist immer noch an seinem Platz, wird es wohl immer bleiben. Die Good Guys gewinnen nicht, weil viele von ihnen nicht mehr weiterkämpfen wollen. Afrikas Ungerechtigkeiten haben mich zum Revolutionär gemacht, aber es gibt keine Revolution, in der man kämpfen könnte, nur noch mehr Elend und Verzweiflung. Und Ausflüchte.

Außer in Südafrika. Ja, Südafrika, die große Ausnahme auf dem Kontinent, die schwarze Hoffnung. Dort gingen die Leute auf die Straße, in Soweto und Sharpeville und in all den anderen Townships. Südafrikas schwarze Massen zeigten, daß sie willens waren, sich gegen Ungerechtigkeit zur Wehr zu setzen – auf sich selbst gestellt, nur mit Steinen gegen Maschinenpistolen –, und die Übermacht dort schien noch weit unüberwindlicher zu sein. In Südafrika gab es Good Guys und Bad Guys, es war ein klarer Fall von schwarz und weiß. Und dieses eine Mal gewannen am Ende die Good Guys.

Wenn ich irgendwo Hoffnung finden würde – wenn ich diese Abwärtsspirale meiner eigenen Desillusionierung beenden wollte –, mußte ich nach Süden gehen.

9

BLICK NACH SÜDEN, BLICK NACH NORDEN

„Behaltet eure Weißen."

SAMORA MACHEL,
Präsident von Mosambik
zu ROBERT MUGABE,
Premierminister von Zimbabwe

ICH HATTE MICH EINES NACHTS in Johannesburg verfahren und geriet am Ende in eine wilde Verfolgungsjagd mit ein paar verrückten weißen Typen, von denen der eine gerade versucht hatte, mit der Faust mein Wagenfenster einzuschlagen.

Ich war für zwei Wochen nach Johannesburg gekommen, als Vertretung für unseren Korrespondenten Paul Taylor, der in Urlaub gefahren war. Ich war mit einem Freund essen gewesen und versuchte mich durch Johannesburgs Straßen durchzuschleusen und die Straße zu finden, die mich wieder zum Highway zurückbringen würde. Ich entdeckte sie ein paar Sekunden zu spät und mußte deshalb schnell die Fahrspur wechseln. Dabei hatte ich offenbar zwei weiße Typen in einem dunkelfarbenen Sedan geschnitten, die alles andere als erfreut waren, von einem feinen schwarzen Pinkel in einem nagelneuen Sportwagen so dreist behandelt zu werden.

Sie verfolgten mich ein paar Straßen weit, wild hupend und mit aufgeblendeten Scheinwerfern. Als ich an der nächsten roten Ampel anhalten mußte, stellte sich der dunkle Wagen vor mich und blockierte die Fahrbahn. Scheiße, dachte ich, auch das noch. Das ist genau das, was du jetzt brauchst! Es war ein paar Monate vor Südafrikas erster Wahl, bei der alle Rassen zugelassen waren, und das Land schien zeitenweise am Rande eines Bürgerkriegs zu stehen. Du hast gute Chancen, daß die Jungs Waffen bei sich haben, dachte ich.

Während ich noch überlegte, was wohl als nächstes kommen würde, sprang einer der Typen aus dem Wagen, rannte zu meinem Seitenfenster und hämmerte wie ein Verrückter mit der Faust darauf los. Er riß meinen Seitenspiegel ab und verbog die Antenne. Er schrie wie wahnsinnig, aber ich konnte nichts verstehen. Die Scheibe war hochgedreht, und ich war zu sehr damit beschäftigt, mir etwas einfallen zu lassen, wie ich verdammt noch mal hier wieder rauskommen sollte.

Ich rammte den Rückwärtsgang ein und zog den Wagen ganz schön scharf und, wie ich dachte, eindrucksvoll nach hinten, achtete darauf, den Burschen, der an mein Fenster schlug, nicht zu überfahren, schaltete dann blitzschnell in den ersten Gang und raste, so schnell ich konnte, an dem anderen Wagen vorbei davon. Im Rückspiegel sah ich, daß sie die Verfolgung wieder aufgenommen hatten, vermutlich noch wütender als zuvor, weil ich ihnen entwischt war.

Fahr nach Alex, dachte ich.

„Alex" ist die Abkürzung für die dicht zusammengepferchte, schmutzige schwarze Township Alexandria, ein Quadratkilometer menschliches Leid, auf dem vierhunderttausend schwarze Männer, Frauen und Kinder im Schatten der schimmernden Bürohäuser, der Einkaufszentren und der gepflegten Rasenflächen des weißen Vororts Sandton jenseits eines vierspurigen Highways wohnen. „Alex" wurde bereits 1912 zum Schwarzenviertel erklärt, aber 1958 erkannten die Architekten der südafrikanischen Apartheidspolitik, daß diese konzentrierte Ansammlung von Schwarzen zu nah an der Stadt lag, um sich sicher zu fühlen, und so entstand der Plan, die Bewohner von Alex in die sicheren Grenzen des fernen Soweto zu evakuieren. Als sich die Bewohner von Alex dagegen wehrten, begannen die Behörden 1966 sie mit Gewalt umzusiedeln, solange bis Alex zwölf Jahre später einen Aufschub erwirkte. Als dann die verhaßten Passierscheingesetze, die die Bewegungsfreiheit der Schwarzen eingeschränkt hatten, verschwunden waren und die Schwarzen überall in der Stadt wohnen durften, begann die Bevölkerung von Alex wieder zu wachsen – hauptsächlich infolge seiner günstigen Lage, besonders für die schwarzen Putzfrauen, die nur über den Highway mußten, um in ein Minivan-Taxi zu steigen, oder sogar zu Fuß die Häuser erreichen konnten, die sie für ihre wohlwollenden weißen Arbeitgeber putzen durften.

Ich war an diesem Morgen für ein paar Interviews nach Alex gefahren und hatte mir von einem örtlichen Gemeindeverwalter und Friedenskämpfer namens Linda Twala den Stadtteil zeigen lassen. Ich wußte im Prinzip, wie ich da hinkommen würde, und war ziemlich zuversichtlich, daß solche weißen Typen, die mit ihrem Wagen hinter einem Schwarzen her waren, ihm höchstwahrscheinlich nicht in ein geschlossenes schwarzes Township folgen würden. So war das eben in Südafrika. Schwarze und Weiße lebten getrennte Leben, und vor allem Weiße hatten Angst, sich in einen Stadtteil zu wagen, in dem viele arme Schwarze wohnten.

Eigentlich wie in Detroit, dachte ich amüsiert.

Es zeigte sich, daß ich recht hatte. Der Wagen hinter mir blieb mir die ganze Fahrt über auf dem Highway auf den Fersen, bis klar wurde, daß ich Richtung Alex fuhr. Ich sah im Rückspiegel, wie die Scheinwerfer schwächer wurden und der Wagen zurückblieb, bis er schließlich verschwand.

Ich stieß einen Seufzer der Erleichterung aus und war überrascht, wie stark mein Herz klopfte. Bei der ersten Gelegenheit machte ich einen U-Turn und fuhr in die „Sicherheit" der weißen

Vororte zurück. Die weißen Burschen, die mich verfolgt hatten, konnten es nicht wissen, aber auch ich hatte kein sonderliches Interesse daran, bei Nacht nach Alex hineinzufahren. Die Wahrheit ist, daß ich ebenfalls Angst hatte.

Ist das nicht eine Ironie? Hier bin ich, ein Schwarzer in Südafrika, und beim ersten Anzeichen einer „weißen" Gefahr suche ich Sicherheit bei Typen meiner Art, in Alex. Ich rechnete einfach damit, daß die Bewohner des Townships, wenn sie einen Schwarzen sehen, der offensichtlich in der Klemme saß und von ein paar weißen Halbstarken verfolgt wurde, mir schon allein aus schwarzer Solidarität zu Hilfe gekommen wären. Und diese weißen Burschen hätten von Glück sagen können, wenn sie da lebend rausgekommen wären.

Aber ich allein nachts nach Alex fahren? Sorry, auf keinen Fall. Solidarität? In diesem Fall keine, da war ich mir sicher. Dieselben Schwarzen, die mir vielleicht gegen den gemeinsamen weißen Feind geholfen hätten, hätten mir genauso schnell einen Stein an den Kopf werfen können und mich in einem Graben liegengelassen, um an meine Autoschlüssel und meine Brieftasche zu kommen.

Komischer Ort, dieses Südafrika. Seine krankhaften Verrücktheiten zwingen die Menschen zu dieser Art rassischen Gruppendenkens. Da ich immer nur kurze Zeit dort war, verbrachte ich schließlich die meiste Zeit in den angenehmen klimatisierten Einkaufszentren, in den Restaurants der nördlichen Vororte, die gerade „in" waren, und auf Dinnerparties weißer Freunde und Kollegen, auf denen darüber diskutiert wurde, ob das Land unter Nelson Mandela, seinem ersten schwarzen Präsidenten, zur Hölle fahren würde oder nicht. Die Situation ähnelte der, in der ich mich befunden hatte, als ich in Kenia ankam. Und es hatte nicht lange gedauert, bis auch ich in diese Art rassischen Gruppendenkens verfiel und mich, kaum daß ich mich bedroht fühlte, nach Alex flüchtete, in den Schutz meiner schwarzen Sippe.

Ich dachte noch ziemlich lange über diesen kleinen Zwischenfall nach, nicht weil das Schauspiel an sich so wichtig oder dramatisch gewesen wäre – ich bin sicher, daß so etwas in Süd-afrika jeden Tag passiert –, sondern um dessen willen, wofür er stand. Mein ganzes Leben lang habe ich – als schwarzes Kind, das in einem weißen Land aufwuchs – mich dagegen gewehrt und es verabscheut, mich für die eine oder die andere Seite ent-scheiden zu müssen. Ich hatte immer vermeiden wollen, über meine Hautfarbe definiert zu werden; vermutlich erinnerte ich mich an Martin Luther Kings Vision, daß es dein Charakter ist, der zählt. Deshalb ärgerte mich auch die Forderung so sehr, ich hätte ein „schwarzer Reporter" zu sein statt einfach ein guter Reporter. Und in Afrika war es genau aus diesem Grund, daß ich mich weigerte, den verschiedenen afrikanischen Despoten und ihren Sprechern auf den Leim zu gehen, wenn sie mir ir-gendwie zu verstehen gaben, daß man von mir als schwarzem Journalist eine wohlwollendere Berichterstattung und mehr Verständnis erwartete. Ich wollte in keine Schublade gesteckt oder von irgendeiner Seite vereinnahmt werden.

Aber Südafrika schaffte es, alle meine Vorsätze auf den Kopf zu stellen. Hier führt nichts an der Tatsache vorbei, daß jeder – auch ich – aufgrund seiner Hautfarbe definiert und katego-risiert wird.

In diesen Monaten vor der Wahl stand Südafrika vor dem Abgrund. Obwohl die Entscheidung, die weiße Herrschaft zu beenden und die erste schwarze Regierung zu wählen, bereits gefallen war, bestand die große Gefahr, daß das Land in einen ausgewachsenen Bürgerkrieg abrutschte. Glücklicherweise passierte das nicht. Aber während dieser unsicheren Monate fragte ich mich oft: Wenn ich in Johannesburg leben und ein Rassenkrieg ausbrechen würde, auf welcher Seite würde ich dann stehen? Von uns Journalisten wurde natürlich erwartet, daß wir neutral blieben, um über alle Aspekte eines Konflikts berichten zu können. Aber ein Rassenkrieg? Wäre ein schwarzer amerikanischer Journalist bei einem solchen Konflikt zur Neu-tralität fähig? Konnte ich überhaupt erwarten, daß man mich als Außenstehenden, als bloßen Beobachter akzeptieren würde? Oder würde ich mich womöglich wieder gezwungen sehen, mich in die „Sicherheit" von Alex zurückzuziehen? Gab es überhaupt irgendeinen Zweifel daran, auf welcher Seite ich stünde?

Ich reiste viermal nach Südafrika – zweimal vor den Wahlen von 1994, die Nelson Mandela und den ANC an die Macht brachten, und zweimal danach. Ich hatte viel zu wenig Zeit, um mehr als einen oberflächlichen Eindruck zu gewinnen und die Komplexität dieses riesigen und schwierigen Landes in allen Schichten zu begreifen. Aber bei jedem Aufenthalt faszinierte und erstaunte es mich mehr. In gewisser Hinsicht war Südafrika jenes Land auf dem Kontinent, das am meisten wie Zuhause, wie Amerika, aussah und roch. Von dem Moment an, wo du auf dem modernen Jan Smuts International Airport landest und fröhlich beschwingt die erfrischend effizienten Zoll- und Einwanderungsprozeduren passierst, bis hin zu dem Augenblick, wo du auf einem der supermodernen Highways entlangrast, in der Ferne die Skyline Johannesburgs im Blick, hast du auch schon den Eindruck, daß dies leicht eine mittelgroße amerikanische Stadt im mittleren Westen Amerikas sein könnte. Die Einkaufszentren – und Johannesburg ist wahrlich eine Stadt der Einkaufszentren – sehen alle genauso aus wie die von Washington bis Detroit und Dallas. In einer der besseren Einkaufspassagen Johannesburgs erinnert den Besucher tatsächlich nichts daran, daß er sich in Afrika befindet, mit Ausnahme der paar Läden hie und da, die afrikanisches Kunsthandwerk und Souvenirs zu horrenden Preisen verkaufen,.

Doch obwohl dies eine westliche amerikanisierte Stadt ist, wurde sie mitten in ein schwarzes Land auf einem schwarzen Kontinent verpflanzt, und an diese entscheidende Tatsache kann man unter Umständen sehr schnell wieder erinnert werden. So sehr das weiße Südafrika auch versucht hat, sich abzugrenzen, Afrika brauchte nicht lange, um solche Grenzen zu überwinden. Dies ist ein Ort auf dem Globus, an dem die entwickelte und die sich entwickelnde Welt im wahrsten Sinn des Wortes dicht auf dicht, Wange an Wange beieinander leben, und diese explosive Mischung ist ebenso komisch wie oft auch bizarr.

An meinem ersten Arbeitstag in der südafrikanischen Redaktion der Post kam eine dringende Nachricht von der South African Press Association über den Ticker: Ein unidentifizierter Bewaffneter oder mehrere Bewaffnete mit zumindest einer AK-47 habe gerade auf eine Gruppe schwarzer Arbeiter geschossen, die an ihrem freien Tag ein Sonntagstreffen ihrer Beerdigungsgesellschaft abhielten, einer Art Versicherungsfond für Arbeitnehmer, der für die Beerdigungskosten der Angehörigen ihrer Familien aufkommt. Es war in den östlichen Vororten passiert, in Germiston, in der Nähe des Scaw Metals Stahlwerks, in dem sandigen Industriegebiet, das etwa vierzehn Kilometer außerhalb der Stadt liegt. Einige der Opfer hatten außerhalb des Stahlwerks gesessen, ihren Lunch gegessen und getrunken. Eine erste Zählung ergab mindestens zwölf Menschen, die auf der Stelle tot gewesen waren, und zwölf Verwundete, und eine Stunde nach der Schießerei konnte man die Körper noch immer auf dem Betonboden vor der Fabrik liegen sehen.

Der Überfall selbst schien mir nichts Besonderes zu sein – zu dieser Zeit hatte er nicht einmal Nachrichtenwert, da diese Art von Gewalttaten in Südafrika in den Monaten vor der Wahl an der Tagesordnung war. Das meiste Blutvergießen wurde verursacht durch die andauernden politischen Kämpfe zwischen den Anhängern von Mandelas African National Congress und der rivalisierenden Inkatha Freedom Party oder IFP, der größtenteils aus Zulus bestehenden Partei von Häuptling Mangosuthu Buthelezi. Es sollte sich erst sehr viel später herausstellen – obwohl der ANC es bereits zu dieser Zeit behauptete –, daß ein großer Teil der gewalttätigen Aktionen hinter den Kulissen von einer „dritten Macht" organisiert wurde, von Hardlinern der weißen südafrikanischen Sicherheitspolizei und des Geheimdienstes. Inkatha war in dieser Zeit noch gegen die geplanten Wahlen – Buthelezi gab seinen Boykott erst in letzter Minute auf –, und Schießereien und Massaker wie die vor dem Scaw Metals Stahlwerk waren fast an der Tagesordnung. Tatsächlich hatte sich die Schießerei an diesem Sonntag nur einen Kilometer weit von dem Platz entfernt ereignet, an dem vor ungefähr einem Monat sieben Zulu-sprechende IFP-Anhänger aus einem Minibus gezerrt und von unbekannten schwarzen Bewaffneten erschossen worden waren.

Vielleicht war ich schon zu lange auf dem Kontinent, aber diese Art von Gewalt war für mich fester Bestandteil einer afrikanischen Wahl. Und zwölf Tote schienen nach hiesigem Maßstab nichts Weltbewegendes zu sein. Es waren auf jeden Fall weniger als bei irgendeinem Ausbruch von Stammesabschlachtungen, wie sie von der kenianischen Regierung im Rift-Valley inszeniert wurden. Ein Dutzend Tote klang eher nach dem Preis, der für eine Wochenendschlägerei in einer der Kneipen von Bujumbura zu zahlen war.

Nein, was mich überraschte, war nicht das Verbrechen selbst, sondern die Reaktion der Polizei. Die Polizisten – meist übertrieben diensteifrig aussehende weiße Beamte mit geröteten Gesichtern – kamen und taten, was man von der Polizei auch in jeder amerikanischen Stadt erwartet hätte, wenn ein Verbrechen begangen wurde. Sie sperrten den Bereich ab. Sie kennzeichneten die Stellen auf dem Boden, an denen die Opfer lagen. Sie kämmten die Gegend nach Fingerabdrücken durch oder wonach immer eine Spurensicherung in Südafrika Ausschau hält. Und ein übereifrig aussehender älterer Kommissar stellte sich den Fernsehkameras, blickte düster aber entschlossen drein und versprach eine „gründliche Untersuchung", um die Verbrecher zu finden, die einen so brutalen abscheulichen Überfall begangen hatten.

Ich mußte fast lachen, so komisch war die Szene, so absurd in vielerlei Hinsicht. Erstens war es durchaus möglich – ja sogar wahrscheinlich –, daß dieselben Polizisten in ihren weißen Hemden die Killer mit Waffen und Fluchtautos versorgt hatten. Darüber hinaus war allgemein bekannt, daß die südafrikanische Polizei, die SAP, eine der inkompetentesten Polizeiorganisationen der Welt war, wenn es um Detektivarbeit oder auch nur um die Aufklärung primitivster Kriminalfälle ging. Seit Jahren war die SAP hauptsächlich ein Instrument zur Un-

terdrückung der Schwarzen, mit dem Ergebnis, daß die Poli-
zeioffiziere und Polizeianwärter in den grundlegendsten Dingen der Polizeiarbeit kaum Erfahrung besaßen. In den alten
Tagen der Passierscheingesetze und Personalkontrollen unter
der Apartheid bedeutete „ein Verbrechen aufklären", daß man
einen Schwarzen, den man nach Sonnenuntergang auf der
Straße antraf, ins Gefängnis warf. Nachdem diese Gesetze mit
dem Zusammenbruch der „harmlosen Apartheid" abgeschafft
worden waren, stand die SAP auf verlorenem Posten.

Was mich aber wirklich erstaunte, war der Wahnsinn dieser
Heuchelei. Dieses Verbrechen würde nie aufgeklärt werden!
Wir waren hier schließlich in Afrika, und Verbrechen wie die-
ses geschahen jeden Tag – noch mehr namenlose, gesichtslose
Opfer für die Buchführung.

Es erinnerte mich an einen Satz aus dem Film *Apocalypse
Now* – ein Film, der auf dem Roman von Joseph Conrad, *Heart
of Darkness*, basiert –, in dem es hieß, das Übel lauere im ge-
heimnisvollen Belgisch-Kongo. Martin Sheen, der im Film einen
amerikanischen Geheimagenten spielt, fährt flußaufwärts nach
Kambodscha, um den abtrünnigen Colonel Kurtz umzubringen,
der überlief, nachdem er angeklagt worden war, der Spionage
verdächtige Vietcongs gefoltert und getötet zu haben. Sheen, als
Erzähler, sagt trocken, daß einen Mann an einem solchen Ort
des Mordes anzuklagen ungefähr dasselbe sei, wie wenn man
auf der Rennstrecke von Indianapolis Strafzettel wegen Ge-
schwindigkeitsüberschreitung verteile. Und genau so kam es mir
vor, als ich diesen weißen Polizisten zusah, wie sie eifrig ihre
„Untersuchung" von etwas durchführten, was im Grunde nur
eine weitere afrikanische Schlachterei war – und dazu noch eine,
für die die Polizei vermutlich selbst verantwortlich war. Man
zieht in Afrika nicht los und fängt Jungs mit AK-47ern und Skimasken – man begräbt die Toten und geht weiter.

Aber das war es, was in diesem Land, Südafrika, so anders
war. Die Weißen hier lebten in einer völlig anderen Welt, einer
Welt, in der man sich wirklich an die Arbeit machte, Tatorte
absperrte und die Umrisse der Körper mit Kreide markierte,

wo man die Opfer identifizierte, bevor man sie in ein Massengrab warf, und wo man sogar Untersuchungen durchführte und das rechtschaffene Versprechen abgab – egal, wie verlogen es auch war –, die Täter vor Gericht zu bringen. Ich sah zu, wie zwei Wertesysteme miteinander kollidierten, das „westliche" mit dem „afrikanischen". Das „wirkliche" Afrika, das Afrika, das ich weiter nördlich gesehen hatte, brach immer schneller in ihre abgeschirmte kleine Welt herein – sie waren nur nicht bereit, es zuzugeben. In Südafrika versuchte man immer noch, den Schein von westlichen Tugenden und Feingefühl zu wahren. In Südafrika zählte man die Körper noch.

Natürlich gab es neben der Entwicklung der materiellen Infrastruktur noch eine ganze Reihe weiterer Gründe, warum Afrika in jenen Tagen Amerika sehr ähnlich sah. Der vielleicht wichtigste ist, daß die beiden Länder eine ähnliche Geschichte weißer Unterdrückung und gesetzlicher Diskriminierung von Schwarzen haben, allerdings mit einem grundlegenden Unterschied – in den USA sind die Schwarzen eine kleine Minderheit, während in Südafrika Schwarze bei weitem die Mehrheit bilden. Dieser Unterschied ist aus einem einzigen Grund zentral: In Amerika konnte die weiße Mehrheit der Forderung der Schwarzen nach Wahlrecht und Gleichheit vor dem Gesetz nachgeben – was sie schließlich auch tat –, ohne wirklich Angst zu haben, ihre Macht zu verlieren. In Südafrika sah es genau umgekehrt aus: Den Schwarzen das Wahlrecht zu geben bedeutete das Ende der weißen Herrschaft, und das war etwas, was viele Weiße, wie sehr sie auch ihre Betroffenheit über die Situation der Schwarzen betonten, nur ungern akzeptieren wollten.

Die Haltung der Weißen zu verstehen, die Wurzeln des Rassismus wirklich zu begreifen – vielleicht Parallelen zu den Vereinigten Staaten zu finden – wurde für mich zu einem Thema, das mich brennend interessierte. Vielleicht fand ich es deshalb so spannend, weil es, oberflächlich betrachtet, wie ein Oxymoron wirkte. Wie konnte ein Weißer, der in Afrika lebte, die Schwarzen hassen? Und wenn er Schwarze haßte, warum zum Teufel lebte er auf einem schwarzen Kontinent, umgeben von vierhundert Millionen Schwarzen? Rassistische Haltungen an einem Ort wie Südafrika schienen mir zu kompliziert zu sein, um sie mit vereinfachenden abweisenden Phrasen wie „weißer Rassismus" abzutun. Mir erschien das eher als das Symptom des Problems, nicht aber als die Ursache selbst.

Dennoch wollte ich die einfache „Alle Weißen in Südafrika sind Rassisten"-Erklärung glauben, als ich das erste Mal nach Südafrika kam. Die Situation dort wäre so viel leichter zu verstehen, wenn allein blinder Rassismus die weiße Minorität dazu getrieben hätte, den schwarzen Afrikanern ein so brutales System wie die Apartheid aufzuerlegen. Als ich ankam, ging ich mit einer Art emotionalem Chip im Kopf herum. Ich war nervös gewesen, aber nach meiner kleinen Autoverfolgungsjagd fühlte ich mich etwas mutiger. Außerdem freute ich mich auf die Gelegenheit, einen weißen Rassisten von Angesicht zu Angesicht kennenzulernen, vielleicht in einem dieser modischen Einkaufscenter-Restaurants in den nördlichen Vororten oder während ich in einer der Yuppie-Bars in der Innenstadt darauf wartete, bedient zu werden. Meine Ohren waren gespitzt, um jede nur mögliche gewisperte Beleidigung wahrzunehmen, und ich achtete genau auf eventuell hochgezogene Augenbrauen oder alarmierte Blicke, wann immer ich eine Bank betrat, um Geld zu wechseln, oder einen Kuriositätenladen, um mich nach Postkarten umzusehen.

Wenn ich ängstlich und auf der Hut war – und ich war nach der Autojagd immer noch ziemlich nervös –, so rührte das daher, daß ich mit einer ganzen Litanei von Geschichten versehen hier ankam, alle über Rechtsbeugung und Gewalt, die mir bestimmend zu sein schienen für die Art, wie die weißen Südafrikaner die schwarze Mehrheit betrachteten. Wie zum Beispiel die Geschichte des weißen Paares, das wütend darüber war, daß sein reinrassiger Hund von dem Hund eines Schwarzen gedeckt wurde, und das den Schwarzen daraufhin umbrachte und tatsächlich von einem verständnisvollen weißen Richter und einem von Weißen beherrschten Rechtsprechungssystem zu einer milden Strafe verurteilt wurde. Die weißen Mörder waren Umsiedler aus Rhodesien gewesen, die in diesen letzten Stützpunkt des weißen Rassismus gezogen waren, als ihr eigenes Land sich den Reihen der schwarzen Staaten anschloß.

Südafrika war zur letzten Bastion sämtlicher weißen Rassisten in der Welt geworden, eines vorherrschaftsbesessenen Abschaums, der aus dem Norden in den Süden gekommen war, nachdem ein Land nach dem anderen den Wechsel von der weißen Kolonialherrschaft zu einer schwarzen Herrschaft vollzogen hatte. Einige Weiße wie die in Kenia hatten sich entschlossen zu bleiben, hatten die kenianische Staatsbürgerschaft angenommen und waren es zufrieden, ruhig vor sich hinzumurren, wie viel besser das Leben in den „alten" Tagen gewesen sei. Aber andere hatten ihre Sachen gepackt und waren nachts über die Grenze von Tansania nach Sambia geflohen und von dort schließlich nach Rhodesien. So war Rhodesien zum letzten Außenposten der weißen Vorherrschaft in Afrika geworden. Aber auch das änderte sich 1980 mit der Unterzeichnung der Unabhängigkeitserklärung, die den Weg für die erste demokratische Wahl ebnete, an der alle Rassen teilnehmen durften und die Rhodesien zur unabhängigen schwarzen Nation Zimbabwe machte. Wieder entschieden sich viele Weiße zu fliehen, einige nach Australien und Neuseeland, aber viele in Richtung Süden, nach Südafrika, wo sie nun mit dem Rücken zum Meer standen und beschlossen, dieses Land als die wahrhaft letzte Bastion des weißen Mannes in Afrika zu verteidigen. Dort schloß sich ihnen eine höchst zwielichtige Ansammlung osteuropäischer Faschisten, Rassisten, Nazis und Skinheads an, alle zusammengedrängt an der südlichsten Spitze des schwarzen Kontinents, konfrontiert mit einem Afrika, das Tag für Tag mehr in ihr geschütztes weißes Universum vordrang.

Das ging mir durch den Kopf, als ich durch Südafrika reiste – ein schwarzer Amerikaner in der letzten Bastion weißer Vorherrschaft. Dies sind die verrücktesten Weißen der Welt, dachte ich, und sie müssen mich feinen schwarzen Pinkel aus Amerika einfach hassen, weil ich die Zukunft verkörpere, die sie fürchten.

Zum größten Teil war wohl ich derjenige, der eines besseren belehrt wurde. Von meiner Verfolgungsjagd einmal abgesehen, fand ich nicht die Konfrontation, derentwegen ich eigentlich gekommen war. In Wirklichkeit erlebte ich die weißen Südafrikaner, die ich kennenlernte, als ziemlich zuvorkommend und höflich, was mich vielleicht mehr enttäuschte und verwirrte, als wenn es umgekehrt gewesen wäre. Meistens erkannten sie sofort an meinem Akzent, daß ich nicht von hier war, und fingen an, mir Fragen zu stellen. Wo kommen Sie her? Wie lange sind Sie schon hier? Und dann wollten sie unweigerlich wissen, wie die Amerikaner die Lage in Südafrika einschätzten und was ich dächte, wie die Sache ausgehen würde. Es war fast so, als ob sie eine Art Rückversicherung suchten.

An meinem ersten Tag in Johannesburg begann mich ein bohrender Schmerz in meinem Kiefer zu plagen, der vom Unterkiefer bis in mein Ohr ausstrahlte. Nach einigen Tagen wurde der Schmerz stärker, und als ich es nicht mehr aushielt, ging ich zu einem Arzt. Ein weißer Arzt im Vorort Richmond untersuchte mich flüchtig und sagte mir dann, die Ursache dafür sei eine Infektion an der Stelle, an der früher einmal ein Weisheitszahn gewesen sei. Er überwies mich sofort an einen Spezialisten für Wurzelbehandlungen.

Die Praxis des Zahnarztes lag über einem Kino in einer malerischen Flachbausiedlung in einem Vorort namens Norwood, nicht weit von meiner Wohnung entfernt. Und ganz ehrlich, ich hatte wahnsinnige Angst. Was, wenn dieser Typ ein weißer Vorherrschaftsbesessener war? Was, wenn er noch nie zuvor einen schwarzen Patienten behandelt hatte und seine weißen Finger nicht in meinen schwarzen Mund stecken wollte? Was, wenn er einer der Weißen war, die den Gedanken nicht ertragen konnten, daß der weiße Mann in Afrika seine Macht an die schwarze Mehrheit abgeben soll, und in mir – einem gut gekleideten Schwarzen aus Amerika – alle seine innersten Ängste vor den politischen Zielen der Schwarzen verkörpert sah? Ich dachte an den Film Marathon Man, in dem der böse Zahnarzt bei Dustin Hoffman den Bohrer ansetzt, eine der schrecklichsten Folterszenen auf der Leinwand, die ich mir vorstellen kann. Ich fand, daß ich mit meiner Zahnarztentscheidung noch keineswegs durch war. Ich parkte meinen Wagen und ging mehrere Male um den Block, bis schließlich der Schmerz in meinem Kiefer die Angst in meiner Magengrube überwand. Ich ging hinein.

Der Zahnarzt war in der Tat kein böser weißer Suprematist, sondern ein freundlicher Mann mit einem silbergrauen Bart, der aussah wie der Nikolaus. Außerdem trug er eine kleine gelbe Schleife an der Brusttasche seines weißen Kittels – ein Abzeichen, das besagte, daß er zu der schweigenden Mehrheit der Südafrikaner gehörte, die für den Frieden sind. Während er sich in meinem Mund zu schaffen machte, gab er mir einen Überblick über die hiesige politische Szene, die ich erstaunlich einleuchtend fand. Die Gefahr, sagte er, gehe von den Extremisten auf beiden Seiten aus, die die bevorstehenden Wahlen sabotieren wollten. Die Mehrheit der Weißen hätte schon lange die Notwendigkeit von Veränderungen akzeptiert und die Reformen Präsident F. W. de Klerks in einem früheren weißen Referendum unterstützt. Aber jetzt drohten die bewaffneten weißen Revisionisten in ihren Kampfanzügen und Skimasken und die bewaffneten schwarzen Milizen, die in dem anhaltenden Streit zwischen ANC und Inkatha mitmischten, durch ihre Gewalttaten die Pläne des Landes für eine friedliche Entwicklung aus dem Gleis zu heben. Nach einer Weile sah der Zahnarzt mich an und sagte: „Aber als Ausländer glauben Sie bestimmt, daß wir hier alle verrückt sind."

Ja, ich dachte wirklich, daß die Südafrikaner verrückt waren. Da hatten sie das modernste, höchstentwickelte Land des Kontinents aufgebaut, und jetzt schienen seine weißen Extremisten ziemlich versessen darauf zu sein, das ganze Ding zu zerstören, und das nur, weil sie in ihrem blinden Rassismus die Unvermeidbarkeit einer schwarzen Mehrheitsregierung nicht ertragen konnten. Sie hatten sich auf die altbewährte Praxis des „Teile und herrsche" verlassen, hatten zuerst die schwarze Mehrheit nach ethnischen und Stammeszugehörigkeiten auf die zehn sogenannten Homelands verteilt und dann heimlich einen zehn Jahre andauernden schmutzigen Krieg zwischen Inkatha und dem ANC inszeniert. Und jetzt deuteten dieselben einfältigen Rassisten selbstgefällig auf die Gewalt von Schwarzen gegen Schwarze als eindeutigen Beweis ihrer Selffullfilling prophecy, daß schwarze Herrschaft nur ein Abgleiten in Gewalt und Anarchie bedeuten könne. Die südafrikanische Presse hatte den Gipfel der Inszenierung mit dem Skandal von 1991, dem sogenannten „Inkathagate", bereits entlarvt – Hunderte Millionen von Dollar waren heimlich über polizeiliche Schmiergeldfonds an die Inkatha und eine ihr eng verbundene Gewerkschaft geflossen. Und obwohl das ganze Ausmaß des Betrugs erst später herauskommen sollte, gab es doch bereits zahlreiche Beweise, daß die Polizei tiefer drinsteckte als nur durch Schmiergelder. So war sie zum Beispiel sogar an der Planung von Überfällen beteiligt, besorgte die Waffen und fuhr die IFP-Banditen in Dienstfahrzeugen zum Ort ihrer Überfälle. Tausende wurden bei dieser gewalttätigen Kampagne getötet, und es schien eine Zeitlang so, als würde das Land in einen Bürgerkrieg abgleiten – und all das wegen verrückter weißer Extremisten, die es lieber gesehen hätten, daß das Land vor die Hunde ging, als Nelson Mandela die Macht zu überlassen.

Ich fand auch, daß die Schwarzen ebenso verrückt waren zuzulassen, daß sie in die Falle tappten. Wenn es mich schon erboste, daß die Weißen ihre Zuflucht zu der „Teile und herrsche"-Strategie nahmen, so machte mich erst recht wütend, wie leicht es für sie war, schwarze Emotionen anzufachen, quasi auf den Schalter zu drücken und damit eine Orgie des Blutvergießens zu entfesseln. Die Ausschreitungen verwandelten sich bald in eine Serie von „Wie du mir, so ich dir"-Überfällen und Mordanschlägen, die beide Seiten besudelte, die Inkatha genauso wie den ANC, der in den Townships seine eigenen Vergeltungsschläge veranstaltete. Der Krieg hatte keine ethnischen Gründe, es ging um Macht und um die Furcht Buthelezis, daß seine Machtposition in KwaZulu/Natal unter einer ANC-Regierungsmehrheit geschwächt würde. Aber für mich war die beunruhigende Frage die: Warum ließ die schwarze Mehrheit so etwas zu? Begriffen sie nicht, daß ihre gewalttätigen Auseinandersetzungen unmittelbar dem weißen rechten Flügel in die Hände spielten? Konnten sie sich nicht gegen einen gemeinsamen Feind verbünden und ihre Differenzen zumindest kurzfristig begraben, bis das endgültige Ziel – das Ende der weißen Minderheitsherrschaft – ganz erreicht war?

Vielleicht erwuchs ein Großteil meines Ärgers aus der Perspektive, von der aus ich das Ganze betrachtete; denn ich sah den Kampf gegen die Apartheid nicht nur als Kampf der schwarzen Bevölkerung Südafrikas, sondern als Kampf für die Würde der Schwarzen auf der ganzen Welt. Ich erinnere mich an die Leitartikel, die ich für die Studentenzeitung der University of Michigan geschrieben hatte, wo ich das rassistische Regime in Prätoria angeklagt und die Universität aufgefordert hatte, sich nicht an Konzernen zu beteiligen, die die „Sullivan Principles" mißachteten. Seit der Zeit, als ich ein politisches Bewußtsein entwickelt hatte, schwebte Südafrika wie das letzte große Tugendspiel der Welt über mir, ein edler Kampf zwischen gut und böse, schwarz und weiß – in meinem Kopf gab es keine Doppeldeutigkeiten, nur Gewißheiten. Aber jetzt war ich hier, und ich sah mit Bestürzung, wie der Kampf – mein Kampf – vom Blutvergießen eskalierender Gewalt befleckt wurde. Die Wirklichkeit war nicht so einfach wie ich wollte, sie war zum Verzweifeln komplex. Die bösen Buben waren böse, so viel war klar – aber die Guten waren nicht alle gut –, und manchmal war es schwer, sich daran zu erinnern, wer einstmals eigentlich die Guten gewesen waren.

Einige Zeit später besuchte ich ein Business-Seminar, wo sich an die hundert vorwiegend weiße leitende Angestellte und Manager versammelt hatten, um den Vortrag eines schwarzen amerikanischen Psychiaters und Wissenschaftlers namens Price Cobb zu hören, Co-Autor eines Buches mit dem Titel Black Rage.

Cobbs Thema lautete Affirmative Action in Amerika[1], und er war nach Südafrika gekommen, um den weißen Führungskräften zu helfen, mit Themen wie Ungleichheit am Arbeitsplatz und Multikulturalismus umzugehen.

Die entscheidende Frage war, wie Cobb sagte, ob Südafrikaner imstande waren, mit der „explosiven Nahtstelle zwischen schwarzer Wut und weißer Furcht" richtig umzugehen. Schwarze Wut war verständlich genug – es war die Wut, im eigenen Land in demütigender Weise unterdrückt zu werden, eine Wut, die sich während eines jahrzehntelangen Erduldens eines kodifizierten, legalisierten Systems von Rassentrennung aufgebaut hatte. Und weiße Angst? „Die Leute fürchten, daß ihr Gärtner am nächsten Montag ihr Banker sein könnte", formulierte es Cobb.

Ich dachte lange und intensiv über dieses Konzept nach: schwarze Wut und weiße Angst. Natürlich war die schwarze Wut evident – sie zeigte sich in den Aufständen der Townships, die schließlich den ehemaligen Präsidenten P. W. Botha dazu zwangen, seine weißen Landsleute zu warnen, „sich anzupassen oder zu sterben". Und ich interpretierte auch die steigende schwarze Kriminalität als einen Ausdruck von Wut, eine „Wiedergutmachung" für die Ungerechtigkeiten der Apartheid. Was ich im Grunde nicht verstehen konnte, war, wie eine so gerechtfertigte Wut so lange unterdrückt werden konnte, warum nicht Horden von Schwarzen über die nördlichen Vororte herfielen und an jeder weißen Familie mit Swimmingpool und elektrischem Zaun blutig Rache nahmen.

Als ich in Alex gewesen war und Linda Twala mir das Township gezeigt hatte, waren wir durch ein schmutziges Squatter-Lager an den Ufern eines kleinen Flusses gegangen, der mit Abfall und Schmutz verstopft war. Ich fragte ihn, warum die schwarzen Bewohner von Alex nicht einfach alle über diesen vierspurigen Highway gingen, weg von all dem Elend, um diese Einkaufszentren und die geräumigen Häuser für sich zu

---

[1] amerikanisches Programm, das die Diskriminierung von Minderheiten bekämpft, A. d. Ü.

beanspruchen. Er antwortete mir nur, daß das eines Tages tatsächlich passieren könne, wenn die Weißen nicht anfangen würden, sich mit den Problemen dieser Townships zu beschäftigen. „Dort über dem Highway gibt es Tausende von Weißen, die keine Ahnung haben, wie wir hier leben", sagte Twala. „Eines Tages könnten, wenn ein Feuer ausbricht, viele Schwarze anfangen, Weiße zu töten. Eines Tages könnten, wenn die Leute sagen: ‚Jetzt ist es genug, dort ist unser Feind', viele unschuldige Menschen getötet werden.

Um in das Gebiet der Weißen zu kommen, braucht man kein Auto", bemerkte Twala und deutete auf das hohe Hotelgebäude und die Kaufhäuser über dem Highway. „Man kann zu Fuß gehen – und seine AK-47 mitnehmen. Was könnten sie schon tun? Nichts. Viele unschuldige Menschen würden sterben, sogar diejenigen, die versucht hatten, uns Essen zu geben, weil sie dieselbe Hautfarbe haben."

Schwarze Wut und weiße Angst. Nun begann ich es langsam zu verstehen.

Die schwarze Wut hatte mehr Aufsehen in der Welt erregt, aber ich fand die weiße Angst das interessantere Konzept. Vielleicht war es dieses Grundgefühl, das ich gesucht hatte, um den Rassismus in Südafrika zu erklären. Es war Angst. Angst vor den Schwarzen. Angst davor, als winzige und privilegierte Minorität auf einem Kontinent mit vierhundert Millionen Schwarzen zu leben, die sie dreieinhalb Jahrhunderte lang unterdrückt hatten. Und jetzt Angst davor, in einem Land zu leben, das von Schwarzen regiert würde. Angst vor der Rache der Schwarzen für vergangenes Unrecht. Angst davor, daß Südafrika den Weg der anderen afrikanischen Länder einschlagen würde. Angst vor der Zukunft.

In seinem unglaublich starken autobiographischen Buch My Traitor's Heart beschreibt der weiße südafrikanische Journalist Rian Malan in eindringlicher Prosa, wie ihm allmählich die Erkenntnis dämmerte, daß trotz eines nagenden Gefühls von Abscheu vor den Ungerechtigkeiten, die seine Gesellschaft beging, seine Angst – die Angst vor Schwarzen – der dunkle Mittelpunkt seiner eigenen rassischen Einstellung war. „Manchmal denke ich, daß diese Angst mich schon immer begleitet hat, sogar als Kind, als ich alle Eingeborenen ohne Unterschied liebte", schreibt Malan. „Alle Kinder werden von unbestimmten Ängsten und nächtlichen Schrecken heimgesucht, von dem Gefühl, daß da draußen im Dunkeln etwas ist, etwas Bedrohliches. Das ist wahrscheinlich überall so, aber in den weißen südafrikanischen Vororten hat dieses Bedrohliche immer ein schwarzes Gesicht. Du zogst die Decke über den Kopf, starr vor Angst, hörtest den Wind an den Fenstern rütteln und wußtest, daß dort draußen ein Schwarzer war."

An einer anderen Stelle im Buch beschreibt Malan, wie er Angst hatte, nach einer Sauftour mit schwarzen Freunden in Soweto zu seinem Wagen zu gehen, und wie eine Panik ihn erfaßte – wild, irrational –, als er an einer Gruppe junger Schwarzer vorbeikam, die am Straßenrand herumhingen. „Ich hatte meine Angst erkannt", schreibt er, „und sie wurde zu einem ständigen Begleiter. Sie überkam mich, wenn die Schwarzen bei meinem Anblick die Faust in den Himmel reckten, wenn ihre Steine auf das Verdeck meines Wagens schlugen, wenn ich nicht verstand, was Schwarze über mich sagten, wenn ich die Augen eines schwarzen Trampers suchte, sogar wenn ich eine Zeitung aufschlug. Es hilft nichts, mir zu sagen, die Angst sei irrational, ja psychotisch. Man ist, was man denkt, und Weiße, die denken, daß Schwarze eine Gefahr für ihr Leben sind, sind in Lebensgefahr. Nach dieser Nacht wußte ich, daß es keine Möglichkeit gab, die schwarze Angst aus meinem weißen Herzen zu vertreiben. Wenn ich das nicht tat – wenn wir alle das nicht taten –, gab es für keinen von uns Hoffnung. Weiße und Schwarze würden sich wie kämpfende Hunde zerreißen, und der Sieger stünde in einer Landschaft von Gräbern und Ruinen." Starke Worte. Sie halfen mir, zumindest die beginnende Angst der südafrikanischen weißen Bevölkerung ein wenig zu verstehen.

Kriminalität – gewaltsame willkürliche Verbrechen – gehörte schon seit langem zum Alltag der südafrikanischen schwarzen

Mehrheit. Schwarze lebten in den gesetzlosen Townships Tag für Tag mit Verbrechen – und zwar nicht nur mit den politischen Morden, sondern mit den bewaffneten Raubüberfällen, den Morden, den Überfällen auf die Vorortzüge, den bewaffneten Auseinandersetzungen der rivalisierenden Taxiunternehmen, die sich um die lukrativsten Strecken stritten, um schwarze Arbeiter nach Johannesburg und wieder zurück zu bringen. Unter der weißen Minderheitsherrschaft wurden Verbrechen, die in den schwarzen Townships geschahen, selten, wenn überhaupt, untersucht – aus den Augen, aus dem Sinn. Und da es oft schwierig war, die politischen Verbrechen von der andauernden Gewalt in den Townships zu unterscheiden, wurden die Statistiken häufig in einen Topf geworfen und malten so ein ernüchterndes Bild von Südafrika als einem der gefährlichsten Länder der Welt, mit einigen zwanzigtausend Mordfällen pro Jahr oder täglich über fünfundfünfzig Morden. Mehrere Übersichten, die anhand von Dienstbüchern der Polizei erstellt wurden, plazierten bezüglich der Zahl der Morde pro hunderttausend Einwohner Johannesburg noch vor New York, Los Angeles und Rio de Janeiro. Zwischen 1990 und Herbst 1993 waren 52 800 Südafrikaner gewaltsam ums Leben gekommen – mehr als doppelt so viel Südafrikaner wie in den beiden Weltkriegen gefallen waren, und nur ein paar hundert weniger als die Gesamtzahl der Verluste im Burenkrieg um die Jahrhundertwende.

Neu war allerdings, daß die Gewalt in Südafrika auch die weißen Gemeinden erfaßte, vor allem die wohlhabenden Vororte im Norden Johannesburgs. Die Angst, mit der die Schwarzen Tag für Tag lebten, drang jetzt auch in die ehemals abgeschottete privilegierte Welt der Weißen ein. Die psychologischen Sandsäcke, die die Weißen aufgeschichtet hatten, um sich vor der Epidemie der Gewalt zu schützen, wurden ziemlich schnell von einer Welle schwarzer Wut weggespült, und die einstmals angeblich starke Polizei, die mehr dazu gedient hatte, Schwarze zu unterdrücken, als sich mit so alltäglichen Dingen wie Verhütung von Kriminalität zu beschäftigen, schien der

Sache nicht gewachsen zu sein. Verbrechen wurden zu einer Obsession der Weißen, Thema fast jeden Dinnergesprächs, jeder gesellschaftlichen Veranstaltung – fast wie in Nairobi, als ich zum ersten Mal dort ankam und eine ähnlich bedrängte Ausländergemeinde antraf, die mit gedämpfter und ängstlicher Stimme über die neuesten Gräßlichkeiten sprach, die die wimmelnden Massen jenseits der Mauern begangen hatten. Daß es sich dabei um schwarze Verbrechen handelte, blieb unausgesprochen. Aber es wurde immer verstanden.

Es gab natürlich viele Gründe für dieses plötzliche Anschwellen der Kriminalität in den weißen Gemeinden, und die meisten wurzelten im Erbe der Apartheid und in den Folgen des Zusammenbruchs dieses bösartigen Systems. Durch die neue Bewegungsfreiheit konnten die Schwarzen jetzt überall hingehen, und in Gebieten, die ihnen früher verboten waren, wimmelte es jetzt von Schwarzen. Je größer die Bewegungsfreiheit wurde, desto himmelschreiender wurde die gähnende Ungleichheit zwischen den weißen „Habenden" und den schwarzen „Nichts-Habenden". Der Befreiungskampf, die „Totalangriff"-Kampagne seitens der Regierung gegen Anti-Apartheids-Gruppen und der von den Weißen inszenierte schmutzige Krieg zwischen dem ANC und Inkatha hatten das Land mit Waffen überschwemmt. Und Jahre des Streits, des Kampfs und des Schulboykotts hatten in den Townships eine Generation arbeitsloser, zorniger, verbitterter junger Männer heranwachsen lassen, für die Verbrechen gegen Weiße lediglich eine Art Vergeltung waren. Die Horden überquerten noch nicht den Highway mit ihrer AK-47, wie Linda Twala in Alex gewarnt hatte. Aber einzelne überquerten ihn hin und wieder, um sich das zu nehmen, was ihnen ihrer Meinung nach gehörte.

Und inzwischen reichen die reinen Verbrechensstatistiken nicht aus, um ein volles Bild der weißen Angst zu zeichnen. Es waren die Geschichten, die das Fernsehen täglich zeigte und die einem in jedem Gespräch erzählt wurden, die die weiße Angst vor dem schwarzen Angriff nährten. Wie die Geschichte von dem älteren weißen Ehepaar, das man gefesselt und erdrosselt in seinem ausgeraubten Vororthaus fand. Oder die Geschichte der amerikanischen Fulbright-Stipendiatin Amy Biehl, einer Kalifornierin, die als glühende Kritikerin der Apartheid nach Südafrika kam und in einem Township in den Außenbezirken von Capetown von einem schwarzen Mob, der den Slogan des militanten Pan-Africanist-Congress, „Ein Siedler, eine Kugel" schrie, verfolgt, erstochen und totgeschlagen wurde.

Natürlich fällt Amy Biehls Tod nicht in die Kategorie der willkürlichen Gewalttaten. Sie wurde getötet, weil sie weiß war. Und vielleicht war das der Grund, weshalb ihr Tod die weißen Südafrikaner mehr ängstigte als die täglichen Gewalttaten oder Zerstörungen. Ein schwarzer Mob hatte sich eine weiße Austauschstudentin gegriffen – eine Amerikanerin – und sie getötet, weil sie zur falschen Zeit am falschen Ort war, ein Vorfall, der den Kern der weißen Angst traf – der Angst vor schwarzen Vergeltungsmaßnahmen für die Jahrzehnte der Unterdrückung und der Angst, daß Weiße allein wegen ihrer Hautfarbe zur willkürlichen Zielscheibe würden.

Es ist eine Angst, hinter der natürlich ein Schuldgefühl steckt. Sogar die Weißen, die die Apartheid nicht unterstützt hatten, leiden noch immer unter einem bohrenden Schuldgefühl, daß sie es nicht aktiver zu verhindern suchten, daß sie dieses schlimme System so lange gewähren ließen. Ich dachte, es sei ein lohnendes Thema, etwas über weiße Schuldgefühle und die erhöhte Belastung während der Übergangsphase in Südafrika zu schreiben. Ich rief deshalb Merle Friedman an, die Direktorin des psychologischen Fachbereichs an der Universität von Witwatersrand. Sie lud mich zu sich nach Hause ein, in ein ziemlich großes und weiträumiges Gebäude hinter einem riesigen Zaun und am Ende einer langen engen Auffahrt. Wir saßen auf der Terrasse bei einigen Drinks, als sie mir ihre Theorie über die Angst der Weißen im schwarzen Südafrika erklärte. „Wir haben alle Angst um unsere persönliche Sicherheit", sagte sie mir. „Ich gehe nirgendwo mehr zu Fuß hin."

Sie fuhr fort: „Ich glaube, die Weißen fürchten im Grunde um ihre wirtschaftliche Zukunft und um das, was man ihnen nehmen wird." Dann machte sie eine Pause und fügte hinzu: „Für die meisten unter uns ist es ein unaufhörliches Schuldgefühl. Nach dem Holocaust sagten die Leute, sie verstünden es nicht. Auch wir sagen irgendwie, wir hätten nichts gewußt. Aber wir wußten viel. Man mußte es verleugnen oder so tun, als sehe man nicht, was vor sich ging. Und die Regierung leistete sehr gute Arbeit dabei, das zu unterstützen, weil die Presse zensiert wurde."

Wir saßen lange zusammen, tranken kalte Getränke aus hohen Gläsern, und sie erzählte mir weitere Horrorgeschichten, Geschichten über Verbrechen von Schwarzen an Weißen, Schwarzen an Schwarzen, Weißen an Schwarzen, von Asiaten, die angegriffen wurden, von Gewalt gegen oder von gemischtrassigen „Farbigen" – Südafrika war wahrlich ein rassischer Mischmasch. Sie erzählte von Weißen, die in ihren Häusern von Schwarzen umgebracht worden waren, von Autoentführungen am hellichten Tag, von den Kriegen zwischen den Taxiunternehmen in den schwarzen Townships, zwischen den rivalisierenden Minibusunternehmen, von waghalsigen Banküberfällen – so vielen Banküberfällen, daß die Banken damit begonnen hatten, regelmäßige Beratungssitzungen für ihre Angestellten einzurichten. Friedman selbst hielt wöchentliche „Trauma-Sprechstunden" in den schwarzen Townships ab, um den schwarzen Gewaltopfern zu helfen, die sich die teuren Psychiater und Beratungen nicht leisten konnten, die die Weißen in den Vororten routinemäßig aufsuchen mochten. Sie erinnerte sich besonders an eine Frau, einzige Überlebende eines Township-Massakers, die man für tot hielt und zusammen mit den Leichen ihrer Freunde und Nachbarn in eine Grube warf, aus der sie herausgeklettert war. Als die Frau ihre Geschichte in Friedmans Traumasprechstunde erzählte, wand sie sich vor Schmerzen durch die Erinnerung auf dem Boden.

Der Streß, den die anwachsende Kriminalität und die Unsicherheit verursachten, forderte seinen Preis. Selbstmorde nahmen zu, Alkoholismus nahm zu, Scheidungen nahmen zu. Es gab eine ganze Serie von Familienmorden: weiße Farmer, die am Ende des Tages heimgingen und ihre gesamte Familie umbrachten, bevor sie sich selbst erschossen. Der Arzt in dem nördlichen Vorort, der, zu dem ich zuerst gegangen war, als ich Probleme mit meinem Zahn hatte, sagte mir, daß er mehr Antidepressiva verschreibe denn je.

Als Friedman und ich im kühlen Schatten ihrer Terrasse saßen und über eine sich spaltende Gesellschaft sprachen, störte mich vor allem die Unstimmigkeit. Wir redeten über ziemlich schreckliche Dinge und saßen dabei an diesem friedlichen idyllischen Ort, auf der Terrasse der Psychologin, umgeben von Büschen und hohen Bäumen, weit weg von dem „Afrika", das direkt jenseits des hohen Zauns von irgendwoher immer tiefer eindrang.

Ich spürte ein eigenartiges Gefühl in mir aufsteigen und wußte sofort, es war Mitleid.

Es war nicht das, was ich erwartet hatte. Es war nicht das Gefühl, das ich haben wollte, nicht hier, nicht in Südafrika, der letzten Hochburg der weißen Vorherrschaft. Nein, ich sollte diesen Ort eigentlich verachten und alle Weißen als Rassisten abtun. Aber hier war ich nun, saß an einem friedlichen Nachmittag auf dieser Terrasse, und diese weiße Frau und ihre Familie taten mir leid, denn ich weiß, daß alles, was sie haben – das Haus, der Garten, der hohe Zaun – in Wirklichkeit nur eine Illusion ist. Es ist eine Illusion, weil sie, egal wie „westlich" ihr Leben scheint, in Afrika leben, und ich weiß, welches Dunkel sich dort draußen, jenseits des Zauns, verbirgt, jenseits der Grenzen, weiter nördlich, im „wirklichen Afrika". Meine Gedanken kehrten zu all den Szenen von Elend und Verzweiflung zurück, zu den Gesichtern der verhungernden Menschen entlang der Straßen Somalias, zu den weit geöffneten flehenden Augen der jungen Frau, die tot auf einem Leichenhaufen in dem ruandischen Flüchtlingslager in Goma lag. Ich sehe das Foto von Kibassa Malibas Sohn vor mir, verkohlt von den Flammen, die seinen Körper verschlungen und ihn getötet hatten. Die Gefängniszellen in Kigali, gefüllt mit leblosen Gestalten. Und dann denke ich an den Krieg zwischen dem ANC und Inkatha und daß es den Anschein hat, als gingen die Südafrikaner in ihrem Land den gleichen blutigen Weg.

Aber dann fange ich wieder an, mich selbst zu hassen. Ein Schwarzer kann es sicher nicht zulassen, auch nur die geringste Spur von Mitleid für die Verbrecher der Apartheid zu empfinden, eines der größten Verbrechen in der Geschichte. Ich wollte keine Sympathie für diese Leute empfinden, ich wollte ihre Position nicht verstehen. Es wäre sehr viel einfacher, wenn Südafrika nicht ein so verwirrendes rassisches und ethnisches Rätsel wäre, sondern nur ein simpler Fall von schwarz und weiß, gut und böse, und die gerechte und rechtschaffene Sache triumphiert angesichts der historischen Ungerechtigkeit. Anders zu denken, sich auch nur Fragen zu stellen, hieße, die Würde des Kampfes gegen rassische Unterdrückung zu schmälern.

Nach soviel Desillusionierung, soviel Enttäuschung durch die schwarzen Regierungen Afrikas, hatte ich mich so auf die Gelegenheit gefreut, nach Südafrika zu kommen und zur Abwechslung einmal auf eine Geschichte zu stoßen mit einer gewissen moralischen Eindeutigkeit. Ich hatte die Journalisten, die hierher versetzt worden waren, immer beneidet, weil sie sich nie mit dem weit lästigeren emotionalen und moralischen Dilemma des schwarzen Afrika auseinandersetzen mußten, wo man die Verbrecher oft nicht von den Opfern unterscheiden konnte. Diese Schrecken gab es hier natürlich auch, die allgegenwärtigen „Verbrechen Schwarzer gegen Schwarze", wie es in der Presse so häufig hieß. Aber in Südafrika wurde die Tatsache, daß Schwarze Schwarze töteten, zum Beiprogramm des Hauptereignisses: des heldenhaften Kampfes des Guten gegen das Böse. Weiter im Norden, in Somalia, Ruanda, Liberia und Zaire, gab es kein solches Hauptereignis – nur die Morde, die Brutalität, das Beiprogramm als Realität.

Das dachte ich, als ich hierher kam. Südafrika würde mir endlich die Chance geben, etwas Klarheit zu finden, meine eigenen Überzeugungen zu prüfen. Und jetzt saß ich wieder hier, fühlte Verwirrung und war wütend auf mich, daß ich so fühlte. Ich haßte diese Schwarzen, die in andauernde Gewalttätigkeiten verwickelt waren, weil sie meine langgehegte Vorstellung ihres heldenhaften Kampfes beschmutzten. Ich haßte die Inkatha-Partei und ihren Vorsitzenden Buthelezi, weil er es zuließ, zum willigen Werkzeug des bösen Regimes zu werden. Ich haßte den ANC, weil er keine saubere Weste besaß, sondern in seinen Reihen junge Militanten hatte, die ihren Gegnern brennende Autoreifen um den Hals hängten und die gleichen blutigen Überfälle verübten wie die andere Seite. Und ich haßte die Weißen – die Psychiaterin, den Zahnarzt, all die Ladenbesitzer, die mich zuvorkommend bedienten – dafür, daß sie mich nicht haßten, daß sie mir keinen Vorwand lieferten, sie zu hassen.

Südafrika mochte vielleicht „westlich" gewesen sein, aber es war, wie ich feststellte, im Kern komplexer, verwirrender – afrikanischer. Nicht weniger als Somalia oder Ruanda forderte Südafrika alle meine vorgefaßten Meinungen und Überzeugungen heraus, verwirrte mein Denken mit all diesen irritierenden Paradoxien, und bevor ich es noch erkannte, bevor ich es stoppen konnte, bemerkte ich, daß ich Dinge dachte, die ich eigentlich nicht denken sollte, und Gefühle hatte, von denen ich wußte, daß ich sie nicht haben durfte.

„Die Dekadenz, die Korruption, der Niedergang der Werte – die Dinge stehen nicht gut."

Ich bin jetzt in Zimbabwe, sitze auf der Wohnzimmercouch im Hause Jan Smiths, des Premierministers aus den Tagen, als das Land noch Rhodesien hieß und eine abtrünnige britische Kolonie war, die von einer trotzigen weißen Siedlerminderheit regiert wurde. Smith ist ein sehr verbitterter Mann, soviel ist klar. Und er hat wenig Positives über den Mann zu sagen, der ihn ersetzte, Robert Mugabe, den Smith noch immer für einen Kommunisten, Diktator und Schlimmeres hält.

Was für eine eigenartige Welt das ist. Als ich 1970 Redakteur einer Studentenzeitung an der University of Michigan war, schrieb ich schrille Leitartikel gegen Jan Smith und bezeichnete ihn als Verkörperung knochenharter weißer rassistischer Unbeugsamkeit. Ich erinnere mich an die Euphorie, die in unserer Redaktion auf dem Campus herrschte, als die Lancaster-House-Vereinbarungen verkündet wurden, die den Weg für den

Übergang von Smiths übler Regierung in die unabhängige, von Schwarzen regierte Nation Zimbabwe freimachte. Und jetzt sitze ich, ein Schwarzer, hier im Wohnzimmer dieser verhaßten Ikone der Unterdrückung, trinke seinen Kaffee und mache mir Notizen, während er über all die Probleme herzieht, die die schwarze Regierung geschaffen hat.

Mein Besuch schien mir eine wichtige Station in meinem Bemühen zu sein, Afrika, besonders Südafrika, zu verstehen. Während meines kurzen Aufenthalts in Johannesburg hörte ich eine Menge über die Probleme, die „dort oben im Norden", wie das übrige Afrika genannt wurde, herrschten, und man sprach darüber stets im leisen Ton der Beklommenheit, die fast schon an nackte Angst grenzte. Von all den angeblichen Höllenlöchern „dort oben" wurde Zimbabwe am häufigsten erwähnt, und zwar als ein Land, das den Weißen einmal versprochen hatte, ihr Lebensstil und ihr Lebensstandard würden unter einer schwarzen Regierung nicht leiden. Zimbabwe galt inzwischen als Beispiel für all das, was Südafrika zu befürchten hatte – ein Land, in dem alles zusammengebrochen war, was den Weißen lieb und teuer war. Die Diktatur war auf dem Vormarsch, weißes Land wurde nach und nach von den kommunistischen Ex-Guerilleros, die an die Macht gekommen waren, konfisziert, die Kriminalität in der größten Stadt, Harare, nahm überhand. Zimbabwe war, kurz gesagt, zum schlimmsten Alptraum Südafrikas geworden.

Natürlich hatte das wirkliche Zimbabwe, das ich vorfand, nicht die geringste Ähnlichkeit mit diesen düsteren Beschreibungen. In den ersten zehn Jahren seiner Unabhängigkeit, von 1980 bis 1991, wies Zimbabwe ein Wirtschaftswachstum von jährlich 3,6 Prozent auf – was auf einem Kontinent, dessen Wirtschaftswachstum in vielen Ländern zurückging, an ein Wunder grenzte. Die Analphabetenrate unter den Erwachsenen lag unter einem Drittel. Das Bruttosozialprodukt pro Kopf betrug 570 Dollar und war damit mehr als doppelt so hoch wie in vielen anderen afrikanischen Ländern. Zimbabwe litt immer noch unter den Nachwirkungen von Naturkatastrophen, darunter einer vernichtenden Dürreperiode im Jahr 1991, aber es hatte immer noch eine ganze Menge, worauf es stolz sein konnte. Am beeindruckendsten war vielleicht, daß es eines der wenigen Länder war, in dem Frieden herrschte und das ein bemerkenswertes Maß an Aussöhnung zwischen den Rassen zeigte.

Besonders beeindruckt war ich von der Selbstverständlichkeit, mit der weiße und schwarze Jugendliche jeglichen Alters in den Diskos und Bars, die ich in Harare besuchte, miteinander umgingen. Es schien mir ein Modell dafür zu sein, wie man die Vergangenheit hinter sich lassen und wirklich eine multirassische Gesellschaft errichten kann.

Natürlich nicht für Jan Smith. Er spulte weiter seine Leier über „Maßstäbe" ab. Er sagte mir, daß dies die große Angst der weißen Minderheitsregierung gewesen sei, und der Hauptgrund, weshalb sie in dem fünfzehn Jahre dauernden Guerillakrieg so hart gekämpft hätten, sei gewesen, das Eindringen „Afrikas" in ihre geschützte weiße Welt zu verhindern. „Wir hatten immer schon sehr hohe Maßstäbe hier", sagte er. „Wir wollten diese Maßstäbe erhalten."

Ich unterbrach ihn. „Ich war in Zaire, Liberia, Somalia und Ruanda. Sie wollen doch nicht sagen, daß es um Zimbabwe so schlecht steht wie um andere Länder Afrikas."

Zu meiner Verblüffung stimmte Smith mir zu. „Verglichen mit all diesen anderen schrecklichen Ländern haben wir es hier gut", sagte er. „Wenn Sie aus einem dieser Länder im Norden kommen, ist dieses Land hier im Vergleich dazu effizienter und besser organisiert." Die Gefahr, sagte er, bestehe darin, daß man abrutsche. Ruanda, Somalia, Liberia und Zaire waren immer nah, wenn man die Dinge schleifen ließ. Afrika war immer um die Ecke.

Nach unserem Interview bot Smith an, mich in die Stadt zurückzufahren. Als ich in der Auffahrt stand und auf ihn wartete, fuhr ein Freund von ihm, ein Weißer, in einem Lastwagen vor, um dem ehemaligen Premierminister kurz einmal Hallo zu sagen. Der Freund und ich gaben uns die Hand, und ich erzählte ihm, daß ich ein Journalist sei, der gerade auf Besuch aus Kenia gekommen sei.

„Kenia?" sagte der Weiße. „Nun ja, dann wissen Sie, worüber wir uns hier Sorgen machen. Kenia! Das Land fällt wirklich auseinander, finden Sie nicht? Und der Bursche dort oben, Moi, ist wirklich ein Übler – schlimmer noch als der Typ, den wir hier haben. Er läßt das Land einfach zusammenbrechen. Es ist eine Schande. Na ja, wir werden aufpassen, daß uns das hier nicht passiert."

Ich wollte diesen Kerl hassen, ihn einen Rassisten nennen, ihn darauf hinweisen, daß es immer noch besser ist, wenn ein schwarzes Land unter einer schwarzen Regierung zusammenbricht, als wenn Schwarze in Afrika unter weißer Unterdrückung leben müssen. Aber gleichzeitig wollte ich ihm auch zustimmen, wollte ihm sagen: Ja, Sie haben recht, Moi ruiniert Kenia und es ist eine Schande, und ja, passen Sie bloß auf, es könnte auch hier passieren, denn in all den anderen Ländern hat kein Mensch jemals damit gerechnet, daß geschehen würde, was jetzt geschieht. Aber genau das ist es, was Afrika so verwirrend macht: Ich wollte beides sagen. Aber ich wußte nicht, welches von beiden. Also sagte ich nichts – und hoffte, daß er nicht bemerkte, wie ich zustimmend nickte. Ich weiß, das klingt verwirrend – aber nur deshalb, weil es auch für mich verwirrend ist. So war Afrika, es hörte nicht auf, mir das Gehirn zu zerreißen.

Eines der schmutzigen kleinen Geheimnisse, die hinter Zimbabwes Unabhängigkeit als schwarze Nation stehen, ist etwas, was die meisten Schwarzen – Amerikaner oder Afrikaner – vermutlich am liebsten nicht hören wollen. Es hat etwas mit dem Rat zu tun, den Mosambiks Präsident Samora Machel Robert Mugabe noch vor der Unabhängigkeit gab. Machel sagte ihm einfach: „Behaltet eure Weißen."

Machel hatte diese Lektion auf die harte Tour gelernt, denn als sein Land 1975 die Unabhängigkeit von Portugal erhielt, packten die Weißen ihre Koffer und gingen. Von ungefähr zweihunderttausend ehemaligen portugiesischen Siedlern blieben nur etwa zwanzigtausend. Und die Weißen, die gingen, nahmen so ziemlich alles, was noch irgendwie von Wert war, mit und hinterließen ein verwüstetes, geplündertes Land praktisch ohne Infrastruktur und mit nur einer Handvoll gebildeter Schwarzer. Es ist nicht so, daß Machel nicht versucht hätte, die portugiesischen Siedler zum Bleiben zu bewegen. Der Korrespondent der Los Angeles Times, David Lamb, zitiert Machel in seinem Buch The Africans, wie er den Europäern nach der Unabhängigkeit sagte: „Wir wollen Harmonie zwischen den Rassen. Um die Nation aufzubauen, brauchen wir die Unterstützung der Menschen aller Kontinente und Rassen." Aber diese Bitte stieß auf taube Ohren. Die Portugiesen glaubten nicht, daß es für den weißen Mann in einem unabhängigen schwarzen Afrika eine Zukunft geben könne. Also verließen sie das Land, und Mosambik wurde dadurch stark geschädigt.

Mugabe, ein Protégé Machels, der während seines Guerilla-Kriegs in Mosambik Unterschlupf fand, lernte die Lektion gut. Als Zimbabwe unabhängig wurde, sorgte Mugabe dafür, daß die Weißen blieben – viele zumindest –, und das Land schaffte es, das beliebteste Tanzritual des Kontinents zu vermeiden, den afrikanischen Abwärtstanz.

Mitte der neunziger Jahre lebten in Zimbabwe innerhalb einer Gesamtbevölkerung von 11,2 Millionen immer noch ungefähr hunderttausend Weiße – zwar weniger als die Hälfte während der Zeit vor der Unabhängigkeit, aber immer noch eine beträchtliche Anzahl. Zur gleichen Zeit waren rund 60 Prozent des fruchtbarsten Ackerlandes noch immer in den Händen von ungefähr 4500 weißen Farmern. Die Lancaster-House-Verträge hatten der Regierung eine zehnjährige, verfassungsmäßig festgelegte Beschränkung bei der Neuaufteilung des Landes auferlegt, womit diese stark von Emotionen belastete Streitfrage für das erste Jahrzehnt praktisch erst einmal vom Tisch war. Aber Anfang der neunziger Jahre, als die Frist auslief, wurden die schwarzen Zimbabwer ungeduldig. Land war schließlich eine der Schlüsselfragen gewesen, die hinter dem über fünfzehn Jahre dauernden Guerilla-Krieg steckte, und die Sieger warteten bereits seit vierzehn Jahren auf ihre Beute.

Die Regierung hatte schon früh einige zögerliche Schritte unternommen, weißes Land zu konfiszieren und neu zu verteilen, aber die meisten dieser Versuche wurden vor Gericht erfolgreich abgewehrt. Eine Landbesitzkommission wurde zusammengestellt, um das Problem auszudiskutieren. Aber die ganze Zeit über verhielt sich Mugabe der Sache gegenüber ambivalent, weil er offensichtlich erkannt hatte, daß trotz der Popularität von Konfiszierungen die weißen kommerziellen Farmer noch immer das Rückgrat von Zimbabwes Wirtschaft bildeten.

Die Büros der Zimbabwe Farmers Union befinden sich im obersten Stockwerk eines Gebäudes, das mitten in dem überfüllten belebten Geschäftsviertel von Harare liegt. Die ZFU vertritt die kleinen schwarzen Farmer des Landes und ist das afrikanische Gegenstück zu der mächtigeren, überwiegend weißen Commercial Farmers Union, die die weißen Farmer repräsentiert. Es ist schon komisch, nach fünfzehn Jahren schwarzer Herrschaft gibt es immer noch zwei verschiedene Farmergewerkschaften, eine schwarze und eine weiße.

Emerson Zhou ist Volkswirtschaftler und arbeitet für die schwarze Gewerkschaft. Als ich die Treppen zu den ZFU-Büros hinaufstieg, streiften mich höchstens ein paar neugierige Blicke, ansonsten sagte man mir, daß die Gewerkschaftsführer, die ich sprechen wollte, entweder nicht da seien oder zu viel zu tun hätten. Zhou war abgeordnet worden, den amerikanischen Journalisten mit allem Wissenswerten zu versorgen, und so gingen wir in ein winziges, vollgestopftes und schlecht beleuchtetes Hinterzimmer.

Zhou war vorsichtig, als er mir die Situation der schwarzen Farmer während der vierzehn Jahre der Unabhängigkeit beschrieb – sie hatte sich stark verbessert, aber vieles mußte noch getan werden. Das Wichtigste war, sagte er, daß Zimbabwe die Rassenversöhnung erreicht hatte. „Das rassische Umfeld ist anders geworden", meinte er. Doch das größte, noch immer ungelöste Problem bestehe darin, daß die Schwarzen unter einer schwarzen Regierung noch immer nicht ihren Anteil am wirtschaftlichen Kuchen hätten. „Im Unternehmenssektor gibt es zwar inzwischen sehr viel mehr Schwarze in hohen Positionen", sagte er, „aber was Grundbesitz anbelangt, spielen Schwarze immer noch eine marginale Rolle."

Zhou ratterte die bekannte Litanei von Zimbabwes Problemen herunter – die immer noch vorhandene Ungleichheit zwischen der privilegierten weißen Minderheit und der ungeduldigen schwarzen Mehrheit, vor allem aber die Unzufriedenheit darüber, daß nicht mehr Land an Schwarze zurückgegeben würde. Aber wünschte er es sich wirklich anders angesichts des Chaos, das in so vielen anderen unabhängigen Staaten ausgebrochen war? „Wenn man liest, was in anderen Ländern passiert", sagte er, „scheint hier die Situation nahezu perfekt zu sein."

Man muß nicht weit gehen, um ein ziemlich deutliches Beispiel für die noch immer vorhandene Macht des weißen Establishments in Zimbabwe zu finden. Nur ein paar Straßen weiter nämlich befindet sich die Zentrale der konkurrierenden weißen Commercial Farmers Union, die mehrere Stockwerke eines schicken Hochhauses einnimmt. Hier konnte man nicht einfach hereinspazieren, man mußte sich anmelden. Als ich anrief, gab mir eine forsche, kurz angebundene und tüchtige Sekretärin einen Termin. Mein Interviewpartner war Jerry Grant, der Bezirksdirektor, ein sehr umgänglicher Typ, der meinen Akzent sofort bemerkte und sagte: „Sie kommen offenbar nicht von hier." Dann fuhr er fort, ziemlich offen zu sprechen – sehr viel offener vermutlich, als wenn statt eines schwarzen Amerikaners ein schwarzer Afrikaner das Interview mit ihm geführt hätte.

Grant beschrieb mir den langen Exodus weißer Farmer während des Guerillakriegs und in den Jahren unmittelbar nach der Unabhängigkeit, als Mugabes politischer Gegenspieler, Joshua Nkomo, sich weigerte, das Wahlergebnis von 1980 anzuerkennen, und seine Anhänger vom Ndebele-Stamm sich in ihre Festung Matabeleland zurückzogen und eine kleine Terrorkampagne starteten. Die „Dissidenten", wie Mugabe die Ndebele-Guerilleros nannte, wollten die Regierung unterlaufen, indem sie gezielt gegen das Herz der verwundbaren Wirtschaft des neuen Staates vorgingen: die im Land verbliebene weiße Bevölkerung. Weiße Farmer wurden in ihren Häusern überfallen. Weiße Familien wurden in ihren Autos oder im Bus attackiert. Grant schätzt, daß in dem Stammeskrieg im Matabeleland mehr Weiße getötet wurden als in den fünfzehn Jahren des Unabhängigkeitskriegs. Die Gewerkschaft der Farmer führte eine ziemlich genaue Liste der Überfälle – Zeit, Ort, Name der Weißen, die getötet wurden. Es war inzwischen ein schwarzes Afrika, aber die Weißen zählten ihre Toten noch immer.

Mugabe schlug schließlich den Aufstand nieder, und er tat es auf altmodische Weise – durch brutale Gewalt. 1983 befahl er seiner Elitetruppe, der in Nordkorea ausgebildeten Fünften Brigade, Matabeleland zu verwüsten und die Rebellen zu vernichten. Zwischen fünftausend und dreißigtausend Menschen wurden in Afrikas brutalstem und erfolgreichstem Antirebellenkampf getötet. Niemand kennt die genaue Zahl, denn Zimbabwe war in den Rang eines unabhängigen afrikanischen Landes aufgestiegen, und eine der Voraussetzungen für die Mitgliedschaft im Club ist, daß man aufhört, die Leichen zu zählen.

In jenen frühen Tagen der Unabhängigkeit sah es so aus, als werde Zimbabwe in den gleichen Abgrund von Blutvergießen, Chaos und Instabilität stürzen, der das übrige Afrika südlich der Sahara verschlang. Wenn man sich an diesen Krieg nicht mehr erinnert, so vermutlich deshalb, weil die westlichen Zeitungen nicht viel darüber berichtet hatten. Viele Leute feierten Zimbabwe als eine afrikanische „Erfolgsstory". Sein Befreiungskampf war besonders populär, zumal auf einem Collegecampus wie dem meinen, weil es einer der wenigen klaren Fälle von schwarz und weiß, gut und böse war. Und Robert Mugabe stand in hohem Ansehen in Afrikanisten-Kreisen im Ausland, er galt als einer der brillantesten Unabhängigkeitsführer. Warum also sollte man das Bild durch einen schmutzigen Guerillakrieg und eine brutale Niedermetzelung der Rebellen verderben?

„Wir dachten alle, daß es so kommen würde wie in Zaire", sagte Grant, als er über diese turbulenten Tage sprach. „Es hätte ganz leicht passieren können." Und warum war es nicht passiert? fragte ich ihn. Er antwortete: „Unsere Schwarzen hier waren sehr pragmatisch. Die Zukunft des Landes lag den Schwarzen genauso am Herzen wie den Weißen. Es hätte schief gehen können, aber es ging gut, und ich glaube, jetzt kann es nicht mehr schief gehen."

Es schien, als hätte ich einen der wenigen Punkte gefunden, über die Schwarze und Weiße, sogar Jan Smith, sich einig waren: Sie hatten gesehen, welche Greuel „dort oben" passiert waren, und es hatte ihnen solche Schrecken eingejagt, daß sie zur Vernunft kamen. Inzwischen waren sie dankbar, daß Zimbabwe, trotz aller Fehler, nicht in diesen Abgrund gefallen war. Afrika war da, kurz, klopfte an die Türen, aber in Zimbabwe hatte man es geschafft, den Kontinent in Schach zu halten.

Nelson Mandela verbrachte siebenundzwanzig Jahre im Gefängnis, aber er ist einer jener Führer, die die Lektionen, die Afrikas traurige Geschichte erteilt, gut zu verstehen scheinen. Er ist nicht nur der Held der südafrikanischen schwarzen Mehrheit, seine Gegenwart beruhigt auch die zitternden Weißen, denn er überzeugt sie, daß auch sie Anteil an dem neuen Südafrika haben werden.

Ein unbedeutenderer Politiker wäre vermutlich nicht imstande, diesen Balanceakt durchzuziehen zwischen den zornigen jungen Schwarzen in den Townships, die eine schnelle Veränderung wollen – diese Art von Kids, von denen Linda Twala in Alex sagte, daß sie bereit sein könnten, über den Highway zu gehen und die weißen Vororte zu überfallen –, und der weißen Bevölkerung, die nach jedem Vorwand greift, um behaupten zu können, es gehe mit dem Land bergab. Für die Schwarzen erwächst Mandelas Glaubwürdigkeit aus seiner moralischen Autorität, gezeichnet von seinen siebenundzwanzig Jahren in einem Apartheid-Gefängnis. Nur Mandela kann vor einer wütenden schwarzen Menge stehen und sie beruhigen, indem er fragt, ob irgend jemand unter ihnen soviel gelitten habe wie er. Und für die Weißen ist er eine freundliche, sanfte, heilende Gestalt. Wie mir eine weiße südafrikanische Frau nach den Wahlen sagte: „Ich bin so stolz, aus einem Land zu kommen mit einem Präsidenten, den jeder gerne hätte."

Ich habe nur einmal einen kurzen Blick auf Mandelas Zauber erhaschen können; es war noch, bevor er Präsident wurde, während er eine Pressekonferenz in der ANC-Zentrale im Shell House abhielt. Das Thema war peinlich für den ANC, die Veröffentlichung eines Berichts über Folterungen und sogar Hinrichtungen in einigen der Guerilla-Lager des ANC, als die Partei noch im Exil war. Der „Clou" bei den ANC-Enthüllungen war zu fordern, daß jede Strafaktion gegen ANC-Mitglieder an eine ähnliche Strafaktion gegen Weiße gekoppelt werden sollte, die während des Apartheidregimes gegen die Menschenrechte verstoßen hätten. Es war eine Streitfrage, die dem moralischen Ansehen des ANC leicht hätte schaden – und damit zu meiner eigenen Verzweiflung beitragen können, ob dies nun wirklich die Guten waren –, aber Mandela wurde geschickt damit fertig.

„Sie sollten sich bewußt sein, daß die angeblichen Mißhandlungen in einem Zustand der Belagerung stattgefunden haben", sagte Mandela den Reportern, die sich im Konferenzraum des Shell House drängten. „Wir glauben nicht, daß es für uns im Sinne der Gerechtigkeit ist, wenn wir nur ein paar einzelne bestrafen", sagte er, „wo doch sehr viel größere Verbrechen gegen die Menschenrechte begangen wurden als Teil einer systematischen Politik seitens der Regierung dieses Landes."

„Wir sehen diese Sache in einem größeren Zusammenhang", fuhr Mandela in einem Ton fort, in dem ein Lehrer zu seinen Schülern spricht. Er sagte, daß der ANC eine Kommission einberufen wolle, die alle Menschenrechtsverletzungen der Vergangenheit untersuchen und den Opfern, wenn nötig, Entschädigungen anbieten solle. Dann, in einer Anspielung auf seine siebenundzwanzig Jahre als Gefangener, fügte er ruhig hinzu: „Ich sollte vielleicht einen Antrag stellen!"

Eine brillante Vorstellung, dachte ich. Er war kein großer Redner, aber er wußte auf jeden Fall, wie man eine Zuhörerschaft fesselt, selbst einen Haufen zynischer Schreiberlinge. Seine bloße Gegenwart reichte schließlich aus, mich davon zu überzeugen, daß, wenn auch die Guten keine völlig reine Weste hatten, sie doch noch von allen die Besten waren. Trotz all seiner Fehler, mit Mandela an der Spitze war der ANC den anderen haushoch überlegen – und zumindest willens, seine Fehler zuzugeben. Und ich dachte damals, daß der Kontinent um vieles besser dran wäre, wenn mehr afrikanische Länder Führer wie Mandela hätten, statt all dieser Hanswurste und Außenseiter, mit denen sie geschlagen waren.

Ich fragte mich oft, während ich den Kontinent bereiste: Kann Südafrika es schaffen, ein Abgleiten in Wirtschaftsverfall, schleichenden Totalitarismus, gesellschaftlichen Zusammenbruch und gewaltsame Anarchie zu verhindern? Solange Mandela an der Macht ist, schafft es das zweifellos. Aber er hat wiederholt angekündigt, nach seiner Amtszeit, die 1999 endet, zurückzutreten, und ohne ihn sieht Südafrikas Zukunft wesentlich unsicherer aus. Die von der Regierung inszenierten politischen Gewalttätigkeiten gingen nach den Wahlen stark zurück, aber KwaZulu/Natal blieb ein Kriegsgebiet, ohne daß es je auf den Titelseiten erscheint. Das Verbrechen wütete weiter, was sogar Mandela später zu dem Zugeständnis veranlaßte, die Situation sei „außer Kontrolle".

Optimisten waren schnell bereit, Südafrika als die seltene afrikanische Ausnahme zu sehen – ein modernes industrialisiertes Land mit einer breitgefächerten Wirtschaft und einem starken privaten Sektor, etwas, was den meisten anderen afrikanischen Ländern fehlt. Es gibt eine lebendige und freie Presse und ein starkes Gefühl für die Wichtigkeit der Verfassung und eine unabhängige Rechtsprechung. Vielleicht noch bedeutsamer ist, daß die ANC-Regierung bis jetzt nicht auf die radikaleren Forderungen einiger ihrer Anhänger eingegangen ist, zu denen auch die Art von wirtschaftlicher Konfiskationspolitik gehört, die nur eine Kapitalflucht auslösen und die Rassenversöhnung erschweren würde. Außerdem hat Südafrika den Vorteil dessen, der später kommt und die traurige Geschichte des übrigen Kontinents gesehen hat und deshalb nicht dazu verdammt ist, sie zu wiederholen.

Aber wenn es eine Sache gibt, die meinen Optimismus dämpft, dann ist das die unglückliche geographische Lage Südafrikas. Da ich immer nur kurz hierher kam vom „Rest des Kontinents" – von Kenia, von Ruanda, von Somalia und von Zaire aus –, gelang es mir kaum, das Land anders als durch die Brille meiner eigenen Desillusion zu sehen. Ebenso war ich auch zur falschen Zeit und von der falschen Richtung her auf die Goree-Insel gekommen, und so war alles, was ich sehen konnte, die Brutalität und Gewalt, die vor meiner Zeit lag. Mit Südafrika war es genauso. Wenn ich als erstes hierher gekommen wäre, wären meine Gefühle vielleicht andere gewesen. Aber ich war von „dort oben" hierhergekommen und hatte bereits zu viel gesehen. Ich wußte bereits, daß Afrika eine Art hatte, auf brutale Weise fast alle optimistischen Voraussagen und Szenarien unter sich zu begraben.

Ich wollte nach Süden schauen und Hoffnung sehen. Aber statt dessen ging mein Blick immer nur nach Norden.

Als ich einige Wochen nach den südafrikanischen Wahlen wieder in Ruanda war, fuhr ich in einem kleinen Lastwagen auf dem Highway von der Stadt Gikongoro in den Südwesten. Mein Reisegefährte war Sam Msibi, ein schwarzer südafrikanischer Kameramann, der für Worldwide Television News arbeitete. Ich war in Gikongoro hängengeblieben und brauchte eine Mitfahrgelegenheit zurück nach Bukavu, das auf der zairischen Seite der Grenze liegt. Sam fuhr mit seinem Wagen, in dem er seine WTN-Fernsehausrüstung transportierte, in diese Richtung. Dankbar für die Mitfahrgelegenheit quetschte ich mich mit Sams Kamera auf dem Schoß auf den Vordersitz.

Sam konnte einiges darüber erzählen, was es hieß, ein schwarzer Reporter in Afrika zu sein. Aber im Gegensatz zu mir ist er Afrikaner, Südafrikaner, und er hatte sich seine Sporen als Journalist verdient, indem er über die blutigen Kämpfe zwischen den Anhängern der Inkatha und des ANC in den Townships seines Landes berichtete. Eine seiner Geschichten enthüllte Inkathas heimliche Unterstützung durch Südafrikas Polizei und Geheimdienst, ein heißes Thema, da die weiße Minderheitsregierung zu jener Zeit jede Art von Einmischung in die gewalttätigen Auseinandersetzungen zwischen Schwarzen bestritt. Aufgrund seines Berichts wurde er in Tokoza, einem der blutigsten Schlachtfelder der Townships, fünfmal angeschossen. Das war kein Zufall. Die Bewaffneten waren ihm gefolgt und hatten gezielt auf ihn geschossen. Aber er lebte, um die Narben auf seinem Körper zu zeigen.

„Früher war es toll, in den Townships zu arbeiten", erinnerte sich Sam. „Aber als die Wahl näherrückte, waren alle der Meinung, daß die Presse für den ANC arbeite. Also wurde es gefährlich."

„Das ist ein Problem in Afrika", fuhr er fort, während er den Wagen über die kurvenreiche Bergstraße lenkte. „Wenn du ein Schwarzer bist, mußt du dir Sorgen machen wegen der Gewalt der Schwarzen gegen Schwarze."

Während er sprach, fuhren wir an einer ziemlich deprimierenden Szene vorbei. Ruandische Flüchtlinge waren auf dem Weg nach Zaire, flohen, wohin sie sich sicher glaubten, und schleppten ihre zusammengerollten Schlafsäcke und ihre Wasserkanister aus Plastik mit sich, trugen ihr ganzes Hab und Gut auf dem Rücken oder balancierten es auf dem Kopf. Einige trieben Herde von Kühen und Ziegen vor sich her, und immer trotteten barfüßige kleine Kinder hinterher.

Sie brechen dir das Herz, diese Kinder. Die meisten hinkten auf blasenübersäten blutenden kleinen Füßen. Sie stützten sich auf Stöcke wie alte Männer, ihre winzigen Beine krümmten sich vor Schmerz. Bei jedem Schritt verzogen sie das Gesicht. Aber sie wagten es nicht anzuhalten, da sie sonst vermutlich zurückgelassen worden wären.

„Manchmal würde ich gerne anhalten und fotografieren", sagte Sam und starrte traurig auf die Szene. „Aber ich weiß nicht, wie diese Leute reagieren würden." Ich erwähnte etwas naiv, daß ich vor ungefähr einer Woche mit einem belgischen Fernsehteam auf derselben Straße hier vorbeigekommen sei und daß sie keine Probleme gehabt hätten, auf dem Highway zu filmen. „Ja, aber das waren Weiße", erklärte mir Sam geduldig. „Mich könnten sie für einen Hutu oder sonstwas halten."

Lange Zeit fuhren wir schweigend weiter und sahen hinaus in die Landschaft auf das Elend, das vor unseren Wagenfenstern dahinzog. „Mein Gott", sagte Sam irgendwann leise, mehr zu sich als zu mir. „Würdest du gerne deine Mutter oder deinen Vater oder dein Kind achtundneunzig Kilometer laufen sehen, nur um wegzukommen vom Krieg? Hör mal – ein Kind, das weint! Das ist das Leben, Mann. Eine Menge Schmerz da drin."

Es war eine lange Fahrt, fast vier Stunden, aber es machte mir nichts aus, weil ich Sams Gesellschaft genoß. Ich genoß sogar unser langes Schweigen, denn ich wußte, daß er als schwarzer Südafrikaner und ich als schwarzer Amerikaner oft ähnliche Gedanken hatten. Diese afrikanische Tragödie war so verschieden von der City von Johannesburg, wie sie es von Washington oder Detroit war.

„Afrika ist der schlimmste Ort – Somalia, Zaire", sagte Sam schließlich, als er sein Schweigen brach und aussprach, was auch ich dachte. „Wenn du so etwas siehst, betest du nur, daß es mit deinem eigenen Land nie soweit kommt. Wer möchte schon Kinder so laufen sehen?

Ich fühle mich diesen Menschen verbunden. Sie sind für mich wie mein eigenes Volk. Ich habe Mitleid mit ihnen – nicht nur hier. Auch in Kenia, in Sambia, in Angola. Es tut mir immer weh, wenn ich so was sehe."

„Ich liebe mein Land", fuhr er fort. „Ich liebe es heute mehr denn je." Und er zeigte seinen Patriotismus offen in Form einer kleinen südafrikanischen Fahne auf seinem T-Shirt. „Wir leben im zwanzigsten Jahrhundert – und mehr schwarze Menschen leiden als je zuvor. In Südafrika hörst du im Radio, daß eine Million Menschen irgendwo in Afrika umgebracht wurden, und daneben putzt du deine Zähne und scherst dich den Teufel drum. Es ist wie in Amerika." Genau wie in Amerika. Und da wußte ich, daß ich nicht hierhergehörte. Auf dieser langen Fahrt neben einem Südafrikaner wurde mir klar, daß ich mich in Amerika zwar manchmal fremd fühlte, aber wirklich wie ein Fremder fühlte ich mich hier, im Land meiner Väter. Dies war eine andere Welt für mich, genau wie für Sam. Ich wußte, daß ich nicht hierhergehörte.

10

RÜCKZUG

„Ich wußte, daß ich weit gereist war, und wunderte mich,
daß ich den Mut gehabt hatte, so lang an einem so weit
entfernten Ort zu leben."

V. S. NAIPAUL
An der Biegung des Flusses

ES WAR EINE LANGE REISE, und ich werde Afrika bald verlassen. Ich bin erledigt, erschöpft, reif, all die gespenstischen Bilder hinter mir zu lassen, bereit heimzugehen. Ich habe zu viele Tote gesehen, zu viel Elend, zu viel Haß, und ich merke, daß es mich nicht mehr berührt. Afrika. Geburtsort der Zivilisation. Heimat meiner Vorfahren. Ich kam hierher, weil ich dachte, daß ich hier etwas von dem fehlenden Teil von mir finden würde. Aber Afrika verschluckte mich und spuckte mich wieder aus. Es schwang eine Machete und schnitt mir die Bilder in den Kopf, die zu meinen schlimmsten Alpträumen wurden. Ich schließe jetzt meine Augen und starre auf eine junge Frau oben auf einem Leichenhaufen. Ich sehe einen alten Mann am Straßenrand, der mich um einen letzten

293

Tropfen Wasser anfleht, bevor er im Dreck verendet. Ich sehe meine Freunde von einem aufgebrachten Mob umzingelt, wie sie die Steine abwehren, die auf sie herunterhageln und ihre Schädel zertrümmern. Ich sehe den bizarr verkohlten Körper eines jungen Mannes, den man angezündet hatte. Ich sehe einen Altar, der vom Blut des Toten entweiht wurde, und Einschußlöcher, die einen Heiligenschein um den Christus am Kreuz bilden. Dann sehe ich Ilaria, die schöne Ilaria, wie sie in ihrem Wagen am Straßenrand verblutet. Da ist ein alter Mann, gebrochen und gebückt, der noch immer vor Schmerz humpelt, weil die Folter ihm alle Gliedmaßen zerstört hat. Da sind die verkrüppelten Bettler, die ihre blutigen Stümpfe gegen mein Wagenfenster pressen. Da ist ein Kind, das mich anlächelt, während es mit seiner Maschinenpistole auf meinen vorbeifahrenden Wagen zielt.

Ich schlage meine Augen auf, aber die Angst vor diesen Gespenstern bleibt, denn ich weiß, daß sie da draußen sind, im Dunkeln, in Afrika. Ich gab mein Bestes, um dieses Land und seine Bewohner kennenzulernen. Aber statt dessen sitze ich hier allein in meinem Haus in Nairobi, habe Angst und starre in die Schwärze der afrikanischen Nacht. Es ist still draußen, und ich bin verängstigt und einsam. Ich werde durch einen hohen Zaun und von zwei großen Hunden geschützt. Ich zahle für einen Sicherheitsdienst, der die Grenzen des Grundstücks bewacht, habe ein Alarmsystem und eine große Stahltür mit einem Sicherheitsbolzen, die ich fest verschlossen halte, all das, um Afrika daran zu hindern, über meinen Vorplatz zu schleichen und mir wegen der zweihundert Dollar und des Kleingelds, die ich in meiner Schreibtischschublade aufbewahre, mit einem Pangamesser das Hirn einzuschlagen.

Ich hatte nicht erwartet, daß es so kommen würde. Ich war wirklich unvoreingenommen hierher gekommen, ich wollte das Land und seine Bewohner lieben. Ich würde diese Reise so gerne gut gestimmt beenden, würde so gerne einen Hoffnungsschimmer in all dem Chaos entdecken. Ich würde so gern über das Lächeln der Afrikaner schreiben, über ihre Großzügigkeit und ihre Ausdauer, ihre Liebe zum Leben, ihre Musik und ihren

Tanz, ihren Respekt vor dem Alter, ihren Sinn für Familie und Gemeinschaft. Ich könnte auf die Saat der Demokratie verweisen, die Entstehung einer „zivilisierten Gesellschaft", die Bildung einer städtischen Mittelschicht, die Etablierung unabhängiger Institutionen und die Herrschaft des Rechts. Ich wünschte, ich könnte meine Geschichte so beenden, aber es wäre alles gelogen.

Wie kann jemand über Demokratie, Verfassungen und Gesetze in Ländern reden, in denen paramilitärische Sicherheitskräfte Brandbomben in die Redaktionen oppositioneller Zeitungen werfen? In denen ganze Dörfer verbrannt und Tausende von Menschen heimatlos werden, weil sich politische Parteien bekämpfen? In denen ganze Landesteile von den bewaffneten Guerilleros beherrscht werden? In denen der alte Aberglaube noch so verwurzelt ist, daß ein Politiker verhaftet und eingesperrt werden kann, weil man ihm vorwirft, daß er arme Dorfbewohner verhext habe, um sie zu zwingen, für ihn zu stimmen?

Meine Sprache mag düster und beunruhigend sein, aber so sah die Wirklichkeit für mich aus – fast immer düster und beunruhigend. Mehr als drei Jahre hier haben mich bitter gemacht, haben mir fast alle Hoffnung geraubt und mein Mitgefühl vertrocknen lassen.

Wenn ich jetzt die neuesten Nachrichten über die letzte afrikanische Tragödie höre – eine Stammesschlächterei in Burundi vielleicht, ein Aufstand in einem Flüchtlingslager in einem der abgelegenen Winkel Zaires, eine neue Flut von Flüchtlingen, die über eine Grenze in Uganda oder Sierra Leone schwappt –, kann ich dabei mit mehr als nur beiläufigem Interesse zuschauen, weil ich dort gewesen bin. Ich habe Mitleid mit den Opfern. Ich schüttle frustriert den Kopf über die anhaltende Qual des Kontinents. Ich schicke vielleicht sogar dem Roten Kreuz oder irgendeiner anderen Hilfsorganisation eine Spende. Aber sonst fühle ich nichts mehr.

Vielleicht würde es mich noch berühren, wenn ich nicht selbst dort gewesen wäre, wenn ich das Leiden nicht so nah erlebt hätte, wenn ich nicht die Körper gesehen hätte, die den Wasserfall hinunterstürzten, nicht das verwesende Fleisch gerochen hätte. Ja, wenn ich das alles vielleicht von einem anderen Blickwinkel aus sehen würde, könnte ich mir noch den Luxus leisten, in die alten Platitüden zu verfallen. Wenn ich nie meinen Fuß auf afrikanischen Boden gesetzt hätte, könnte ich vielleicht meine „Schwarzheit" feiern, mein „Afrikanertum". Dann würde ich mich vielleicht als ein Teil Afrikas fühlen, und Afrikas Schmerz wäre der meine. Und obwohl ich weiß, daß „Afrozentrismus" bei vielen schwarzen Amerikanern, die nach ihrer Identität suchen, in Mode gekommen ist, funktioniert das bei mir nicht. Ich war hier, ich habe hier gelebt und habe Afrika in all seinen Schrecken gesehen. Ich weiß jetzt, daß ich hier ein Fremder bin. Ich bin ein Amerikaner, ein schwarzer Amerikaner, und ich fühle keine Verbindung zu diesem fremdartigen und gewalttätigen Land.

Sehen Sie, ich habe gerade „schwarzer Amerikaner" geschrieben. Ich konnte mich nicht einmal dazu bringen, „afrikanischer Amerikaner" zu schreiben. Es ist eine Bezeichnung, die mir nicht über die Lippen will: „Afrikanischer Amerikaner". Ist es das, was wir in Wirklichkeit sind? Ist in den Nachkommen der ursprünglichen Sklaven, die ihre qualvolle Reise über den Atlantik machten, noch irgend etwas „Afrikanisches" übriggeblieben? Werden weiße Amerikaner, deren Vorfahren über den gleichen Ozean nach Westen segelten, vor ungefähr ebenso langer Zeit wie die Sklaven, noch immer als „englische Amerikaner" oder als „holländische Amerikaner" betrachtet? Haben die Jahrhunderte, die wir auf amerikanischem Boden gelebt haben, nicht all diese uralten Verbindungen gelöst, so daß wir, deren Vorfahren aus Afrika, England, Holland, Irland und China kommen, heute einfach „Amerikaner" sind?

Wenn man eine Art ethnischer Hackordnung aufstellen wollte, die sich auf die Anzahl von Jahren gründen würde, die jemand in der Neuen Welt gelebt hat, dann müßten die Schwarzen ganz oben an der Spitze der Liste stehen; die ersten Sklaven aus Afrika kamen nach Virginia, bevor die Mayflower nur die Segel gesetzt hatte. Der schwarze Einfluß ist heute in so vielen Aspekten der amerikanischen Kultur erkennbar, er reicht vom Jazz bis zu Basketball, Slang, Hip-Hop, von schwarzer Literatur bis hin zum Kino, vom Fernsehen bis zur Dichtung. Spaghetti, Dim Sum und Sushi gehören zur kulinarischen Szene Amerikas, aber was ist amerikanischer als die Küche der Südstaaten – American Fried Chicken und Biskuits, gegrillte Spare-Ribs, Grütze und Erbsen –, und in den großen Häusern des alten Südens gab es immer ein schwarzes Gesicht im Hintergrund, das die Mahlzeiten zubereitete.

Doch trotz unseres „Amerikanertums", trotz der Beiträge, die Schwarze zu der Kultur geleistet haben, die Amerika für sich reklamiert, hat man den schwarzen Amerikanern immer das Gefühl gegeben, Fremde im eigenen Land zu sein, dem Land, in dem wir seit vierhundert Jahren leben. Ich weiß es, denn ich habe mich auch schon so gefühlt. Es ist manchmal kaum zu spüren, dieses Gefühl, nicht dazuzugehören. Aber die meisten Schwarzen in Amerika würden vermutlich bestätigen, daß sie es im Großen wie im Kleinen Tag für Tag erleben.

Ich selbst spüre es, wenn ich leger gekleidet bin, keinen Anzug und keine Krawatte anhabe, sondern vielleicht ein paar abgetragene alte Jeans und ein T-Shirt, und so ein Kaufhaus oder einen Laden an der Ecke betrete. Ich kann den Blick des Hausdetektivs spüren, wie er mir durch die Regale folgt, um sicherzugehen, daß ich nichts stehle. Und wenn ich mit einer Zeitung unterm Arm einen Laden betrete, winke ich damit der Verkäuferin, damit sie hinterher nicht denkt, ich hätte sie mir vom Stapel geklaut.

Ich spüre es, wenn ich an einer Straßenecke in Washington oder New York stehe und versuche, ein Taxi zu bekommen. Wenn ich auf dem Nachhauseweg von der Arbeit bin, denke ich daran, meinen Mantel zu öffnen, damit der Taxifahrer mein Hemd und meine Krawatte sieht und denkt: Das ist nicht so ein Typ von der Straße, der mich womöglich ausraubt; das ist ein anständiger Schwarzer auf dem Nachhauseweg von seinem Büro. Und wenn ich in Washington bin und abends vom Rock Creek Park aus in den Westen nach Georgetown oder in eine der anderen „weißen" wohlhabenden Gegenden fahren will, passe ich auf, daß ich auf der richtigen Straßenseite stehe und man mich nicht aus Versehen für einen Schwarzen hält, der nach Osten in die Schwarzengegend will, in die Stadtteile, vor denen sich sogar schwarze Taxifahrer fürchten.

Ich spüre es auch, wenn ich in Amerika Auto fahre, überall in Amerika. Wenn mich die Polizei an den Straßenrand winkt, lege ich meine Hände offen aufs Lenkrad. Wenn ich eine Sonnenbrille aufhabe, setze ich sie ab. Denn ich weiß, ich bin ein Schwarzer in Amerika, und man könnte mich als eine Bedrohung sehen, als Gefahr.

Als ich einmal als Kind mit meiner Mutter in einem großen Kaufhaus einkaufen war, riß ich mich los, um die Paperbacks im Buchständer durchzustöbern. Als meine Mutter mit ihren Einkäufen fertig war und mich gefunden hatte und wir zusammen zum Ausgang gingen, wurde ich sofort von einem Sicherheitsbeamten angehalten, einem stämmigen barschen Weißen, der mir befahl, meine Taschen zu leeren. Es war im Winter in Michigan, und ich hatte Handschuhe, eine Wollmütze, vielleicht einen Schal in meine tiefen Manteltaschen gestopft, und ich zog alles brav ordentlich heraus, eins nach dem anderen. Ich erinnere mich, daß meine Mutter zornig war. Sie verfluchte den stämmigen weißen Sicherheitsbeamten und drohte damit, das Kaufhaus anzuzeigen. Sie sagte, ich sei nur angehalten worden, weil man dachte, ein schwarzes Kind könne nur daran interessiert sein, in Büchern zu stöbern, wenn es eines stehlen wolle. Ich nahm das zu dieser Zeit nicht so ernst, aber dann wiederum konnte ich es eigentlich doch nicht verstehen.

Ich hatte über diesen Vorfall und was das eigentlich bedeutete, nie so genau nachgedacht, bis ich sechzehn oder siebzehn war und ein Klassenkamerad aus der Highschool namens Curt und ich zu einer Bank in der Gegend gingen, um unser Schulgeld oder sonstwas einzuzahlen. Es war in diesem grünen Vorort von Detroit, Grosse Points, einer Gegend, in der man es nicht gewöhnt war, viele Schwarze zu sehen. Mein Freund ging an den Schalter, um sein Geld einzuzahlen, und ich lungerte irgendwie hinter ihm herum. Ich glaube, ich trug meine Sonnenbrille, und versuchte, cool auszusehen, eben wie ein Schüler von der High-School. Draußen war es kalt, und ich hatte meinen Mantelkragen hochgeschlagen. Innerhalb weniger Minuten war in der Bank die Hölle los. Polizisten stürzten durch die Tür, hechteten hinter die Möbel, stießen Stühle um und brachten sich in Stellung. Die erschreckten Kunden wirbelten herum und nahmen die Hände hoch. Und die Kassiererin, eine junge Weiße, sagte zu Curt und zu mir, wir sollten die Hände aus den Taschen ziehen und sie langsam nach oben nehmen, dann wäre alles in Ordnung. Curt platzte heraus: „Was ist los? Wird die Bank überfallen? Wer ist es?" Da kam einer der Polizisten auf uns zu und sagte, daß man dachte, wir – Curt und ich – wollten die Bank überfallen. Einer der Kassierer hatte einen schwarzen Jungen mit Sonnenbrille und den Händen in den Taschen gesehen, der hinter einem weißen Jungen in die Bank ging. Der eifrige Kassierer, wer immer es auch war, dachte, ich hätte den weißen Jungen mit einer versteckten Waffe zwingen wollen, in die Bank zu gehen und sein Konto zu leeren. Er hatte heimlich auf den Alarmknopf gedrückt, der die Polizei von Grosse Points auf den Plan rief.

Damals kam uns das alles vor wie ein riesiger Witz. Wir lachten uns kaputt und hatten in der Schule eine tolle Geschichte zu erzählen. Die Bank entschuldigte sich schriftlich beim Direktor. Aber an diesem Tag habe ich eine noch wichtigere Lektion gelernt, nämlich etwas über die Angst der Weißen vor den Schwarzen in Amerika. Und jedesmal, wenn ich heute eine Bank betrete, denke ich an diese alte Geschichte und grinse in mich hinein. Und ich denke immer daran, meine Sonnenbrille abzunehmen – genauso als würde ich in Mogadischu auf einen pakistanischen Checkpoint zugehen.

Das ist nicht Paranoia, das ist tagtägliches Überleben, und Schwarze in Amerika, besonders schwarze Jugendliche in dem Alter, in dem sie am gefährlichsten aussehen, lernen ihre Lektion so gut, daß es ihnen schließlich zur zweiten Natur wird –

wie sie sich anzuziehen haben, wie sie zu reden haben, wie sie zu gehen haben, um so ungefährlich wie möglich auszusehen. Der wichtigste Teil der Lektion ist, Gleichgültigkeit vorzutäuschen, auch gegen die vielen unbeabsichtigten Beleidigungen, die kleinen spitzen Bemerkungen, die zuweilen sogar wohlmeinende Weiße einem gegenüber machen, die immer noch nicht genügend über die Hautfarbe eines Menschen hinwegsehen können, um einen schwarzen Amerikaner eben genau wie jeden anderen Menschen zu behandeln. Du sagst ihnen, du seist gerade am Strand gewesen, und sie sagen „schön braun geworden" und denken, du müßtest das auch komisch finden. Oder sie machen irgendeine Bemerkung darüber, daß ihnen der Wind die Haare zerzaust hat, und fügen hinzu: „Über so was brauchst du dir ja keine Sorgen zu machen." Als Schwarzer versucht man dann ein gequältes Lächeln und sagt: „Nein, wirklich nicht", und wechselt dann möglichst das Thema, bevor es schwierig wird. Die Schlimmsten sind natürlich die, die dir zeigen wollen, wie liberal sie sind, wie unvoreingenommen. Man erkennt sie relativ leicht, weil ein Gespräch mit ihnen immer irgendwie an dem Punkt landet, wo sie so etwas sagen wie: „Also, was halten Sie von Jesse Jackson?" oder: „Dieser Colin Powell ist wirklich stark!"

Ja, so ist das in Amerika, wenn man schwarz ist. Ich habe gelernt, es mit einem Schulterzucken wegzustecken, gelernt, mit den kleinen Klugscheißern über ihre Witze zu lachen. Aber tief drinnen tut es weh, weil es mich dauernd daran erinnert, daß schwarz zu sein immer auch heißt, anders, fremd zu sein, nie ganz dazuzugehören.

Also wurde ich Auslandskorrespondent. Im Ausland zu reisen und über die Orte und Menschen zu schreiben, die ich kennenlernte, wurde für mich die endgültige Flucht davor, immerzu über meine Hautfarbe definiert und beurteilt zu werden. Mitte der achtziger Jahre, nach einer einmonatigen Reise durch Hongkong und Taiwan, auf der ich Freunde vom auswärtigen Dienst besuchte, und einer zweiwöchigen Reise durch Japan, wo ich für die Post über das japanische Erziehungssystem berichtete, begann mich Asien zu faszinieren, weil man dort, wie es schien, als Schwarzer – als schwarzer Amerikaner – nicht so sehr nach der Schwärze seiner Haut, sondern eher nach dem Inhalt seiner Brieftasche beurteilt wurde. In Asien waren wir alle Fremde, Weiße genauso wie Schwarze. Die Kantonesen von Hongkong nannten mich „schwarzer Teufel" und die weißen Amerikaner „weiße Teufel", aber das fand ich in Ordnung – in ihren Augen waren wir alle Teufel.

Dann brachte mich mein Auslandsauftrag hierher, nach Afrika, und zwang mich schließlich, mich meiner Identität, meiner Rasse, meiner Hautfarbe und meiner Nationalität zu stellen. Nachdem ich mein ganzes Leben in Ländern verbracht hatte, in denen ich anders war, nicht dazugehörte, bin ich nun auf dem einzigen Kontinent angekommen, wo ich mich mit der Menge um mich herum vermische. Wenn ich irgendwohin gehöre – wenn es einen Ort auf der Welt gibt, wo ich nicht andersartig, fremd bin – sollte es hier sein, in Afrika.

Und ich hasse es.

Es ist mir bewußt, daß einige sagen werden, wenn ich Afrika hasse, hasse ich mich in Wirklichkeit selber. Malcolm X hat das damals 1965 in einer Rede gesagt, da war ich gerade sechs. Er sprach darüber, wie europäische Kolonialisten ihre negative Einschätzung Afrikas auf uns projiziert hätten, damit wir es hassen, und wie die Strategie im allgemeinen auch funktioniere.

„Wir wollten nicht, daß uns irgend jemand etwas über Afrika erzählte, und noch viel weniger, daß man uns Afrikaner nannte", sagte Malcolm. „Indem wir Afrika haßten und indem wir die Afrikaner haßten, haßten wir uns schließlich selbst, ohne daß wir es merkten. Weil du nicht die Wurzeln eines Baumes hassen kannst, ohne auch den Baum zu hassen. Du kannst nicht deine Herkunft hassen, ohne am Ende dich selbst zu hassen. Ihr könnt nicht Afrika hassen und nicht auch euch selbst hassen."

„Ihr wißt selbst, daß wir ein Volk waren, das seine afrikanischen Merkmale haßte", fuhr Malcolm fort. „Wir haßten unsere Köpfe, wir haßten die Form unserer Nasen, wir wollten eine dieser langen Hundenasen, die ihr ja kennt. Wir haßten die

Farbe unserer Haut, haßten das afrikanische Blut, das in unseren Adern floß. Und indem wir unser Aussehen, unsere Haut und unser Blut haßten, haßten wir natürlich am Ende uns selbst. Und wir haßten uns." Wenn Malcolm heute noch am Leben wäre, würde er mich vielleicht einen von diesen „gehirngewaschenen" Negern nennen, auf die er in dieser Rede anspielte. Er würde mich vielleicht einen dieser von Selbsthaß zerfressenen Schwarzen nennen, und deshalb quält es mich so, diese Gedanken aufzuschreiben, die in meinem Kopf verschlossen waren. Deshalb ist es so wichtig, mir schmerzhaft dessen bewußt zu sein, was ich sage – und was ich nicht sage.

Ich hasse weder Afrika noch die Afrikaner. Was ich hasse, ist die sinnlose Brutalität und die Vergeudung von Menschenleben. Ich hasse die Unfairneß, die Ungerechtigkeit, die Art und Weise, wie Unterdrückungssysteme Menschen ihrer Würde berauben. Ich hasse die Art, wie mein Fahrer in Somalia an einer verhungernden Frau am Straßenrand vorbeifährt und nicht anhalten will, damit ich ihr eine Flasche Wasser reichen kann. Ich hasse die Jungs, die vor den Essensausgaben mit ihren umgehängten Maschinenpistolen herumstolzieren und auf die Alten einschlagen, die in einer Schlange auf eine Handvoll Haferbrei warten. Ich hasse den Großen Mann, der die gesamte Regierung, das gesamte diplomatische Corps vor einem roten Teppich auf der Rollbahn in der glühenden Sonne Spalier stehen läßt, damit sie seinen Abflug zu einer Auslandsreise sehen können. Und ich hasse den Pressesprecher des Diktators, der in seinem stickig heißen Büro sitzt, ohne Strom, und glaubt mir einen Vortrag darüber halten zu müssen, wie „die Weißen" sein Land in den Ruin getrieben hätten. Ich hasse den Grenzbeamten an dem staubigen Grenzübergang, der diensteifrig meinen Paß studiert, den er in der einen Hand hält, während er die andere ungeniert nach einem Bestechungsgeld ausstreckt.

Doch vielleicht mehr als alles andere hasse ich diesen wahnsinnig machenden Hang der Afrikaner, sich in ihrem eigenen Leid zu suhlen, sich lediglich umzudrehen, wenn sie getreten werden, und einen unerschütterlichen Glauben zu äußern, daß irgendeine Macht von außen, irgendein göttliches Eingreifen ihnen die Erlösung bringen wird.

Inzwischen weiß ich, obwohl ich anonym durch die Straßen von Nairobi, Lagos, Kinshasa oder Khartoum gehen kann, obwohl ich durch ein Meer von schwarzen Gesichtern gehen kann, ohne aufzufallen, daß ich trotzdem keiner von ihnen bin. Ich bin ein Fremder hier, durch nichts verbunden. Ich sehe die Menschen, aber ich sehe nicht, was hinter ihren leeren Blicken liegt. Ich sehe aus wie sie, ich kann sogar meine Kleidung ein wenig verändern, um weniger „westlich" zu wirken, aber ich kann mir nicht vorstellen, wie es wäre, einer von ihnen zu sein. Es ist wahr, meine Vorfahren kamen von hier, und das hier sind meine fernen Verwandten. Aber zwischen uns hat sich ein Abgrund aufgetan, ein Abgrund von vierhundert Jahren und zehntausend Meilen. Nichts in meiner eigenen Vergangenheit, nichts in meiner Erziehung hat mir eingeflößt, wie es sein müßte, ein Afrikaner zu sein. Malcolm X sagte, wir Schwarzen in Amerika seien mehr Afrikaner als Amerikaner – „Ihr seid nichts als Afrikaner" –, aber ich spüre nichts dergleichen. Ich fühle mich in Afrika einsamer, als ich es jemals in Amerika empfunden hatte. In Amerika mag ich mich wie ein Fremder fühlen, aber in Afrika *bin* ich ein Fremder.

Aber die Einsamkeit ist nur ein Teil des Gefühls, das an mir nagt. Da ist mehr, etwas viel Tieferes, etwas, das zuzugeben ich mich schäme: Ich habe Angst vor Afrika. Ich möchte nicht von hier stammen. Im dunkelsten Grunde meines Herzens bin ich jetzt, in dieser pechschwarzen afrikanischen Nacht, insgeheim froh und dankbar dafür, daß mein Vorfahr die Überfahrt schaffte, die ihn hier herausbrachte.

Ich bewahre einige Fotos in meinem Schreibtisch auf, die ich aus einer der hier erscheinenden englischsprachigen Zeitungen ausgeschnitten habe. Ich glaube, ich hob sie für einen eventuellen Bericht auf, den ich dann aus irgendwelchen Gründen doch nicht geschrieben habe. Das erste ist auf einer Straße in der Innenstadt Nairobis aufgenommen und zeigt einen Kenianer in einem Popelinemantel, zusammengebunden wie ein Huhn und auf etwas geschnallt, das wie eine Schubkarre aussieht, und um ihn herum ist eine jubelnde Menge, die breit in die Kamera lächelt und das Siegeszeichen macht. Der Mann auf der Schubkarre hat einen eigenartigen Ausdruck im Gesicht – Angst, ja, aber auch etwas, was für mich so aussieht wie völlige Ergebung in sein Schicksal.

Die lange Bildunterschrift erklärt, daß dieser Mann irgendwo in der Innenstadt in einem Büro arbeitet und sich mit seinen Erfolgen gegenüber Frauen damit gebrüstet hat, daß er ein „ganzer Mann" sei. Eine der Frauen in seinem Büro, der er früher Avancen gemacht hatte, erzählte, sie wisse sicher, daß der Mann nicht beschnitten sei. Als seine Kollegen das hörten, umringten sie ihn, zogen ihm die Hosen herunter, bestätigten, daß er noch eine Vorhaut hatte, und trafen Vorbereitungen für eine rituelle Beschneidung, und zwar auf der Stelle. Er wurde auf die Schubkarre gebunden und feierlich durch Nairobis Straßen gerollt, was immer mehr Zuschauer anlockte. Er wurde zu einem Stammeshäuptling gebracht, der diesen Männlichkeitsritus ohne Betäubung, vermutlich mit einer stumpfen, rostigen schmutzigen Klinge durchführen würde. Das unglückliche Opfer, so stand in der Bildunterschrift zu lesen, war auf dem Weg, um „ins Messer zu schauen".

Es gab ein anderes Foto, das ich ebenfalls aufgehoben hatte. Es wurde in einem ländlichen Dorf aufgenommen und zeigt drei Männer, die dasitzen und verloren in die Kamera starren. Die Bildunterschrift erklärt, daß die drei gerade zwangsweise beschnitten worden waren, festgehalten, während ein Ältester den Ritus mit einem Messer ausführte, das er vermutlich weder vorher noch zwischen den Beschneidungen sterilisiert hatte. Ein Artikel in derselben Zeitschrift rief ein paar Tage später die Kenianer dazu auf, diese Flut von zwangsweisen Beschneidungen zu beenden, die, wie es hieß, inzwischen alarmierende Ausmaße angenommen hatte, bei denen es immer wieder zu Zwischenfällen kam. Der Artikel warnte mit eindringlichen Worten vor der Gefährlichkeit dieser Prozedur, wenn die

Instrumente nicht sauber sind und wenn kein ausgebildeter Mediziner dabei ist, um sie zu überwachen.

Es gibt ein letztes Foto, das aus neuerer Zeit stammt, und mich überläuft noch immer ein Schauder, wenn ich es betrachte. Es ist in einem Slum in Nairobi aufgenommen, nicht weit von meinem Haus entfernt, und zeigt einen Jungen, vielleicht im Teenageralter, der auf dem Rücken liegt, von einer Menge festgehalten, und vor Entsetzen schreit. Eine seiner Hände ist ihm abgehackt worden. Ein älterer Mann steht über ihm und hält fröhlich etwas in der Hand, das wie ein riesiges Hackmesser aussieht. Der alte Mann mit der Waffe lächelt und scheint sich bereitzumachen, mit einem harten kräftigen Hieb die andere Hand abzuhacken. Die Bildunterschrift erklärt, daß man diesen Jungen bei einem Diebstahl erwischt habe und die Menge nun eine Art Straßenjustiz durchführe. Zuerst starrte ich gebannt auf das schreiende Gesicht des Jungen, danach aber auf die Gesichter der Leute im Hintergrund. Alle lachten und lächelten. Und ich frage mich, was um alles in der Welt ging in den Hirnen dieser Leute vor?

Wie konnte ein Mensch danebenstehen und lachen angesichts solcher Folter? Wie kann ein menschliches Wesen angesichts der Qual eines anderen Freude empfinden? Und das hier war nicht Ruanda, Somalia oder Liberia, wo ich eine so gefühllose Unmenschlichkeit erwartet hätte. Dies war Nairobi, angeblich eine der modernsten Hauptstädte Schwarz-Afrikas. Und diese Szenen spielten sich quasi direkt vor meiner Haustür ab.

Wie konnte ich mich mit diesen Afrikanern verbunden fühlen, wenn wir durch einen solchen Abgrund von Zivilisation, Lebensumständen, Emotionalität und Sensibilität getrennt waren? Wie konnte ich jemals begreifen, was im Kopf von Leuten vorgeht, ganz normalen Leuten, die als Zuschauer im Hintergrund stehen und angesichts solcher Qualen lachen?

Und was mich am meisten ängstigt, ist, daß alle diese lachenden Menschen auf den Fotos aussehen wie ich.

Wäre es meinem Vorfahr nicht gelungen, hier rauszukommen, stünde auch ich womöglich in dieser Menge und lachte schadenfroh, während ein Mann mit einem Hackmesser einem Dieb die Hand abhackt. Oder ich wäre vielleicht einer dieser Körper gewesen, die, Arme und Beine zusammengebunden, mit dem Wasserfall in Tansania in die Tiefe stürzten. Oder mein Sohn wäre von Soldaten angezündet worden. Oder ich würde jetzt hinken, weil ich in irgendeiner stinkenden Gefängniszelle gefoltert worden wäre.

Und dann würde ich vielleicht denken: Welches Glück diese schwarzen Amerikaner haben!

Man sagt immer wieder, daß nichts einen das eigene Land mehr schätzen läßt, als wenn man von ihm wegreist. So ging es mir mit Amerika. Ich sehe die Fehler, ich verfluche die Intoleranz, ich schrecke vor den rassischen und ethnischen Spannungen zurück. Und mich machen die oft so hirnlosen politischen Debatten rasend, die so harmlos klingen wie das Geräusch eines zerbissenen Kartoffelchips. Aber trotz allem – vielleicht gerade deswegen – erkenne ich, daß es der einzige Ort ist, wo ich wirklich hingehöre. Es ist meine Heimat.

Als Thomas Jefferson Botschafter in Frankreich war, schrieb er an James Monroe und drängte ihn, ihn doch einmal zu besuchen. „Ich wünsche mir aufrichtig, daß Sie die Zeit finden könnten, hierher zu kommen", schrieb Jefferson. „Das Vergnügen der Reise wird geringer sein, als Sie erwarten, aber der Nutzen größer. Es wird Sie dazu bringen, Ihr eigenes Land anzubeten, seinen Boden, sein Klima, seine Gleichheit, Freiheit, Gesetze, Menschen und Lebensart. Mein Gott! Wie wenig wissen meine Landsleute, welch kostbare Segnungen sie besitzen, an denen sich kein anderes Volk der Erde erfreut. Ich gestehe, daß auch ich es nicht wußte."

Ich wußte es ebenfalls nicht, bis ich in ein Land kam, in dem so wilde Leidenschaften und eine solche Brutalität herrschen, dieses Land meiner Vorfahren.

Meine Schlußfolgerungen mögen den heutzutage populäreren Ansichten unter schwarzen Amerikanern widersprechen. Viele unter ihnen scheinen eine neue Art von freiwilliger Wiedereinführung der Rassentrennung zu befürworten, um sich vom Mainstream abzusetzen. Und es ist fraglos ein starkes Argument, daß mehr als vierzig Jahre, nachdem der Oberste Gerichtshof die Aufhebung der Rassentrennung mit „aller gebotenen Eile" angeordnet hatte, Amerika dem Traum einer farbenblinden, multikulturellen Gesellschaft, die einmal das Ziel der alten Bürgerrechtskämpfer war, noch immer kein bißchen nähergekommen ist.

Enttäuscht vom An- und Ausgeschaltetwerden durch den weißen Mainstream sehen immer mehr Schwarze ihr Heil im Rückzug in eigene schwarze Gemeinden, eigene schwarze Schulen, eigene schwarze Wohngebiete, eigene schwarze Geschäftsviertel und eigene schwarze Identitäten. Dahinter verbirgt sich der Wunsch, sich wieder auf eine afrikanische Identität, eine afrikanische Abstammung zu besinnen, was man an dem wachsenden Trend zu afrikanischen Kentetuch-Mützen und Kwanza-Feiern sehen kann – obwohl ich während meiner drei Jahre auf dem afrikanischen Kontinent keinen einzigen Afrikaner traf, der Kwanza feierte oder mir auch nur hätte sagen können, was das ist.

Ich glaube, daß Abspaltung der falsche Weg ist, daß wir statt dessen zu der ursprünglichen Idee Amerikas als Melting-Pot zurückkehren und eine Gesellschaft schaffen sollten, die wirklich farbenblind und nicht in rassische und ethnische Kleinstaaten aufgeteilt ist. Es tut mir leid, aber ich habe gesehen, was passiert, wenn Gesellschaften durch solche Aufteilungen in sich gespalten werden, wenn die kleinen Leute anfangen, die großen umzubringen, wenn die Form deines Kopfes oder die Farbe deiner Haut bestimmt, ob du ein Pangamesser über den Schädel bekommst. Wir in Amerika haben es bisher geschafft, dieser Art gewalttätiger Abrechnung zu entgehen, die einen so großen Teil der Welt auf die Zerreißprobe stellt – nicht nur Afrika –, und das, obwohl wir eine Nation sind, die aus vielen Farben, Religionen und ethnischen Gruppen geschaffen wurde. Die Antwort auf die Frage, wie man diese Art von Gewalt in Zukunft verhindern könnte, liegt mit Sicherheit nicht darin, daß man sich freiwillig trennt oder absondert, sondern darin, die alles verbindende Kraft Amerikas zu verstärken. Ich habe gesehen, wozu es führt, wenn Absonderung und Teilung auf die Spitze getrieben werden – dann hat man Ruanda, Liberia, Somalia. Warum um alles in der Welt sollten wir diesen gefährlichen Weg einschlagen?

Für die schwarzen Amerikaner spielt sich meiner Ansicht nach die Neubesinnung auf eine irgendwie geartete verlorene afrikanische Identität mehr in der Phantasie als in der Realität ab. Warum sollten wir als Amerikaner einen Kontinent an unser Herz drücken wollen, der so von ethnischem und religiösem Haß zerrissen ist? Und außerdem, wie können wir, Söhne und Töchter Amerikas, uns auf eine Identität besinnen, die es für uns an unserem ersten Ort nie gab?

Nein, Amerika ist unsere Heimat. Das Gerede, irgendwohin „zurück"zukehren, irgendwelche verlorenen „Wurzeln" zu suchen, irgendein Heimatland zu finden, macht keinen Sinn. Ich habe hier in Afrika gelebt, und ich kann Ihnen sagen, daß ich mich diesem fremdartigen Land mit keinem Teil meines Wesens verbunden fühle. Es ist viel besser, wenn wir alle unsere Energien dafür einsetzen, Amerika besser zu machen, den Traum einer vielrassigen Gesellschaft zu realisieren, als dem Mythos anzuhängen, daß wir irgendwo anders hingehörten.

Welche Zukunft sehe ich also für Afrika, dieses fremdartige und gefährliche Land? Welche Zukunft kann ich sehen für ein Land, in dem Kinder Donald-Duck-Masken und Ballkleider anziehen, bevor sie sich selbst oder unschuldigen Zivilisten, die zufällig dazwischen geraten, unsägliche Grausamkeiten zufügen? Welche Zukunft hat ein Land, in dem die besten Köpfe in feuchtkalten Gefängniszellen dahinsiechen? In dem ein grausamer Kriegsherr Granaten auf einen bevölkerten Marktplatz werfen läßt und Jugendliche Autos zerlegen und mit Flugabwehrkanonen ausrüsten, um damit durch die Straßen zu fahren, zu terrorisieren und zu plündern? Wo ein Diktator die internationale Gemeinschaft um Nahrungsmittelhilfe bittet, um den Hunger in seinem Land zu bekämpfen, während er gleichzeitig einen internationalen Flughafen in seiner schmutzig verarmten

Heimatstadt bauen läßt? Was für eine Zukunft gibt es für ein Land, in dem die Dichter von Soldaten aufgehängt werden und die Soldaten einen Aufstand machen und töten, wenn sie nicht bezahlt werden? Wo viele Dörfer von Krankheiten so heimgesucht sind, daß nur noch die ganz Alten und die ganz Jungen dort bleiben?

Ich habe in meine Kristallkugel geschaut und versucht, irgendwo einen Lichtschimmer zu sehen. Ich habe es wirklich versucht. Aber alles, was ich sehen kann, ist noch mehr Dunkelheit.

Gibt es also keine Lösung für Afrikas Dilemma? Es ist die Frage, die mir am häufigsten gestellt wird. Es liegt vermutlich in unserer Natur, daß wir Optimisten sein und glauben wollen, daß es für alle Probleme eine Lösung gebe und sogar Afrika mit der Zeit „repariert" werden könne. Aber dieses fremdartige Land besiegt selbst den hartnäckigsten Optimisten; es nimmt dir jede Hoffnung, und glauben Sie mir, ich weiß, wovon ich spreche.

Ich würde gerne sagen, daß ich eine Art Zauberformel hätte, das ungetestete Heilmittel für die unzähligen Krankheiten des Kontinents. Aber das Problem in Afrika ist, daß fast alles schon versucht worden ist.

Demokratie und Mehrparteienpolitik schienen die Antwort zu sein – die vielgelobte, mit großen Hoffnungen verbundene Lösung, auf die die wohlmeinenden Akademiker und Afrikaspezialisten, die mich für meine Reise instruierten, immer wieder hinwiesen. Aber nachdem ich über eine Wahl nach der anderen berichtet hatte, sah ich, daß zuerst noch eine ganze Menge getan werden muß. Wahlen können zu leicht manipuliert und Wahlzettel geklaut werden, und in vielen Fällen endet es damit, daß mehr Schaden angerichtet als Gutes bewirkt wird, indem man den Diktatoren erlaubt, sich in eine neue Aura von Legitimität zu hüllen. Bevor Wahlen abgehalten werden, müssen erst einmal die Verfassungen neu geschrieben werden, um die Machtbefugnis imperialer Präsidentschaften zu beschränken und das Spielfeld für die Oppositionsparteien abzustecken. Die Regierungskontrolle über die Medien muß gebrochen werden, und das gilt ganz besonders für die Rundfunksender, auf die sich die meisten Afrikaner wegen der Nachrichten verlassen. Sicherheitskräfte und Polizei, die zur Zeit meist Werkzeuge der Unterdrückung sind, müssen einem neutralen Kommando und einer neutralen Kontrolle unterstellt werden. Gesetze für unparteiische und gerechte Wahlen müssen erlassen werden. Wähler müssen ordnungsgemäß registriert werden. Mechanismen zur Überwachung des staatlichen Finanzgebarens müssen installiert werden, um vorzubeugen, daß die Großen Männer an der Macht einfach mehr Geld drucken lassen, um Stimmen zu kaufen. Gesetze, die derzeit noch aus der „Präsidentenbeleidigung" ein Verbrechen machen, müssen außer Kraft gesetzt werden. Parlamente und richterliche Gewalt müssen verstärkt werden. Wähler müssen eine Erziehung erhalten, vor allem in den ländlichen Gebieten, um die, die nicht lesen und schreiben können, darüber aufzuklären, warum es für ihre Zukunft wichtig ist zu wählen. Und den Wahlverlierern muß eine verfassungsmäßige Rolle zuerkannt werden, eine Teilhabe am System, damit Wahlen nicht länger zu einer Art „Alles-für-den-Gewinner"-Wettkampf ausarten, der gegenwärtig all diese Kriege zwischen den Splittergruppen auslöst.

Bevor nicht alle diese Dinge getan sind, ist es zwecklos, über Wahlen in afrikanischen Ländern zu sprechen. Ohne diese grundlegenden Schritte wird jede Wahl zu einer Scheinwahl, zu einer demokratischen Farce. Das übrige Afrika könnte hier von Südafrika lernen, das zunächst in einer langwierigen Prozedur die Grundlagen für den Übergang zu demokratischen Verhältnissen geschaffen hat; die Wahl selbst war dann nur der letzte Schritt. Die Lektion wurde in Kenia bereits gut begriffen, wo die Oppositionsführer schnelle Wahlen vorantrieben – und es Moi und seiner Regierungspartei gelang, mit Hilfe von Einschüchterungen und Betrug ein neues Mandat für sich zu beanspruchen. Ein Mitglied der Opposition, das wieder ins Parlament einzog, Paul Muite, gab später zu: „Wir hätten die Wahl nie unter der aktuellen Verfassung durchführen sollen."

Afrika braucht auch ein wenig mehr Dezentralisation, mehr „Devolution", um einen Begriff aus dem amerikanischen Politikwörterbuch zu benutzen. Die meisten Bürgerkriege und Konflikte auf dem Kontinent werden auf die eine oder andere Weise von separatistischen Gefühlen verursacht – die Hutu wollen nicht unter den Tutsi leben, die Habargidir denken, die Reihe sei jetzt an ihnen, Somalia zu regieren, die Kikuyu würden nicht für einen Luo als Präsidenten stimmen, die Zulu verlangen ein autonomes Homeland, die Eriträer haben sich bereits von Äthiopien gelöst und ihren eigenen Staat bekommen, usw. Während der letzten dreieinhalb Jahrzehnte der Unabhängigkeit sind diese sezessionistischen Forderungen entweder unter den Teppich gekehrt oder unbarmherzig unterdrückt worden. Die Organisation für afrikanische Einheit hat die Unantastbarkeit der alten Kolonialgrenzen sogar zu einem ihrer heiligsten Glaubenssätze erklärt, aus lauter Angst, daß die Anerkennung dieser Forderungen von seiten irgendeiner Gruppe zu Desintegration und Chaos führen könne.

Diese Einstellung muß sich ändern, wenn Afrika eine Überlebenschance haben will. Die Afrikaner könnten hier etwas von der ehemaligen Sowjetunion lernen, die in ihre Bestandteile zerfiel, oder von der ehemaligen Tschechoslowakei, die sich in die Tschechische Republik und die Slowakei teilte. Natürlich können Länder sich teilen, und natürlich können nationalistische Forderungen auf Selbstbestimmung anerkannt werden, ohne daß deshalb der Himmel über einem einstürzt.

Auch wenn Afrika daran denken sollte, seine alten Grenzen aufzubrechen, sollte es zugleich mehr Mittel und Wege finden zusammenzukommen. Der weltweite Trend heute ist, daß Staaten sich zu stärkeren regionalen Wirtschaftsverbänden zusammenschließen. Beispiele sind die Europäische Gemeinschaft, die Nordamerikanische Freihandelszone, die Vereinigung Südostasiatischer Staaten und das Asien-Pazifik-Forum für wirtschaftliche Zusammenarbeit. Auch Afrika hat solche regionalen Verbände, die am meisten Erfolg versprechenden sind der südafrikanische Wirtschafts- und Handelsverband SADEC und die Wirtschaftsgemeinschaft westafrikanischer Staaten (ECOWAS). Die westafrikanische Gemeinschaft galt als eines der möglichen Modelle, wie afrikanische Staaten ihre Probleme im eigenen Haus selbst lösen können, mit einer westafrikanischen Friedenstruppe zur Sicherung der Ordnung wie im Fall Liberias. Doch die Vorstellung, die diese Friedenstruppe in Liberia gab, war nicht überzeugend – in einigen Fällen haben sich die Soldaten, die eigentlich zum Schutz der Bevölkerung dort waren, den drogensüchtigen jungen Milizionären angeschlossen, um die Stadt zu plündern.

Ein westafrikanisches Modell, das zu funktionieren scheint, ist die Luftfahrtgesellschaft Air Afrique, die mehreren westafrikanischen Staaten gemeinsam gehört und eine der effizientesten afrikanischen Fluglinien ist. Und in Ostafrika gibt es erste Schritte, die alte Ostafrikanische Gemeinschaft wiederzubeleben, die dazu führten, daß die Eisenbahnlinie zwischen Nairobi und Kampala nach langer Unterbrechung wieder eröffnet wurde.

Meistens aber kommen die afrikanischen Regionalgruppierungen nicht über das Niveau umständlich agierender Schwatzbuden hinaus; afrikanische Große Männer treten nur ungern etwas von ihrer kostbaren Autonomie zugunsten einer länderübergreifenden Gewalt ab. So werden wir uns weiterhin mit dem Irrsinn abfinden müssen, daß alle ostafrikanischen Länder kleine, verlustreiche und absolut unsichere nationale Fluglinien mit schlecht gewarteten Flugzeugen unterhalten, statt ihr Geld in einen Topf zu werfen und eine gemeinsame, effiziente und höchstwahrscheinlich profitable Fluglinie zu eröffnen.

Der zerstörerische und schwächende Einfluß des Tribalismus ist und bleibt die größte Plage, die das moderne Afrika und seine Suche nach Demokratie und Entwicklung heimsucht. Für Afrikas Übel den Tribalismus verantwortlich zu machen ist ein Klischee, gewiß. Aber wie viele Klischees hat auch dieses einen wahren Kern.

Ich erinnere mich, wie ich in Kenia ankam und einen dieser alten kolonialen Briten besuchte, einen Mann namens Douglas

– ich habe nie seinen Vornamen erfahren –, der in einem beengten, schmuddeligen rauchgeschwängerten Büro über einem Souvenirladen arbeitete, umgeben von Stößen von Akten in blauen, rosa und gelben Aktenordnern. Er war ein großer Mann mit weißem Haar und einem dichten weißen Schnurrbart, und seine Hosenträger zogen seine Hose so hoch über die Taille, daß es aussah, als würden sie gleich seine Achselhöhlen berühren. Er war der Makler des Hauses, das ich gemietet hatte, und ich mußte in sein Büro kommen, um ihm meinen Scheck vorbeizubringen. Ich erinnere mich, wie er sich gebieterisch zurücklehnte, die Hände über dem mächtigen Bauch verschränkt, mich, den Neuankömmling in Afrika, taxierte und dann verkündete: „Ihr Amerikaner wißt überhaupt nichts über die Afrikaner. Hier läuft alles über die Stämme – über die Stämme! Und das versteht ihr nicht." Und ich erinnere mich, wie ich damals dachte, wie aufgeblasen dieser Alte ist, wie überzeugt von sich selbst, als er mir mit Tribalismus kam, diesem alten abgenutzten Klischee, um Afrikas Übel zu erklären.

Ich nahm mir vor zu beweisen, daß der alte Douglas nicht recht hatte. Eine meiner ersten Reisen führte mich nach Tansania, und dort fand ich ein Land vor, das es tatsächlich geschafft hatte, sich vom Tribalismus zu befreien. Unter Julius Nyerere und seinen herrschenden Sozialisten gelang es der Regierung, ein echtes Nationalgefühl zu schaffen, das die natürlichen ethnischen Spaltungen des Landes überwand, unter anderem durch eine energisch durchgeführte Erziehungskampagne und die Einführung von Kisuaheli als Amtssprache. Kisuaheli wird heute in weiten Teilen des Landes gesprochen; in ihr wird auch an den Universitäten Tansanias gelehrt, wo ich auf einen Professor für Kisuaheli traf, der eifrig das neueste amerikanische Computerprogramm in Kisuaheli übersetzte. Tansania hat es geschafft, die Sprachbarrieren zu überwinden, die so viele afrikanischen Gruppierungen, die sich bekämpfen, trennen.

Nachdem ich aber den Kontinent drei Jahre lang bereist hatte, mußte ich feststellen, daß Tansania die Ausnahme ist, nicht die

313

Regel. In Afrika dreht sich, wie mir der alte Douglas sagte, *wirklich* alles um die Stämme. Es ist der Tribalismus, der zehntausend Hutu in Ruanda dazu veranlaßte, ihre Macheten, Hacken, Panga-Messer und Landwerkzeuge zu nehmen, um ihren Tutsi-Nachbarn die Schädel einzuschlagen und die Gliedmaßen abzuhacken. Es ist der Tribalismus, weshalb ganze Landstreifen im Rift-Valley mit ausgebrannten Ruinen bedeckt sind, weshalb Zulu-Krieger in Skimasken Xhosa-Arbeiter vor einem Fabriktor in Südafrika niedermähen und Tausende von hungrigen vertriebenen Kasai sich unter einer Plastikplane auf einem abgelegenen Bahnhof im Osten Zaires zusammenkauern. Und es ist der Tribalismus, der unter anderem Namen – Klans, Unter-Klans, Splitterparteien – junge Männer in Mogadischu dazu brachte, die Stadt zu zerbomben und das, was von den Ruinen noch übriggeblieben war, zu plündern.

Ausschlaggebend scheint zu sein, ob ein bestimmter afrikanischer Führer willens ist, die Stammeskarte für seine eigenen Zwecke auszuspielen und die Emotionen und Rivalitäten zwischen den Stämmen für seine eigenen dunklen Ziele einzusetzen, die normalerweise darin bestehen, jene Art von gewaltsamem Chaos zu schaffen, die er braucht, um seinen eigenen Griff nach der Macht zu rechtfertigen. Traurigerweise haben zu viele – Doe, Habyarimana, Syad Barre, Äthiopiens Mengistu früher, Moi und Mobutu heute – mehr als bewiesen, daß sie genau das tun wollen.

Aber Tribalismus muß nicht notwendigerweise ein zerstörerischer Einfluß sein – und deshalb erhebt sich erneut die Frage nach Separatismus, Sezession und Selbstbestimmung. Afrika könnte eine kräftige Portion Föderalismus gebrauchen, um den Tribalismus zu entschärfen. Ein Stamm, der in eigener Sache wählen kann und eine Bezirks- oder Kommunalverwaltung kontrolliert, fühlt sich vermutlich weniger durch eine Zentralregierung, die von Mitgliedern eines anderen Stammes geführt wird, bedroht. Regionen, Provinzen und Städte, denen man wirkliche Autonomie zugesteht, werden die Menschen stärken, die dort leben. Zur Zeit allerdings machen Länder, die sich selbst

„föderalistisch" nennen wie zum Beispiel Nigeria, diesen Begriff zu einer echten Farce. Wenn es einen Präzedenzfall für ein föderalistisches System gibt, das funktioniert, so ist das Amerika.

Auch Amerika hat seine „Stämme", wie jeder bestätigen kann, der mit der Politik in den großen Städten vertraut ist. Wir haben unseren italienischen und unseren irischen Stamm, unseren polnischen und unseren jüdischen Stamm, und natürlich unseren schwarzen Stamm. Zeig mir die ethnische Zusammensetzung eines Wahlbezirks in Chicago, Boston oder Baltimore, und ich kann dir mit ziemlicher Genauigkeit voraussagen, ob der Kongressabgeordnete, der gewählt wird, Schwarzer, Italiener, Ire oder Jude ist. Es handelt sich um Stammespolitik – nur daß die amerikanische Version nicht typischerweise mit Gewalt verbunden ist.

Außerdem ändert es sich. Ein schwarzer Amerikaner kann Bürgermeister von Denver werden, einer Stadt mit einem geringen schwarzen Bevölkerungsanteil. Oder Bürgermeister von Minneapolis. Oder er kann Kongressabgeordneter eines Ostküstendistrikts werden. Die Menschen wählen quer durch alle Stammesgrenzen. Die alten städtischen Hochburgen brechen ein. Vielleicht gibt es eine Chance, daß der alte Traum einer multirassischen, farbenblinden Gesellschaft sich langsam realisiert. Das wäre auch besser so, denn ich war hier und habe die Alternative gesehen.

Ich möchte gerne glauben, daß dasselbe eines Tages auch in Afrika wahr werden könnte, daß die Anziehungskraft des Stammes nachzulassen beginnt. Aber ich war inzwischen zu lange hier, um Licht am Ende des langen dunklen Tunnels zu erkennen. Afrika hat eine Art, sich den meisten optimistischen Prophezeiungen zu widersetzen. Meine optimistischsten Illusionen wurden in den Trümmern eines Hauses in Somalia zerschlagen, wurden unter einem Berg von Wahlbetrug in Kenia verschüttet, plattgewalzt und in ein Massengrab in Goma geschaufelt. Inzwischen weiß ich Besseres, als zu hoffen.

Ich bin nun drei Jahre hier, und Liberia befindet sich immer noch im Griff der Anarchie, in der die Kriegsherren um die Macht kämpfen und Kinder mit AK-47ern die Straßen unsicher machen und mutwillig töten. Somalia ist immer noch ein Schlachtfeld, steht immer noch am Rand einer Hungersnot, und seine rivalisierenden Kriegsherren feuern immer noch in einer verwüsteten Stadt mit Granaten aufeinander, lange nachdem die Welt das Licht ausgeschaltet hat und nach Hause gegangen ist. (Mein alter Freund, General Aidid, fand endlich sein Ende, als er im August 1996 starb, wenige Tage, nachdem er bei einem Ausbruch von Klan-Streitigkeiten in Mogadischu von mehreren verirrten Kugeln getroffen worden war. Sein Sohn Hussein Aidid wurde unverzüglich zum Nachfolger gewählt und ist jetzt der Anführer der Splittergruppe.)

Der Bürgerkrieg im Sudan quält sich in sein zweites Jahrzehnt ununterbrochener Schlachtereien, die Flüchtlingsströme bewegen sich immer noch vor und zurück, die Hilfsorganisationen halten ihre Rettungsleine weiterhin ausgeworfen. Mobutu, der inzwischen Krebs hat, hält sich in Zaire immer noch an der Macht, während der Dschungel immer größere Teile der verfallenden Hauptstadt Kinshasa verschlingt und das Land sich de facto in Ministaaten aufsplittert. Mugabe thront immer noch in Zimbabwe. Seine wohlverdiente Reputation als Staatsmann dafür, daß er die Wirtschaft im großen und ganzen am Laufen hielt und einen Exodus der Weißen verhinderte, wird inzwischen mehr und mehr durch sein zunehmend autoritäres Verhalten befleckt – auch wenn er sich den Mantel der durch Wahl erworbenen Legitimität überwirft. Auch Chilbua ist in Sambia immer noch an der Macht, der demokratische Traum dort wurde gründlich zertreten. Noch immer regieren in Nigeria die Banditen-Generale und geben leere Versprechungen für eine Demokratisierung ab. Museveni regiert immer noch in Uganda, Paul Biya immer noch in Kamerun, Omar Bongo mit seinen Plateausohlen immer noch in Gabun. Noch immer verwüstet Aids die Städte, und wenn die Zahlen zurückgehen, so nur deshalb, weil die am meisten Gefährdeten bereits tot sind.

Die Grenze zwischen Ruanda und Zaire bleibt ein Krisengebiet, und die Tutsi-Regierung in Kigali beklagt sich weiterhin über das langsame Tempo der Gerechtigkeit. In der Zwischenzeit bleibt Burundi gleich um die Ecke ein ethnischer Hexenkessel, der ständig überzukochen droht, es aber nie ganz tut. Es gibt weitere Staatsstreiche, weitere Wahlen, weitere Aufstände, weitere Flüchtlinge. So war es bereits, als ich ankam, und so wird es vermutlich noch jahrelang weitergehen. In Afrika bleiben die Dinge beim alten, bis sie auseinanderfallen.

Nairobi ist auch so ziemlich dieselbe geblieben, obwohl einige der bekannten Gesichter gewechselt haben. Moi ist natürlich immer noch da, immer noch an der Macht, führt immer noch die westlichen Geldgeber mit Reformversprechen hinters Licht, während er scharf gegen seine vormaligen Kritiker vorgeht. Seine politischen Gegner sammeln sich immer noch auf verlorenem Posten, schütteln den Kopf über die fortgesetzte Unterdrückung, analysieren, konspirieren, planen und verschwören sich und schwören, daß – wenn nicht bei der nächsten Wahl, dann vielleicht bei der übernächsten, vielleicht, wenn sie Glück haben – der alte Mann gestürzt werden kann.

Aber viele der alten Gesichter im Chester House sind inzwischen gegangen. Todd Shields hat schließlich Afrika verlassen – und keine Sekunde zu früh, wie er vermutlich sagen würde. Julian Ozanne ist ebenfalls weitergezogen, auf einen neuen Posten im Mittleren Osten. Ruth Burnett, meine rothaarige Reisebegleiterin in Ruanda, ist wieder in London. Gary Strieker von CNN, mein Nachbar über den Gang, scheint seinen Wunsch endlich erfüllt bekommen zu haben und wird ebenfalls bald abreisen. Sam Kiley von der *Times* ist noch im Lande, noch abgestumpfter und zynischer als zuvor, und auch er spricht von dem dringenden Bedürfnis, hier rauszukommen, zu neuen Horizonten aufzubrechen, vielleicht nach Rußland oder in eine der ehemaligen Sowjetrepubliken. Eine neue Generation von Reportern zieht ein, einige voller Hoffnung, voller Optimismus und voller Ideen, und können es kaum erwarten, in das näch-

317

ste Flugzeug Richtung Sudan zu springen oder den vergessenen Konflikt, der noch immer in Mogadischu tobt, zu entdecken.

Ich fahre in meinem zerbeulten alten Peugeot auf einer der tückisch dunklen Straßen von Nairobi, weiche nach rechts und links aus, um die kraterähnlichen Schlaglöcher zu vermeiden und die nur schwach erkennbaren Fußgänger nicht zu überfahren, die schweigsam am Straßenrand gehen. Vor mir kann ich im Dunkel die Umrisse von etwas sehr Großem erkennen, das auf mich zurast, und ich weiß sofort, daß es ein entgegenkommender Wagen ist, ohne Scheinwerferlicht, nicht einmal in dieser pechschwarzen afrikanischen Nacht.

Ich reiße den Wagen zur Seite, um einen Frontalzusammenstoß zu vermeiden, blende meine eigenen Scheinwerfer auf, drücke auf die Hupe und murmle einige Obszönitäten, alles zur selben Zeit.

„Oh, mein Gott!" sagt mein Nachfolger Stephen Buckley zu mir. „Warum fahren die bloß so, ohne Scheinwerfer?"

Stephen ist ausgewählt worden, mich als Leiter der afrikanischen Außenredaktion der *Washington Post* abzulösen. Er ist hier, um sich zwei Wochen lang „umzusehen", die Situation im Land kennenzulernen und sich in seine neue Umgebung einzugewöhnen. Wir sind auf dem Rückweg von einem Dinner im Carnivore-Restaurant.

„Sie glauben, daß die Scheinwerfer länger halten, wenn man sie nicht benutzt", erkläre ich. „Oder der Typ hatte vielleicht gar keine Scheinwerfer. Wer weiß?"

„Aber haben sie denn nicht in der Fahrschule gelernt, wie gefährlich das sein kann?" fragt er etwas naiv. Dann reißt er sich zusammen. „Ich weiß, ich weiß. Ich glaube, ich muß damit aufhören, hier wie ein Amerikaner zu denken, was?" In der Tat.

Stephen ist ein junger Schwarzer aus New York, in Jamaica geboren, der erst vor kurzem einen amerikanischen Paß bekommen hat. Er ist ungefähr zehn Jahre jünger als ich, frisch verheiratet, und es ist seine erste Stelle als Auslandskorrespondent der *Post*. Er steckt voller Energie und Ideen. Ich tue mein Bestes, ihn nicht mit meinem Zynismus anzustecken, aber ich bin mir nicht sicher, ob ich damit Erfolg habe.

Wir gehen zusammen zum Chester Hause, damit Stephen unser enges kleines Büro sieht und einige der anderen Korrespondenten auf dem Gang kennenlernt. Ich überreiche ihm die schwere grüne kugelsichere Weste, die ich auf meinen Reisen nach Somalia zu tragen pflegte, und instruiere ihn, sie immer griffbereit zu haben, wenn er in Kampfgebiete fliegt. In einem der Schränke hinten auf dem Gang liegen Moskitonetze und ein Zelt. Ich mache Stephen mit George bekannt und erkläre ihm, daß George für die Bürorechnungen zuständig ist. Und ich warte bis später, um ihn darüber aufzuklären, daß George auch ein Dieb ist, der wiederholt in die Kasse gegriffen hatte und den er ohne Gewissensbisse feuern könne, wenn er sich weitere Übertretungen leiste.

Ich schlage vor, daß wir einen kurzen Ausflug nach Kigali, der vom Krieg zerrissenen Hauptstadt Ruandas, machen, eine gute Gelegenheit für mich, ihm zu zeigen, wie Korrespondenten sich unterwegs zu verhalten haben. Wir steigen in ein Flugzeug der UN und checken in dem wieder neu eröffneten Mille Collines-Hotel („Tausend Hügel") ein, wo sich noch vor wenigen Monaten Tausende von Tutsi-Flüchtlingen versammelt hatten, um den plündernden Hutu-Milizen zu entgehen, die durch die Stadt tobten. Sie haben inzwischen das meiste Blut von den Wänden und den Treppen gekratzt, einen Großteil des Tages gibt es Strom und sogar wieder fließendes Wasser in den Badezimmern.

Es war ein harter, glühendheißer Tag, an dem wir durch Kigali rannten, um einen der Militärsprecher der Tutsi aufzutreiben. Irgendwann hatte unser Mietwagen auf einer der berüchtigten tausend Hügel den Geist aufgegeben, und wir waren gezwungen, per Autostop in unser Hotel zu kommen. Am Ende des Tages sind wir beide erschöpft und strecken uns auf den beiden schmalen Betten unseres Hotelzimmers aus.

„Weißt du", sagt Stephen zu mir, „ich glaube, das ist einer der schlimmsten Orte, an denen ich je gewesen bin."

Ich denke lange darüber nach. „Ich habe schlechte Nachrichten", antworte ich. „Wenn du mal ein wenig in Afrika herumgekommen bist, wirst du darum beten, hierher zurückzukommen. Dies ist einer der *besten* Orte, an denen du während der nächsten drei Jahre sein wirst."

Meine letzten Tage in Afrika verbrachte ich im Hotel, im Norfolk, diesem hochkolonialen Haus am Rande der City von Nairobi. Dort treffen sich noch immer Touristen in Safariausrüstung auf der Terrasse, um bei Sonnenuntergang ihre Gin-Tonics zu trinken. Meine Sachen sind bereits gepackt und verschifft, und ich habe meinem alten Haus einen letzten Besuch abgestattet, um mich von Hezekiah und Reuben zu verabschieden. Es war ein tränenreicher Abschied. „Ich hoffe, daß es besser wird mit Kenia", sagte ich zu ihnen. „Vielleicht, wenn ich eines Tages zurückkomme, seid ihr Moi losgeworden."

Ich war nicht wirklich überzeugt, daß das in nächster Zeit passieren könnte.

Ich mache einen letzten Besuch im Büro, um mich von George zu verabschieden. „Nimm dich zusammen", warne ich ihn. „Es gibt einen neuen *bwana*, und der ist vielleicht nicht so tolerant wie ich." Und George verspricht, daß er sich bessern werde und zuverlässiger sein wolle – aber natürlich weiß ich, daß er lügt.

Und dann nehme ich ein Taxi zum Jomo Kenyatta International Airport, und kurz vor Mitternacht steige ich in ein Flugzeug der British Airways, das nach Norden fliegt, Afrika hinter sich läßt und mich nach Hause bringt.

Von meinem Fenster aus kann ich um diese Zeit nicht viel sehen: die Lichter der Rollbahn, von weitem einige Lichter der Innenstadt. Und als das Flugzeug an Höhe gewinnt, verliert sich Afrika mehr und mehr in der Ferne und rückt tiefer in meine Gedanken. Und ich frage mich: War das alles nur ein schlechter Traum? Denk an all die Schrecken, die du auf diesem riesigen Stück Erde unter dir gesehen hast, diesem dunklen Fleck auf dem Globus, der Afrika heißt.

Ich öffne die kleine Plastiktasche, in der sich meine Kopfhörer befinden, und stöpsle sie an der Lehne meines Sitzes ein, um die BBC-Nachrichten zu hören, die gerade über den Bildschirm vor mir an der Kabinenwand flimmern. Sie berichten über Ruanda. Irgendein neuer Ausbruch von Gewalt an der Grenze und Sorgen über erneute Einfälle von Hutu-Rebellen, die nahe der Grenze zu Zaire stationiert sind und ihre Rückkehr vorbereiten. Ich schließe die Augen und schalte auf einen Musiksender um. Ich verlasse Afrika, ich will von den Unruhen in Ruanda nichts mehr hören, ich interessiere mich nicht für diese neueste tragische Entwicklung. Ich habe es alles bereits gesehen, und ich bin sicher, daß ich es erneut sehen werde. Aber von jetzt an werde ich es aus der Ferne verfolgen, werde es vermutlich wie Millionen anderer Amerikaner auf dem Fernsehschirm sehen. Ich werde die neuesten Bilder von Flüchtlingen sehen, die irgendwo über eine Grenze kommen, von Soldaten, die plündern, von Kindern mit Granatwerfern, die eine weitere malerische, aber zerfallende afrikanische Hauptstadt in die Luft gehen lassen. Ich werde mit mehr als beiläufigem Interesse zusehen, denn ich war dort. Ich werde nun die Komplexität der Konflikte begreifen. Ich werde auch wissen, daß die Probleme zu hartnäckig sind, daß die übrige Welt nichts tun kann, bevor Afrika nicht bereit ist, sich selbst zu retten. Ich werde auch wissen, daß nichts von all dem mich berühren kann, da mich nichts mit dem Land oder den Menschen verbindet.

Warum sollte ich mehr empfinden? Weil meine Haut schwarz ist? Weil irgendeiner meiner Vorfahren vor vierhundert Jahren von diesem Ort weggezerrt und nach Amerika geschickt wurde und ich deshalb jetzt so aussehe wie die, deren Vorfahren zurückgelassen wurden? Sollte ihr Leid heute noch irgendwie mein Leid sein?

Vielleicht würde es mich stärker berühren, wenn ich nie hierhergekommen wäre und nie gesehen hätte, was Afrika heute ist. Aber ich war hier, und ich habe es gesehen – und, ganz ehrlich, ich möchte kein Stück davon haben.

Bin ich deshalb ein kaltherziger Zyniker? Ein Afrikahasser? Vielleicht ein Rassist oder ein verlorener und einsamer Schwarzer, der sich selbst haßt und seine afrikanischen Wurzeln vergessen hat? Vielleicht bin ich all das und noch viel mehr. Aber durch einen Zufall wurde ich als Schwarzer in Amerika geboren, und alles, was ich heute bin – meine Kultur, meine Einstellungen, meine Gefühle, das, was ich liebe und wonach ich mich sehne –, rührt von dieser einfachen und unwiderlegbaren Tatsache her.

NACHWORT

ALS DIESES BUCH Anfang 1997 erschien, löste es eine
unmittelbare Flut von Stellungnahmen, Kommentaren und
Rezensionen, Kritik und einige Ablehnung aus. Hunderte von
Menschen – Schwarze, Weiße, Amerikaner spanischer und asia-
tischer Herkunft – schickten mir Briefe, Karten und E-Mails
und dankten mir, daß ich die Geschichte meiner Reise so lebendig beschrieben hatte. Sie sagten mir auch, daß sie meiner
abschließenden Einschätzung zustimmen würden, wonach für
diejenigen unter uns, die in Amerika zur Welt kamen, die Ge-
meinsamkeiten schwerer wiegen als die Unterschiede unserer
Herkunft.
  Eine solche Beteuerung seiner amerikanischen Identität ist
nichts Neues, nicht einmal für einen Amerikaner afrikanischer
Abstammung. Die Idee, nach Afrika zurückzukehren, hat im
schwarzen Amerika Tradition, aber jahrzehntelang war Afrika
für Schwarze eine unbefriedigende Erfahrung. Langston Hu-
ghes berichtete, wie erschrocken er war, als er von schwarzen
Afrikanern als „Weißer" bezeichnet wurde und sie ihn nicht als
einen im Land Geborenen sahen, sondern als Amerikaner.
  Harold Isaacs reiste im Sommer 1960 nach Afrika und schrieb
darüber einen langen Artikel in der Kolumne „Reporter At
Large" des *New Yorker*, wo er beschreibt, wie er in Westafrika
„American Negroes" kennenlernte, die „gekommen waren, um

Freiheit von Rassismus und Vorurteilen oder zumindest eine rassische Gemeinschaft zu finden, die sie als Ihresgleichen sah und nicht als Außenseiter – die Trost und das Gefühl von Identität in einer Welt anbieten würde, in der jeder schwarz war. Statt dessen", schreibt er, „spürt der schwarze Pilger in Afrika schnell, daß er alles andere als frei ist, mehr denn je ohne Trost und ohne ein Gefühl von Identität, gegen neue Vorurteile kämpft und unter dem Schmerz einer neuen Art von Außenseitertum leidet. Er dachte, er sei in Amerika ein Fremder gewesen, aber er entdeckt, daß er in Afrika noch fremder ist."

Und vor ein paar Jahren erst schrieb der schwarze amerikanische Schriftsteller Eddy L. Harris in seinem Buch *Native Stranger*, das 1992 erschien, über die Mühsal seiner Reise in Afrika, wo er sich die Ruhr holte und ins Gefängnis geworfen wurde und am Schluß in Zaire auf einem Flußdampfer inmitten einer kleinen Gruppe westlicher Touristen stand – Engländer, Holländer, Australier. „Plötzlich wußte ich nicht mehr, wo ich hingehörte", schreibt Harris. „Es war so eigenartig, sich zwischen so vielen schwarzen Menschen zu befinden und doch viel mehr gemeinsam zu haben mit einer Handvoll Weißer."

Die unterschwellige Prämisse des Buchs – daß Afrika mich lehrte, wie uns die bloße Tatsache, daß wir Amerikaner sind, verbindet – wurde leider von einer lautstarken Minderheit, der nur daran gelegen war, das Buch zu kritisieren, nicht verstanden. Einige sagten, ich sei in meinen Beschreibungen Afrikas und seiner Probleme zu emotional, mein Urteil sei zu hart und bleibe zu sehr an der Oberfläche. Andere sagten, das Buch behandle nur kleine Ausschnitte, und warfen mir vor, „die guten Nachrichten" zu ignorieren und mich statt dessen auf einige wenige Kriegsgebiete und Katastrophenberichte zu konzentrieren. Und das, obwohl ich den riesigen Kontinent von Norden nach Süden und von Osten nach Westen im Auto, per Bahn, in kleinen Propellerflugzeugen und überfüllten Fähren bereist hatte, einundzwanzig afrikanische Länder südlich der Sahara besucht und drei Jahre lang als Afrikakorrespondent der *Washington Post* aus ihnen berichtet hatte. (Um ganz genau zu sein:

Es waren neunzehn Länder und dazuhin noch Kongo und die Elfenbeinküste, die ich als Sprungbrett für Konflikte benutzte, die in der Nähe stattfanden.)

Einige Kritiker – besonders solche aus Akademikerkreisen – warfen mir vor, Schlüsselfaktoren der afrikanischen Geschichte nicht zu berücksichtigen, wie zum Beispiel das Erbe des Kolonialismus, den Bevölkerungsschwund, der durch den Sklavenhandel verursacht wurde, die Rivalität der Supermächte während des Kalten Krieges und die Einmischungen der CIA in Ländern wie dem ehemaligen Zaire. Ein Wissenschaftler vom Council of Foreign Relations beschuldigte mich im Fernsehen, daß ich die „wirkliche Story" des Kontinents verfehlt hätte, nämlich eine „afrikanische Renaissance" kompetenter Regierungen und wirtschaftlicher Prosperität. Und es gab andere, die sagten, daß sie die Prämisse meines Buches zwar akzeptierten und vielem von dem zustimmten, was ich über Afrika und seine Fehlentwicklungen schreibe, meine Erfahrungen und Ideen aber, so ungeschminkt in einem Buch zur Sprache gebracht, in falsche Hände geraten und zur Munition für diejenigen werden könnten, auf deren Tagesordnung die Kürzung der Entwicklungshilfe für Afrika oder die Verbreitung von Theorien über die rassische Minderwertigkeit der Schwarzen steht.

Viele dieser Kritiker begriffen nicht, worauf es mir ankommt: *Jenseits von Amerika* ist zuerst und vor allem das Buch eines Journalisten. Es war nie als wissenschaftliches Werk oder als eine politikwissenschaftliche Studie gedacht. Es sind persönliche Erinnerungen, mein Tagebuch, wenn Sie so wollen, und beschreibt das, was ich als Reporter – als schwarzer amerikanischer Reporter – erlebte, als ich von 1991 an, dem Ende des Kalten Krieges, während einer äußerst faszinierenden Zeit von drei Jahren aus Afrika berichtete. Natürlich wird es Bücher geben, die diese tumultartigen Jahre in einem größeren Zusammenhang beschreiben werden, aber das war nie meine Absicht. Und etwas anderes zu schreiben als dieses Buch wäre meinen eigenen Erfahrungen nicht gerecht geworden.

Zu denen, die mir vorwerfen, ich sei zu emotional, meine Kritik sei zu hart, zu unversöhnlich, sage ich: Schuldig im Sinn der Anklage. Machen Sie die Reise mit mir, sehen Sie Afrika, wie ich es gesehen habe, als Reporter, der einige der schlimmsten Horrorszenarien, Katastrophen und Krisen des Kontinents mit eigenen Augen gesehen hat, und versuchen Sie, eine andere Schlußfolgerung daraus zu ziehen. Wenn ein Großteil des Buches sich auf einige wenige afrikanische Krisenherde wie Somalia, Ruanda, Kenia und Zaire konzentriert, sage ich ebenfalls: Schuldig. Das Buch war nie geplant als enzyklopädische Aufzählung aller afrikanischen Länder, nicht einmal all der Länder, die ich besucht habe. Es enthält Berichte über die wichtigsten Ereignisse, die sich in den Jahren ereignet haben, die ich auf dem Kontinent verbrachte, über die Orte, die die brennendsten Bilder in meinem Kopf hinterlassen und meine Sicht des Kontinents am nachdrücklichsten geformt haben. Und was noch wichtiger ist: Sie waren alle in ihrer Weise ein Symbol für die größeren, umfassenderen Probleme des Kontinents.

Als ich im Frühjahr 1997, nach dem Erscheinen der gebundenen Ausgabe von *Jenseits von Amerika* (Originaltitel *Out Of America*), in den Vereinigten Staaten auf Lesereise war, stellte mir der Besitzer einer schwarzen Buchhandlung in Dallas, die auf Bücher mit afrikanischen Themen spezialisiert ist, eine der interessantesten Fragen überhaupt: Er wollte wissen, ob der zornige Ton, in dem das Buch geschrieben sei, davon herrühre, daß ich an meinem Thema noch zu nahe dran sei. Oder, wie es eine Frau präziser ausdrückte: Hätte ich dasselbe Buch geschrieben, wenn mehr Zeit und Distanz zwischen mir und meinen Erlebnissen in Afrika gelegen hätten?

Es war eine Frage, die mir im Kopf herumging, als ich mich daranmachte, dieses kleine Nachwort zu schreiben, denn es war inzwischen viel Zeit vergangen, seit ich im Dezember 1994 das letzte Mal den afrikanischen Kontinent besuchte. Seither gibt es auch einige gute Nachrichten über Entwicklungen in Afrika. Aber noch immer überwiegen die schlechten Nachrichten, und sie sind deprimierend vertraut.

Zu den „guten Nachrichten" gehört, daß es einige Lichtblicke gibt, so zum Beispiel ein allgemeines Wirtschaftswachstum von durchschnittlich vier Prozent im Jahre 1996, angeführt von Uganda – schon immer der Liebling der internationalen Geldgeber –, das seit 1992 auf einer Welle von acht Prozent jährlich schwimmt. Und es ist oft die Rede von einer „neuen Züchtung" afrikanischer Führer, jünger, mehr Technokraten als Ideologen, nicht demokratisch gesinnt, aber auch weniger geneigt, den europäischen Kolonialismus für alle jetzigen Leiden Afrikas verantwortlich zu machen.

Auch in der Politik gab es ein paar ermutigende Zeichen in der ansonsten allzu öden afrikanischen Landschaft. Mali, das seine erste freie Wahl 1992 abhielt, beißt sich durch und versucht, seine Demokratie zu festigen, obwohl Oppositionsführer Präsident Alpha Oumar Konare vorwerfen, die Wiedereinführung einer Einparteienregierung zu versuchen. Liberia gelang es unter internationaler Aufsicht und gegen langanhaltende Widerstände, eine Wahl abzuhalten – und der Gewinner war der langjährige Guerillaführer Charles Taylor, dessen Engagement für demokratische Prinzipien sich erst noch beweisen muß. Und Zaires Mobutu Sese-Seko, der vermutlich schlimmste Kleptokrat der Welt, wurde 1997 endlich von der Macht vertrieben und erlag bald darauf seiner Krebserkrankung.

Trotz all dieser kleinen Zeichen der Hoffnung und des Fortschritts gibt es doch vieles, über das man verzweifeln könnte. Laurent Kabila warf Mobutu zwar hinaus, aber in letzter Zeit gibt es besorgniserregende undemokratische Tendenzen – seine Sicherheitskräfte haben Proteste in der Hauptstadt Kinshasa mit Gewalt niedergeschlagen und mehrere der Demonstranten getötet, und Kabila weigert sich, mit den UN-Kommissionen zusammenzuarbeiten, die angebliche Massaker im Osten Zaires untersuchen wollen, aus denen er militärische Unterstützung für seinen Aufstand erhielt. Kabila hat sich mit Soldaten und Beratern aus Angola und aus der ruandischen Tutsi-Minderheit umgeben und entfremdet sich damit noch stärker der

Mehrheit des Volkes, das ihn einstmals als Befreier willkommen hieß. Und im Osten drohen verschiedene Rebellionen das Land durch Stammeskriege entlang ethnischer Stammesgrenzen auseinanderzureißen.

Die Republik Kongo jenseits des Flusses wurde Mitte 1997 ebenfalls von einem heftigen Bürgerkrieg zerrissen, der die Hauptstadt Brazzaville fast ganz zerstörte, den demokratisch gewählten Präsidenten stürzte und den ehemaligen marxistischen Diktator des Landes, Denis Sassou-Nguesso, wieder an die Macht brachte. Es tat mir besonders weh, Kongos Zusammenbruch zu verfolgen, wenn auch nur von weitem im Nachrichtensender CNN. Die Republik Kongo war immer ein ruhiger Ort zur Erholung gewesen, eine rückständige Provinz, die ich auf meinen häufigen Reisen ins benachbarte Kinshasa regelmäßig durchquerte. Wenn ich jetzt den siegreichen Cobra-Milizen zusah, die durch Brazzaville fegten, ihre AK-47er schwangen und alles plünderten, was in der Stadt noch übrig war, rief mir das die anarchischen Szenen von Mogadischu und Monrovia ins Gedächtnis zurück. Wieder war eine einstmals ruhige afrikanische Hauptstadt auf dem allzu bekannten Weg in den Wahnsinn.

1992 schrieb ich über einen Staatsstreich in Sierra Leone. Seither hat, Anfang 1997, ein weiterer stattgefunden, angeführt von einem anderen jungen Offizier, Major Johnny Paul Koroma. Und – was selbst für afrikanische Verhältnisse ein starkes Stück Heuchelei ist – es war Nigerias brutaler Miliärdiktator, General Sani Abacha, der den Versuch leitete, Koroma zu vertreiben und die Demokratie in Sierra Leone wieder einzuführen – all das, während der Gewinner von Nigerias eigener Präsidentschaftswahl, Moshood Abiola, noch immer im Gefängnis schmachtet.

Das Gebiet der großen Seen in Zentralafrika bleibt explosiv, die Hutu-Tutsi-Massaker in Burundi, Ost-Zaire und Ruanda, wo die Sicherheitskräfte der Tutsi zunehmend gewaltsamer gegen die Hutu-Extremisten vorgehen, halten an. In der Zwischenzeit sitzen immer noch 100 000 Hutus ohne Urteilsspruch in ruandischen Gefängnissen, verhaftet wegen ihrer vermutlichen Teilnahme am Völkermord von 1994. Der Friede – ganz zu schweigen von der Demokratie – scheint noch weit entfernt zu sein.

In Kenia kam es im Vorfeld der Wahlen zu gewaltsamen Ausschreitungen, Banditen brannten an Kenias Küste zum Indischen Ozean Häuser und Geschäfte nieder, und die Polizei setzte gegen friedliche Demonstranten in Nairobi Tränengas ein und schoß in die Menge. Angolas prekärer Friede wird noch unsicherer, weil sich die UNITA weiterhin kompromißlos zeigt. Sambia überstand einen verpfuschten Staatsstreich, der den Präsidenten, Chiluba, noch autoritärer machte. Somalia erscheint nicht mehr auf den Titelseiten, bleibt aber ein Land ohne Regierung, ein bedrohliches Land, das von rivalisierenden Kriegsherren zerlegt wird.

Südafrika bleibt weiterhin eine der größten schwarzen Hoffnungen des Kontinents. Die immer wieder gestellte Frage in afrikanistischen Kreisen ist: Wie sieht es mit Südafrika aus? Und die Einschätzungen bis jetzt lauten, daß es mit gewissen Einschränkungen und einer großen Ausnahme immer noch auf dem richtigen Weg ist. Immer noch fließen beständig ausländische Investitionen ins Land, und Südafrika scheint zum Motor von Wachstum und Investitionen zu werden, der dem Kontinent so lange Zeit fehlte. Was die Einschränkungen betrifft, so ist die wirtschaftliche Wachstumsrate noch ziemlich niedrig – nur etwa zwei Prozent im Jahr – und die Zahl der Arbeitslosen horrend hoch: 30 Prozent. Die politische Entwicklung in der Ära nach Mandela muß mit einem Fragezeichen versehen werden. Und die „große Ausnahme" innerhalb der allgemein positiven Zukunftsaussichten betrifft die Kriminalität. Südafrika steht an der Spitze der Weltrangliste, was Tötungsdelikte anbelangt, 61 Morde auf 100 000 Einwohner, und Raubüberfälle, Autodiebstahl und Einbrüche nehmen überhand. Noch beunruhigender vielleicht ist, daß die Regierung dagegen hilflos zu sein scheint.

Also stellt sich erneut die Frage: Hätten genügend Zeit und eine gewisse Distanz meine Eindrücke modifiziert? Die nicht abreißende Litanei von Afrikas Tragödien, die wenigen Hoffnungsschimmer, die so schnell wieder von Verzweiflung verdunkelt werden, machen die Antwort bedauerlicherweise offensichtlich. Die Welle der Demokratie hat sich in Afrika gelegt, demokratische Regierungen haben in Afrika keine Wurzeln geschlagen. Menschenrechte und menschenwürdige Bedingungen für die Mehrheit der Afrikaner fehlen in erschreckendem Ausmaß. Und der Kontinent wird weiterhin von Staatsstreichen, gewalttätigen Aufständen, Tribalismus und repressiven, demokratisch nicht legitimierten Regierungen heimgesucht.

Jenseits von Amerika beschreibt eine bestimmte Zeitspanne in Afrikas moderner Geschichte, die Zeit nach dem Kalten Krieg, drei unruhige Jahre ab 1991, die ich als Journalist, der zu den schlimmsten Krisenherden reiste, hautnah erlebte.

Vieles hat sich seither verändert – aber noch sehr viel mehr ist hartnäckig dasselbe geblieben.

Keith B. Richburg
Hongkong, Januar 1998

DANKSAGUNG

DIESES BUCH IST DAS ERGEBNIS meiner über drei Jahre dauernden Reise durch Afrika, die ich als Auslandskorrespondent der *Washington Post* unternahm, und ich bin meinen Redakteuren bei der *Post* zu Dank verpflichtet, daß sie mich dorthin geschickt haben. Sie haben mich in dieser Zeit unterstützt und ermutigt, gaben mir die Freiheit, auf der Suche nach Stoffen und Themen überall auf dem Kontinent herumzufahren, und – was vielleicht am wichtigsten war – sie bezahlten alles. Ich danke besonders Mike Getler, dem damaligen stellvertretenden Redakteur für Auslandsberichte, der mich anrief, als ich während eines Sabbaticals auf Hawaii war, und mich als erster fragte, ob ich an dem Job in Afrika interessiert sei. Beim Lunch hörten mir Mike und der damalige Auslandsredakteur David Ignatius zu, als ich ihnen in Umrissen meine Vorstellungen von dem skizzierte, was ich in Afrika herausfinden wollte. Sie hörten auch meine anfänglichen Befürchtungen an, ins Land meiner Väter zu gehen. David half mir, viele meiner frühen Berichte über Afrika begrifflich zu fassen, und es ist seiner geschickten Redaktion zu verdanken, daß viele von ihnen, besonders die über den Bürgerkrieg und die Hungersnot in Somalia, auf der Titelseite der *Post* erschienen. Jackson Diehl und Eugene Robinson, meine jetzigen Redakteure, unterstützten mich ebenfalls unermüdlich, ließen mich an der langen Leine, so daß ich viel umherreisen konnte und mir neue kreative Wege erschloß, um komplizierte Ideen druckreif zu machen. Als ich Afrika verließ und mich entschloß, einen Artikel in einer Zeitschrift zu veröffentlichen, der meine Erfahrungen zusammenfaßte, zeigten sich Bob Thompson und Peter Perl sehr empfänglich für die Idee und halfen mir bei der Endfassung, aus der heraus dieses Buch entstand.

Ich möchte auch dem Chefredakteur der *Post*, Len Downie, dem Chef vom Dienst, Bob Kaiser, und dem Verleger Donald Graham, die mir alle im Laufe meiner Karriere Unterstützung gewährt haben, meinen tief empfundenen Dank aussprechen.

Ich danke meinen Kollegen von der Auslandsredaktion, diesem Überlebenssystem für Auslandskorrespondenten. Darunter ganz besonders Ed Cody, der unmittelbar verantwortlich war für die Redaktion der Afrika-Berichte, ebenso Denny McAuliffe und Andy Mosher. Peter Harris sorgte dafür, daß die Schecks regelmäßig eintrafen und mir die Kreditkarte nicht gesperrt wurde. Und die unermüdliche Yasmine Bahrani schaffte es immer, am anderen Ende der Leitung gut gelaunt zu sein.

Als ich mich auf meinen Posten in Afrika vorbereitete, hatte ich das Glück, in den Staaten auf mehrere Wissenschaftler und Afrikanisten zu treffen, von deren weisem Rat ich die Jahre über profitierte, und viele ihrer Überlegungen und Einfälle finden sich im Text wieder, besonders in den Abschnitten über Afrikas Politik und bei den Überlegungen zu Afrikas Zukunft. Zu denen, bei denen ich mich bedanken möchte, zählen Makau wa Mutua von Harvard, Carol Lancaster von Georgetown, Pauline Baker vom Aspen Institut und Michael Chege, der inzwischen ebenfalls in Harvard ist.

Viele afrikanische Freunde und Kollegen halfen mir während dieser Jahre, den Kontinent zu verstehen, und versahen mich mit Einsichten, die oft in den Text eingingen. In Kenia waren Paul Muite und Gitobu Imanyara besonders hilfreich. In Somalia halfen mir Hussein Mursal und Rakiya Omaar, mich in dem byzantinischen Geflecht der Klans zurechtzufinden.

In den drei Jahren in Afrika traf ich auf viele unermüdliche Mitarbeiter von Hilfsorganisationen, die auch unter den widrigsten Umständen nicht aufgaben. Sie teilten mir nicht nur ihre Ansichten mit, sondern schufen mitunter auch Platz, um mich unterzubringen, und versorgten mich immer wieder mit einer warmen Mahlzeit und einem kalten Bier. Ohne ihre Großzügigkeit könnten Journalisten an vielen Orten nicht arbeiten. Ich möchte besonders Mike McDonagh von Irish Concern, Brenda Barton von WFP, Paul Mitchell, ehemals ebenfalls bei WFP, Samantha Bolton von MSF und Stephen Tomlin und seiner Crew bei IMC danken, die meine wiederholten Besuche ertrugen und immer einen Platz in einem Flugzeug fanden. Ganz besonders danke ich Lindsey Fielder Cook, die da war, als es einmal sehr hart herging.

Meine Kollegen im Chester House – die meine gelegentlichen Tiraden ertragen mußten – ermutigten mich, meine Überlegungen in meinem „Schwanengesang" niederzuschreiben, dem Zeitschriftenartikel, der zur Grundlage dieses Buches wurde. Jennifer Parmelee in Addis Abeba war immer da, um mir Schützenhilfe zu geben, Karl Maier führte mich in „The Shrine" in Lagos ein, und David Chazan stellte mir immer für ein paar Minuten sein Satellitentelefon in Mogadischu zur Verfügung, damit ich meine Berichte so rechtzeitig durchgeben konnte, daß sie einschlugen. Ich erlebte viele Abenteuer – manche schön, manche tragisch, manche bizarr, aber alle denkwürdig – mit Eric Ransdell von *U. S. News & World Report*, Liz Sly von der *Chicago Tribune* und Nina Winquist vom Internationalen Roten Kreuz. Eines der Dinge, die ich aus Afrika immer vermissen werde, ist die Kameradschaft, die sich unterwegs ergibt.

Obwohl ich auf die Freundschaft und die Unterstützung so vieler anderer Menschen angewiesen war, sind die Ideen und Argumente – und auch die Fehler – dieses Buches natürlich meine eigenen.

Dieses Buch wäre ohne die Ermutigung von Paul Golob, meinem Lektor bei Basic Books, nicht geschrieben worden. Er pflückte aus einem Gespräch beim Frühstück, das wir Anfang 1994 führten, den Faden einer Idee heraus. Er entwickelte sie weiter, half mir, sie auszubauen, und steuerte wertvolle Überlegungen und seine Redaktion bei, bis dieses Endprodukt dabei herauskam. Ich bin ihm besonders dankbar dafür, daß er mich bei der Stange hielt.

In meinem letzten Jahr in Kenia hatte ich das Glück, Louise Tunbridge kennenzulernen, die meine ständige Begleiterin und meine beste Freundin wurde. Wir unterhielten uns endlos beim Dinner und beim Rotwein über Afrika im allgemeinen und kenianische Politik im besonderen, und ich kenne keinen Journalisten in Nairobi, der mehr über Kenia weiß und sich mehr für Kenia engagiert als Louise. Sie verstand meine Frustration, hielt meinen gelegentlichen Wutausbrüchen stand, versorgte mich mit guten Ratschlägen und war immer zur Stelle, wenn ich von langen und manchmal emotional erschöpfenden Reisen nach Hause kam. Für ihre Liebe und ruhige Begleitung werde ich immer dankbar sein.

Hongkong, Dezember 1996

333

Zeichnung: A.Karl/J.Kemp
Typografie: H.Emmer